Um obscuro encanto

Claudio Willer

Um obscuro encanto
Gnose, gnosticismo e poesia moderna

Rio de Janeiro
2010

Copyright © Claudio Willer, 2010

PROJETO GRÁFICO DE MIOLO
Evelyn Grumach e João de Souza Leite

DIAGRAMAÇÃO DE MIOLO
Abreu's System

CIP-Brasil. Catalogação-na-fonte
Sindicato Nacional dos Editores de Livros, RJ

W684o
    Willer, Cláudio, 1940-
        Um obscuro encanto : gnose, gnosticismo e poesia / Cláudio Willer. -
    Rio de Janeiro : Civilização Brasileira, 2010.

        Inclui bibliografia
        ISBN 978-85-200-0946-8

        1. Poesia - História e crítica. 2. Gnosticismo na literatura. 3. Mitos.
    I. Título.

09-4913.   CDD: 869.91
                                          CDU: 821.134.3(81)-1

Todos os direitos reservados. Proibida a reprodução, armazenamento ou transmissão de partes deste livro, através de quaisquer meios, sem prévia autorização por escrito.

Texto revisado segundo o Novo Acordo Ortográfico da Língua Portuguesa.

Direitos desta edição adquiridos pela
EDITORA CIVILIZAÇÃO BRASILEIRA
Um selo da
EDITORA JOSÉ OLYMPIO LTDA
Rua Argentina 171 – 20921-380 – Rio de Janeiro, RJ – Tel.: 2585-2000

Seja um leitor preferencial Record.
Cadastre-se e receba informações sobre nossos lançamentos
e nossas promoções.

Atendimento e venda direta ao leitor:
mdireto@record.com.br ou (21) 2585-2002

Impresso no Brasil
2010

EDITORA AFILIADA

Sumário

Introdução 7

PRIMEIRA PARTE   Gnose e gnosticismo 11

CAPÍTULO 1   Gnosticismo: a "religião da literatura"? 13

CAPÍTULO 2   O conhecimento gnóstico 33

CAPÍTULO 3   O conhecimento sobre o gnosticismo, I: enigmas e controvérsias 59

CAPÍTULO 4   O conhecimento sobre o gnosticismo, II: esoterismo e poesia; mito e rebelião 85

CAPÍTULO 5   Cosmovisão e mitologia do gnosticismo; o dualismo; o demiurgo; do gnosticismo ao satanismo 107

CAPÍTULO 6   Gnosticismo e hermetismo; astrologia e alquimia 129

CAPÍTULO 7   O tempo gnóstico e os tempos da poesia 145

CAPÍTULO 8   Viagens, as duas almas e a centelha de luz: uma antropologia ou psicologia gnóstica? 155

CAPÍTULO 9   O gnosticismo licencioso 169

CAPÍTULO 10   A mulher no gnosticismo 183

SEGUNDA PARTE   Poetas gnósticos   *195*

CAPÍTULO 11   William Blake: romantismo e gnosticismo libertário   *197*

CAPÍTULO 12   Novalis e a gnose de Jena   *233*

CAPÍTULO 13   Gnoses otimistas e antignoses: Goethe e Victor Hugo   *253*

CAPÍTULO 14   O gnosticismo trágico de Nerval   *263*

CAPÍTULO 15   Baudelaire: a gnose da ambivalência   *295*

CAPÍTULO 16   Rimbaud, iluminações e alquimia   *325*

CAPÍTULO 17   Foi o simbolismo um gnosticismo?   *341*

CAPÍTULO 18   Lautréamont: Maldoror e a gnose do mal   *361*

CAPÍTULO 19   O surrealismo e suas imediações   *377*

CAPÍTULO 20   Pessoa, as quedas de Deus e o mundo ilusório   *395*

CAPÍTULO 21   Gnósticos brasileiros, do simbolismo até hoje   *417*

ALGUMAS OBSERVAÇÕES FINAIS   *437*

BIBLIOGRAFIA   *447*

Introdução

Em meados de 2002, matriculei-me em um doutoramento direto em Letras, na USP. O tema, que me acompanhava havia tempos, era literatura e ocultismo. Mas, depois de escrever um bom número de páginas, dei-me conta de que, mantido o projeto inicial, resultaria em uma tese de mil páginas ou mais. Resolvi circunscrevê-lo, focalizando o gnosticismo, doutrina que figura como um capítulo primeiro ou ponto de partida da tradição esotérica ocidental. Assim reaproveitava algo do que já havia preparado.*

O acaso pode impulsionar pesquisas. Naquele fim de 2004, após resolver concentrar-me em gnosticismo, passava diante de um sebo de rua, uma banca de livros usados. Seu dono me chamou: "Olha, tenho um livro que vai te interessar!" Era a edição brasileira de *As escrituras gnósticas*, coletânea preparada por Bentley Layton, valiosíssima para quem quiser avançar no assunto. No primeiro folhear de páginas, chamou-me a atenção como Layton classifica o gnosticismo como cristianismo herético, nisso discrepando de autores que já havia examinado. Algumas páginas adiante, uma "escritura" gnóstica, *O trovão — Intelecto perfeito*, que, de modo evidente, não possibilitava identificação ou aproximação com o cristianismo: é um texto poético, com suas séries de antinomias, que será citado a seguir. Havia, portanto, matéria para discussão. Isso ficou ainda mais evidente depois da leitura de Elaine

---

* Adaptado da tese de doutorado *Um obscuro encanto: gnose, gnosticismo e a poesia moderna*, apresentada à Universidade de São Paulo (USP), foi realizada com bolsa do Conselho Nacional de Desenvolvimento Científico e Tecnológico (CNPq). Teve como orientador o prof. dr. Benjamin Abdala Junior e foi defendida e aprovada em 28 de março de 2008. Com relação à tese original, houve alguma condensação. E também atualizações no tratamento de místicas da transgressão e outros temas, por sua vez examinados em meu pós-doutorado sobre *Religiões estranhas, misticismo e poesia*, em curso na USP, com bolsa da Fundação de Amparo à Pesquisa do Estado de São Paulo (Fapesp).

Pagels, especialista de prestígio que sustenta ser o gnosticismo um cristianismo mais autêntico.

Coincidentemente, o gnosticismo foi se tornando um assunto da moda nos últimos anos. Houve a repercussão da publicação de *O evangelho de Judas*, a celeuma provocada pelo livro de Dan Brown, com a imputação de segredos aos gnósticos (e, como sempre, aos templários) etc. Quando fui comprar a nova edição brasileira de *Os evangelhos gnósticos*, de Pagels, o recém-chegado estoque da livraria já havia acabado: "vende como água", comentou o atendente.

Daí — reconhecendo meus limites, pois não sou historiador das religiões, apenas um leitor de poesia — a motivação adicional, feita de atração pela controvérsia, fez com que o número de páginas tratando de gnosticismo crescesse na mesma proporção. Provocaram-na a constatação de que autores de peso, a exemplo de Jean Doresse e Elaine Pagels, podiam oferecer caracterizações tão distintas do gnosticismo. Ampliaram-na documentários sobre *O evangelho de Judas* exibidos no National Geographic, Discovery e History Channel, sugerindo que esse apócrifo poderia corresponder a "outra" visão do cristianismo, a um cristianismo mais verdadeiro (ao contrário do que afirmam os autores dos ensaios que completam a edição de *O evangelho de Judas*).

Observei uma espécie de mistificação nesses documentários: por exemplo, ao mostrarem, valendo-se de testemunhos de especialistas, de Umberto Eco a Elaine Pagels, que não há provas de um "segredo" gnóstico, cátaro ou templário sobre a descendência de Cristo — rapidamente acrescentando, porém, que também não há provas conclusivas da sua inexistência... Textualmente: "Os Evangelhos não dizem que Jesus Cristo era casado — mas também não afirmam que era solteiro". Vendem algo pelo que não é. Um exemplo é a chamada de capa de *O evangelho de Judas* na edição brasileira: "O texto perdido que revolucionou a história do cristianismo." Ora, *O evangelho de Judas* não revolucionou coisa alguma, pois vinha sendo comentado por heresiólogos desde o século II d.C., e a presente descoberta e publicação apenas corrobora fontes indiretas. Sua doutrina coincide com aquela exposta em maior detalhe na *Pistis Sophia* e em outros textos conhecidos há bastante tempo: doutrina essa, como é exposto nos ensaios que acompanham *O evangelho de Judas*, que não revoluciona o cristianismo pelo simples motivo de não ser cristã, porém gnóstica. E assim prosseguem a desviar a discussão do que efetivamente interessa no

INTRODUÇÃO

gnosticismo, não por reformar, retificar ou ratificar o cristianismo, mas por falar de outras coisas e expor outros mitos.

Não apenas é complexo o gnosticismo, território de fronteiras móveis; mais complexa ainda é a poesia; por isso, a relação dos poetas com o gnosticismo. Selecionei um período, de William Blake até hoje: a justificativa da seleção está na abertura do capítulo sobre Blake. Contudo, examinar os grandes poetas gnósticos desse período com a mesma atenção que dei a Blake, Gérard de Nerval e Charles Baudelaire provocaria, novamente, a espectral aparição da tese de mil páginas. Poetas que figuram obrigatoriamente em uma agenda gnóstica, como William Butler Yeats e Walt Whitman, são apenas tocados ou mencionados. Meu exame de colossos como Goethe e Victor Hugo é sumário. Em matéria de simbolismo, o que está aqui é uma introdução. Mas penso que consegui tratar de autores típicos, de um modo que pode ser projetado em futuras discussões. Em comum, a aparente incoerência, parecendo oscilar entre a visão de mundo dualista ou monista, em um fio condutor que vai de Blake a Hilda Hilst. De tudo isso, sobra a impressão de que as páginas a seguir são um começo ou etapa no exame das relações entre mito, religiões, esoterismo e poesia que poderá sugerir novas inquirições.

A presente edição corresponde à tese defendida em março de 2008, com reduções, pequenos acréscimos e alguma atualização bibliográfica. Os agradecimentos pelo apoio a este trabalho têm de começar por meu orientador, Benjamin Abdala Junior, que me abriu as portas da USP e do CNPq. E pelo registro, *in memoriam*, da participação de Haquira Osakabe, que me incentivou e participou da banca de qualificação. Cabe o agradecimento enfático à banca examinadora — além do orientador, Olgária Matos, Eliane Robert Moraes, Maria Lúcia Dal Farra e Moacir Amâncio. E isso não só pelo generoso parecer, mas pela leitura atenta, resultando uma arguição que proporcionou informação relevante.

A produção intelectual é solitária e, ao mesmo tempo, impulsionada pelo diálogo e pela troca de informações. Fica o registro sumário, por ordem alfabética e provavelmente incompleto, do apoio, da colaboração ou simpatia, encaminhando bibliografia e/ou lendo etapas dêste trabalho, de Alberto Marsicano, Antonio Carlos Ribeiro Fester, Betty Milan, Carlos Figueiredo, Cláudio Daniel, Fernando Naporano, Francine Ricieri Weiss, Floriano Martins, Giselda Leirner, Gledson Souza, Jean Sarzana, Jerusa

Pires Ferreira, Lucila Nogueira, Maninha Cavalcante, Maria Estela Guedes, Maria Lúcia Dal Farra, Marilda Rebouças, Mauro Jorge Santos, Moacir Amâncio, Nachman Falbel, Pierre Rivas, Raul Fiker, Regastein Rocha, Roberto Piva, Rodrigo Petrônio e Rômulo Pizzi.

Evidentemente, nenhum deles é culpado ou de algum modo responsável por qualquer coisa do que vem a seguir.

PRIMEIRA PARTE   Gnose e gnosticismo

CAPÍTULO 1   Gnosticismo: a "religião da literatura"?

Em "Flagrant délit" — ensaio em que denunciou a publicação de uma falsificação de Artur Rimbaud intitulada "La chasse spirituelle" — André Breton comentou a descoberta dos papiros gnósticos de Nag Hammadi, encontrados no Egito em 1945. O surrealista declarou-se continuador de uma tradição cuja origem estaria no gnosticismo:

> Sabe-se, com efeito, que os gnósticos estão na origem da tradição esotérica que consta como tendo sido transmitida até nós, não sem se reduzir e degradar parcialmente ao correr dos séculos. (Os templários teriam recebido seus preceitos na Ásia, na época das primeiras cruzadas, de um resto de maniqueístas que lá encontraram.) Ora, é notável que, sem haverem de modo algum combinado isso, todos os críticos verdadeiramente qualificados de nosso tempo foram levados a estabelecer que os poetas cuja influência se mostra hoje a mais vivaz, cuja ação sobre a sensibilidade moderna mais se faz sentir (Hugo, Nerval, Baudelaire, Rimbaud, Lautréamont, Mallarmé, Jarry), foram mais ou menos marcados por essa tradição. Não é certo que se deva tê-los por "iniciados" no sentido pleno do termo, mas uns e outros pelo menos foram submetidos fortemente à sua atração e nunca deixaram de testemunhar-lhe a maior deferência.[*][1]

A referência de Breton à descoberta de Nag Hammadi é pioneira e antecipatória: o ano da publicação de "Flagrant délit", 1949, coincide com as primeiras notícias na imprensa sobre aqueles documentos, decisivos para o conhecimento sobre gnosticismo, até então predominantemente baseado em fontes indiretas.

---

[*] Meu critério para indicar número de página nas notas de rodapé: apenas quando o trecho não puder ser localizado pelo índice, como os poemas que serão citados a seguir.
[1] André Breton, *La clé des champs*, Paris, Societé Nouvelle des Éditions Pauvert — Le Livre de Poche, 1979, p. 211.

Conforme relata Pagels,[2] os papiros de Nag Hammadi seriam publicados e chegariam a um público mais amplo apenas em 1977, depois de passar por circunstâncias algo novelescas, durante as quais volumes desses papiros foram perdidos e, alguns, reencontrados. Edições mais completas e detalhadas são recentes e sua interpretação vem gerando uma bibliografia colossal.

Breton indagou como foi possível a tradição gnóstica conservar-se. Observou que isso não decorria necessariamente da transmissão direta: "Será preciso admitir que os poetas sorvem, sem o saber, em um fundo comum a todos os homens, singular pântano cheio de vida onde fermentam e se recompõem sem parar os destroços e os restos das cosmogonias antigas, sem que os progressos da ciência lhes provoquem uma mudança apreciável?"[3] Diante dos reaparecimentos de uma doutrina arcaica, sugeriu

> um poder de absorção de ordem osmótica e parassonambúlica dessas concepções tidas, ao olhar racional, por aberrantes. [...] Nessa floresta virgem do espírito, que margeia por todos os lados a região onde o homem conseguiu erguer seus marcos indicadores, continuam a rondar os animais e os monstros, pouco menos inquietantes do que em seu papel apocalíptico.

O surrealista ainda tomou posição em um debate que prossegue: "Nem é preciso dizer até que ponto podemos estar ansiosos para ver a Gnose remetida a seu verdadeiro lugar, depois de, por tanto tempo, ter sido desacreditada como heresia cristã."

Pode parecer estranha essa associação do surrealismo, monista, materialista e antiteísta, a uma religião ou doutrina religiosa dualista, com uma mitologia complexa, pela qual o mundo foi criado por uma divindade secundária e má, o demiurgo. Algo se esclarece pelo modo como Jules Monnerot havia comparado pouco antes, em 1945, surrealismo e gnosticismo, em *La poésie moderne et le sacré*. Afirmava que "os surrealistas estariam para a literatura ocidental como os gnósticos para a filosofia grega".[4] E ainda refez o paralelo, dizendo que surrealistas estavam para

---

[2] Elaine Pagels, *Os evangelhos gnósticos*, tradução de Marisa Mota, Rio de Janeiro, Objetiva, 2006.
[3] André Breton, *op. cit.*, p. 205, assim como as duas citações seguintes.
[4] Jules Monnerot, *La poésie moderne et le sacré*, Paris, Gallimard, 1945, p. 88, e a citação seguinte, p. 83.

GNOSTICISMO: A "RELIGIÃO DA LITERATURA"?

os comunistas assim como os gnósticos para os cristãos, além de contextualizá-lo, comparando a Alexandria dos gnósticos à Paris dos surrealistas: "Tais épocas veem nascer da 'união do ceticismo e da nostalgia' toda sorte de misticismos." Em "Flagrant délit", Breton endossaria tais paralelos, observando que Monnerot havia revelado "laços fulgurantes" entre as *démarches* gnóstica e surrealista.

Não é exclusivo do surrealismo ser associado ao gnosticismo. Sua presença já foi observada em uma diversidade de autores e movimentos da modernidade. Allen Ginsberg, o poeta da geração *beat*, comentou, em depoimento sobre Jack Kerouac, ter sido importante para a formação de ambos conhecerem, por volta de 1944, Raymond Weaver, importante estudioso de Herman Melville e um de seus professores na Universidade de Columbia, que lhes recomendou, entre outras leituras, "os textos gnósticos antigos". Segundo Ginsberg, Weaver era o "único gnóstico em Columbia. Quero dizer, alguém familiarizado com o Zen japonês e chinês e a tradição gnóstica ocidental e o gnosticismo de Melville e a tradição americana de transcendentalismo."[5]

Gerald Nicosia, biógrafo de Kerouac, também se refere a Weaver. Esse professor lhes deu uma lista de leituras, "que incluía *Pierre* de Melville, Plotino, e os gnósticos egípcios. Foi a primeira vez que Allen [Ginsberg] ouviu a palavra gnóstico. Mas ele e Jack [Kerouac] excitaram-se ao descobrir essa contrapartida ocidental do budismo oriental (tendo lido algo sobre budismo em Spengler)."[6]

Ginsberg foi um adepto do budismo tibetano que, como se vê pelo comentário feito, não é nada antagônico com relação ao gnosticismo. Por isso, em sua coletânea de palestras e depoimentos, *Allen Verbatim*,[7] intitulou a seção inicial, sobre expansão da consciência sob o prisma budista, de "'Gnostic' Consciousness". Em um de seus poemas, "Plutonian Ode", de 1978, divindades gnósticas são apostrofadas.[8]

---

[5] Barry Gifford, e Lawrence Lee, *Jack's Book, an Oral Biography of Jack Kerouac*, Nova York, Penguin Books, 1979, p. 42.
[6] Gerald Nicosia, *Memory Babe — A Critical Biography of Jack Kerouac*, Middlesex, Penguin Books, 1986, p. 139.
[7] Allen Ginsberg, *Allen Verbatim — Lectures on Poetry, Politics and Consciousness by Allen Ginsberg*, editado por Gordon Ball, Nova York, McGraw-Hill Paperbacks, 1974.
[8] Allen Ginsberg, *Collected Poems: 1947-1980*, Nova York, Harper & Row, 1984, p. 702.

Quanto a Kerouac, pelo menos uma de suas narrativas, *Doctor Sax*, permite interpretação usando chaves do gnosticismo: dualista, retrata o combate entre um mago, cuja inspiração é William Burroughs, e o mal, uma serpente. Como observou John Tytell em um ensaio precursor sobre literatura *beat*[9] e lembrou Richard Smith,[10] *Doctor Sax* foi outra das consequências das leituras gnósticas sugeridas por Weaver a Ginsberg e Kerouac.

Mas, dos integrantes da geração *beat*, aquele cuja obra pode ser considerada especificamente gnóstica é Burroughs, pela complexa visão, consistentemente negativa, não apenas da sociedade, mas do mundo. E por acreditar, ou dizer acreditar, em *Naked Lunch* e outras de suas narrativas, que vivemos em uma realidade controlada por entes sinistros, equivalentes aos demiurgos e arcontes gnósticos.

Gnosticismo também já foi observado em Antonin Artaud. Susan Sontag dedicou algumas páginas ao tema:

> Artaud perambulou no labirinto de um tipo específico de sensibilidade religiosa, a gnóstica. (Centrais ao mitraísmo, ao maniqueísmo, ao zoroastrismo, ao budismo tântrico, mas empurradas para as margens heréticas do judaísmo, do cristianismo e do islamismo, as perenes temáticas gnósticas aparecem nas diferentes religiões com diferentes terminologias, mas com certos traços comuns.) [...] O pensamento de Artaud reproduz a maioria dos temas gnósticos. [...] Como os alquimistas, obcecados com o problema da matéria nos termos classicamente gnósticos, procuraram métodos para transformar uma espécie de matéria em outra (mais elevada e espiritualizada), Artaud procurou criar uma arena alquímica que operasse na carne tanto quanto no espírito.[11]

Ao mencionar o interesse de Artaud por "sistemas esotéricos — alquimia, tarô, cabala, astrologia, rosa-cruzes", Sontag ainda comentou — de

---

[9] John Tytell, *Naked Angels*, New York, McGraw-Hill, 1976; *Propheten der Apocalypse*, Viena, Europawerlag, 1979, p. 197.

[10] Richard Smith, "The Modern Relevance of Gnosticism", em James M. Robinson (org.), *The Nag Hammadi Library in English*, diversos tradutores, Nova York, Harper Collins, 1990, p. 535.

[11] Susan Sontag, *Sob o signo de Saturno*, tradução de Ana Maria Capovilla e Albino Poli Jr., Porto Alegre, L&PM, 1986, p. 46-49.

modo coincidente com as afirmações aqui citadas de Breton — que esses sistemas "têm em comum serem, todos, transformações relativamente tardias, decadentes, das temáticas gnósticas". Consequentemente, tudo o que pode ser dito — e o que Artaud disse — sobre alquimia, cabala, astrologia e demais disciplinas esotéricas também teria gênese gnóstica.

Observe-se que Sontag não se refere ao gnosticismo como religião, doutrina ou seita, mas como "sensibilidade religiosa", conferindo enorme amplidão a suas "perenes temáticas". Essas seriam, portanto, transreligiosas, por emergir ou se manifestar em diferentes contextos e épocas.

Falar em "sensibilidade religiosa" assemelha-se às referências a uma "atitude religiosa" por especialistas como Henri-Charles Puech, historiador das religiões, autor de *En quête de la gnose*,[12] e Jean Doresse, pioneiro na descoberta dos papiros gnósticos encontrados no Egito. Para Doresse, essa atitude religiosa é comum, não só

> [...] às grandes seitas aqui evocadas, como também se encontra, de modo similar, entre os herméticos, os mandeus e os maniqueístas, os diversos hereges da Idade Média latina e bizantina e, finalmente, no Ocidente, em muitos dos iluminados (sobretudo nos séculos XVII e XVIII), ressurgindo intermitentemente e de maneira mais ou menos espontânea em determinadas expressões do romantismo moderno.[13]

Sarane Alexandrian, em *História da filosofia oculta*, atribui-lhe o mesmo alcance: "Todos os grandes filósofos ocultos foram, de uma forma ou de outra, continuadores dos gnósticos, sem que necessariamente usassem o vocabulário e os temas e sem se preocupar permanentemente com Pleroma, com os Eons ou com o Demiurgo".[14] Por isso, o capítulo inicial de sua história da filosofia oculta é sobre gnosticismo. Pelas mesmas razões, a *História da magia*, de Kurt Seligmann,[15] contém um capítu-

---

[12] Henri-Charles Puech, *En quête de la gnose*, 2 v., Paris, Gallimard, 1978.
[13] Jean Doresse, "La gnosis", *Las religiones en el Mundo Mediterrâneo y en el Oriente Proximo II*, v. 6, Madri, Siglo XXI, 1979 (Coleção Historia de las Religiones, organizada por Henri-Charles Puech).
[14] Sarane Alexandrian, *História da filosofia oculta*, tradução de Carlos Jorge Figueiredo Jorge, Lisboa, Edições 70, s/d, p. 74.
[15] Kurt Seligmann, *História da magia*, tradução de Joaquim Duarte Lourenço Peixoto, Lisboa, Edições 70, 1979, p. 87.

lo sobre gnosticismo, mostrando sua conexão com o desenvolvimento da alquimia na Antiguidade tardia e baixa Idade Média. Alexander Roob, em *Alquimia e misticismo*, também dedica as considerações iniciais a "consciência gnóstica", origem de uma tradição da qual faz parte a alquimia, cujos procedimentos seriam a tentativa de ultrapassar o abismo entre o pleroma, a "plenitude espiritual do mundo de luz divino", e o kenoma, o "vazio material do mundo das manifestações terrenas". Comenta sua influência:

> As repercussões da consciência gnóstica sobre a vida intelectual europeia são de tal modo vastas e onipresentes que se torna difícil avaliar sua dimensão: o homem do *corpus hermeticum*, dotado de poderes criadores divinos, funde-se com a imagem do homem renascentista, que começa a libertar-se das cadeias do cosmos medieval, estratificado, para se deslocar na direção do centro do universo. [...] A centelha de luz dos gnósticos, que, saída das trevas, aspira ao conhecimento divino, reflete-se na luta pela redenção da alma individual protestante.[16]

Afirmações sobre a influência ou presença gnóstica são corroboradas pelo modo como reaparece no século XX, que, conforme Alexandrian, "realizou a consagração da gnose" como tema de estudos e também de narrativas. Cita *O Estrangeiro*, de Albert Camus, interpretando essa narrativa como retrato da sensação de ser um estranho no mundo que o "eleito" gnóstico tem.[17] E lembra sua tese de diplomação em estudos superiores, *Métaphysique chrétienne et neoplatonisme*, sobre neoplatonismo e gnose — aliás, com resumos da doutrina de alguns formuladores do gnosticismo, como Marcião, Basilides e Valentino, que podem continuar valendo como fonte de consulta, e dos quais são transcritos parágrafos no capítulo sobre revoltas metafísicas de *L'homme revolté*. De fato, o título de uma das "escrituras" gnósticas coincide com aquele da narrativa de Camus: é *O estrangeiro, Allogenes*, também um epíteto de Set,[18] terceiro

---

[16] Alexander Roob, *Alquimia & misticismo — o museu hermético*, Lisboa, Taschen, 1997, p. 22.
[17] Albert Camus, *Essais*, Paris, Gallimard, 1965, p. 1.250-1.267.
[18] Set ou Seth? Marcião, Marcion ou Márcio? Para as grafias desses e de outros nomes em português, sigo a tradução de Bentley Layton (org.), *As escrituras gnósticas*, São Paulo, Loyola, 2002.

filho de Adão e sua "outra descendência", conforme Gênesis 4 e 5, progenitor, para os gnósticos, dos "eleitos" ou "perfeitos", aqueles com acesso à gnose. Uma versão integral do *Allogenes* só foi recuperada em 1945, entre os códices de Nag Hammadi; mas essa "escritura" já era conhecida por meio de citações, comentários e refutações dos filósofos neoplatônicos que Camus estudou: Plotino e Porfírio de Tiro, bem como os heresiólogos cristãos.

Seria o existencialismo um gnosticismo? Tal aproximação foi sustentada por Hans Jonas em uma obra especialmente importante, *The Gnostic Religion*.[19] Mas há controvérsia. Procede, contudo, a associação do gnóstico à consciência de ser um estrangeiro ou estranho no mundo: *O estranhamento do mundo* é, justamente, um título recente de Peter Sloterdijk, tratando da atualização filosófica dessa doutrina. Cabe, por isso, interpretar como gnósticos os expoentes da literatura pessimista que retrata a situação do homem no mundo como um irremediável absurdo, a exemplo de Samuel Beckett, cujo *Esperando Godot* já foi objeto de interpretações teológicas. E, principalmente, de Franz Kafka: segundo Stephan Hoeller, o autor de *O processo* foi inclusive membro de um círculo marcionita (Marcião foi um importante dirigente gnóstico no século II d.C.) do qual também fizeram parte Max Brod e Franz Werfel.[20] De fato, examinando os escritos íntimos de Kafka, observa-se um acentuado dualismo e uma crença tipicamente gnóstica no mal como entidade autônoma, com estatuto ontológico.[21]

Há inúmeros outros exemplos da presença do gnosticismo na literatura contemporânea. Em *O quarteto de Alexandria*, de Lawrence Durrell, personagens retratam a simbologia gnóstica, e em *Monsieur*, primeiro volume de *O quinteto de Avignon*, o gnosticismo é associado ao satanismo e a rituais de magia negra. Já em *Demian*, de Hermann Hesse, são gnósticos os integrantes da ordem iniciática que ajudam o protagonista a alcançar o conhecimento.

---

[19] Hans Jonas, *The Gnostic Religion: The Message of the Alien God and the Begginings of Christianity*, Boston, Beacon Press, 1963.
[20] Stephan Hoeller, *Gnosticismo: uma nova interpretação da tradição oculta para os tempos modernos*, tradução de Ângela Machado, Rio de Janeiro, Nova Era, 2005, p. 131.
[21] Franz Kafka, *Antologia de páginas íntimas*, tradução de Alfredo Margarido, São Paulo, Planeta DeAgostini Editores, 2003, p. 411 e seguintes: "Meditações sobre o pecado, o sofrimento, a esperança e o verdadeiro caminho".

UM OBSCURO ENCANTO: GNOSE, GNOSTICISMO E POESIA MODERNA

Temas gnósticos ainda foram observados em narradores tão distintos quando H. P. Lovecraft (por Alexandrian, por causa da intervenção de entidades sinistras no mundo); em Marguerite Yourcenar (por Jacques Lacarrière, pela contradição em *A obra em negro* entre o alquimista que a protagoniza e o mundo);[22] em Doris Lessing (por Smith, pela busca interior em *Roteiro para um passeio no inferno*). E principalmente em Melville (por Ginsberg, por Hoeller, por Smith, por Harold Bloom, que o considera "o mais valente e obcecado dos gnósticos",[23] por equiparar a baleia de *Moby-Dick* a uma divindade maligna do mundo, pelo pessimismo em *Pierre*, pela negação do mundo em *Bartleby*, pelo breve poema "Fragments of a Lost Gnostic Poem of the 12th Century."[24]

Isso, no campo da narrativa em prosa; quanto à poesia, Serge Hutin viu "ressurgências gnósticas" — em uma abordagem sumária, mas semelhante àquela de Breton e próxima à empreendida aqui — em poetas românticos afins ao hermetismo e esoterismo como Blake, Novalis, Nerval, Baudelaire, e em sua descendência literária: Rimbaud, Lautréamont e os surrealistas.[25] E Harold Bloom, em *Genius*, não só apresenta seu elenco de poetas gnósticos, mas identifica gnosticismo à própria criação poética: "os mais ambiciosos poetas na tradição romântica ocidental, aqueles que fizeram uma religião de sua própria poesia, foram gnósticos, de Shelley e Victor Hugo até William Butler Yeats e Rainer Maria Rilke".[26]

A relação de obras literárias contemporâneas com influência gnóstica ou referências ao gnosticismo só tende a crescer. Inclui expressões da sensibilidade gnóstica e o conhecimento efetivo do gnosticismo através de fontes diretas, suas "escrituras", ou indiretas, os textos de heresiólogos e historiadores da religião. E também as apropriações incorretas e

---

[22] Jacques Lacarrière, *Les gnostiques*, Paris, Gallimard, 1973.
[23] Harold Bloom, *Jesus e Javé — os nomes divinos*, tradução de José Roberto O'Shea, Rio de Janeiro, Objetiva, 2006, p. 197.
[24] "Fragments of a Lost Gnostic Poem of the 12th Century", em *Herman Melville*, organização e tradução de R. W. B. Lewis, Nova York, Dell Publishing Co., 1962, p. 380.
[25] Serge Hutin, *Les gnostiques*, Paris, PUF, 1978 (Qui sais-je?).
[26] Harold Bloom, *Genius — A Mosaic of One Hundred Exemplary Creative Minds*, Nova York, Warner Books, 2002, p. xviii.

GNOSTICISMO: A "RELIGIÃO DA LITERATURA"?

superficiais.[27] Hoje, entre filmes,[28] textos jornalísticos e documentários na TV e até livros infanto juvenis,[29] observa-se um gnosticismo midiático. Decorridos dois milênios do aparecimento como doutrina, o gnosticismo está na moda.

É a "consagração" do gnosticismo no século XX a que se referiu Alexandrian. E, ao que tudo indica, no século XXI. Arcaico e anacrônico em seu dualismo e sua complexa mitologia, ao mesmo tempo pode ser associado a uma mentalidade moderna. Tal valorização moderna do gnosticismo está na razão inversa dos motivos, comentados por Hutin na abertura de *Les gnostiques*, pelos quais foi visto com desconfiança ou posto à margem por historiadores, e não só por teólogos:

> Muitos historiadores ainda consideram o gnosticismo como um monumento de sonhos e devaneios bizarros, de incoerências, de mitos estranhos, de fantasmagorias desprovidas de todo interesse filosófico, e que não passam, em definitivo, de um ramo particularmente degenerado do inquietante sincretismo religioso do primeiro e segundo século da nossa era.[30]

Contudo, tais características — ser bizarro, esdrúxulo, um desafio ao racionalismo — também se ajustam a uma sensibilidade moderna. Dela fazem parte o sincretismo e a valorização do grotesco por românticos, ou do surreal e transgressivo hoje. A qualificação como "monumento de

---

[27] A exemplo das referências aos gnósticos como guardiões de um suposto segredo sobre a descendência de Jesus Cristo em Dan Brown, *O código da Vinci*, Rio de Janeiro, Sextante, 2004.

[28] *Stygmata*, de 1999, direção de Rupert Wainwright, com Patricia Arquette e Gabriel Byrne, com uma passagem de *O evangelho segundo Tomé* com função central na trama, e *Maria (Mary)*, de 2005, direção de Abel Ferrara, com Forrest Whitaker e Juliette Binoche, também com referências a *O Evangelho segundo Tomé*; ambos precedendo *O código da Vinci*, de 2006, direção de Ron Howard, com Tom Hanks, e *A bússola de ouro (The Golden Compass)*, de 2007, dirigido por Chris Weitz, com Nicole Kidman, Daniel Craig e Eva Green, baseado no livro com o mesmo título de Philip Pullman. Também já foi visto gnosticismo na série *Matrix*, por mostrar o mundo como realidade virtual: seus protagonistas seriam demiurgos.

[29] Com destaque para a trilogia *Fronteiras do universo (A bússola de ouro, A faca sutil e A luneta âmbar)*, de Philip Pullman, publicada no Brasil pela Objetiva, com um aproveitamento inteligente da noção de eons, além de outros temas gnósticos, anticlericalismo inclusive.

[30] Serge Hutin, *Les gnostiques*, Paris, PUF, 1978.

UM OBSCURO ENCANTO: GNOSE, GNOSTICISMO E POESIA MODERNA

sonhos e devaneios bizarros" vale para especulações gnósticas e para *Jerusalém* e *Milton*, de Blake, *Aurélia*, de Nerval, *Iluminações*, de Rimbaud, ou *Os cantos de Maldoror*, de Lautréamont, entre outros que passaram de malditos a cultuados.

A diversidade de manifestações, modos de assimilação e interpretações do gnosticismo vem corroborar uma observação de Jorge Luis Borges: "Há, na história da filosofia, doutrinas, provavelmente falsas, que exerceram um obscuro encanto sobre a imaginação dos homens. A doutrina platônica e pitagórica do trânsito da alma por vários corpos, a doutrina gnóstica segundo a qual o mundo é obra de um deus hostil e rudimentar."[31]

Repare-se na ironia refinada de Borges ao falar em doutrinas "provavelmente falsas": então poderiam ser verdadeiras. Falso ou verdadeiro, pouco importa, o gnosticismo exerceu seu "obscuro encanto" sobre o próprio Borges. A propósito de "Una vindicación del falso Basílides" de 1931, com resumo de doutrinas gnósticas, Emin Rodriguez Monegal observou que

> o gnosticismo era uma das preocupações maiores de Borges nesses anos. Em dois contos incluídos mais tarde em F. (*Três versões de Judas* e *Tlön...*, JLB 34), Borges aproveitará a noção de que o mundo foi criado por demônios inferiores, de acordo com os gnósticos, e construirá deslumbrantes labirintos com ela.[32]

Borges também pode ser lido de modo produtivo na chave cabalística.[33] Na mesma época de "Una vindicación del falso Basílides", publicou "Una vindicación de la Cabala". Mas o gnosticismo está presente em Borges não apenas nos dois contos mencionados por Monegal, porém em outras passagens, inclusive através de referências diretas. Por isso, justifica-se ilustrar temas gnósticos com citações do autor de *El Aleph*, como será feito nas próximas páginas. Isso sem deixar de observar que a relação

---

[31] Jorge Luis Borges, *Novas inquirições*, tradução de G. N. Carvalho, Lisboa, Editorial Querco, 1984, p. 50.
[32] Jorge Luis Borges, *Ficcionario — Una antologia de sus textos*, Emir Rodríguez Monegal (org.), Cidade do México, Fondo de Cultura Económica, 1985, p. 438. "Una vindicación del falso Basilides" está nessa antologia.
[33] Entre outros, Saúl Sosnowski em *Borges e a Cabala — A busca do verbo*, São Paulo, Perspectiva, 1991.

GNOSTICISMO: A "RELIGIÃO DA LITERATURA"?

da criação borgeana com essas doutrinas é complexa. Inclui seu uso a serviço da sátira e paródia ou em reduções ao absurdo.

A "consagração da gnose" no século XX, observada por Alexandrian, tem história. Um de seus resumos pode estar em "'Gnostic' Consciousness", de Ginsberg: o poeta *beat* mostra um fio condutor que parte de Thomas Taylor (1758-1835) — um pensador neoplatônico, tradutor de Platão e hinos órficos, lido por poetas românticos — e segue de Blake a Melville e Whitman, passando pelos transcendentalistas norte-americanos: Ralph Waldo Emerson, Henry David Thoreau e Amos Bronson Alcott, educador, defensor de reformas sociais e criador de uma comunidade, a Brook Farm. "Quando os comunistas da Brook Farm não estavam lendo os Upanishadas e os Vedas, estavam se debruçando sobre os textos gnósticos neoplatônicos de Taylor", comenta Ginsberg.

Outro roteiro das ideias gnósticas desde o século XVIII até hoje, distinto daquele exposto por Ginsberg, é traçado por Smith. Não menciona Taylor; mas refere-se a Pierre Bayle (1647-1706), que preparou, na passagem do século XVII para o XVIII, o *Dictionnaire historique et critique*, obra iniciadora do enciclopedismo. Comenta que o enciclopedista e seus contemporâneos confundiam maniqueísmo e gnosticismo, ou utilizavam o termo maniqueísmo para designar toda doutrina dualista, tomando a parte pelo todo. É o que se vê em Voltaire, no *Cândido*: o pessimista Martin, que sustenta ser este o pior dos mundos possíveis, contraposto ao otimista Pangloss, é maniqueísta.

Mas, lembra Smith, no final do século XVIII, em *Declínio e queda do Império Romano*, Edward Gibbon já se referiria expressamente aos gnósticos, e de modo favorável: teriam sido "os mais educados, os mais instruídos e os mais prósperos" dentre os cristãos. Gnosticismo, definido como "religião do conhecimento", também figura como verbete na *Encyclopédie,* de Diderot e D'Alembert. E Voltaire, no *Dicionário filosófico*, referiu-se aos gnósticos como "uma nova seita de judeus, transformados em filósofos à força", que os cristãos tiveram de enfrentar ao se estabelecer na Grécia.[34]

---

[34] Voltaire, *Cartas inglesas, Tratado de metafísica, Dicionário filosófico, O filósofo ignorante*, Marilena Chaui (org.), tradução de Marilena Chaui, Bruno da Ponte e João Lopes Alves, São Paulo, Abril Cultural, 1978, p. 138, (Os Pensadores).

Repare-se nos dois personagens, Taylor e Bayle, na origem dos roteiros delineados por Ginsberg e Smith. Por meio deles, podem-se discernir duas vertentes paralelas do interesse por gnosticismo. Uma delas enciclopedista, racionalista: aquela de Bayle e também de Gibbon, Voltaire e David Hume. Como observa Smith, "os autores do Esclarecimento criaram um retrato favorável dos gnósticos porque a heterodoxia se adequava à sua antiortodoxia."[35]

Contudo, não se tratava apenas de simpatia pela heterodoxia gnóstica. Essa servia à argumentação antirreligiosa pela redução ao absurdo: aceita a existência de um Criador, esse teria de ser maligno como o demiurgo gnóstico, para que de sua obra pudesse resultar um mundo como este. É a argumentação de Hume, autor do julgamento sarcástico, citado por Smith: "Estupidez, cristianismo e ignorância." E desta suposição irônica, citada por Borges:

> O mundo — escreve David Hume — talvez seja o esboço rudimentar de algum deus infantil, que o abandonou meio feito, envergonhado com a sua deficiente execução; é obra de um deus subalterno, de quem os deuses zombam; é a confusa obra de uma divindade decrépita e aposentada, que já está morta.[36]

A outra vertente, aquela descrita por Ginsberg, iniciada por Taylor e que vai de Blake aos transcendentalistas e desses aos *beat*, é antes religiosa e místico-poética.

Essa dualidade dos modos de encarar o gnosticismo pode ser um caso particular de como, no século XVIII, foram revalorizados mitos e mitologias. Entre os enciclopedistas, fundamentavam o argumento de que o cristianismo consistia em uma cópia ou adaptação de outras mitologias. Já entre românticos, houve valorização dos mitos enquanto tais, como fonte de conhecimento: "A primeira revolução romântica foi uma 'revolução mitológica'", observa Pierre Albouy.[37]

---

[35] Richard Smith, *op. cit.*, p. 533.
[36] Jorge Luis Borges, *Novas inquirições, op. cit.*, p. 120.
[37] Pierre Albouy, *La création mythologique chez Victor Hugo*, Paris, Librairie José Corti, 1963, especialmente no cap. I, "Le merveilleux et le mythe au XIX siècle".

GNOSTICISMO: A "RELIGIÃO DA LITERATURA"?

Há uma definição de Octavio Paz, em *Os filhos do barro*, da "idade moderna como uma idade da crítica, nascida da negação"[38] e, consequentemente, da crítica como seu fundamento: "Na Idade Média, a religião funda a sociedade. Porém, desde que a burguesia fez a crítica do mundo sagrado, o fundamento da sociedade é a crítica. O mundo do passado estava assentado em verdades imutáveis, invulneráveis à crítica. Agora, o fundamento do mundo é a crítica."[39]

Uma vez aceito que a crítica é o fundamento da modernidade, então estamos diante de duas de suas modalidades. Uma delas, a crítica leiga da religião. Outra, a crítica religiosa, reação à dessacralização do mundo. Através dela, visões de mundo distintas tanto do cristianismo ortodoxo quanto dos enciclopedistas.

A questão das vias de acesso ao gnosticismo é complexa e não se resume à influência de Bayle e Taylor. Havia bastante material de leitura sobre mitologia e história das religiões na segunda metade do século XVIII. Os dois caminhos aqui traçados — um iluminista, outro romântico — cruzavam-se. Mas, qualquer que seja o roteiro adotado de fontes gnósticas e herméticas, o reaparecimento do gnosticismo fez parte de um ambiente intelectual típico do século XVIII. É o que observa Doresse:

> [...] a lembrança das seitas gnósticas, desde quando essas foram eliminadas pelo Cristianismo ortodoxo, atraiu bem pouco interesse. Essas heresias passaram, então, para os historiadores da Igreja, por devaneios fantásticos os quais um pouco de luz bastaria para dissipar. É apenas no século XVIII, época de universal curiosidade, época também na qual certos místicos ocultistas ou hermetistas buscaram seu alimento nas fontes mais antigas e mais estranhas, que se começou a julgar a antiga Gnose mais digna de interesse.[40]

É nesse contexto, de "universal curiosidade" e de universalismo, que o interesse por gnosticismo ressurge. Cabe lembrar, a propósito, o duplo sentido da expressão "iluminismo": tanto pode designar a crença em uma

---

[38] Octavio Paz, *Os filhos do barro*, tradução de Olga Savary, Rio de Janeiro, Nova Fronteira, 1984, p. 52.
[39] Octavio Paz, *Solo a dos voces*, em parceria com Juliás Rios, Barcelona, Editorial Lumen, 1973.
[40] Jean Doresse, *Les livres secrets des gnostiques d'Égypte*, Paris, Librairie Plon, 1958, p. 2.

lógica da história e um progresso por meio da ampliação do conhecimento quanto se referir aos "iluminados", teosofistas e esoteristas dos séculos XVII e XVIII, de grande importância na gênese do romantismo e antagônicos com relação ao culto dos enciclopedistas à razão.

Os dois polos do iluminismo, um racional e outro místico, refletem uma dualidade típica do século XVIII: a coexistência do culto à razão e do seu aparente inverso, o crescimento de seitas e grupos esotéricos; entre outros, a maçonaria em suas diferentes versões e os grupos de martinistas, rosa-cruzes e ocultistas. Ambos, racionalismo e ocultismo, aparente claridade e suposto obscurantismo, modernização e tradicionalismo, integraram a mesma complexa configuração. Para cada Voltaire ou Diderot houve um Cagliostro ou Saint-Germain (assim como, para cada Rousseau, um Marquês de Sade). "Iluminados" e iluministas tiveram prestígio equivalente: foram consultados e recebidos por monarcas da época, para assessorá-los ou instruí-los. Ambos, enciclopedistas e esoteristas, exerceram influência no ambiente de maior liberdade de pensamento e expressão, em sincronia com o enfraquecimento dos absolutismos e do poder temporal da Igreja.

Mas a utilização do gnosticismo como argumento antirreligioso pela crítica iluminista foi contingente, típico de um período. Já a adoção do gnosticismo pela crítica romântico-religiosa permaneceria e viria a ampliar-se nos dois séculos seguintes. Tem relação com essa crítica a inclinação de românticos, simbolistas e alguns modernistas por disciplinas herméticas e cultos esotéricos. Sua presença na poesia romântica já foi examinada.[41] Um resumo está não em um texto de crítica literária, mas em uma narrativa, *Arcano 17*, de Breton:

> Os grandes poetas do século passado o compreenderam [ao esoterismo] admiravelmente, desde Hugo, cujas relações muito estreitas com a escola de Fabre d'Olivet acabam de ser reveladas, passando por Nerval, cujos sonetos famosos referem-se a Pitágoras, a Swedenborg, por Baudelaire, que notoriamente vai buscar nos ocultistas sua teoria das "correspondências", por Rimbaud, cujo caráter de suas leituras nunca seria acentuado suficientemente, no apogeu de seu poder criador — basta remeter à lista

---

[41] Uma sinopse parcial desses estudos em Wouter J. Hanegraaff, "Romanticism and the Esoteric Tradition", em Roelof van den Broek e Wouter J. Hanegraaff (eds.), *Gnosis and Hermeticism from Antiquity to Modern Times*, Nova York, University of New York Press, 1998.

GNOSTICISMO: A "RELIGIÃO DA LITERATURA"?

já publicada das obras que toma emprestado à biblioteca de Charleville — até Apollinaire, em quem alternam a influência da cabala judia e a dos romances do Ciclo de Artur. Mesmo não sendo do agrado de certos espíritos, que só se sentem à vontade na imobilidade e no óbvio, na arte esse contato não cessou e não cessará de ser mantido. Consciente ou não, o processo de descoberta artística, embora permanecendo alheio ao conjunto das suas ambições metafísicas, não é menos enfeudado à forma e aos meios de progressão da alta magia. Tudo o mais é indigência, é banalidade insuportável, revoltante: cartazes publicitários e versinhos.[42]

Como se vê, para Breton o que não tivesse fundamento esotérico seria propaganda e subliteratura. Paz, seguindo Breton e citando *Arcano 17*, entende que "de Blake a Yeats e Pessoa, a história da poesia moderna do Ocidente está ligada à história das doutrinas herméticas e ocultas, de Swedenborg a madame Blavatsky."[43]

Um dos capítulos dessa história de afinidades é o modo pelo qual líderes de seitas e doutrinas contribuíram para a difusão do gnosticismo ao adotá-lo. Por exemplo, Blavatsky, que foi uma espécie de estágio inicial em esoterismo para autores do porte de Yeats, que a frequentou, e Pessoa, que a traduziu.

Acompanhou a retomada moderna do gnosticismo o crescimento da bibliografia. E, ultimamente, um fato novo: pesquisas e estudos acadêmicos sobre a gnose nas listas de best sellers. Isso ocorreu com pelo menos dois títulos de Pagels, professora de estudos religiosos em Princeton: alguém que não é, digamos, um Dan Brown ou qualquer outro explorador sensacionalista de temas associados a hermetismo e filosofia oculta. São o já citado *Os evangelhos gnósticos* e *As origens de Satanás*, que também focaliza gnosticismo.

Também circulam, acessíveis ao leitor comum, inclusive brasileiro, edições comentadas dos "evangelhos" ou "escrituras" do gnosticismo, como a de Layton, aqui utilizada. E têm saído novos textos que expõem o assunto de modo confiável, a exemplo do já citado *O evangelho de Judas*, de 2006.

Veio ampliar os modos de aproximação do gnosticismo a contribuição de alguém tão influente como Bloom: em *Presságios do milênio* e

---
[42] Andre Breton, *Arcano 17*, tradução de Maria Teresa de Freitas e Rosa Maria Boaventura, São Paulo, Brasiliense, 1985, p. 77.
[43] Octavio Paz, *Os filhos do barro*, p. 94.

outros ensaios, examina o gnosticismo de modo erudito e se declara gnóstico. Independentemente do grau de aceitação de suas teses sobre influência e seu cânone ocidental, Bloom contribui para alçar a discussão da gnose e do gnosticismo a um novo patamar. Coincidindo com as ideias de "sensibilidade religiosa" de Sontag, "consciência religiosa" de Roob e "atitude religiosa" de Doresse, já mencionadas, insiste em seu caráter universal, associando-o ao xamanismo arcaico (baseando-se principalmente em E. R. Dodds, que, em um dos capítulos de *Os gregos e o irracional*, relaciona a doutrina órfica ao xamanismo):[44]

> Um eu mais velho e que é a melhor parte de nós, um eu divino e mágico: essa crença xamanista, que também chamamos de órfica, me parece a origem de todo gnosticismo — judaico, cristão ou islâmico — do gnosticismo secular, alexandrino, chamado *Corpus Hermeticum*, que se tornou a base de Bruno e outros mistagogos do Renascimento italiano. O xamanismo é universal, e isso talvez explique o curioso universalismo do que os crentes normativos de todas as eras chamam de "heresia gnóstica".[45]

Em *Genius*, afirma que gnosticismo é "a religião da literatura".[46] Em *Poesia e repressão*, vai mais longe; comentando os "poetas, muitos dos quais foram implicitamente gnósticos, embora explicitamente mais misteriosos ainda", afirma que o gnosticismo é paradigma para a interpretação de obras: "A doutrina valentiniana da criação presta-se ao meu propósito revisionário, que consiste em adotar um modelo interpretativo mais próximo da postura e da linguagem da poesia 'moderna' ou pós-iluminista do que foram os modelos filosoficamente orientados".[47]

Também ao tratar da Cabala, desafia teorias correntes:

> A teologia negativa, mesmo quando beira a teosofia, parece-me a "disciplina" apropriada para as incursões dos críticos literários revisionários na

---

[44] E. R. Dodds, *Os gregos e o irracional*, tradução de Paulo Domenech Oneto, São Paulo, Escuta, 2002, especialmente o capítulo V, "Os xamãs gregos e a origem do puritanismo".
[45] Harold Bloom, *Presságios do milênio: anjos, sonhos, imortalidade*, tradução de Marcos Santarrita, Rio de Janeiro, Objetiva, 1996, p. 105.
[46] Harold Bloom, *Genius — A Mosaic of One Hundred Exemplary Creative Minds*, p. xvii.
[47] Harold Bloom, *Poesia e repressão — O revisionismo de Blake a Stevens*, tradução de Cillu Maia, Rio de Janeiro, Imago, 1994, p. 25, assim como a citação a seguir.

GNOSTICISMO: A "RELIGIÃO DA LITERATURA"?

sua incessante busca por outras metáforas para o ato de ler, bem mais do que a linguística estruturalista ou o raciocínio por negação da filosofia continental. Mas a situação da poesia forte pós-iluminista é tão extremada, quase tão idêntica à angústia da influência, que requer como modelo interpretativo a teologia mais dialética e negativa que se possa encontrar. A Cabala oferece não só uma dialética da criação surpreendentemente próxima da poesia revisionária, mas também uma retórica conceitual engenhosamente direcionada para a sua defesa.

Aceita essa argumentação, para ler e interpretar um Baudelaire, um Mallarmé ou um Yeats seria mais produtivo aprofundar-se em gnosticismo e cabala do que na teoria da recepção, no desconstrucionismo, em estudos socioculturais.

Tais afirmações têm consequências fascinantes: se aplicadas a currículos de Letras, equivaleriam ao resgate de uma concepção renascentista do saber, na qual esses campos efetivamente se confundiam. Ou de uma filosofia e crítica romântica, com seu elevado apreço por mitologias, religiões, esoterismo e simbologias arcaicas.

A proposta de Bloom contribui para a discussão dos modos de estudar literatura. Um grau maior de atenção à mitologia, ao misticismo, esoterismo e a estudos comparados das religiões chega a ser indispensável para a leitura de autores do período romântico e da contemporaneidade, de Blake e Novalis até Ginsberg e Guimarães Rosa, passando por James Joyce e pelos surrealistas. Estudantes de Letras deparam-se, sem se dar conta disso, por não dispor do instrumental adequado, com obras de autores que se valeram de fontes e expressaram conteúdos gnósticos, herméticos, cabalísticos, alquímicos, ocultistas. Ensaios sobre autores como alguns dos aqui examinados por vezes obliteram o assunto, mesmo quando seu exame seria esclarecedor e teria relevância. Um viés cientificista em estudos literários pode estar contribuindo para que tais conexões e os respectivos campos do conhecimento permaneçam em segundo plano.

Mas o que Bloom propõe vai mais longe: exigiria a transformação do próprio estudioso, a alteração ou expansão da sua consciência para chegar à gnose, a outra compreensão do mundo e, consequentemente, da obra literária. Talvez corresponda à recomendação de Moshe Idel, a propósito de exercícios práticos de técnicas místicas por Gershom Scholem, o historiador da cabala, como "reconhecimento de que a abordagem acadêmica tem suas limitações; ao transcendê-la através de orientações espirituais, o estudioso pode ser salvo da aridez do acadêmico, presumivelmente praticando algum tipo de experiência espiritual".[48]

Ainda assim, interpretações desde uma doutrina filosófico-religiosa ou empregando simbologia esotérica podem ser redutoras, tanto quanto paradigmas norteados pelo cientificismo. Um soneto de Nerval ou Baudelaire ou um trecho da prosa poética de Rimbaud pode oferecer maiores obstáculos à interpretação e mais possibilidades de leitura do que algumas dezenas de páginas de uma escritura, gnóstica ou de outras religiões e doutrinas. Evidentemente, isso vale para a pregação exotérica, e não para os textos cifrados, que supõem a transformação do leitor para seu entendimento: obras de alquimia e cabala; ou páginas de um Jacob Böhme.

Talvez seja possível outro caminho: em vez de ler poesia como gnóstico, consistiria em interpretar gnose e outras doutrinas como poeta, ou a partir da poesia. Esse parece ser o procedimento adotado por Paz, não com referência especificamente ao gnosticismo, porém examinando o tantrismo e outras modalidades do budismo em *Conjunções e disjunções* à luz da sua "dialética dos signos".[49] Mas, qualquer que seja o modo de aproximação adotado, interessa mostrar como criadores literários não apenas absorveram essas doutrinas arcaicas, mas o fizeram de modo original, assim as transformando e até as reinventando. Usando suas categorias e temas, promoveram a subversão do senso comum e da ordem estabelecida.

---

[48] Moshe Idel, *Cabala: novas perspectivas*, São Paulo, Perspectiva, 2000, p. 17.
[49] Mais sobre a "dialética dos signos" de Paz em Maria Esther Maciel, *Vertigens da lucidez, poesia e crítica em Octavio Paz*, São Paulo, Experimento, 1995, p. 73; Claudio Willer, "Octavio Paz e a literatura comparada", em *Diálogos críticos: literatura e sociedade nos países de língua portuguesa*, Vima Lia Martin (org.), São Paulo, Arte & Ciência, n. 8, 2005 (Coleção Via Atlântica).

CAPÍTULO 2   O conhecimento gnóstico

Mas o que foi, ou é, o gnosticismo? Em que consiste essa "teologia negativa", conforme Bloom, capaz de suscitar o "obscuro encanto" observado por Borges? É possível especificar seu âmbito? Trata-se de atitude, doutrina filosófica, religião? Há um *corpus* gnóstico, uma doutrina estruturada? Consegue-se descrevê-la?

O crescimento da bibliografia sobre gnosticismo tem relação direta com a dificuldade de responder a essas perguntas e com as controvérsias suscitadas por elas. Mas há consenso quanto a algumas de suas características. Seu ponto de partida, para Doresse, foi:

> a consideração, por parte do indivíduo, de sua situação frente aos dados imediatos do mundo inferior: o que sou em realidade? onde estou? por que e como cheguei a este mundo, onde me sinto estranho, exilado? onde estava eu e quem era eu originalmente, em minha verdadeira identidade? como voltarei àquela situação inicial e renascerei para minha perfeição perdida?[1]

Ou, conforme uma das "escrituras" gnósticas, *Zostrianos*: "De que maneira a realidade, que não existe, foi manifestada com poder como existente?"[2]

Um caminho para avançar na compreensão do gnosticismo, adotado por vários estudiosos, começa pelo exame do sentido dos vocábulos "gnose", "gnósticos" e "gnosticismo". Layton, em sua coletânea de escritos gnósticos, refere-se a "um grupo antigo que se autodenominava gnósticos — pessoas aptas a ter conhecimento (gnõsis) de Deus."[3] Esclarece

---

[1] Jean Doresse, "La gnosis", em *Las religiones en el Mundo Mediterrâneo y en el Oriente Proximo II*, v. 6, Madri, Siglo XXI, 1979 (Coleção Historia de las Religiones, organizada por Henri-Charles Puench, p. 21.
[2] Bentley Layton (org.), *op. cit.*, p. 150.
[3] *Idem, ibidem*, p. XV.

que, sendo *gnōsis* uma palavra da linguagem comum em grego, o mesmo não ocorria com "seu estranho derivado", *gnōstikos*. Mostra a distinção entre conhecimento proposicional (o *eidenai* grego) e a familiaridade com um objeto ou pessoa, cujo substantivo grego é *gnōsis*, associando-o ao inglês *acquaintance*. Em outras palavras, distingue saber de conhecer; e confere a esse uma conotação de proximidade ou familiaridade. Adiante, identifica *gnōsis* a um "entendimento não discursivo".[4]

Também Puech observa que *gnōsis* é palavra transitiva, que supõe um genitivo. É sempre conhecimento *de* algo: daí seu uso pelo gnosticismo ser estranho. Sugere identidade com o divino, a esfera superior, os mistérios, e também consigo mesmo, com a própria alma, com a centelha de luz que permanece no ser humano.

Há superação da distinção entre ser e perceber, representação e objeto, em uma síntese do sujeito e das coisas, proclamada em *O evangelho segundo Filipe*:

> As pessoas não podem ver coisa alguma no mundo real, a não ser que se tornem essa mesma coisa. No reino da verdade, não é como os seres humanos no mundo, que veem o sol sem ser o sol, e veem o céu e a terra, e assim por diante, sem ser eles. Antes, se você viu qualquer coisa lá, você se tornou aquela coisa: se você viu o ungido (Cristo), você se tornou o ungido (Cristo); se você viu o [pai, você] se tornará o pai. Assim [aqui] (no mundo) você vê tudo e não [vê] a si mesmo. Mas lá, você vê a si mesmo; pois você se torna o que você vê.[5]

Trata-se de um conhecimento que não apenas eleva, mas salva, permitindo que o adepto venha a livrar-se deste mundo; ou, em algumas variantes, que também venha a transformar o mundo. Para o *Zostrianos*, a "pessoa que se salva é a que procura compreender e, assim, descobrir a si mesma e ao intelecto".[6] Daí a abertura de *O evangelho segundo Tomé*, frequentemente citada, e que equivale a uma regra ou princípio geral de todo esoterismo: "Estes são os ditos obscuros que Jesus vivente pronun-

---

[4] *Idem, ibidem*, p. 145.
[5] *Idem, ibidem*, p. 402. Os colchetes e parênteses são do texto citado.
[6] *Idem, ibidem*, p. 158.

ciou e que Dídimo Judas Tomé escreveu. E ele disse: 'Quem encontrar o sentido destes ditos não provará a morte'."[7]

É possível observar, por meio dessas sinopses, uma diferença fundamental com relação à doutrina cristã: a salvação não é mais consequência das ações e da fé, mas do conhecimento. Como esclarece Jonas: "O conceito gnóstico de salvação nada tem a ver com a remissão do pecado (o próprio 'pecado' não tendo lugar na doutrina gnóstica, que coloca 'ignorância' em seu lugar)."[8] Pagels sintetiza: para os gnósticos, "a ignorância, e não o pecado, é que acarreta o sofrimento humano".[9]

Merecem exame as consequências da suposição gnóstica de um conhecimento intransitivo. Conhecer supõe uma relação entre duas instâncias: o sujeito cognoscente e o objeto do conhecimento. O desaparecimento de um desses termos, de um objeto delimitado, coloca o outro, o sujeito, à beira de um abismo, ou de um solipsismo. O conhecimento de tudo, do infinito, equivale à anulação de quem conhece; ou da linguagem, destruída sua referência externa, seu objeto. Uma das saídas para o impasse foi adotada por Novalis e outros representantes do que Albert Béguin chama de "tradição do romantismo interior",[10] ao identificarem o conhecimento do sujeito ao conhecimento total. É o que já está nessa versão do "conhece-te a ti mesmo" de *O livro de Tomé Lutador escrevendo para o Perfeito*: "Pois aqueles que não se conhecem a si mesmos não conheceram coisa alguma. Mas aqueles que somente se conheceram a si mesmos receberam também conhecimento das profundezas da totalidade."[11]

A conquista gnóstica do conhecimento é uma reintegração. A salvação associada ao conhecimento ou, antes, ao reconhecimento corresponde a abandonar definitivamente este mundo, o reino da necessidade. Daí, dessa ideia de reintegração por meio da fusão com o divino, o gnosticismo pos-

---

[7] *Idem, ibidem*, p. 450.
[8] Hans Jonas, *The Gnostic Religion: The Message of the Alien God and the Begginings of Cheristianity*, Boston, Beacon Press, p. 127.
[9] Elaine Pagels, *Os evangelhos gnósticos*, tradução de Marisa Mota, Rio de Janeiro, Objetiva, 2006, p. 141.
[10] Albert Béguin, *L'âme romantique et le rêve, essai sur le romantisme allemand et la poésie française*, Paris, Librairie José Corti, 1991, p. 445.
[11] Bentley Layton (org.), *op. cit.*, p. 476.

tular a consubstancialidade, conforme também observa Puech: "Este é o ponto capital da doutrina, já que supõe o reconhecimento de uma consubstancialidade entre Deus e as almas: essas não são senão fragmentos da substância divina, ou, o que vem a ser o mesmo, partículas de Deus caídas aqui embaixo, unidas ao corpo e à matéria e mescladas ao Mal."

A doutrina da consubstancialidade tem relevância especial no gnosticismo. Em algumas variantes, especialmente no maniqueísmo, com a doutrina da "mistura" entre partículas divinas e mundanas, evolui para a ideia de uma espécie de parceria entre o homem, o mundo e Deus: salvar-se, elevar-se e iluminar-se tem reflexos e consequências no restante do universo.

Conhecimento é algo pessoal, da esfera da experiência individual, enquanto a observância de normas, distinguindo o pecado daquilo que seria lícito, é forçosamente coletiva. Daí o individualismo gnóstico, associado por Jonas ao inconformismo:

> Os expoentes gnósticos exibiam um pronunciado individualismo intelectual, e a imaginação mitológica do movimento como um todo era incessantemente fértil. Não-conformismo era quase um princípio da mente gnóstica, intimamente ligado à doutrina do "espírito" soberano como fonte de conhecimento direto e iluminação.[12]

A divergência entre o modo gnóstico de valorizar o conhecimento e a ortodoxia cristã é acentuada por Pagels:

> Os cristãos, diz Tertuliano, citando Paulo, deveriam, "todos, falar e pensar as mesmas coisas". Quem quer que se afastasse do consenso era, por definição, um herege, porque, como observa ele, a palavra grega traduzida como "heresia" (*hairesis*) significa literalmente "opção". Logo, o "herege" era um indivíduo que fazia uma opção. [...] Tertuliano, porém, reafirma que fazer opções era um mal, porque elas destroem a unidade do grupo. A fim de erradicar a heresia, continua, os líderes da Igreja em hipótese alguma deviam permitir que as pessoas fizessem perguntas, porque as perguntas é que as tornam heréticas — acima de tudo, aquelas como as seguintes: de onde vem o mal? Por que o mal é permitido? Qual a origem

---

[12] Hans Jonas, *op. cit.*, p. 42.

dos seres humanos? Tertuliano quer colocar um ponto final nessas questões e impor a todos os crentes a mesma *regula fidei*, "regra da fé", ou crença. [...] O verdadeiro cristão, diz Tertuliano, apenas resolveu "nada saber... que divirja da fé".[13]

Para corroborar a argumentação antiortodoxa de Pagels, é lícito citar o exame, por Carlo Ginzburg, da abdicação cristã do saber através da adoção, a partir da Vulgata de São Jerônimo, do *nolli altum sapere, sed time* — uma tradução distorcida do grego para o latim da advertência de Paulo contra a soberba na Epístola aos Romanos. Resultou, afirma esse historiador, na interdição do conhecimento da divindade, da realidade cósmica e dos segredos da natureza, bem como do poder, da política:

> [...] o ressurgimento das palavras paulinas *nolli altum sapere* em contextos diferentes reflete um pressuposto unitário explícito: a existência de um âmbito separado, cósmico, religioso e político definível como "alto" e vedado ao conhecimento humano.
> O valor ideológico dessa tríplice exortação é evidente. Ela tendia a conservar a hierarquia social e política existente, condenando os pensadores políticos subversivos que tentavam penetrar nos mistérios do Estado. Tendia a reforçar o poder da Igreja (ou das igrejas), subtraindo os dogmas tradicionais à curiosidade dos heréticos. Tendia, além disso — um efeito marginal de certa importância — a desencorajar os pensadores independentes que ousassem questionar a venerável imagem do cosmo, baseada no pressuposto aristotélico-ptolomaico de uma contraposição nítida entre os céus incorruptíveis e um mundo sublunar (isto é, terreno) corruptível.[14]

O ensaio de Ginzburg aqui citado é sobre o *sapere aude*, ousar saber, lema de Immanuel Kant e do Esclarecimento, cujos arquétipos são Prometeu e Ícaro. Mas sua argumentação pode servir para entender moti-

---

[13] Elaine Pagels, *As origens de Satanás*, tradução de Ruy Jungman, Rio de Janeiro, Ediouro, 1996, p. 210.
[14] Carlo Ginzburg, "O alto e o baixo: o tema do conhecimento proibido nos séculos XVI e XVII", em *Mitos, emblemas, sinais: morfologia e História*, tradução de Federico Carrotti, São Paulo, Companhia das Letras, 1989, p. 99.

vos pelos quais o gnosticismo voltou a suscitar interesse em tempos modernos.

É claro que também houve um esforço especulativo dentro do cristianismo, exemplificado por atualizações filosóficas como aquelas empreendidas por Agostinho e Tomás de Aquino. E houve hermetismos e cabalismos no âmbito da Igreja Católica, como o de Athanasius Kircher, jesuíta do século XVII que influenciou o ocultismo romântico, especialmente aquele de Nerval. Mas o paralelo do confronto entre gnose e cristianismo àquele do *sapere aude* versus ortodoxia é reforçado pelo modo como se opuseram hermetistas dos séculos XVI a XVIII e o espírito da Contrarreforma.[15] E, mais ainda, pela aversão declarada ao gnosticismo por representantes de um integrismo contemporâneo. Chega-se a falar em "conspiração gnóstica", associada ao romantismo literário, na documentação produzida por autores afins ao integrismo católico,[16] adotando a tese de Kurt Voegelin, autor de um livro com esse título. Raciocinando na mesma linha, um poeta contemporâneo de prestígio, Bruno Tolentino, caracteriza gnosticismo como "um estado de rebelião inerente ao espírito dissatisfeito, uma enfermidade do espírito [...] da qual provêm cada vez mais acentuadamente todas as metástases do orgulho, da destruição e do caos". Vê nos gnósticos "[...] a revolta, a sanha do arcanjo caído, o furto, tão inútil quanto impossível, do fogo do Céu por um Prometeu ensandecido, por consistir na absurda vontade do homem enfermo de orgulho, a sede de um saber que desminta ou, melhor ainda, substitua a divina sabedoria".[17] Nessa versão atualizada da condenação do *sapere aude*, inclui em sua herança o "espírito de sistema", "essa abusiva criação hegeliana", a relativização do conhecimento por Kant, e, em termos mais gerais, a contribuição do Esclarecimento.

Dadas as condições para que o gnosticismo prosperasse, talvez viesse a criar os seus sectários e a engendrar ortodoxias. Há "escrituras" que sugerem a possibilidade de gnosticismos com a severidade do calvinismo

---

[15] Examinado nos dois livros de Frances A. Yates aqui citados, *Giordano Bruno e a tradição hermética*, tradução de Yolanda Steidel de Toledo, São Paulo, Cultrix, 1955, e *El iluminismo rosacruz*, tradução de Roberto Gómez Ciriza, Cidade do México, Fondo de Cultura Económica, 2001.
[16] Por exemplo em www.montfort.org.br, que também traz notícias sobre integralismo e Tradição, Família e Propriedade (TFP).
[17] Bruno Tolentino, *O mundo como ideia*, São Paulo, Globo, 2001, p. 46-49.

e outras denominações derivadas da reforma protestante, como *O evangelho da verdade*,[18] de Valentino, ao condenar a licenciosidade, até, muito ortodoxamente, associando-a ao demônio. Mas, historicamente, os gnósticos estiveram do lado da heterodoxia, da livre busca do conhecimento, ao equipará-lo à salvação. E sua associação ao *sapere aude* acaba sendo reforçada por alguns de seus críticos. Tais condenações voltam-se, na verdade, contra a crítica política e filosófica, e contra categorias como liberdade individual e autodeterminação. Seus argumentos acabam por reforçar o interesse pelo gnosticismo, ao situá-lo na origem de avanços constitutivos do mundo moderno, mais aberto.

Mas o que se conhece por meio do gnosticismo? O exame de suas "escrituras" mostra uma doutrina ao mesmo tempo especulativa e mística. Para Jonas, "os gnósticos foram os primeiros 'teólogos' especulativos da nova era da religião destituindo a antiguidade clássica". Mas, nisso distinguindo-se da teologia cristã desenvolvida a partir do concílio de Niceia no século IV d.C., "sua especulação foi invariavelmente mitológica; e os mitos dela resultantes, com suas personificações, hipóstases e narrativas quase cronológicas, são símbolos conscientemente construídos da teoria metafísica".[19]

De fato, a complexidade da mitologia gnóstica dá a impressão de um frenesi especulativo. Nisso diferencia-se dos cultos de mistério a Ísis, Dionísio, Átis, Cibele, Mitra e Deméter,[20] bem como da palavra de Jesus Cristo na escritura canônica. No entanto, destacar a especulação no gnosticismo, como o faz Jonas, em detrimento da revelação, pode ser reexaminado. Vale também para o gnosticismo a caracterização, por Idel, da Cabala como "não predominantemente teórica", porém "um saber primordialmente prático e experiencial".[21]

Revelações e iluminações pertencem ao âmbito do misticismo; se alguém relata uma gnose como ligação direta com a esfera divina, então esse alguém é um místico. Misticismo, para Scholem, é quando "o abismo entre o humano e o divino", tornado "um fato da consciência interior"

---

[18] Bentley Layton (org.), *op. cit.*, p. 308.
[19] Hans Jonas, *op. cit.*, p. 236.
[20] Walter, Burkert, *Antigos cultos de mistério*, tradução de Denise Bottman, São Paulo, Edusp, 1991.
[21] Moshe Idel, *Cabala: novas perspectivas*, São Paulo, Perspectiva, 2000, p. 36.

no estágio do desenvolvimento das religiões que corresponde à sua "forma clássica", como "religião institucional",²² se torna objeto de

> [...] uma investigação do segredo capaz de fechá-lo [a esse abismo], do caminho oculto que permite transpô-lo. [o místico] Tenta reagrupar os fragmentos quebrados pelo cataclismo religioso, recuperar a antiga unidade que a religião destruiu, mas num novo plano, em que o mundo da mitologia e o da revelação se encontram na alma do homem. Destarte, a alma se transforma em seu cenário, e a trajetória da alma por meio da multiplicidade abismal das coisas em direção à realidade divina, agora percebida como a unidade primordial de todas as coisas, se torna sua principal preocupação.²³

O misticismo, diz Scholem, seria característico de um terceiro estágio da história das religiões, após o primitivo panteísmo e a afirmação e consolidação dos grandes monoteísmos: "seu aparecimento [do misticismo] coincide com o que se poderia chamar de período romântico da religião". Corresponde a uma revivescência do pensamento mítico, característico de uma etapa inicial, precedendo as religiões institucionais ou normativas. Supor tais etapas dificilmente se aplicaria às grandes religiões orientais, não teístas, como o budismo e o taoismo, ou politeístas como o hinduísmo, nas quais instituições e misticismo parecem ter caminhado em paralelo. Mas pode contribuir para a compreensão de outro fenômeno: o próprio romantismo, não mais religioso, porém literário e filosófico, com sua atração por mitos arcaicos e suas tentativas de revivê-los.

Semelhante hipótese, dos estágios no desenvolvimento das religiões, impossibilitaria entender gnosticismo como misticismo cristão herético. Gnósticos precederam em um milênio a Mestre Eckhart ou Joachim de Fiore; foram contemporâneos do surgimento da religião cristã, e não das crises de sua institucionalização. Se for para associar misticismo gnóstico a uma etapa do desenvolvimento de alguma religião, então essa teria de ser o já milenar judaísmo, e não o incipiente cristianismo.

---

²² Gershom G. Scholem, *As grandes correntes da mística judaica*, tradução de Jacó Guinsburg e outros, São Paulo, Perspectiva, 1995, p. 9.
²³ *Idem, ibidem*, p. 10, assim como as citações do próximo parágrafo.

Mas até que ponto eram místicos os gnósticos? As visões relatadas por aqueles autores anônimos foram experiências efetivamente visionárias? Ou tiveram, para usar a terminologia de Idel, uma "natureza não experiencial"?

Aparições, em "escrituras" gnósticas, de uma entidade sobrenatural, cujo ensinamento é transcrito, podem reproduzir uma convenção literária; uma tópica da revelação precedendo a exposição. Essa é comum a inumeráveis peças de literatura religiosa: entre outras, aquelas dos profetas bíblicos, incluindo as visões de Ezequiel e os anúncios do Juízo Final em Isaías e Daniel; o Apocalipse de João, ditado pelo Espírito e anunciado por um "coro de trombetas"; e os apócrifos judaicos, de influência sobre o gnosticismo, além dos apocalipses especificamente gnósticos atribuídos a Zoroastro, Zostriano, Nicoteu, o Alógeno, Mesos.[24]

Falar de outro mundo, suprassensível, transcendental, requer como preliminar a visão reveladora apresentada pela manifestação ou porta-voz do sobrenatural, como mostrou André-Jean Festugière ao examinar o *Corpus Hermeticum*.[25] Também Frances Yates observou que: "Os tratados herméticos, que não raro tomam a forma de diálogos entre mestre e discípulo, costumam culminar numa espécie de êxtase, no qual o adepto se exalta por ter recebido a iluminação e desata a cantar hinos de louvor."[26] No *Poimandres* (ou *Pimandro*), tratado primeiro do *Corpus Hermeticum*, há revelação, "como em um sonho", e mistérios são expostos por "um ser imensamente grande, de tamanho ilimitado", que é "o intelecto do reino do poder absoluto".[27]

No gnosticismo não faltam exemplos dessa aquisição visionária, possivelmente extática, do conhecimento. *O livro secreto segundo João*[28] começa por apresentar-se como revelação de mistérios por um ente que ao mesmo tempo é criança, pessoa idosa e jovem e que se declara pai, mãe e filho. Ou neste poema em grego metrificado, intitulado "Colheita de Verão", atribuído a Valentino:

---

[24] Henri-Charles Puech, *En quête de la gnose*, v. I, op. cit., p. 87.
[25] André-Jean Festugière, *La révélation d'Hermés Trimégiste*, Paris, Societé d'Édition Les Belles Lettres, 1986.
[26] Frances A. Yates, *Giordano Bruno e a tradição hermética*, p. 16.
[27] Bentley Layton (org.), op. cit., p. 532.
[28] *Idem, ibidem*, p. 32.

UM OBSCURO ENCANTO: GNOSE, GNOSTICISMO E POESIA MODERNA

> Vejo em espírito que tudo está suspenso
> Sei em espírito que todos estão sustentados
> Carne pendente da alma
> Alma aderindo ao ar
> Ar pendente da atmosfera superior
>
> Safras irrompendo das profundezas
> Uma criancinha irrompendo do útero.[29]

Essa é a experiência-padrão do misticismo, equivalente à *devekut* cabalística, cabendo a comparação com este trecho do Rabi Akiva, citado por Idel: "Porém, vós que aderistes ao Eterno, vosso Deus!, estais literalmente aderidos."[30]

Mais importante de que discernir entre relatos de visões, algo tão difundido nos escritos religiosos, e genuínas experiências místicas é observar que o gnosticismo visa ao misticismo: encaminha o adepto à contemplação extática. Doutrina esotérica, seu ensinamento corresponde à preparação para que o iniciado venha a ter as experiências do êxtase que correspondem à gnose. Daí expressões como "imobilidade", "repouso", "quietude", "silêncio" em suas "escrituras", como sinônimos da contemplação, a exemplo desta passagem de *Allogenes, O estrangeiro*:

> Ó Estrangeiro, contempla como tua bem-aventurança reside em silêncio — (uma bem-aventurança) por meio da qual compreendes a ti mesmo tal como realmente és. E, ao procurar compreender-te a ti mesmo, recolhe-te na vitalidade, que verás movendo-se. E, se fores incapaz de permanecer em repouso, não tenhas medo. Antes, se quiseres permanecer em repouso, recolhe-te na realidade, e a encontrarás permanecendo em repouso e imóvel, à semelhança do que é realmente imóvel e contém todos estes (seres espirituais) em quietude e sem atividade.[31]

Imobilidade também é a postura do praticante da ioga e da meditação budista. Uma passagem como essa do *Allogenes* poderia figurar em ensi-

---

[29] Idem, ibidem, p. 201.
[30] Moshe Idel, *Cabala: novas perspectivas*, p. 49.
[31] Bentley Layton (org.), *op. cit.*, p. 173.

namentos sobre os meios de superar o *samsara*, o mundo ilusório, através do *sunyata*, a experiência do vazio, para alcançar o *nirvana*. Pode-se ir mais longe, até a China, citando esta passagem do taoista Chuang Tzu, transcrita por Mircea Eliade: "Quando se atingiu a extrema quietude, emite-se uma luz celeste. Quem desenvolveu essa Luz celeste vê o Homem interior. É só por essa prática espiritual que o homem pode alcançar a eternidade."³² E Lao-Tsé assim recomenda a não-ação, fundamento do taoismo: "Assim também o Sábio/ Permanece na ação sem agir/ Ensina sem nada dizer."³³

A hipótese da influência oriental no gnosticismo nada tem de absurda. Houve trânsito entre Ocidente e Oriente, não só de mercadorias, mas de ideias, em um período que vai do Império Alexandrino, pelo menos, ao fim do Império Romano. Comprovam-no vestígios da presença helenística e romana na Índia. Como observa Eliade, "desde Alexandre, ao menos, a Índia passava pelo país clássico da magia".³⁴ É o que também se percebe por meio deste trecho da *Hermética* (do Livro XI do *Corpus Hermeticum*) transcrito por Yates: "Ordena que tua alma esteja na Índia, que atravesse o oceano: num momento, isso será feito."³⁵

A reverência diante da Índia entre neoplatônicos, gnósticos e adeptos do hermetismo foi caso particular da valorização esotérica do arcaico, comentada por Yates, a propósito da *prisca teologia* que os neoplatônicos da renascença enxergaram nos escritos herméticos:³⁶

> Os homens do século II estavam completamente imbuídos da ideia (que a Renascença absorveu deles) de que o antigo é puro e santo, de que os primeiros pensadores viviam mais perto dos deuses do que os diligentes racionalistas, seus sucessores. De onde a forte revivescência pitagórica nessa época. Prevalecia igualmente a impressão de que o remoto e o incomensuravelmente distante eram mais sagrados; daí seu culto pelos "bárbaros", os gimnosofistas indianos, os magos persas e os astrólogos cal-

---

³² Mircea Eliade, *Méphistophélès et l'androgyne*, Paris, Gallimard Folio-Essais, 1995, p. 61.
³³ *Tao Te Ching: O Livro do Caminho e da virtude*, tradução de Wu Jyh Cherng, Rio de Janeiro, Mauad, 1996.
³⁴ Mircea Eliade, *Méphistophélès et l'androgyne*, op. cit., p. 234.
³⁵ Frances A. Yates, *Giordano Bruno e a tradição hermética*, p. 44.
³⁶ Idem, ibidem, p. 18.

deus, cuja abordagem do conhecimento sentiam como mais religiosa do que a dos gregos.

Ao relatar iniciações indianas de Pitágoras e Platão, Jâmblico e os demais neoplatônicos de Alexandria fabulavam. Mas o significante "Índia" tinha sentido para eles. E Mani, em sua tentativa de síntese das religiões no século III d. C., reconheceu Buda como profeta, ao lado de Jesus Cristo e Zoroastro.

O que chama a atenção, contudo, não é apenas a afinidade de gnosticismo e budismo, ioga e taoismo; porém a mesma recomendação, de imobilidade para anular a razão e a falsa consciência, reaparecer em pleno século XVII por meio de Böhme:

> Filho meu, quando estás calmo e silencioso, tu és como Deus era, antes da Natureza e da criatura; és o que Deus foi, és aquilo a partir do que Deus fez tua natureza e criatura. Então ouves e vês o que Deus viu e ouviu em ti, ainda antes que tua própria vontade, visão e audição tivessem começado.[37]

Ao que consta, Böhme foi um intuitivo, e não um erudito, como o foram os neoplatônicos de Florença. Sua única leitura teria sido a Bíblia. A sincronia revela a universalidade do misticismo, associado àquilo que já foi chamado de "sensibilidade religiosa" (Sontag) e "atitude religiosa" (Doresse).

No misticismo contemplativo valorizado pelos gnósticos, e em seus demais temas, é possível, portanto, apontar relações de influência; e aquelas que pertencem ao âmbito da sincronia, da recorrência de padrões. Mapear tais relações não apenas ultrapassaria o propósito deste trabalho: também levaria a desvios de interpretação. O mesmo símbolo ou prática, idêntico como fenômeno, pode ser outro, com um sentido distinto, em outro contexto.

Vê-se que o gnosticismo se diferencia da perspectiva do Esclarecimento e das epistemologias que privilegiam o conhecimento objetivo. Opõe-se à

---

[37] Jacob Böhme, *A sabedoria divina*, tradução e apresentação de Américo Sommerman, São Paulo, Attar, 1994, p. 68.

separação entre sujeito e objeto: entre o que René Descartes iria designar como *res cogitans* e *res extensa*. Na tentativa de superar a antinomia entre essas categorias, a iluminação coexistiu com a reflexão e alimentou a especulação. O conhecimento gnóstico é absoluto; procura empreender a conciliação ou síntese de reflexão e iluminação, especulação e êxtase. Mas sempre remeterá a uma realidade transcendental e reproduzirá uma visão mítica do mundo, como argumenta Puech:

> [o gnosticismo] proclama por vezes sua pretensão de ser — no sentido positivo da palavra — uma "ciência" total ou mesmo, com o maniqueísmo, uma explicação exaustiva e puramente racional de todas as coisas. Em todo lugar e sempre, contudo, essa ciência se resolve em mitos de significação soteriológica, em mitos encarregados não apenas de explicar ao homem sua situação *hic et nunc*, mas também, ao revelar-lhe sua origem e sua realidade autêntica, de trazer-lhe a certeza da salvação como um estado eternamente dado e que ele não precisa mais reencontrar. O conhecimento de si implica redenção de si, assim como aquele do universo implica os meios de se libertar do mundo e dominá-lo.[38]

O gnosticismo ligou-se, sob esse aspecto, não apenas a misticismos neoplatônicos, ao *Corpus Hermeticum* de Alexandria, seu contemporâneo, e à alquimia e às demais disciplinas herméticas: também podem ser-lhe afins as propostas de uma síntese de disciplinas e campos do conhecimento. Corresponderia ao projeto romântico da ciência total, integrando religião, mitologia e saber sistemático, sustentado através do "idealismo mágico" de Novalis, e a outras buscas da síntese de poesia e ciência. Equivaleria ao holismo, o conhecimento amplo pregado por Edgard Morin e outros.

Associar a gnose ao holismo lembra o modo como Isaac Newton formulou leis e princípios da física e ao mesmo tempo estudou alquimia, supondo — conforme argumenta Eliade em *Forgerons et alchimistes* — um conhecimento que ultrapassasse a fronteira entre ciência e magia.[39] E,

---

[38] Henri-Charles Puech, *En quête de la gnose*, v. I, Paris, Gallimard, p. 259.
[39] Mircea Eliade, *Forgerons et alchimistes*, Paris, Flammarion, 1977, no capítulo final, "Alchimie, sciences naturelles et temporalité".

reciprocamente, o perfil de um mago como John Dee, segundo Yates "um cientista prático e um inventor", além de "matemático genuíno, de importância considerável", em "contradições aparentes [entre magia e ciência] que se inscrevem com absoluta naturalidade no modo de ver do mago da Renascença."[40]

Esse é um dos exemplos da argumentação de Yates em favor da influência hermética, nos séculos XVI e XVII, em avanços do conhecimento científico, matemático; de um conhecimento positivo do mundo, supostamente antitético com relação ao pensamento mágico e ao conhecimento revelado. Outros exemplos oferecidos pela mesma historiadora seriam a influência do hermetismo de Marsílio Ficino e Giordano Bruno, favorecendo a adoção do modelo heliocêntrico de Nicolau Copérnico,[41] bem como do pensamento rosa-cruz em um criador da filosofia da ciência como Francis Bacon e na fundação da Royal Society, a primeira sociedade científica, no século XVII.[42] Nessa perspectiva, a maçonaria do século XVIII foi a realização de ideais holistas: conforme a loja visitada, alguém poderia assistir a uma sessão de magia oficiada por Cagliostro ou a um encontro de Benjamin Franklin com Voltaire.[43]

Eliade, em *História das crenças e ideias religiosas*, também vê a concepção hermética e gnóstica do conhecimento como holismo e observa sua gênese pitagórica:

> É a "ciência total" do tipo tradicional, que se pode reconhecer no pensamento de Platão, bem como nos humanistas da Renascença italiana, em Paracelso ou nos alquimistas do século XVI. "Ciência total" tal como era realizada sobretudo pela medicina e pela alquimia indianas e chinesas.[44]

---

[40] Frances A. Yates, *El iluminismo rosacruz*.
[41] Frances A. Yates, *Giordano Bruno e a tradição hermética*.
[42] Também em Frances A. Yates, *El iluminismo rosacruz*.
[43] Sobre maçonaria, Daniel Béresniak, *Franc-maçonnerie et romantisme*, Paris, Éditions Chiron, 1987; sobre Cagliostro, Iain McCalman, *O último alquimista — Conde de Cagliostro, mestre da magia na Era da Razão*, tradução de Geni Hirata, Rio de Janeiro, Rocco, 2004.
[44] Mircea Eliade, *História das crenças e das ideias religiosas*, t. II, *De Gautama Buda ao triunfo do cristianismo*, v. 1, tradução de Roberto Cortes de Lacerda, Rio de Janeiro, Jorge Zahar, 1979.

Contudo, haver ou ter havido comunicação entre a busca da gnose, do conhecimento revelado, e a ciência positiva não deve permitir confusões entre os dois campos. Ao sustentar o valor da "ciência total", Eliade também comenta sua diferença de fundo com relação ao método científico: "Trata-se [o método científico] simplesmente de uma nova perspectiva e de um outro *telos*. A alquimia não era uma química embrionária, mas uma disciplina solidária de um outro sistema de significações, e visando a um outro objetivo que a química."

Essa observação pode ser tomada como advertência com relação às aproximações demasiado rápidas entre representações de universo que pertencem ao âmbito da ciência e aquelas mítico-religiosas. É simplificador equipará-las argumentando que tanto na física moderna quanto no hinduísmo o universo resulta de uma explosão, assim ignorando diferenças de perspectiva e de concepção do conhecimento e abstraindo os respectivos contextos, do mito e do modelo científico. Visões de mundo que subjazem à adoção de um método empírico ou do pensamento analógico são incompatíveis, na mesma medida que o são as de Böhme e Descartes, embora se possam enxergar convergências e sobreposição em seus limites. E a busca do holismo parece ser tarefa de poetas como, no âmbito do romantismo, Novalis, com suas ousadas tentativas de chegar a uma síntese, não só de campos do conhecimento, mas de modos de pensar: do pensamento analítico e discursivo e aquele sintético e intuitivo.

E, apesar de todos os argumentos em favor da aproximação do gnosticismo ao *sapere aude*, ao holismo, à integração de ciência e magia, razão e iluminação, a leitura de seus "evangelhos" ou "escrituras" mostra uma doutrina cujo tema ou referente é não a realidade empírica, constituída pelos fenômenos que interessam à ciência, mas o outro mundo. Seus textos expõem um conhecimento da esfera supracelestial; não demonstram interesse de seus autores pelo mundo imediatamente sensível e por assuntos mundanos.

Nisso, em seus referentes externos, "escrituras" gnósticas diferem dos testamentos judaico e cristão. Com efeito, a maior parte do que é relatado na Bíblia é tido como histórico. Desde Gênesis, acompanha uma série temporal. Seus protagonistas são, alguns, personagens que existiram; outros, míticos, porém apresentados como se fossem históricos. Moisés pode ter sido mítico e a abertura do Mar Vermelho ou a entrega das Tábuas da Lei são mitos, porém o Egito do êxodo judaico é aquele mesmo dos faraós estudados em livros de História. Há não só uma cronologia, mas uma contextualização. Os Herodes e Pilatos bíblicos existiram e governaram a Judeia. Caifás de fato foi sacerdote do Templo. Informação disponível sobre Herodes, Pilatos e Caifás é valiosa para a interpretação dos evangelhos, assim como a localização de lugares onde se desenrolou sua ação. Por isso, edições da Bíblia podem incluir mapas e tabelas cronológicas: o Êxodo, fugindo da opressão de Ramsés II, foi aproximadamente em 1250 a.C.; e Davi reinou de 1010 a 970 a.C.[45]

Há mais, contudo: nos evangelhos propriamente cristãos, aqueles incorporados à Bíblia, as parábolas e ensinamentos de Jesus Cristo não apenas fazem parte de um relato biográfico, cujas coordenadas de tempo e espaço, históricas e geográficas, são claras. Seu referente é a realidade imediata. Falam do grão de mostarda, do semeador, da figueira, da ovelha desgarrada, de ricos e pobres, dos demais componentes do dia a dia daqueles a quem se dirigia o ensinamento. Salvo alguns momentos mais espetaculares, como o da tentação pelo diabo, dos relâmpagos na crucificação, da Ressurreição e da conversão de Paulo, o tema e o tom do Apocalipse de João constituem-se em exceção, e não, como nos textos gnósticos, em tônica dominante. Jesus Cristo pregou com os pés no chão, e nisso distinguiu-se de magos e profetas seus antecessores e contemporâneos. Como que dispensou efeitos especiais: nos evangelhos, quase nada de carruagens de fogo, dragões, relâmpagos e trovões, convulsões e cataclismos. Mesmo os milagres são de uma extrema simplicidade: além da cura, nada mais acontece. Há uma preocupação dos evangelistas em biografá-lo, desde a especificação de sua origem, de quem descendia, remontando até Abraão, na abertura do evangelho de Mateus; e de dar-lhe um perfil bem definido, de caracterizá-lo. E, também, de biografar apóstolos e historiar a formação da Igreja, em Atos dos Apóstolos.

Nada disso se encontra em "evangelhos" ou "escrituras" dos gnósticos, pelo seguinte motivo: acontecimentos históricos, cenas do dia a dia e dados biográficos não têm interesse conforme o paradigma dualista. Aceita a separação radical entre dois mundos, o do sagrado e do profano, do espírito e da matéria, então o texto sagrado desconhecerá o mundo profano e material.

---

[45] Conforme o quadro cronológico em *Bíblia de Jerusalém*, nova edição revista, São Paulo, Paulus, 1987.

O CONHECIMENTO GNÓSTICO

Sabe-se que a separação entre a escritura canônica e os textos heréticos foi sendo feita ao longo de séculos. Correspondeu a um processo. Na Síria do século III era adotada a palavra do Jesus Cristo esotérico que protagoniza *O evangelho segundo Tomé*. Na abertura de *As escrituras gnósticas*, Layton observa que o hipotético viajante que fosse visitar comunidades cristãs entre os séculos I e II "iria encontrar um mosaico de grupos adotando textos bem distintos como escrituras". A imagem do Jesus Cristo retratada pela escritura ortodoxa foi, portanto, traçada *a posteriori*. Mas a seleção foi coerente com o ensinamento e o estilo de textos inaugurais: as epístolas de Paulo e os três evangelhos sinóticos, de Mateus, Marcos e Lucas, escritos entre 60 e 80 d.C.[46] E pelo menos um estudioso importante, David Flusser (fonte qualificada, como professor de estudos religiosos na Universidade Hebraica de Jerusalém), sustenta que os evangelhos sinóticos, especialmente o de Lucas, oferecem relatos de acontecimentos e um retrato do Jesus Cristo histórico que apresentam correspondência com fatos reais: "Quando estudados à luz do seu pano de fundo judaico, os Evangelhos sinóticos preservam um quadro de Jesus que é bem mais confiável do que em geral se admite."[47]

Outros historiadores associam o Novo Testamento, desde os evangelhos, à consolidação de um cristianismo romano e à correlata marginalização e exclusão de cristianismos esotéricos, afins ao gnosticismo. É o que argumenta Pagels, e Bloom (que elogia Pagels) acentua, em *Jesus e Javé* e no capítulo sobre Jesus em *Genius*. Mas, qualquer que seja a atitude adotada no exame dessa complexa questão, pode-se afirmar que características da mensagem e do estilo, como a simplicidade, o empirismo, o uso da linguagem descritiva e da prosa narrativa, estão presentes na origem do cristianismo, independentemente de essa origem ser aquela de um cristianismo propriamente dito, ou do cristianismo que iria sediar-se em Roma. Nessa segunda hipótese, trata-se de uma origem cronológica localizável, ao se tomar como referência o encontro de Pedro e Paulo relatado em Atos dos Apóstolos, entre 50 e 60 d.C. Corresponde ao início de um processo que teria sequência com Irineu, Hipólito e Tertuliano, entre outros, ao identificarem e combaterem os desvios da doutrina, e

---

[46] Essa cronologia parece consensual; está na *Bíblia de Jerusalém*.
[47] David Flusser, *Jesus*, tradução de Margarida Goldztajn, São Paulo, Perspectiva, 2002, p. 4.

que culminaria com o Concílio de Niceia em 325 d.C.; e, finalmente, com o édito de Teodósio, banindo tudo o que não fosse ortodoxia, no final do século IV.

Em contraste com essas características da escritura canônica, do conjunto de textos que Layton agrupa como *escrituras gnósticas clássicas*, nenhum tem forma de parábola tratando do cotidiano. Referem-se a encontros com emissários divinos, ensinamentos relativos a iniciações, batismos e "câmara nupcial". Tampouco são relatos históricos. Abolem as coordenadas espaciais e temporais. Por exemplo, no "Hino da pérola",[48] que é exceção pela forma de narrativa, e não de pregação ou "monólogo da sabedoria", o Egito ao qual o protagonista viaja é uma metáfora do mundo caído (derivada, é certo, do Egito da escravidão judaica na Bíblia), contraposta ao Oriente, também metáfora, mas do mundo perfeito.

Quando muito, "escrituras" gnósticas são atribuídas a um autor que pode ter sido personagem histórico: Zoroastro ou João Batista; Pedro, Tiago e outros apóstolos; e Maria Madalena. Mas desaparece tudo o que poderia situá-los no tempo e no espaço. No recém-publicado *O evangelho de Judas*, estão Jesus Cristo, Judas; como figurantes, outros apóstolos; mas não Caifás, Herodes, Pilatos, o lago de Tiberíades, a Galileia, Jerusalém, Nazaré. É o esvaziamento do histórico e do geográfico.

Isso quando a "escritura" gnóstica fala de algo e a relação de significação é preservada. Com frequência, é substituída pelo paradoxo; ou então suprimida, como neste culto à unidade bissexual, a "virgem fêmea masculina", em *O livro santo do grande espírito invisível*:[49]
IIIIIIIIIIIIIIIIIIIIII/ÊÊÊÊÊÊÊÊÊÊÊÊÊÊÊÊÊÊÊÊÊ/
OOOOOOOOOOOOOOOOOOOOO/UUUUUUUUUUUUUUUU
UUUUUUU/EEEEEEEEEEEEEEEEEEEEEEEE/AAAAAAAAAAAAAAAA-
AAAAAAA/ŌŌŌŌŌŌŌŌŌŌŌŌŌŌŌŌŌŌŌŌ.

Por declarar que expressa o "obscuro nome" da divindade, que equivale a um "símbolo invisível" e a um "mistério inefável", o trecho exemplifica o manifestar-se através das glossolalias de tantas seitas místicas.

---

[48] Bentley Layton (org.), *op. cit.*, p. 433-444.
[49] *Idem, ibidem*, p. 143.

Corresponde ao dom de "falar em línguas", a manifestação pentecostal do Espírito relatada em Atos dos Apóstolos, capítulo 2.

No entanto, embora o Novo Testamento relate a ocorrência do "falar em línguas", não o transcreve, como nas escrituras gnósticas. E não lhe é conferido o mesmo prestígio. Paulo se refere a esse dom de modo crítico, ao exigir, em I Coríntios, 14, a precedência ao inteligível e interpretável: "Dou graças a Deus por falar em línguas mais do que todos vós. Mas, numa assembleia, prefiro dizer cinco palavras com a minha inteligência, para instruir também os outros, a dizer dez mil palavras em línguas."[50]

A emissão de glossolalias é um ato coerente: o conhecimento total, intransitivo, só pode ser expressado por meio da linguagem intransitiva. Glossolalias são uma resposta às perguntas de Scholem, a propósito do "anseio dos místicos pela autoexpressão":

> Como é possível dar expressão verbal ao conhecimento místico, que por sua própria natureza está relacionado com uma esfera de onde linguagem e expressão se acham excluídas? Como é possível parafrasear adequadamente em meras palavras o mais íntimo de todos os atos, o contato do indivíduo com o Divino?[51]

Paz examina glossolalias em "Leitura e contemplação", ensaio sobre relativismo linguístico e a relação entre as palavras e as coisas. Comenta sua difusão e seu caráter esotérico, citando outra das "escrituras" gnósticas de Nag Hammadi, o *Discurso da oitava e da nona*:[52]

> O "dom de línguas" não foi um fenômeno exclusivo das comunidades cristãs dos primeiros séculos. É anterior a elas e se encontra na multidão de cultos orientais mediterrâneos desde a alta Antiguidade. Aparece também em outros movimentos religiosos contemporâneos do cristianismo primitivo. Os gnósticos entremeavam seus hinos e discursos de sílabas e palavras sem sentido. Em seu tratado contra os gnósticos, Plotino os censura por pretenderem "encantar" as inteligências superiores com a emissão de gritos, exalações e assobios. Entre os textos descobertos em Nag

---

[50] *A Bíblia de Jerusalém*, assim como as demais citações da Bíblia.
[51] Gershom G. Scholem, *op. cit.*, p. 16.
[52] Está em James M. Robinson (org.), *The Nag Hammadi Library in English*, diversos tradutores, Nova York, Harper Collins, 1990, p. 321.

Hammadi há vários que incluem essas sílabas e interjeições a que se refere Plotino. Em O discurso do oito e do nove lê-se: "O Perfeito, o Deus invisível ao qual se fala em silêncio (...) é o melhor entre os melhores. Zozhatzo oo ee ooo ee oooooo uuuuu oooooooooooo Zozazoth". Extraordinária afirmação: ao pronunciar esses sons incoerentes o devoto "diz" o nome de Deus "escondido" em sua intimidade. Deus se revela num nome, mas esse nome é ininteligível: trata-se de uma sucessão de sílabas.[53]

Mais do que supressão do significado, são um modo de expressar-se através de uma "linguagem além da linguagem" que, como diria em *Conjunções e disjunções*, a respeito dos mantras budistas e, especialmente, tântricos,

> apaga a distinção entre a palavra e o ato, reduz o signo a mero significante, multiplica e troca os significados, concebe a linguagem como um jogo idêntico ao do universo, no qual o lado direito e o esquerdo, o feminino e o masculino, a plenitude e a vacuidade são um e o mesmo — linguagem que tudo significa e que, em suma, não significa nada.[54]

Tais tentativas de produzir duplos do universo por meio de fonemas, exacerbação do pensamento analógico, foram retomadas pelos poetas modernos que perceberam "a semelhança entre duas experiências verbais: a religiosa e a poética", a exemplo de Léon-Paul Fargue, Artaud, Henri Michaux, Velimir Klébnikov, Hugo Ball e Vicente Huidobro: "Assim, na história da poesia moderna, reaparece a mesma obsessão dos gnósticos e dos cristãos primitivos, dos montanistas e dos xamãs da Ásia e da América: a busca de uma linguagem anterior a todas as linguagens e que restabeleça a unidade do espírito."[55]

Acrescentam algo à análise aqui empreendida os comentários sobre glossolalias em *Poesia oculta* de António Cândido Franco. É examinado o duplo movimento naquilo que denomina de "cabala fonética", da qual as

---

[53] Octavio Paz, "Leitura e contemplação", em Octavio Paz, *Convergências — ensaios sobre arte e literatura*, tradução de Moacyr Werneck de Castro, Rio de Janeiro, Rocco, 1991, p. 10.
[54] Octavio Paz, *Conjunções e disjunções*, tradução de Lúcia Teixeira Wisnik, São Paulo, Perspectiva, 1979, p. 80.
[55] Octavio Paz, *Convergências — Ensaios sobre arte e literatura*, p. 17.

glossolalias seriam uma das modalidades: a destruição e a recomposição de significados, através "das associações de sons e de sentidos", nessa "perpetuação de um rumor chave, escondido e subterrâneo", que é "subliminar, fonético, mas também semântico".[56]

Na *Pistis Sophia*, não é mais o crente possuído pelo Verbo, porém o próprio Jesus Cristo quem pronuncia séries de palavras cifradas. Um exemplo, citado por Seligmann: *Japhta-raphta-mounaer-mounaer-ermanouer-ermanouer*.[57] Comenta o autor de *História da magia*: "As palavras postas na boca de Jesus são puros encantamentos mágicos, e não uma mera fantasia, como poderia à primeira vista parecer-nos. Trata-se de uma mescla de hebreu, egípcio e persa, copiada e recopiada até ficar incompreensível."[58]

Nos evangelhos cristãos, Jesus Cristo se expressa por parábolas, mensagens claras, inteligíveis, didáticas; nas "escrituras" gnósticas, diz palavras ininteligíveis, paradoxos, mensagens cifradas. O Cristo-narrador do cristianismo contrasta com o Cristo-visionário gnóstico, a quem são atribuídas explanações como esta:

> [...] quando a esfera gira, o pequeno Sabaoth, o Bom, aquele do Meio, que é chamado de Zeus no mundo, chega ao oitavo eon da esfera, que é chamado Escorpião, e quando Boubastis, a quem chama de Afrodite, chega ao segundo eon da esfera, que é chamado Touro, então os véus que estão entre os da Direita e os da Esquerda se separam, e Zorokothora Melquisedec olha do alto, e o mundo e as montanhas ficam agitados, e os eons ficam alarmados.[59]

Não apenas esse sincretismo tão explícito e declarado não tem lugar no cristianismo, da mesma forma que o mistério, como categoria cristã, é um interdito: onde começa o mistério, a explicação para e só há lugar

---

[56] António Cândido Franco, *Poesia oculta*, Lisboa, Vega, 1996, p. 111.
[57] Na edição brasileira da *Pistis Sophia* — *Os mistérios de Jesus*, tradução e comentários de Raul Branco, Rio de Janeiro, Bertrand Brasil, 1997, p. 389, a prece está transcrita em caracteres gregos, assim como no original copta; Kurt Seligmann fez a transcrição fonética.
[58] Kurt Seligmann, *História da magia*, tradução de Joaquim Duarte Lourenço Peixoto, Lisboa, Edições 70, 1979, p. 89.
[59] *Pistis Sophia*, p. 398.

para a fé. É o *nolli altum sapere*. A ousadia do eleito gnóstico contrasta com a humildade do devoto cristão.

Glossolalias são fórmulas mágicas: "amuletos verbais, talismãs linguísticos, escapulários sonoros", como observa Paz.[60] É quando "as palavras aspiram não a significar, mas a ser".[61] Interessa essa aproximação de poesia e magia. É próprio da magia atribuir poder ao símbolo, considerando-o ativo, invertendo sua relação com o significado. A presença dos "talismãs linguísticos" é, portanto, evidência de que gnósticos promoviam o contato entre as duas esferas, a imediata, fenomênica, e aquela transcendental, por meio da magia, componente decisivo de um conhecimento secreto.

Para Seligmann, a própria gnose era alcançada por meio da magia:

> Dado que o gnosticismo irrompeu em território egípcio, muitos dos aspectos da antiga magia egípcia foram adotados pelos fundadores da nova doutrina. Os encantamentos mágicos eram palavras poderosas que tinham permitido o acesso, em épocas passadas, ao mundo subterrâneo; por sua vez, as forças do mal que ameaçavam o defunto em sua viagem para Osíris haviam sido repelidas por fórmulas. Palavras, letras e frases semelhantes eram agora proferidas pelos gnósticos na sua ascensão ao paraíso, magia verbal essa que lhes era indispensável para atingirem a vida eterna.[62]

Algumas décadas mais tarde, dispondo de melhores fontes (o livro de Seligmann é de 1948 e sua principal fonte direta sobre gnosticismo foi a *Pistis Sophia*), Yates reafirmaria o vínculo entre gnosticismo e magia:

> Gnosticismo e magia andam juntos. O gnóstico pessimista precisa conhecer as palavras cabalísticas e as senhas mágicas graças às quais ele pode livrar-se do poder maléfico e material das estrelas, em sua ascensão através das esferas. O gnóstico otimista não teme atrair, com a intervenção da magia simpática, de invocações ou talismãs, essas mesmas forças do universo, que ele acredita serem boas.[63]

---

[60] Octavio Paz, *Conjunções e disjunções*, p. 81-82.
[61] Octavio Paz, *Convergências — Ensaios sobre arte e literatura*, p. 13.
[62] Kurt Seligmann, *op. cit.*, p. 87.
[63] Frances A. Yates, *El iluminismo rosacruz*, p. 57.

Nisso, gnosticismo e o hermetismo de Alexandria — a "gnose otimista" do *Corpus Hermeticum* — se confundem. Incorporam a herança de cultos arcaicos, pois a magia já era prova da aquisição de poderes, por meio do contato com a esfera extramundana, celestial ou subterrânea, no xamanismo das sociedades tribais. É algo que se reproduziu nos magos, os *magi* da religião iraniana, e, talvez por influência direta, em Simão, o Mago, o profeta tido como iniciador do gnosticismo.

O conhecimento gnóstico foi, ainda, seletivo, restrito, do âmbito dos "eleitos", os descendentes de Set: aqueles arbitrariamente lançados em um mundo que lhes é estranho, por obra de um deus hostil. Em uma das variantes, a dos cainitas, são descendentes de Caim; os amaldiçoados, precursores dos "poetas malditos", como Baudelaire, que, em "Abel e Caim", tomou o partido de Caim e, repetindo o que havia proclamado Nerval, identificou-se à "raça maldita" dos rebeldes contra o Criador.

Eleitos gnósticos distinguem-se dos "psíquicos" ou "crentes", que podem ter acesso à gnose por meio do aprendizado e da disciplina, ou seja, da iniciação, e dos "somáticos" ou "hílicos", alheios à dimensão espiritual.

Talvez a vertente esotérica do gnosticismo se acentuasse à medida que ia sendo mais fortemente combatida pelo cristianismo, transformado em religião oficial e imperial. Mas o esoterismo e o consequente caráter restrito do gnosticismo não se explicam apenas por razões de circunstância. São-lhe inerentes, junto com os demais traços que correspondem a uma herança ou influência do pitagorismo e com suas confrarias fechadas, antecessoras das sociedades secretas.

Contudo, não se tratava, no gnosticismo, de separação econômica, ou de classes, como em alguns dos cultos de mistério. Entre os gnósticos haveria, antes, uma exigência intelectual. Daí estudiosos e comentaristas, desde Gibbon, os haverem identificado a uma elite cultural.[64] Como observa Idel:

> A especulação teosófica independente, que se tornou parte do gnosticismo, contribuiu, em última análise, para um divórcio entre ela mesma e o grande público: teosofias bizarras são comumente patrimônio de elites, que não estão interessadas num tipo de espiritualidade mais popular.[65]

---

[64] Como observa Richard Smith, em seu texto sobre atualidade do gnosticismo.
[65] Moshe Idel, *op. cit.*, p. 379.

Semelhante elitismo, mesmo não sendo discriminador de categorias sociais, foi mais um traço distintivo do gnosticismo com relação a dois universalismos. Um deles, o do cristianismo, que abriu as portas do céu a todos ao apresentar-se como religião não iniciática, oficiada por "homens iletrados e sem posição social", como é dito em Atos dos Apóstolos, 4:10. Dirigiu-se, conforme reiterado nos evangelhos, aos humildes em contraposição aos ricos, aos subordinados em contraposição a sacerdotes e outros detentores do poder. Sua vocação popular é atestada pelos ouvintes e beneficiários dos milagres de Jesus Cristo: pobres em geral, mulheres de baixa extração, samaritanos.

Outro universalismo foi aquele do Esclarecimento, favorável ao acesso amplo ao conhecimento, e mais, formulador de uma interpretação da história que associa o progresso à difusão do conhecimento. E que se afirmou como crítica ao cristianismo, pelo modo como essa religião, ao associar-se ao poder temporal ou ao exercê-lo, trairia seu pressuposto universalista e seu fundamento moral.

CAPÍTULO 3   O conhecimento sobre o gnosticismo, I: enigmas e controvérsias

Entre examinar e esclarecer o sentido da gnose, do conhecimento para os gnósticos, e conhecer o gnosticismo, descrevendo sua doutrina e relatando sua história, há uma considerável distância. Entra-se no domínio das suposições. E a descrição do gnosticismo não é dificultada apenas pela destruição de seus vestígios, mas pela diversidade interna. Essa decorre da sua natureza não dogmática, distinta do que Bloom chama de "crenças normativas" ou do que Scholem chama de "religião institucional": o gnosticismo correspondeu a um conjunto de doutrinas afins, seguidas e praticadas pelos adeptos de uma quantidade de profetas e mestres.

Cristianismo e gnosticismo nasceram juntos: ambos, em solo judaico. Por mais que se antagonizassem e que seus destinos acabassem diferindo, são manifestações típicas de um período ao mesmo tempo de crise e criatividade religiosa, caracterizado, como diz Doresse, pela "proliferação de temas míticos que invadiram tanto o mundo grego quanto o judaísmo, o Irã, mesmo a Índia".[1]

Historiadores das religiões sustentam a tese de uma decadência do paganismo, do Panteon romano-helenístico. De um modo ou de outro, ocorreria a substituição daquelas plêiades de divindades, e das representações do universo que as sustentavam, por uma religião metafísica, orientada por uma teologia racionalista de influência platônica, na qual o *logos* e o *theos* ocupariam o centro.

Durante esse período, nas cercanias do ano zero da nossa era, o monoteísmo e o messianismo judaicos tornaram-se um tema ou referência importante. Mas tratava-se de um judaico plural, bem diversificado; isso até a destruição do Templo em 70 d.C. e o esmagamento da última rebelião judaica de 130 d.C., resultando na diáspora e na subsequente normatiza-

---

[1] Jean Doresse, *Les livres secrets des gnostiques d'Égypte*, Paris, Librairie Plon, 1958, p. 301.

ção. Até então, confrontando o helenismo platonizante e ao mesmo tempo sob sua influência, bem como de doutrinas orientais, especialmente o dualismo iraniano, apoiando-se na tradição ou em uma ativa produção de textos paralelos ao cânone, polemizavam fariseus, saduceus, zelotas, místicos piedosos, dos quais os essênios foram um ramo, e uma diversidade de *minim*, hereges ou divergentes da doutrina veterotestamentária.

Do capítulo "As provações do judaísmo", da *História das crenças e das ideias religiosas*, de Eliade,[2] é possível destacar uma agenda de temas filosófico-religiosos judaicos que viriam a ser incorporados pelo gnosticismo e, alguns, pelo cristianismo: a formulação de uma doutrina unitária da história universal; o consequente milenarismo, com os anúncios da vinda do Messias; a personificação da Sabedoria como Hokmah, que os gnósticos iriam hipostasiar como Sophia; a figura do Antropos, Adam Cadmon ou Adamas, o homem primordial e universal; a doutrina das emanações, estágios desde a divindade suprema, e dos eons, unidades de espaço-tempo. E, de especial interesse para que se compreenda a gênese do gnosticismo, as especulações e discussões sobre o alcance e a extensão do mal e sua relação com o mundo.

Nesse temário, tem relevância a suposição de um Deus oculto, o *deus absconditus* descrito de modo paradoxal, como equivalente à *coincidentia oppositorum*, e do qual o Jeová bíblico seria apenas uma manifestação ou emanação. Como expõe Scholem, tal suposição abre as portas para a transformação de Jeová em demiurgo, o arquiteto ou artífice do universo, e para a crença em seres intermediários entre o homem e Deus: anjos, arcanjos, querubins e também demônios, preenchendo o que o historiador do misticismo judaico chama de "topografia mística do reino divino".[3] Em acréscimo, Jonas observou que os "nomes de Deus" do Velho Testamento — Iaô, Sabaoth, Adonai, Elohim, El Shaddai — sofreram um rebaixamento: de sinônimos de uno e supremo passaram a "nomes próprios de seres demoníacos inferiores", os arcontes.[4]

---

[2] Mircea Eliade, *História das crenças e das ideias religiosas*, t. II, *De Gautama Buda ao triunfo do cristianismo*, v. 2, tradução de Roberto Cortes de Lacerda, Rio de Janeiro, Jorge Zahar, 1979, p. 17-41.
[3] Gershom G. Scholem, *As grandes correntes da mística judaica*, tradução de Jacó Guinsburg e outros, São Paulo, Perspectiva, 1995, p. 15.
[4] Hans Jonas, *The Gnostic Religion: The Message of the Alien God and the Begginings of Christianity*, Boston, Beacon Press, 1963, p. 45.

O CONHECIMENTO SOBRE O GNOSTICISMO, I: ENIGMAS E CONTROVÉRSIAS

Dessa especulação visionária resultaram apócrifos judaicos, como os livros de Enoch e Abraão, relatando, à maneira do que viria a ser feito nos textos gnósticos, mitos complexos da criação do mundo e dos acontecimentos que a precederam; e também o interesse por obras como os *Oráculos caldeus* (que não seriam caldeus, porém de egípcios helenizados).

O gnosticismo foi decisivamente estimulado pelo sincretismo de Alexandria, centro de especulação filosófico-religiosa que abrigava, mesmo antes da diáspora, uma importante colônia judaica. Por isso, um dos ramos desse sincretismo foi um misticismo helenístico-judaico.

O ambiente cultural da Alexandria da Antiguidade tardia, marcado pela presença de personagens de elevada estatura intelectual, preservava, até ser destruído pelo sectarismo e pelas queimas da sua biblioteca (uma delas cristã; a última, muçulmana), um ecumenismo e universalismo que haviam sido característicos do Império de Alexandre, em sua tentativa, como assinala Jonas, de promover "a união do Ocidente e do Oriente". Para Eliade,

> Depois de Alexandre, modificou-se radicalmente o perfil histórico do mundo. As estruturas políticas e religiosas anteriores — as cidades-Estado e as suas instituições culturais, a *pólis* como "centro do mundo" e reservatório dos modelos exemplares, a antropologia elaborada com base na certeza de uma diferença irredutível entre gregos e "bárbaros" — todas essas estruturas desabam. Em lugar delas, vão-se impondo progressivamente a noção de *oikoumênê* e as tendências "cosmopolitas" e "universalistas".[5]

O encontro de helenismo, cultura egípcia, judaísmo, outras correntes orientais, foi uma consequência desse universalismo e ecumenismo duplamente alexandrino (de Alexandre e de Alexandria).

Houve uma mudança significativa na produção cultural de Alexandrina, da ciência à especulação, de Euclides e Eratóstenes a Basilides, Plotino, Orígenes. Seu ponto de inflexão foi, sem dúvida, o fim da dinastia ptolomaica, com a morte de Cleópatra. A Alexandria capital de um reino autônomo, e uma das capitais do mundo helenístico, lugar de produção

---

[5] Mircea Eliade, *História das crenças e das ideias religiosas*, t. II, v. 1, p. 223.

UM OBSCURO ENCANTO: GNOSE, GNOSTICISMO E POESIA MODERNA

científica e tecnológica, e também literária e filosófica, porém em moldes clássicos, trabalhou com a herança grega. A Alexandria de um Egito transformado em província romana, com sua grande biblioteca sendo destruída e seu acervo dilapidado, foi um lugar de florescimento da religião, do misticismo, da alquimia e da astrologia. A propósito, Borges, em seu texto sobre Basílides, comentou que "a teologia, então, era uma paixão popular".[6] Religiosidade, misticismo e apelo à magia foram um modo de evasão de uma realidade adversa; e também uma cultura de resistência. É o significado que pode ser associado ao hermetismo: um sincretismo greco-egípcio em uma terra sob dominação romana, um resgate de origens contraposto à cultura do dominador.

A julgar pela duração e expansão territorial e pela atenção que lhe dedicaram heresiólogos, o gnosticismo foi a mais duradoura e mais resistente ao cristianismo das doutrinas que então se difundiram no Império e regiões circunvizinhas. Inicialmente, foi liderado por Simão, o Mago (ou Simão, o Mágico), filósofo e pregador errante contemporâneo de Jesus Cristo, nascido na Samaria e que estudou em Alexandria; e por Dositeu, mestre de Simão em algumas versões. Outro iniciador teria sido Nicolau, cristão dissidente. Por meio de Simão, apresentou-se como progênie de João Batista, e ao mesmo tempo como um vigoroso antijudaísmo, por negar seu livro sagrado; e principalmente seu monoteísmo, mesmo surgindo no âmbito de uma variante ou dissidência da doutrina israelita, aquela dos samaritanos, também monoteísta.

Simão, o Mago teve uma companheira: uma prostituta recolhida em um bordel de Tiro, por ele erigida a profetisa ou sacerdotisa e declarada a reencarnação não só de Helena de Troia, mas de Ennoia, princípio feminino criador do mundo. O profeta do gnosticismo protagonizou um rico fabulário, no qual sua imagem sofreu metamorfoses: uma delas, a do pactário, o erudito que negociou com o diabo. Como lembra Eliade: "A lembrança desse casal excêntrico deu origem à lenda de Fausto, o arquétipo do mágico. Com efeito, Simão era conhecido em Roma como Faustus (o Favorecido) e sua companheira foi, numa existência anterior, Helena de Troia."[7]

---

[6] Jorge Luis Borges, *Ficcionario — Una antologia de sus textos*, Emir Rodríguez Monegal (org.), Cidade do México, Fondo de Cultura Económica, 1985, p. 38.
[7] Mircea Eliade, *História das crenças e das ideias religiosas*, t. II, v. 2, p. 144.

Simão não foi um personagem isolado, porém aquele de maior repercussão dentre um grande número de profetas e líderes gnósticos. Doresse noticia, além de Dositeu e Nicolau, também Menandro, Satornil, Basilides, Cerinto e Marsanes e Marcíades, possíveis profetisas: "De qualquer forma, é indubitável que a Ásia Menor estava invadida naquela época por doutores como estes, propagadores de mitos como os que Paulo estigmatiza em suas exortações aos colossenses e a Timóteo."[8]

Foram os líderes de comunidades e grupos assim arrolados por Puech: "Ofitas ou naassenos, 'gnósticos' propriamente ditos, setianos, arcônticos, audianos e, bem entendido, basilidianos, valentinianos, marcionitas, bardesanitas."[9]

Segundo os heresiólogos, houve mais em matéria de seitas e grupos. Epifânio, em sua invectiva contra os borboritas ou barbelognósticos (em 380 d.C., aproximadamente), menciona alguns: "gnósticos, fibionitas, os chamados seguidores de Epífanes, estratióticos, levíticos, borboritas e o resto. Pois cada um destes produziu sua própria escola de pensamento por suas paixões particulares próprias, e inventaram inúmeros caminhos do mal."[10] Em nota de rodapé (na edição de Layton) ainda há referência de Epifânio a "secundianos, socratitas, zachaeuses e codianos".

A menção, por Seligmann e também por Alexandrian, em *A magia sexual*, dos adamitas — gnósticos do século II que celebravam seus cultos em completa nudez,[11] também comentados por Norman O. Brown em *Life Against Death*, a propósito de "misticismo do corpo"[12] — mostra até onde pode ir o arrolamento ou a enumeração das ramificações do gnosticismo. Uma de suas versões é o cortejo de seitas e profetas posto em cena por Gustave Flaubert em *A tentação de Santo Antão*, valendo-se de

---

[8] Jean Doresse, "La gnosis", em *Las religiones en el Mundo Mediterrâneo y el Oriente Proximo II*, v. 6, Madri, Siglo XXI, 1979 (Coleção Historia de las Religiones, organizada por Henri-Charles Puech), p. 14.
[9] Henri-Charles Puech, *En quête de la gnose*, v. I, Paris, Gallimard, 1978, p. 233.
[10] Bentley Layton (org.), *As escrituras gnósticas*, São Paulo, Loyola, 2002, p. 241.
[11] Sarane Alexandrian, *A magia sexual*, tradução de Ana Margarida Paixão, Lisboa, Antígona, 2002.
[12] Norman O. Brown, *Life Against Death — The Psychoanalytical Meaning of History*, Middletown, Wesleyan University Press, 1985.

fontes medievais,[13] encabeçado por Mani e fechado por Simão, o Mago e Apolônio de Tiana.

Fica claro que não houve uma Igreja gnóstica organizada, a exemplo do catolicismo. Quando muito, igrejas, em alguns momentos: como marcionismo nos séculos II e III (de Márcio ou Marcião, cristão dissidente que rejeitava integralmente o Velho Testamento); como igreja oculta dos valentinianos; e com Bardaisan ou Bardesanes e sua escola do Apóstolo Tomé, por volta de 200 d.C., em Edessa (na atual Síria), no reino de Osrhoëne (que cobria a Mesopotâmia) — como observa Hoeller, "Edessa foi muito provavelmente o primeiro Estado cristão e o único Estado gnóstico na história".[14] Ramificações do gnosticismo nas quais é possível ver a organização como igrejas viriam a ser o maniqueísmo — especialmente em seu início, de 242 a 273 d.C., quando foi religião oficial iraniana — e o mandeísmo.

Mesmo sem contar a seu favor com a organização do cristianismo, o gnosticismo esteve presente em uma extensão territorial que abarcava desde a Península Ibérica até o Alto Egito, passando por Roma, pela Grécia, Síria e por Alexandria, no período entre a instauração do Império Romano sob Augusto e Tibério, seu apogeu entre Trajano e Adriano, sua divisão com a segunda sede imperial em Bizâncio a partir de Constantino e sua decadência. Comunidades e cultos gnósticos foram documentados na Armênia, no Irã, e a condenação do priscilianismo, uma variante do gnosticismo, foi o tema de um concílio em Braga, Portugal, no século VII.[15] No fim do século VII o gnosticismo voltaria a ser comentado e questionado pelo heresiólogo sírio Teodoro Bar Konai. O maniqueísmo, por sua vez, difundiu-se desde a China e o Turquestão até a Península Ibérica, passando pela Europa e África do Norte (lembrando que Agostinho, antes de tornar-se o grande filósofo e santo do cristianismo, foi

---

[13] Conforme as notas de M. Guignebert para Gustave Flaubert, *La tentation de Saint Antoine*, Paris, Louis Conard Libraire-Éditeur, 1924.

[14] Stephan Hoeller, *Gnosticismo: uma nova interpretação da tradição oculta para os tempos modernos*, Rio de Janeiro, Nova Era, 2005, p. 114; também Bentley Layton (org.), *op. cit.*, p. 430.

[15] O panorama da distribuição territorial do gnosticismo e sua duração têm como fontes principais: Jean Doresse, *op. cit*; Bentley Layton (org.), *op. cit.*, Stephan Hoeller, *Gnoticismo: uma nova interpretação da tradição oculta para os tempos modernos*, tradução de Ângela Machado, Rio de Janeiro, Nova Era, 2005; e Mircea Eliade, *op. cit.*

maniqueísta). Suas extensões incluíram os paulicianos da Armênia no século VII, os bogomilos das atuais Romênia, Bulgária e Bósnia nos séculos IX a XV e os cátaros provençais exterminados no século XIII, sugerindo uma migração através desses países e regiões.

Em acréscimo, houve ramificações asiáticas do gnosticismo. Dentre elas, o mandeísmo (os significados dos vocábulos mandeu e gnóstico são equivalentes), religião de adeptos de João Batista, mas não de Jesus Cristo, que subsiste até hoje. Teria uns 10 mil seguidores no Iraque.[16] Em um ensaio mais recente, de Marília Pacheco Fiorillo, mandeus ou mandeanos são descritos em maior detalhe; seu número é estimado em 70 mil; e, com base em boas fontes jornalísticas, é observada "uma alarmante mudança em seu isolamento consentido", por causa "do acirramento da guerra civil, do extremismo e dos ódios internos, arremessando sunitas contra xiitas";[17] as consequências, conversões e deslocamentos forçados, e outras violências, inclusive execuções.

Cabe registrar ainda, como extensões tardias do gnosticismo, suas manifestações muçulmanas. Corresponderiam, segundo Doresse, aos ismaelitas e ao sufismo; para Hutin, também à estranha seita dos *haxixim*, ou assassinos, liderada por Hassam ibn Sabbah, o "velho da montanha".

Com o extermínio dos cátaros provençais no século XIII, encerrou-se de vez o gnosticismo como forma de organização social no Ocidente. Mas não como doutrina e visão de mundo. Além de seus reflexos em heresias, dissidências e revoltas religiosas, reapareceria em hermetistas e magos da Renascença, e em místicos e esoteristas, os "iluminados". Dentre esses, já no século XVIII, a ordem ou seita dos Eleitos Cohen (ou Coênios), liderada por Martines de Pasqually, incorporou mitos gnósticos, incluindo sua versão da Gênese, a crença na regência do mundo por arcanjos maus, e na existência de uma raça de eleitos. O martinismo, de Martines de Pasqually e de Louis-Claude de Saint-Martin, o "filósofo oculto", por sua vez influenciaria românticos.

---

[16] O mandeísmo é tratado por Jean Doresse em seu volume da coleção Historia de las religiones e comentado por Stephan Hoeller, *op. cit.*, e por James M. Robinson (org.), em *The Nag Hammadi Library in English*, diversos tradutores, Nova York, harper Collins, 1990; sobre maniqueísmo, o volume de Doresse já citado e o de Mircea Eliade, *op. cit.*, além de Hans Jonas, *op. cit.*

[17] Marília Pacheco Fiorillo, *O Deus exilado: breve história de uma heresia*, Rio de Janeiro, Civilização Brasileira, 2008, p. 21.

Mesmo assim, há um vazio entre o gnosticismo praticado na Antiguidade tardia e o gnosticismo literário da modernidade. Podem ter contribuído para preenchê-lo as variantes de um pensamento que apresenta continuidade com o hermetismo, de Böhme e, especialmente, de Emanuel Swedenborg, pelo modo como aquele visionário povoou o cosmo. E, ainda, a retomada do interesse pelos relatos dos heresiólogos e críticos neoplatônicos. Quaisquer que fossem suas fontes, na segunda metade do século XIX e ao longo do século XX grupos voltariam a apresentar-se como gnósticos: os adeptos da teosofia de H. P. Blavatsky, aquele liderado pelo Sâr Péladan, com sua atenção para o andrógino primordial, e a revista *Gnosis*, dirigida por René Guénon.

No entanto, alguns gnosticismos modernos, a exemplo daquele, contemporâneo, liderado por Samael Aun Weor, parecem abandonar aspectos fundamentais da doutrina tal como adotada na Antiguidade. Valorizam o conhecimento, mas deixam de lado o demiurgo e a sua complexa mitologia (ou então sua copiosa produção editorial pode ser exotérica e traços característicos do gnosticismo histórico foram preservados, porém em nível esotérico). Já em outros gnósticos contemporâneos, como Hoeller, verifica-se a preocupação de preservar a doutrina tradicional: mesmo com simplificações e atualizações, são mantidos o mito do demiurgo e a visão negativa do mundo.

Apesar de sua extensão, importância e suas consequências, e mesmo com o crescimento das fontes, do material para pesquisa, o conhecimento sobre gnosticismo continua lacunar. Sobre cristianismo, ou qualquer outra das grandes religiões que subsistiram, ou cuja vigência coincidiu com civilizações ou povos dos quais dispomos de bons registros, temos os textos doutrinários, além dos comentários e das interpretações e do folclore religioso. Há uma sistematização da doutrina e uma ordenação do seu *corpus* separando a escritura canônica, a narrativa edificante, a especulação teológica. Sabemos qual a relação entre os textos da doutrina, as práticas religiosas, a ética. Há relatos históricos sobre os formuladores da doutrina e descrições de como viveram os cristãos em diferentes épocas. No gnosticismo, isso não ocorre. Dentre os profetas e líderes de seitas gnósticas ou de ramificações do gnosticismo, existe informação biográfica sobre alguns, como Valentino ou Bardesanes e, em maior detalhe, sobre Mani. Outros são lendários ou semilendários, inclusive Simão, o Mago e Dositeu. As fontes diretas disponíveis, como a biblioteca gnóstica de Nag Hammadi, nada nos dizem sobre seus seguidores e sobre as circunstâncias em que viveram.

Durante séculos, o conhecimento sobre gnosticismo derivou de fontes indiretas e tendenciosas: refutações por patriarcas da Igreja, como Irineu, Hipólito e Epifânio; e a crítica helenística e judaica. Por isso, na falta de documentação original, pesquisar gnosticismo correspondeu ao exame de "duas camadas de fontes duvidosas", como observa Doresse. Uma delas, confundindo as partes e o todo, tomava grupos ou modalidades como representantes de toda a gnose; outra, considerando como relato fidedigno o discurso do acusador: "Algo tão frágil [...] quanto uma história do Egito faraônico reconstituída a partir dos dados tendenciosos do *Contra Apion* de Josefo."[18]

Desde o descobrimento de códices, rolos de pergaminhos, como os Livros de Iehu, em 1769, e a *Pistis Sophia*, ou Códice Askew, encontrado em 1772 e traduzido do copta em 1851, até aqueles encontrados em Nag Hammadi em 1945 — para ser mais preciso: nas encostas de Jabal al Tarif, nas imediações de Nag Hammadi e de Xenoboskion ou Khenoboskion, às margens do Nilo, a cem quilômetros a sudoeste do Vale dos Reis em Luxor[19] — ampliaram-se e melhoraram as fontes diretas.

Os códices de Nag Hammadi, em especial, surpreenderam estudiosos pelo modo como seu conteúdo coincidia com fontes indiretas já conhecidas, confirmando-as em alguns casos, completando-as em outros. *O estrangeiro*, *O livro secreto segundo João* e *A revelação de Adão*, encontrados em Nag Hammadi, eram, verificou-se, os mesmos textos citados, comentados e refutados entre 150 e 200 d.C. por neoplatônicos não cristãos, como Plotino, Amélio e Porfírio de Tiro, ou entre 150 e 380 d.C. por Irineu, Hipólito e Epifânio. A cópia de *O evangelho segundo Tomé*, de Nag Hammadi, é uma versão mais completa daquela encontrada em Oxirrinco, em 1897.

Chamou a atenção a diversidade desses textos. Admitindo-se, como o faz Layton em *As escrituras gnósticas*, um gnosticismo "clássico", dos setianos ou arcônticos de *O livro secreto segundo João*, *Allogenes*, *O Livro santo do grande espírito invisível* e outros escritos, e aquele correspondente à gnose cristã de Valentino e seus adeptos, viu-se que o

---

[18] Jean Doresse, *op. cit.*, p. 2.
[19] Mapa em Jean Doresse, *Les livres secrets des gnostiques d'Égypte*.

acervo de Nag Hammadi continha documentos relativos às duas correntes. E outros, identificáveis com o gnosticismo, nos quais, porém, não há referência ao judaísmo e cristianismo, como o *Zostrianos*, ou que não têm vínculo algum com essas religiões, como *O trovão — Intelecto perfeito*. Em acréscimo, expressões de um cristianismo esotérico, ou revisões gnósticas dos evangelhos: *O evangelho segundo Tomé* e *O livro de Tomé*. É tamanha a diversidade que há, até mesmo, uma versão de passagens da *República* de Platão e um trecho do *Asclépio*, que integra o *Corpus Hermeticum*.

Quanto à proveniência do acervo de Nag Hammadi, Pagels cita esta hipótese:

> O estudioso Frederik Wisser sugeriu que os monges que viviam no monastério de São Pacômio, a pouca distância do lugar onde se encontraram os textos, poderiam ter guardado os documentos de Nag Hammadi em sua biblioteca devocional. Mas em 367, quando Atanásio, o poderoso arcebispo de Alexandria, enviou uma ordem para expurgar todos os "livros apócrifos" com tendências "heréticas", um (ou vários) dos monges pode ter escondido os preciosos manuscritos da jarra e a enterrado na montanha de Jabal al-Tarif, onde Muhammad Ali [o pastor egípcio que os descobriu e quase os pôs a perder] a encontrou 1.600 anos mais tarde.[20]

Para José Montserrat Torrents, "nada impede pensar que o gnosticismo foi, realmente, o modo de viver a fé cristã daqueles monges esquecidos no deserto".[21]

Sabe-se, porém, que aqueles ascetas, os cenobitas pacomianos, se mostrariam, em seguida, extremamente intolerantes. É-lhes imputada a cruel execução de Hipácia (esfolada viva), além de outras perseguições. Por isso, é plausível outra hipótese sobre a origem daqueles documentos, adotada por Jonas e Doresse: sua ocultação e consequente preservação nada tiveram a ver com monges pacomianos e ocorreram por iniciativa de pagãos; talvez de uma comunidade gnóstica logo extinta. Para Doresse, a formação daquele acervo foi obra de uma equipe de copistas, adep-

---

[20] Elaine Pagels, *Os evangelhos gnósticos*, tradução de Marisa Mota, Rio de Janeiro, Objetiva, p. 137.
[21] José Montserrat Torrents, *Los gnósticos*, Madri, Gredos, 1990, p. 16.

tos de "uma verdadeira igreja gnóstica que mantinha relações com grupos situados em outras regiões".[22]

O significado dessa importante documentação muda, conforme cada uma dessas possibilidades: o armazenamento por monges cristãos, ou a prévia utilização por gnósticos. Nesse caso, sua diversidade é a consequência de um pluralismo intrinsecamente gnóstico. Aceitar os papiros de Nag Hammadi como acervo de uma comunidade gnóstica equivale a admitir que, dentro de cada gnosticismo, havia lugar para todos os gnosticismos.

Qualquer que fosse sua origem, é mais correto referir-se aos documentos de Nag Hammadi como "biblioteca gnóstica" — é assim que James Robinson e Doresse os designam — e não como "evangelhos" ou "escrituras", como o fazem Pagels e Layton, entre outros: são termos que supõem a seleção, com a exclusão do não canônico (daí preferir usá-los entre aspas, quando relacionados ao gnosticismo). Os formadores daquele acervo revelaram um espírito genuinamente gnóstico no modo pelo qual preservaram fontes de conhecimento. Ousaram saber. Procederam como bibliotecários ou pesquisadores interessados em um estudo de religiões e teologia, respeitando seu caráter heterodoxo.

Para ampliar o acesso ao gnosticismo, e também para complicá-lo, restaram, além da documentação escrita, peças da iconografia ou emblemática: os *abraxas* — nome cujo valor numérico no alfabeto grego seria de 365, o número dos dias do ano; em *Demian*, de Hesse, a senha de identificação da seita que acolhe o protagonista. São imagens de criaturas acéfalas ou híbridas de animal e humano, encontradas no Egito e em sepulcros de Roma. Possíveis talismãs, representariam arcontes, governadores do mundo, os "dominadores demoníacos de formas bestiais", segundo Puech.[23] Tais peças sugerem um fundo pré-cristão no gnosticismo. Despertaram interesse de Georges Bataille, que identificou o gnosticismo a um "baixo materialismo".[24] Fortalecem suposições sobre influência ou revivescência de mitos e religiões arcaicas da Mesopotâmia e do Egito pré-helênico (lembrando que imagens teriomorfas ou zoomorfas já exis-

---

[22] Jean Doresse, *op. cit.* p. 283.
[23] Henri-Charles Puech, *En quête de la gnose*, p. 241.
[24] Georges Bataille, "Le bas matérialisme et la gnose", em *Oeuvres complètes*, Paris, Gallimard, v. I, p. 222, comentado em Eliane Robert Moraes, *O corpo impossível: a decomposição da figura humana, de Lautréamont a Bataille*, São Paulo, Iluminuras-Fapesp, 2002.

tiam, supondo-se que fossem objetos de culto, desde os habitantes das cavernas).

Mas os *abraxas* adicionam enigmas, em lugar de resolvê-los. É estranho algo que recebe anátemas nos textos reaparecer como objeto de culto. E falta documentação associando tais imagens a doutrinas. Daí Doresse lançar dúvidas quanto à ligação de parte desse material ao gnosticismo: vasos representando um ritual diante de uma serpente, por exemplo, tanto poderiam ser de ofitas gnósticos quanto remanescentes de antigos cultos egípcios.[25]

Há, ainda, uma terceira categoria, necessária para se falar sobre gnosticismo: a transmissão oral. É claro que a escrita recolheu algo transmitido oralmente. Mas, sendo doutrina esotérica, certamente havia um ensinamento especificamente oral, destinado aos iniciados e veiculado em cultos. Incluía, como se observa através de recomendações e possíveis transcrições em algumas das "escrituras", não apenas senhas e ditos paradoxais, mas cantorias semelhantes aos mantras: o "falar em línguas" indutor ou expressão de alterações da consciência, discutido no capítulo precedente.

Para Hoeller e Pagels, nos rituais gnósticos tinham lugar não só tais mantras, mas a música e, ainda, a dança, nisso diferindo do cristianismo ortodoxo. Uma coisa é certa: o evento central naqueles rituais era o batismo, concedido pelo Grande Set.[26] No entanto, o sentido do batismo no gnosticismo é distinto daquele do sacramento católico: ser batizado equivalia a ser iniciado. Enquanto o catolicismo opera com os pares pecado e absolvição, ou culpa e redenção, a polaridade gnóstica é entre ignorância e conhecimento. Assim como, bem mais tarde, a partir do século XVI, entre os anabatistas, os reformistas que pregavam a justiça social e a supressão da propriedade privada, o batismo *a posteriori* é a culminação, e não o início de um processo.

No gnosticismo valentiniano, há acréscimos e um ganho em complexidade em matéria de sacramentos.[27] A principal contribuição daqueles adeptos foi a câmara nupcial. A leitura dos textos valentinianos mostra que essa câmara não é o lugar da celebração do matrimônio, mas do en-

---

[25] Jean Doresse, *op. cit.*, p. 154-155.
[26] Bentley Layton (org.), *op. cit.*, p. 139.
[27] Comentados por Bentley Layton (org.) *op. cit.*

contro do iniciado com a centelha divina, seu verdadeiro "eu". Correspondem-lhe, portanto, as bodas alquímicas, união de contrários para realizar a transmutação. Mas o matrimônio ser simbólico não exclui a possibilidade da hierogamia, a consumação real, tomando símbolos ao pé da letra.

Assim, é como se três fontes de informação — escrita, iconográfica, oral, essa acrescida do musical e do corporal — mostrassem faces distintas do gnosticismo: a primeira, visionária, e também especulativa e teológica; a segunda, sugerindo magia; a terceira, lembrando ramificações do hinduísmo e práticas do taoismo e do sufismo, como expõe Peter Lamborn Wilson em seu livro sobre sonhos iniciáticos.[28]

O volume tão díspar e lacunar de informação contribuiu para as divergências na interpretação do gnosticismo e no delineamento de seu âmbito, do próprio campo de estudos. Alexandrian e Roob tomam o *Corpus Hermeticum* como gnosticismo, enquanto Puech e Doresse lhe dedicam um capítulo próprio em seu tratado de história das religiões. Já Bloom classifica o hermetismo como "gnosticismo secular" em *Jesus e Javé — Os nomes divinos*, e Layton inclui o tratado primeiro do *Corpus Hermeticum*, o *Poimandres*, em *As escrituras gnósticas*, mas catalogado em *Outras correntes antigas*, afins, porém distintas do gnosticismo, assim como a gnose cristã de *O evangelho segundo Tomé* — ao qual, no entanto, Puech dedica todo o segundo volume de *En quête de la gnose*. E Montserrat Torrents, na introdução de sua edição dos textos de heresiólogos, cita um congresso de historiadores para afirmar que gnosticismo é mesmo sinônimo de gnosticismo cristão, valentiniano, a partir do século II; outras modalidades poderiam ser alcunhadas de gnoses, mas não de gnosticismo. É um ponto de vista diametralmente oposto ao de Jonas, que identificou um gnosticismo cristão, obviamente herético, outro judaico e pré-cristão e ainda o "gnosticismo pagão independente" do hermetismo, além de incluir o maniqueísmo como "gnosticismo oriental". Eliade, no capítulo "Paganismo, cristianismo e gnose" de *História das crenças e ideias religiosas*, trata de gnose valentiniana e do maniqueísmo, tido como "a

---

[28] Peter Lamborn Wilson, *Chuva de estrelas — O sonho iniciático no sufismo e taoismo*, tradução de Alexandre Matias, São Paulo, Conrad, 2004, especialmente no capítulo V, "Sonho extático".

mais radical das sínteses gnósticas"; mas associa o gnosticismo originário ao primitivo cristianismo esotérico. Pagels, nisso acompanhada por Bloom e Fiorillo, ao acentuar o contraste entre ortodoxia cristã e gnosticismo, a valorização gnóstica do conhecimento *versus* a imposição da hierarquia, vê o gnosticismo como o cristianismo mais fiel à mensagem de Cristo: em *As origens de Satanás*, denomina gnósticos de "cristãos radicais". E um dos comentaristas de *O evangelho de Judas*, Bart Ehrman, fala em "religiões gnósticas" e menciona dúvidas quanto à viabilidade da categoria "gnosticismo" para designar alguma religião.

Contudo, prevalecendo tais dúvidas, também não se poderia falar em budismo, porém em "budismos" — ou em gnosticismos não teístas, búdicos, na Índia, China, no Tibet, Nepal, Butão, Japão, na União de Mianmar, Indochina... Mas isso não ocorre, e não por falta de diversidade interna no budismo, porém pelo melhor acesso à documentação. Além disso, budistas tiveram o direito à voz; a chance, durante milênios, mesmo nas ocasiões em que foram combatidos ou perseguidos, de fazer-se ouvir para esclarecer sua relação com a crença que adotaram.

A intenção, aqui, é transferir algo do gnosticismo para capítulos do comparatismo literário. Mesmo assim, questões que vêm ocupando historiadores têm de ser examinadas para que se possa localizar sua presença literária. Interessa de modo especial a discussão da gnose como cristianismo — quer fosse originário, "primitivo", ou herético, ramo divergente — ou doutrina autônoma.

Seitas e grupos teosóficos de "iluminados", que exerceram forte influência sobre o romantismo, diziam-se adeptos do "cristianismo primitivo"[29] ou de um gnosticismo equivalente ao cristianismo esotérico, secreto e autêntico. A identificação de gnosticismo e cristianismo se reproduz na contemporaneidade — entre outros exemplos, em Pessoa, ao declarar-se "cristão gnóstico, e portanto inteiramente oposto a todas as igrejas organizadas, e sobretudo à Igreja de Roma."[30]

Mas declarar-se cristão gnóstico e dissidente, como Pessoa, é uma coisa; outra, que levaria a um contrassenso, seria entender gnose como

---

[29] Conforme documentado por Auguste Viatte, em *Les sources occultes du romantisme; illuminisme — théosophie; 1770 — 1820,* 2 v., Paris, Librairie Ancienne Honoré Champion, 1928.

[30] João Gaspar Simões, *Vida e obra de Fernando Pessoa: história duma geração*, Lisboa, Livraria Bertrand, 1980, v. II, p. 234.

modalidade de cristianismo, mesmo herética, e ao mesmo tempo enxergar vínculos com o gnosticismo em Artaud (como o faz Sontag), Breton (como ele mesmo o declarou) ou Bataille. Por um exercício do sofisma, acabar-se-ia por chegar à demonstração de que esses autores, críticos veementes do cristianismo, no fundo haviam sido cristãos a seu modo (ou então, que entenderam de modo errado o gnosticismo...).

Há, de modo evidente, vieses de toda ordem interferindo nessas caracterizações do gnosticismo. Em Pagels, vê-se simpatia com relação à possibilidade de o gnosticismo corresponder ao cristianismo não autoritário e não patriarcal. Identifica os escritos de Nag Hammadi às "controvérsias do início do cristianismo", apesar de sua datação bem posterior. E, mesmo afirmando que não tomou "o partido dos gnósticos" para "combater o cristianismo ortodoxo", encerra *Os evagelhos gnósticos* declarando que esses oferecem "uma poderosa alternativa à tradição cristã ortodoxa".[31] É uma posição duplamente oposta àquela de Doresse, que, acentuando a incompatibilidade entre gnosticismo e cristianismo, conclui pela "incomparável superioridade" do Novo Testamento. Diz dos gnósticos: "Compreende-se que seus sectários tenham preferido [...] guardar o segredo sobre seus próprios dogmas e se esconder nas trevas."[32] Autores como Bataille e Breton, por sua vez, enxergam a mesma cisão observada por Doresse, entre gnosticismo e cristianismo, mas pelo lado oposto: não por endossar, mas por rejeitar a religião cristã. Cabe até mesmo perguntar se tais divergências — entre Doresse, Breton e Pagels — além de religiosas, não seriam literárias. Doresse pode ter reagido ao tortuoso estilo de "escrituras" gnósticas, merecedor de interesse sob a ótica surrealista.

Podem derivar das sobreposições de juízo de valor e interpretação as afirmações de Layton, no prefácio de *As escrituras gnósticas*, de que essas "são heréticas — a contrapartida herética das Sagradas Escrituras do cristianismo e do judaísmo", dando como "inegável o fato de que os gnósticos eram uma seita ou movimento do cristianismo". Em outras passagens de *As escrituras gnósticas*, essa caracterização é matizada: "Em bom número de obras gnósticas, contudo, há uma total ausência de aspectos caracteristicamente cristãos",[33] reconhece. Observa seu hibridismo e, ao

---

[31] Elaine Pagels, *op. cit.*, p. 171-172.
[32] Jean Doresse, *op. cit.*, p. 368.
[33] Bentley Layton (org.), *op. cit.*, p. 21.

comentar *Zostrianos*, que "a moldura pseudoepigráfica da história e seu principal protagonista sugerem sua ambientação na Pérsia pré-cristã".

A argumentação de Pagels, em *Os evangelhos gnósticos* e *As origens de Satanás*, exemplifica uma metodologia distinta. Examina "a correlação entre a teoria religiosa e a prática social". Associa a doutrina católica ortodoxa à organização temporal da Igreja, com um poder central, sua estruturação em bispados e prelazias e a consequente hierarquia de bispos, presbíteros e diáconos. Semelhante organização se apresentava como sucessora dos apóstolos que haviam recebido a mensagem evangélica, conforme a historiadora, citando Clemente de Roma e Inácio de Antioquia:

> Contudo, como são, de fato, administradas as normas de Deus? Nesse ponto, a teologia de Clemente se torna prática: Deus, diz ele, delega sua "autoridade de reinar" aos "governantes e líderes da terra". Quem são os governantes indicados? Clemente responde que são os bispos, padres e diáconos. Quem se recusar a "curvar-se" e a obedecer aos líderes da Igreja é culpado de insubordinação contra o próprio mestre divino.
> [...] Para Inácio, assim como para os pagãos romanos, política e religião constituíam uma unidade inseparável. Acreditava que Deus se tornava acessível à humanidade *por meio da igreja* — e, de forma mais específica, por intermédio dos bispos, padres e diáconos que a administravam: "Sem eles, não há nada que possa chamar-se Igreja!" Em nome da salvação eterna, impelia o povo a se submeter aos bispos e padres.[34]

O que está em "evangelhos" gnósticos, como aqueles atribuídos a Tomé, poderia derivar do cristianismo primitivo, pré-hierárquico. E de um ensinamento esotérico que Pagels sugere ter sido mais coerente com a pregação de Jesus Cristo do que a doutrina transmitida pelas escrituras canônicas.

Examinar doutrinas religiosas como expressão de relações de poder é obviamente esclarecedor. E o gnosticismo aparece como doutrina rebelde e até libertária, por criticar a autoridade representada não só pela hierarquia eclesiástica, mas pelo próprio criador do mundo. Pode-se ir mais longe e supor que os gnósticos, não dispondo de um repertório de categorias propriamente políticas, faziam a crítica do Império Romano atra-

---

[34] Elaine Pagels, *op. cit.*, p. 37 e 39.

vés de categorias teológicas: atacavam a divindade que legitimava o Império; no âmbito especificamente judaico, o Deus que conferia autoridade aos sacerdotes do Templo; e no emergente cristianismo, sua hierarquia sacerdotal.

No entanto, interpretar desse modo os dois conjuntos doutrinários, gnosticismo e cristianismo ortodoxo, também leva a conclusões opostas às de Pagels, mostrando o antagonismo desde a origem. Em suas primeiras manifestações escritas, por meio de Paulo, o cristianismo já exibia a vocação para religião patriarcal, centralizadora. Consequentemente, o gnosticismo de Valentino, já do século II, pode ser interpretado como crítica *a posteriori* do centralismo cristão, apropriando-se, para tal, de conteúdos gnósticos preexistentes. E não, como o faz Pagels, o gnosticismo como cristianismo anterior a um desvio autoritário.

Desde o começo de sua tradição escrita, o cristianismo parece incluir refutações do gnosticismo em sua "boa-nova" evangélica. Simão, o Mago é o mesmo Simão que protagoniza o episódio relatado em Atos dos Apóstolos, 8, oferecendo-lhes dinheiro (daí as expressões "simonia" e "simoníaco"). Teria, conforme as *Epístolas clementinas*, um confronto, medindo forças com São Pedro ao mostrar que podia voar, em um episódio que simbolizou a supremacia do cristianismo sobre a gnose. A ele e aos demais líderes gnósticos podem ter sido dirigidas as admoestações de Paulo contra "vãs doutrinas" em Colossenses, 2 e contra "falsos doutores" na Primeira Epístola a Timóteo, 1.

Tomando o conjunto das epístolas paulinas, é possível mostrar onde o apóstolo se aproxima e onde se afasta do gnosticismo. Isso foi resumido por Hutin (condensando o exame mais detalhado por Doresse e Jonas):

> Em São Paulo, encontram-se doutrinas comuns ao cristianismo primitivo e à gnose. O apóstolo apela, até mesmo, à "Sabedoria de Deus [...] que está escondida, que Deus preparou antes mesmo dos séculos para nossa glória e que nenhum dos príncipes ["ao pé da letra", destaca Doresse: "dos arcontes"] deste século [ao pé da letra: "deste eon"] conheceu." [o trecho citado por Hutin é de I. Coríntios II, 7-8]
> São Paulo polemiza antes de Marcião contra a Lei de Moisés, cujos mandamentos são classificados como "ministério da morte, gravado em letras sobre as pedras", em oposição à Lei nova, "ministério do Espírito", trazida por Jesus. Paulo adota a divisão tripartite do homem: corpo, alma e

espírito. Satã é o "Príncipe deste mundo", assistido por numerosas potências. Na perspectiva paulina, o homem ressuscitará em corpo glorioso, pois "a carne e o sangue não podem herdar o Reino de Deus". [Hutin cita 2. Coríntios, III, 7.]

Mas São Paulo recusa-se absolutamente a fazer endossar ao Criador a responsabilidade do mal e do pecado original; e não se encontra nele qualquer docetismo.[35]

Vê-se que a relação da pregação paulina com o gnosticismo foi dúplice. O apóstolo pode ser apresentado como precursor (a interpretação de Valentino, cuja doutrina lhe teria sido ensinada por Teudas, discípulo de Paulo) ou como seu contendor.

Gnosticismo ainda parece ser o alvo em textos imediatamente subsequentes a Paulo, a exemplo das menções aos "falsos profetas" e "falsos doutores" na Segunda Epístola de São Pedro. A mesma advertência já estava nas palavras de Jesus Cristo que precedem a detenção e crucificação em Mateus 24:11 e 24:24: "Pois hão de surgir falsos Cristos e falsos profetas, que apresentarão grandes sinais e prodígios de modo a enganar, se possível, até mesmo os eleitos"; e também em Lucas 21:8. João, na abertura de seu evangelho, refuta o gnosticismo ou a sua visão dualista do mundo, ao afirmar que as trevas, associadas ao pecado, são ausência de luz, e não entidade autônoma. Como expõe Doresse,

no prólogo do Evangelho de João (o mesmo João cujo Apocalipse evidencia uma grande cólera contra as seitas), cujas definições refutam implicitamente, ponto por ponto, o ensinamento de que o mundo de modo algum é obra do Deus Supremo: a luz se viu atacada pelas trevas, o Logos não assumiu a carne mais do que em aparência, vindo a este mundo só para certos eleitos ou privilegiados.[36]

Por isso, a leitura de "escrituras" gnósticas, seguida da releitura das escrituras cristãs, acaba por transmitir a impressão de que essas é que são refutações da doutrinação gnóstica. Daí Layton reconhecer que "a teolo-

---
[35] Jorge Hutin, *Les gnostiques*, Paris, PUF, 1978, p. 74, (Qui Sais-je?).
[36] Jean Doresse, *"La gnosis"*, p. 14.

gia proto-ortodoxa foi, até certo ponto, concebida como sendo o que a teologia gnóstica *não* era."[37]

Sem deixar de levar em conta a contribuição recente e relevante de autores como Pagels e Layton, é possível, portanto, manter o entendimento do gnosticismo histórico como doutrina sincrética, porém autônoma, e não como modalidade herética, e menos ainda arcaica, do cristianismo. É o que sustenta Alexandrian: "Os gnósticos, que foram considerados, durante muito tempo, como heréticos do cristianismo, são hoje tidos como os representantes de um sistema de pensamento independente que rivalizou com eles, tendo chegado a influenciá-los em diversos pontos e deles recebido vários elementos."[38]

Não apenas sincretismo, mas pluralismo e ecumenismo são palavras-chave nas descrições dos gnósticos por Monnerot. Tal sincretismo e ecumenismo foram característicos de uma cultura e uma época: gnósticos, "formados por um helenismo aberto a todas as influências estrangeiras [...], em busca da liberação espiritual e de satisfações afetivas com que sonhavam, batiam em todas as portas".[39] Daí o hibridismo, não só de doutrinas, mas de campos do conhecimento. Misturaram mitos, religião e filosofia:

> Intelectuais com aspirações místicas e homens piedosos com necessidades intelectuais, cada qual indo até a metade do caminho, gnósticos eram seus pontos de encontro (não os únicos). Platonismos, estoicismos, peripatetismos, epicurismos, cinismos já não se distinguem mais os uns dos outros tão nitidamente como antes. [...] No gnosticismo, os mitos gregos, frígios, fenícios e babilônicos misturam-se aos relatos bíblicos. São "ideologias" — diríamos — que ocupam uma posição ideal paradoxalmente intermediária entre os ritos de mistérios os mais materiais e a filosofia de Plotino e provêm da usura de fronteiras entre mística e filosofia.

O sincretismo gnóstico já havia suscitado (em 1930) um comentário de Bataille assemelhado ao de Monnerot, salientando o caráter "perturbador" de seu "baixo materialismo":

---

[37] Bentley Layton (org.), *op. cit.*, p. XXII.
[38] Sarane Alexandrian, *História da filosofia oculta*, tradução de Carlos Jorge Figueiredo Jorge, Lisboa, Edições 70, s/d, p. 37.
[39] Jules Monnerot, *La poésie moderne et le sacré*, Paris, Gallimard, p. 84.

> A gnose, com efeito, antes e depois da predicação cristã, e de um modo quase bestial, quaisquer que tenham sido seus desenvolvimentos metafísicos, introduziu na ideologia greco-romana os fermentos os mais impuros; emprestava de toda parte à tradição egípcia, ao dualismo persa, à heterodoxia judaico-oriental, os elementos os menos conformes à ordem estabelecida; acrescentava-lhes seus próprios sonhos, exprimindo com clareza algumas obsessões monstruosas; não se repugnava, na prática religiosa, com as formas mais baixas (por isso, inquietantes) da magia e da astrologia gregas ou assírio-caldaicas; e ao mesmo tempo utilizava, porém talvez mais exatamente comprometia, a nascente teologia cristã e a metafísica helenística.[40]

A tese da autonomia, do caráter sincrético e da vinculação com religiões não cristãs do gnosticismo encontra fundamentação nas fontes primárias, em "escrituras" gnósticas nas quais não se discerne a presença de categorias cristãs. É a conclusão a que chega Robinson, fonte especialmente autorizada, em sua condição de coordenador da edição dos escritos de Nag Hammadi:

> Assim, o gnosticismo não parece ter sido, em sua essência, apenas uma forma alternativa de cristianismo. Antes, foi uma tendência radical de liberação do domínio do mal ou de transcendência interna que varreu a Antiguidade tardia e emergiu dentro do cristianismo, judaísmo, neoplatonismo, hermetismo e similares. Como nova religião, foi sincrético, derivando-se de diferentes heranças religiosas. Mas sua unidade foi mantida por uma atitude muito definida e é nela que a unidade na diversidade deve ser buscada.[41]

Os textos dos setianos foram, sustenta Robinson, de transição: "atestam a existência de um gnosticismo não cristão que não havia sido previamente documentado com tanta clareza". Neles, "os ingredientes cristãos parecem tão externos ao corpo principal do texto que inclinam a pensar que foram adicionados por um editor, tradutor ou escriba cristão ao que foi originariamente composto como texto não cristão, embora a forma puramente não cristã não mais seja existente".

---

[40] Georges Bataille, *op. cit.*
[41] James M. Robinson (org.), *op. cit.*, p. 10.

Exemplos claros dessa adição estão ao alcance do leitor brasileiro: *Pistis Sophia* e *O evangelho de Judas*. Como palavra de Jesus Cristo, é exposto o mito gnóstico da criação. Os protagonistas são Jesus, Maria Madalena, Judas; mas o enredo é gnóstico: a emanação de Barbelô, a queda de Sophia, o poder do demiurgo. Personagens cristãos servem como envoltório de outra doutrina. Esse caráter de transição é observado por Meyer em seu comentário a *O evangelho de Judas*:

> O relato cosmológico, assim, parece ter sua origem em contexto judaico setiano anterior e foi adotado e levemente cristianizado como ensinamento de Jesus. Em outras palavras, o ensinamento setiano judaico é transformado em ensinamento cristão setiano em *O evangelho de Judas*.[42]

É como se a discussão do gnosticismo retornasse ao ponto em que estava décadas atrás, quando Jonas o associava ao "judaísmo ocultista heterodoxo".[43]

Aceito o paralelismo no desenvolvimento do gnosticismo e do cristianismo, pode-se entender a doutrina de Valentino e seus seguidores como mais um dos sincretismos gnósticos: uma busca de conciliação ou síntese com o cristianismo. O parâmetro para a diferenciação entre os gnósticos clássicos ou setianos e os valentinianos pode ser literário, e não só filosófico ou teológico. Valentino e seus discípulos expressavam-se de um modo distinto dos Eugnostos e pseudo-Zostrianos: argumentos tomaram o lugar das visões. Mas não se pode aceitar, por isso, a ideia da gnose valentiniana suplantando o gnosticismo clássico: nesse caso, não haveria como entender o perfil diversificado dos escritos de Nag Hammadi, em plena segunda metade do século IV d.C.

O maniqueísmo pode ter sido outro dos sincretismos gnósticos. Enquanto Valentino se moveu em direção a Roma e ao cristianismo, Mani absorveu a religião iraniana. Admitindo-se não só uma geografia do gnosticismo (que existe, pois sua distribuição territorial foi mapeada), mas uma topologia, então Valentino e Mani ter-se-iam instalado em fronteiras opostas do mundo gnóstico. Pregadores cristãos também viajaram, e mui-

---

[42] Marvin Meyer, "Judas e a conexão gnóstica", em Rodolphe Kasser e outros, *O evangelho de Judas*, São Paulo, Prestígio, 2006, p. 167.
[43] Hans Jonas, *op. cit.*, p. 33.

to — percorreram o mundo todo. Mas viajavam para converter, enquanto os gnósticos viajavam para interagir e promover sincretismos. Não só afirmavam uma doutrina: reinventavam-na.

Vê-se que o gnosticismo, além de sincrético e heterodoxo, foi uma religião móvel. Houve isomorfismo entre seu trânsito por doutrinas e mitologias e seu trânsito físico pelo Império Romano e outras nações: Simão, o Mago foi da Samaria e da Fenícia a Roma; Basilides, sírio, foi para Alexandria, onde morreu em 135; Marcião, seu contemporâneo, cristão cismático nascido em Pontos, porto do Mar Negro, procurou fundar seu culto em Roma; Valentino, nascido em Alexandria, instalou-se em Roma em 140; Mani foi da Babilônia à Pérsia e de lá chegou até a Índia.[44] Profetas que migraram através de territórios físicos e por doutrinas e correntes de pensamento.

O gnosticismo resiste aos historiadores por outras razões, além da perda de documentos e da diversidade. A principal delas, a ausência de ligações, nisso diferindo de outras grandes religiões, a uma civilização, a um império, a nações e povos. Estrangeiros no mundo, os gnósticos foram permanentes apátridas.

O cristianismo tornou-se religião oficial do Império Romano, suplantando doutrinas que também o haviam sido. E o judaísmo foi e continua a ser a religião do povo judeu, assim como a religião muçulmana, mesmo com suas ramificações, o é de povos árabes (não exclusivamente: a Indonésia é, atualmente, o país em que há mais muçulmanos). Tais religiões têm história por estarem ancoradas em fatos históricos de outra ordem, da esfera política e geopolítica, econômica, social, além de cultural no sentido amplo do termo. São componentes de identidades nacionais ou étnicas.

Já o gnosticismo parece desligado da história, pela inexistência de nações e povos gnósticos, porém apenas de comunidades. Essas foram corpos estranhos, à margem das respectivas sociedades. Sintetizando: se o judaísmo foi e ainda é a religião de um povo, e se o cristianismo quis ser a religião universal, de todos os povos, o gnosticismo foi a religião de povo algum, de nenhuma entidade de contornos geográficos e políticos definidos. O caráter não histórico lhe é inerente. Os gnósticos negaram o tempo e não se interessaram pelos assuntos deste mundo. Compa-

---

[44] Sarane Alexandrian, *op. cit.*, p. 46-51.

rando suas "escrituras" com aquelas judaico-cristãs, a leitura da Bíblia mostra uma dialética, uma interação entre duas esferas, do mundano e do divino. Por vezes, o relato histórico, e até micro-histórico, é minucioso. Acontecimentos da esfera política, como a submissão à Babilônia ou a revolta dos macabeus, são interpretados religiosamente; e aquilo que pertence à esfera do sagrado explica o acontecimento político: quedas e ascensões da nação judaica, assim como suas tensões internas, têm relação com desígnios divinos ou com a traição a esses desígnios. A história está dentro da escritura judaica, assim como a religião impregna sua história. A escritura cristã, por sua vez, reinterpreta o relato bíblico, vetero-testamentário, como profecia da vinda do Cristo. O "mito histórico"[45] das escrituras judaica e cristã está ausente dos textos gnósticos: falta um dos termos, o histórico, restando o puro mito. Isso por ser o gnosticismo consistentemente dualista: a separação das duas esferas, do *pleroma* e *kenoma*, é absoluta; só interessa o *pleroma* e o tempo é propriedade do *kenoma*, do mundo degradado

Onde a Bíblia é o relato a partir de uma gênese, da criação do mundo, "escrituras" gnósticas tratam do que precede a origem. Por isso, não são protagonizadas por personagens, quer fossem historicamente reais ou fictícios, mas por arquétipos e divindades.

Se a repressão e a perseguição foram os motivos do desaparecimento do gnosticismo, também contribuiu para sua extinção o fato de não disporem e não se interessarem em dispor dos instrumentos para constituir-se como civilização ou nação. Borges observou, a propósito de Basilides, que:

> Se houvesse triunfado Alexandria, e não Roma, as estrambóticas e turvas histórias que resumi aqui seriam coerentes, majestosas e cotidianas. Sentenças como a de Novalis: "A verdadeira vida é uma enfermidade do espírito", ou a desesperada de Rimbaud: "A verdadeira vida está ausente; não estamos no mundo", fulminariam nos livros canônicos. Especulações como a rechaçada por Richter sobre a origem estelar da vida e sua casual disseminação neste planeta conheceriam a adoção incondicional dos laboratórios piedosos.[46]

---

[45] A expressão é de Northrop Frye em *O código dos códigos: a bíblia e a literatura*, tradução e notas de Flávio Aguiar, São Paulo, Boitempo, 2004, p. 93.
[46] Jorge Luis Borges, "Una vindicación del falso Basilides", em *op. cit.*, p. 41.

Mas o mundo gnóstico não seria estranho apenas nessa dimensão superestrutural. Se o gnosticismo houvesse prosperado, teria freado o devir. Em sua versão mais radical, extinguiria a humanidade, por desaprovar não só a posse de bens materiais, mas a procriação. Em contraposição ao "crescei e multiplicai-vos" bíblico, o eleito gnóstico não se casa: "Alguém nascido (recentemente) não pode ser um progenitor: antes, uma criança tem irmãos, não filhos", conforme *O evangelho segundo Filipe*.[47]

Em uma versão moderada, o hipotético Ocidente gnóstico seria um extenso Tibete. E, se comunidades gnósticas isoladas houvessem subsistido, teriam semelhança com grupos tradicionalistas que decidiram parar no tempo: os menonitas e *amish* norte-americanos, continuadores dos anabatistas. A semelhança seria, contudo, no modo de vida e em aspectos da liturgia, mas não na doutrina: *amish* e menonitas adotam uma leitura literal da Bíblia, e não sua revisão crítica ou reinterpretação esotérica.

Cabe lembrar a expressão utilizada por Sontag, na passagem citada no capítulo inicial, sobre as temáticas gnósticas "empurradas para as margens heréticas do judaísmo, do cristianismo e do islamismo". Por sua cosmovisão e, por conseguinte, por sua negação do tempo e sua recusa da história, o lugar próprio do gnosticismo é à margem. Sua vocação é de ideologia alternativa e subterrânea. Não poderia ser central, pois esse centro teria de estar no mundo, negado pelo gnosticismo.

Por isso, faz sentido o interesse pelo gnosticismo crescer a partir do Esclarecimento e intensificar-se em pleno século XX e XXI: na sociedade aberta, sincretismo e heterodoxia são viáveis, pois deixa de ser necessário estar na posição central ou subordinado ao centro para existir.

---

[47] Bentley Layton (org.), *op. cit.*, p. 399.

CAPÍTULO 4   O conhecimento sobre o gnosticismo, II: esoterismo e poesia; mito e rebelião

Ensinamentos gnósticos, como em *O evangelho segundo Filipe* e *O evangelho segundo Tomé*, remetem aos evangelhos da Bíblia, porém em uma variedade enigmática, justificando a aproximação aos *koans* do budismo, como o fazem Hoeller e Pagels. Um exemplo é esta passagem de *O evangelho segundo Tomé*:

> Jesus viu umas criancinhas mamando. Ele disse a seus discípulos: "Estas criancinhas que estão mamando se assemelham aos que entram no reino." Eles lhe disseram: "Então entraremos no reino sendo criancinhas?" Jesus lhes disse: "Quando de dois fizerdes um, e fizerdes o interior como o exterior e o exterior como o interior, e o acima como o embaixo, e que fizerdes o macho e a fêmea serem um e o mesmo, de modo que o macho não seja o macho nem a fêmea seja a fêmea, quando fizerdes olhos em lugar de um olho e mão em lugar de mão e pé em lugar de pé, imagem em lugar de imagem — então entrareis em [o reino]".[1]

Como se vê, essa passagem toma como ponto de partida o *logion* (ensinamento) de Jesus Cristo sobre as criancinhas e o reino dos céus e o converte em ensinamento esotérico. Mas, ao fazê-lo, o vira pelo avesso. Nos evangelhos, as crianças são um símbolo da pureza, da inocência; qualificam-se para o reino dos céus por ainda não terem caído na vida e por isso estarem incorruptas. Estão aquém do pecado original. É o sentido da passagem em Mateus 18:1:

> Nessa ocasião, os discípulos aproximaram-se de Jesus e lhe perguntaram: "Quem é o maior no Reino dos Céus?" Ele chamou perto de si

---

[1] Bentley Layton (org.), *As escrituras gnósticas*, São Paulo, Loyola, 2002, p. 455.

uma criança, colocou-a no meio deles e disse: "Em verdade vos digo que, se não vos converterdes e não vos tornardes como as crianças, de modo algum entrareis no Reino dos Céus. Aquele, portanto, que se tornar pequenino como esta criança, esse é o maior no Reino dos Céus.
E aquele que receber uma criança como esta por causa do meu nome recebe a mim. Caso alguém escandalize um destes pequenos que creem em mim, melhor será que lhe pendurem ao pescoço uma pesada mó e seja precipitado nas profundezas do mar. [...]"

Já no gnosticismo, a ideia do pecado original não tem lugar: a Queda foi um acidente cósmico, e não o resultado do erro humano. Por isso, no trecho aqui citado de O evangelho segundo Tomé, a qualificação para o reino dos céus ocorre *quando* o devoto for capaz de fazer de dois um, promover a síntese do sujeito e do objeto (do "exterior" e do "interior") e equiparar-se ao andrógino; uma vez alcançada a superação dos contrários. Trata-se não só de revisão, mas de reversão da doutrina cristã. Nos evangelhos, vai ao céu a criança, que ainda não iniciou seu trajeto; em O *evangelho segundo Tomé*, alcança a salvação quem chegou ao fim do percurso iniciático.

O antagonismo entre as duas interpretações do "venham a mim as criancinhas, pois delas será o reino dos céus", a gnóstica e a evangélica, está na razão direta daquele entre a versão gnóstica do *sapere aude* e o *nolli altum sapere* cristão; entre uma doutrina do conhecimento e uma religião popular que, em sua escritura canônica, critica elites culturais representadas por escribas e sacerdotes.

E *O evangelho segundo Tomé* é gnóstico e divergente da doutrina cristã de ponta a ponta, e não só no trecho citado. No primeiro parágrafo, já adverte que a imortalidade é para quem for capaz de decifrá-lo: o iniciado. O oposto da religião que proclama o acesso ao reino dos céus pelas crianças, pelos simples, pelos pobres de espírito. Isso é reiterado no *logion* seguinte àquele das criancinhas: "Jesus disse: 'Eu vos escolherei — um dentre mil e dois dentre dez mil. E eles permanecerão em repouso sendo um e o mesmo.'"

A reelaboração gnóstica de escrituras cristãs fica mais clara através do exame de outra passagem, desta vez de *O evangelho da verdade*, de Valentino:

> Ele se tornou um caminho para aqueles que se tinham extraviado e conhecimento para aqueles que estavam sem conhecimento; descoberta para os que estavam procurando, e força para os que estavam tremendo; pureza para os que estavam conspurcados: visto que ele é o pastor que deixou para trás noventa e nove ovelhas que não se tinham extraviado, e foi procurar por aquela que se extraviara. Ele se alegrou quando a encontrou, pois 99 é um número expresso com um gesto da mão esquerda. Mas quando 1 é encontrado, transfere-se para a mão direita. Dessa forma, a coisa que precisava de um, isto é, toda a mão direita, move o que faltava, toma-o da parte da mão esquerda para transferi-lo para a mão direita. E assim o número se torna 100. Este é um símbolo das formas faladas destes números. O pai é aquele que, mesmo no Sabat, quando a ovelha que ele encontrara caiu no fosso, cuidou dela e a manteve viva, depois de tirá-la do fosso.[2]

É uma interpretação da parábola das ovelhas em Mateus 18:12:

> Que vos parece? Se um homem possui cem ovelhas e uma delas se extravia, não deixa ele as noventa e nove nos montes e vai à procura da extraviada? Se consegue achá-la, em verdade vos digo, terá maior alegria com ela do que com as noventa e nove que não se extraviaram. Assim também não é da vontade de vosso Pai que um destes pequeninos se perca.

Em Mateus, o tema é a alegria pelo arrependimento do pecador, ovelha desgarrada que retorna ao aprisco. Valentino, combinando fontes, pois o trecho também remete a Jó e ao trecho anterior, em Mateus, das crianças, trata de simbologia e numerologia: 99 mais um é cem, por sua vez, um; portanto, a unidade. A ovelha que faltava é o "eu" verdadeiro, a centelha divina dos gnósticos.

Apesar de contrastes dessa envergadura, Bloom, após declarar que segue "a tradição gnóstica", afirma que sua adesão ao gnosticismo se justifica deste modo: "Simplesmente porque os ditos gnósticos de Jesus, no Evangelho de Tomé, parecem-me mais autênticos do que toda a gama de pronunciamentos atribuídos ao rabino de Nazaré nos Evangelhos Sinóticos e no mais-que-tardio Evangelho de João."[3]

---

[2] Bentley Layton (org.), *op. cit.*, p. 308.
[3] Harold Bloom, *Jesus e Javé — Os nomes divinos*, tradução de José Roberto O'Shea, Rio de Janeiro, Objetiva, 2006, p. 33.

A designação de *O evangelho segundo Tomé* como "mais autêntico" por Bloom pode ter dois sentidos. Um, como sinônimo de verdade doutrinária, filosófico-religiosa: nesse caso, Bloom reafirma sua adesão ao gnosticismo. Outro, como autenticidade histórica: o que é dito em *O evangelho segundo Tomé* seria mais fiel ou teria melhor correspondência com o ensinamento do Jesus Cristo histórico. Semelhante autenticidade pode ser verificada por dois procedimentos. Um deles, a correspondência com os fatos: por exemplo, a relação de personagens históricos, os Pilatos, Caifás e Herodes, com seus retratos nesses textos. Mas os personagens históricos desaparecem, deixam de constar nos escritos gnósticos em geral e em *O evangelho segundo Tomé* em particular, assim como as coordenadas geográficas. Outro procedimento é a comparação com fontes paralelas, outros textos doutrinários da época: os papiros do Mar Morto e pensadores como Filo de Alexandria. Contudo, a comparação entre evangelhos, de um lado, e essênios e autores como Filo, de outro, fornece argumentos a Flusser, no já citado *Jesus* (no Capítulo 2), para sustentar a autenticidade da escritura cristã, assim contrariando frontalmente o que Bloom declara em *Jesus e Javé*.

Eliade também entende, citando Jean Daniélou sobre tradições secretas dos apóstolos, que o esoterismo está na origem do cristianismo. Daí identificar o gnosticismo ao cristianismo original, por sua vez derivado de um esoterismo judaico:

> O esoterismo, em outras palavras, a transmissão iniciatória das doutrinas e práticas reservadas a um número restrito de adeptos, é atestado em todas as grandes religiões na época helenística e nas proximidades da era cristã. [...] Trata-se [no âmbito do cristianismo] de ensinamentos reservados a determinado número de fiéis e que, transmitidos oralmente, devem permanecer secretos; esses ensinamentos constituem a tradição gnóstica. [...] as tradições esotéricas dos Apóstolos prolongam um esoterismo judaico relativo ao mistério da ascensão da alma e aos mistérios do mundo celeste.[4]

---

[4] Mircea Eliade, *História das crenças e das ideias religiosas*, t. II, *De Gautama Buda ao triunfo do cristianismo*, v. 2, tradução de Roberto Cortes de Lacerda, Rio de Janeiro, Jorge Zahar, 1979, p. 137-139.

Tanto a formação esotérica de Jesus Cristo e de apóstolos quanto o gnosticismo teriam relação, ainda conforme Eliade, com os essênios, místicos e dualistas.

Há, nos evangelhos sinóticos, passagens que poderiam fundamentar a tese de um cristianismo originariamente esotérico. Por exemplo, em Marcos 4:11, quando Jesus Cristo diz aos discípulos: "A vós foi dado o mistério do reino de Deus; aos de fora tudo acontece em parábolas"; o que é reiterado logo a seguir, em Marcos 4:33: "E nada lhes falava a não ser em parábolas. A seus discípulos, porém, explicava tudo em particular." Mas, entre esses dois trechos, está a metáfora da lâmpada que deve ser colocada no candelabro, de modo manifesto, e não sob a cama (Marcos 4:21): uma crítica ao esoterismo, ao ensinamento secreto. Clemente de Alexandria e Orígenes argumentaram em favor do cristianismo esotérico em sua origem: mas isso a partir de 150 d.C.[5]

Eliade pode ter tomado padrões regulares — a transmissão iniciática na origem de religiões — como arquétipos. Mas em escritos gnósticos o estilo esotérico parece vir como reescrita e reinterpretação dos textos cristãos originários. Na edição de *O evangelho segundo Tomé* por Layton, junto a cada um dos *logion* são anotados os trechos correspondentes dos evangelhos sinóticos que foram adaptados. Fica bem evidente a precedência da escritura cristã.

Torna-se mais plausível ainda essa hipótese, da adição de conteúdos esotéricos à escritura cristã nas "escrituras" gnósticas, ao se examinar a *Pistis Sophia*. Exemplo de um gnosticismo tardio, foi ganhando capítulos ao longo do tempo. E o Cristo-mago da *Pistis Sophia* é tanto mais o intérprete de um esoterismo quanto mais tardios seus capítulos: há progressão ou intensificação esotérica ao longo de suas páginas.

Suposições de um cristianismo originariamente esotérico alimentaram uma copiosa literatura sobre o Cristo-mago, o Cristo iniciado por essênios ou por alguma seita secretíssima, e sobre apóstolos-magos: tudo isso no âmbito da doutrinação esotérica, para asseverar sua natureza cristã. Trata-se de reconstituição mítica da origem. Uma diversidade de esoteristas e teósofos pode ter escolhido o messias ou profeta fundador errado. Seria mais coerente datarem-se a partir de Apolônio de Tiana, o mago

---

[5] Joan O'Grady, *Heresias*, São Paulo, Mercuryo, 1994, p. 57-65.

contemporâneo de Jesus Cristo, seguidor do pitagorismo, que também teria realizado milagres. Há uma intuição disso em Éliphas Lévi. O ocultista do século XIX, conforme um dos capítulos de *Dogma e ritual de alta magia*, ao praticar a necromancia, decidiu evocar "o fantasma do divino Apolônio".[6] Dirigiu-se a um iniciador efetivo, embora esquecido, da tradição à qual se filiava.

Qualquer que fosse a sequência, da pregação exotérica para a interpretação esotérica ou vice-versa, a comparação do evangelho cristão e da "escritura" gnóstica ilustrará diferenças entre uma doutrina baseada na argumentação, de modo coerente com a pregação de Paulo; e outra voltada para o insight e a revelação; entre discursos lógicos e sugestões visionárias e poéticas. Há escrita visionária no testamento cristão, no Apocalipse de João, mas como exceção; o esoterismo de passagens gnósticas como as citadas, dos evangelhos atribuídos a Tomé e a Filipe, é a regra.

"Escrituras" gnósticas são hipertextos, escritas sobre outras escritas. Copistas e compiladores, alguns dos "secretários de Deus" a que se referiu Borges, adicionaram categorias cristãs e platônicas a uma escrita que originariamente não era nem cristã nem platônica, e conteúdos gnósticos à escritura cristã. É claro que até mesmo na escritura judaica, tão avessa ao sincretismo, é possível expor conteúdos latentes, um substrato de outros mitos; nada, porém, que se compare a essas colagens teológicas nas quais, com toda naturalidade, vão coexistir mitos e personagens cristãos, judaicos, iranianos, helenísticos e até mesmo retirados de Homero e Virgílio.

Se escrituras cristãs e do gnosticismo fossem tomadas como literatura, então se constataria que os respectivos autores adotavam não só estilos, mas poéticas distintas. É como se houvesse, nos evangelhos canônicos, narradores realistas, valendo-se de uma linguagem simples e econômica para falar do grão de mostarda, da ovelha desgarrada, do semeador, da moeda romana, da figueira ressecada: do dia a dia e com os pés no chão. Em Marcos, Mateus ou Lucas, a palavra — do narrador e do protagonista Jesus Cristo — é usada com intenção ou função referencial. Há dimensão simbólica, é claro: mas a ovelha desgarrada pastava nos campos da Judeia.

---

[6] Éliphas Lévi, *Dogma e ritual de alta magia*, São Paulo, Pensamento, 2002, p. 163.

Ser gnóstico ou cristão, sendo uma opção religiosa, também foi uma opção literária. Algo como, em uma versão leiga, ser narrador naturalista ou poeta simbolista no final do século XIX: o antagonismo não residiu apenas no modo de escrever, mas de ver a linguagem e a relação entre linguagem e mundo. Émile Zola e Mallarmé não se limitavam a escrever de modo diferente: suas visões de mundo eram distintas.

Enfim, qualquer que seja o ângulo adotado, voltado para o conteúdo ou para a forma, sempre se observarão diferenças profundas entre o cristianismo dos evangelhos e modalidades do gnosticismo. Permitem reexaminar os argumentos em favor da existência do cristianismo esotérico primitivo e da sua identificação com o gnosticismo. Nesse caso, a pregação de Jesus Cristo registrada nos evangelhos canônicos seria a simplificação de algo complexo: a redução de uma mensagem cifrada a outra imediatamente inteligível; algo bem diferente da sua decifração. O contrário é mais plausível: assim como o simbolismo surge da ruptura com o realismo, a argumentação de Jesus Cristo (ou a versão apostolar dessa argumentação) ter sido reinterpretada à luz do esoterismo pelos adeptos de Valentino e dos evangelhos apócrifos de Tomé.

Layton supõe não a antiguidade de *O evangelho segundo Tomé*, mas de suas fontes. Observa sua possível derivação da mesma "fonte Q" (do alemão *quelle*, fonte), da qual proviriam os evangelhos canônicos.[7] Os trechos aqui citados são do texto completo na biblioteca de Nag Hammadi; as versões mais antigas são três papiros descobertos em Oxyrhyncus, no Egito, datados (ainda segundo Layton) do século III d.C.. Contudo, quaisquer que sejam as fontes e a datação possível, trechos como o aqui transcrito são etapas de um processo de reelaboração. E isso independe das suas origens, evangélicas e, certamente, de uma diversidade de outras fontes.

Um dos textos encontrados em Nag Hammadi, *O trovão — Intelecto perfeito*, é bem distante da doutrina judaica e cristã, tanto na forma quanto no conteúdo. Exortação por uma voz feminina, a repetição do "eu sou", acompanhada por antinomias, lhe confere qualidade litúrgica:

---

[7] Bentley Layton (org.), *op. cit.*, p. 447.

> Pois eu sou a primeira: e a última
> Sou eu a venerada: e a desprezada.
> Sou eu a meretriz: e a santa.
> Sou eu a esposa: e a virgem.
> Sou eu a mãe: e a filha.
> Eu sou os membros de minha mãe.
> Sou eu a estéril: e a que tem muitos filhos.
> Sou eu aquela cujo casamento é magnífico; e a que não se casou.
> Sou eu a parteira: e a que não dá à luz;
> Sou consolação: de meu próprio trabalho.
> Sou eu a noiva: e o noivo.
> E o meu marido é quem me gerou.
> Sou eu a mãe do meu pai: e a irmã do meu marido.
> É ele que é minha prole. [...]
> Sou seu silêncio incompreensível:
> E pensamento posterior, cuja memória é tão grande.
> Sou eu a voz cujos sons são tão numerosos:
> E o discurso cujas imagens são tão numerosas.
> Sou eu a fala: de meu próprio nome.[8]

Seria esse texto uma exceção na hinologia gnóstica? Certamente não: divindades andróginas não faltam no gnosticismo. Antinomias comparecem em outros documentos representativos. Em *O livro secreto segundo João*, o "ser perfeito", entre outras definições negativas, é "ilimitado, insondável, incomensurável, invisível, inominável; não é corpóreo nem incorpóreo; não é grande, não é pequeno"; seu emissário, como já citado, é ao mesmo tempo "uma criança" e "uma pessoa idosa."[9] Em *Pensamento primeiro em três formas*, é Barbelô, o "pensamento primeiro", que declara:

> Eu sou o som que foi manifestado por meu pensamento
> Pois eu sou a associada.
> Eu me chamo pensamento do invisível. [...]
> Sou eu que comunico a voz do som aos ouvidos daqueles que me

---

[8] *Idem, ibidem*, p. 96-97.
[9] *Idem, ibidem*, p. 33.

conheceram, que são filhos da luz.
E eu vim, uma segunda vez, sob a forma de uma mulher; e falei com eles.[10]

De onde vem essa linguagem de antinomias e paradoxos? Layton associa O trovão — Intelecto perfeito à devoção a Ísis. Também lembra hinos órficos, na louvação a uma divindade andrógina: "Zeus é o primeiro, Zeus é o último mestre do relâmpago. Zeus é a cabeça, Zeus é o meio, Zeus é a origem de tudo, Zeus é masculino, Zeus é uma virgem imortal."[11] Compilado da *Órfica* de Eusébio de Cesaréa, trata-se de orfismo tardio, do século IV d.C. Mas Eliade, em *História das crenças e das ideias religiosas*, cita uma passagem transcrita do papiro de Derveni, do século IV a.C., para comentar que "revelou uma nova teogonia órfica, centrada ao redor de Zeus", e que sua "cosmogonia tem uma estrutura simultaneamente sexual e monista".[12]

A expressão por meio de paradoxos, da qual O trovão — Intelecto perfeito é um exemplo, está em doutrinas e correntes filosóficas que precedem o gnosticismo: pode ser associada ao mito do andrógino de Platão e, precedendo-o, a religiões arcaicas e cultos tribais. Reaparece no misticismo ocidental. O Ser perfeito se expressa ou é descrito por meio da antinomia, por estar além da compreensão humana. Só pode ser objeto do "entendimento não discursivo", para usar a definição já citada de gnose por Layton. Vale como regra geral o enunciado do pseudo-Dionísio Aeropagita, o misterioso místico, de enorme influência, da alta Idade Média: "A Causa perfeita e unitária de todas as coisas está acima de toda afirmação, e a excelência dAquele que está absolutamente separado de tudo e acima de tudo supera toda negação."[13] Por isso, paradoxos e oxímoros irão reaparecer por meio da voz dos que tiveram a experiência ou visão da plenitude: Eckhart, Nicolau de Cusa, São João da Cruz, Santa Tereza d'Ávila.

---

[10] *Idem, Ibidem*, p. 114.
[11] Jean Voilquin, *Les penseurs grecs avant Socrate*, Paris, Garnier-Flammarion, 1964, p. 35.
[12] Mircea Eliade, *op. cit.*, p. 184.
[13] Marco Lucchesi, *A paixão do infinito*, Niterói, Clube de Literatura Cromos, 1994, p. 166.

Antinomias também estão em doutrinas orientais: religião védica, budismo, taoismo. Cabe transcrever um parágrafo de Paz sobre os ataques aos princípios lógicos da identidade e não contradição, do "isto é aquilo" em vez de "isto ou aquilo":

> O pensamento oriental não sofreu desse horror ao "outro", ao que é e não é ao mesmo tempo. O mundo ocidental é o do "isto ou aquilo". Já no mais antigo upanishada se afirma sem reticências o princípio da identidade dos contrários: "Tu és mulher. Tu és homem. És o rapaz e também a donzela. Tu, como um velho, te apoias num cajado... Tu és o pássaro azul-escuro e o verde de olhos vermelhos... Tu és as estações e os mares." E essas afirmações o upanishada Chadogya condensa-as na célebre fórmula: "Tu és aquilo". Toda a história do pensamento oriental parte dessa antiquíssima afirmação, do mesmo modo que a do Ocidente se origina da de Parmênides. Esse é o tema constante da especulação dos grandes filósofos budistas e dos exegetas do hinduísmo. O taoismo revela as mesmas tendências. Todas essas doutrinas reiteram que a oposição entre isto e aquilo é, simultaneamente, relativa e necessária, mas que há um momento em que cessa a inimizade entre os termos que nos pareciam excludentes.[14]

Comparando esse trecho com a citação do pseudo-Dionísio Aeropagita, tem-se a impressão de que a caracterização por antinomias, na tradição cristã, gnóstica e cabalista, é reservada à Causa Primeira, a Deus. Na tradição oriental, ao mundo todo, a todas as coisas, em uma universalização do pensamento analógico.

Sob o ponto de vista literário, tais comparações também são instigantes. No texto gnóstico: "Sou eu a voz cujos sons são tão numerosos" — seu emissor não a declara, a essa voz, como polifônica ou dialógica? Nesse caso, contrasta com o caráter monológico, a clareza e o didatismo das parábolas evangélicas e da pregação apostolar, tal como declarada por Paulo na crítica já citada ao "falar em línguas", de um modo que lembra a defesa das ideias claras e distintas por Descartes.

Trechos como esses de *O trovão — Intelecto perfeito*, típicos da Antiguidade tardia e com afinidade com outros mais antigos ainda, ao mes-

---

[14] Octavio Paz, *O arco e a lira*, Rio de Janeiro, Nova Fronteira, 1982, p. 124; *Signos em rotação*, tradução de Sebastião Uchoa Leite, São Paulo, Perspectiva, 1972, p. 49.

mo tempo soam modernos. Parecem precursores de Blake e de muito da poesia contemporânea. São surreais nos paradoxos e oxímoros, na lógica do "isto é aquilo" (na qual se baseiam jogos surrealistas como o "um no outro").

Na poesia da modernidade, o princípio da identidade dos contrários foi proclamado, entre tantos lugares, no poema de Baudelaire "O heautontimoroumenos": "Eu sou a faca e o talho atroz!/Eu sou o rosto e a bofetada!/Eu sou a roda e a mão crispada/Eu sou a vítima e o algoz!"[15]

É possível observar, comparando esses versos com O trovão — Intelecto perfeito e hinos órficos, uma passagem do abstrato para o concreto, do geral para o particular, do sagrado para o profano. Pares de opostos como "talho" e "faca", "rosto" e "bofetada", estão em oposição aos arquétipos, os grandes princípios que regem o universo nos textos doutrinários. A interpretação ou explicação dessa mudança de nível está no verso anterior do mesmo poema de Baudelaire: "Não sou por acaso um falso acorde/Nessa divina sinfonia/Graças à voraz Ironia/Que me sacode e que me morde?"

Ironia — aí está uma palavra-chave, indissociável da contribuição do próprio Baudelaire, para se entender como reaparecem mitos na poesia moderna. Há um deslocamento importante, pois a união e a consequente dissolução de opostos passa a ser não mais um atributo da divindade, porém do poeta. Se Baudelaire transportou a antinomia da esfera cósmica para aquela do sujeito, Lautréamont, em Os cantos de Maldoror, foi mais longe: como que a arrastou pelo chão em suas séries de

> belo como [...] o vício de conformação congênita dos órgãos sexuais do homem, que consiste na brevidade relativa do canal da uretra e na divisão ou ausência da parede inferior, de forma que o canal se abra a uma distância variável da glande e abaixo do pênis [...].[16]

Já o simbolista alemão Stefan George retornou ao cosmo e reproduziu O trovão — Intelecto perfeito, embora não o conhecesse (mas, esote-

---

[15] *Charles Baudelaire, poesia e prosa*, Ivo Barroso (org.), diversos tradutores, tradução de *As flores do mal* por Ivan Junqueira, Rio de Janeiro, Nova Aguilar, 1995, p. 166.
[16] Lautréamont, *Os cantos de Maldoror, Poesias, Cartas*, tradução, prefácio e notas de Claudio Willer, São Paulo, Iluminuras, 2005, p. 263.

rista, teve acesso à bibliografia hermética disponível), porém mudando a voz, de feminina a masculina:

> Sou o único e sou Dual
> Sou o ventre e sou a semente
> Sou bainha e sou o punhal
> Sou a dor e sou o doente
> Sou o horizonte e sou o olhar
> Sou lança e sou o lançador
> Sou o fogo e sou o calor
> Sou miserável e abastado
> Sou o símbolo e sou o indício
> Sou sombra e sou iluminado
> Sou um fim e sou um início[17]

Em um passo adiante, o vanguardista chileno Huidobro iria confundir em "Altazor" as hierarquias, do transcendente e imanente, celestial e mundano, universal e particular, do sujeito e dos objetos:

> E eis que agora me diluo em múltiplas coisas
> Sou vaga-lume e vou iluminando os ramos da selva [...]
> E não sou só vaga-lume
> E sim também o ar em que voa [...]
> E logo sou árvore
> E mesmo árvore mantenho meus modos de céu
> E meu andar de homem meu triste andar
> Agora sou roseira e falo em linguagem de roseira [...]
> Sou rosa de trovão e ressoo meus pigarros [...]
> Sou o único cantor deste século
> Meu meu é todo o infinito[18]

O infinito: a dimensão na qual está o emissor de *O trovão — Intelecto perfeito*, destruída pela ironia de Baudelaire, recuperada pelo poema

---

[17] Stefan George, "Crepúsculo", em *Crepúsculo*, tradução de Eduardo Campos Valadares, São Paulo, Iluminuras, 2000, p. 135.
[18] Vicente Huidobro, *Altazor e outros poemas*, tradução de Antonio Risério e Paulo César Souza, São Paulo, Art Editora, 1991, p. 153.

de George e à qual Huidobro, em "Altazor", reintegra o sujeito, o "eu" do poeta, como que reproduzindo doutrinas arcaicas e experiências místicas. Huidobro proclamou o poeta, a si mesmo, como "pequeno deus", um demiurgo: o iniciado Altazor é seu *alter ego*.

É extenso o caudal de poemas feitos de antinomias na poesia contemporânea. Um exemplo expressivo, pela riqueza imagética e pela coexistência de misticismo e ironia, está em Roberto Piva, que em seu "Poema vertigem", de *Ciclones*, alterna misticismo e ironia, desde "Eu sou a viagem de ácido/nos barcos da noite" e "Eu sou o garoto que se masturba/na montanha", passando por "Eu sou o disco-voador tatuado" e "Eu sou uma metralhadora em/estado de graça", até "Eu sou o Eterno Retorno" e "Eu sou a pombajira do Absoluto."[19] Esse, entre inumeráveis exemplos de como poetas modernos recriaram e ampliaram o tema da superação da contradição entre o "eu" e o universo.

Há mais a ser dito sobre gnosticismo sob um ponto de vista literário, desta vez partindo de contribuições de Bloom. O crítico faz observações sobre o modo como Simão, o Mago declarou que sua companheira, uma prostituta recolhida em um bordel de Tiro, era não apenas a reencarnação de Helena de Troia, porém uma das manifestações ou avatares de Barbelô ou Ennoia, emanação caída:

> Parte da profunda relevância do gnosticismo para qualquer teoria da expropriação poética deve-se à tentativa de Simão, o Mago de rever Homero e a Bíblia, como nesta desleitura da *Ilíada*, em que a imagem virgiliana de Helena é atribuída a Homero, um erro típico de toda desinterpretação forte:
>
>> Ela, que naquela ocasião estava com os gregos e troianos, era a mesma que habitava o alto antes da criação... É ela que está comigo; agora por sua causa decaí. Ela esperou a minha vinda; pois ela é o Pensamento chamado Helena em Homero. Assim Homero precisa descrevê-la como tendo estado na torre indicando aos gregos, com uma tocha, a trama contra os frígios. Indicava com o seu brilho a luz vinda do alto... Assim como os frígios, ao arrastarem para

---

[19] Roberto Piva, *Estranhos sinais de Saturno — Obras reunidas*, v. 3, São Paulo, Globo, 2008.

dentro de suas muralhas o cavalo de madeira, causaram sua própria destruição, também os gentios, os homens afastados da minha gnose, acarretam a perdição para si mesmos.

Simão está escrevendo seu próprio poema afirmando que era de Homero e, nessa passagem, a sua peculiar mistura de Homero, Virgílio, da Bíblia e da própria Gnose resulta numa liberdade de interpretação revisionária tão ampla que transgride todos os limites e torna-se sua própria criação. O cristianismo atribui má fama a Simão, mas numa época posterior ele seria distinguido como um poeta audacioso, verdadeiramente forte, afinado com Yeats.[20]

Em outras palavras: o que em uma época foi má teologia, em outra pode ser boa poesia. Adulteração torna-se exemplo da "expropriação" e "desleitura".

De fato, ao cultuar sua companheira como Helena de Troia e, ao mesmo tempo, como manifestação do "primeiro pensamento" de Deus, o mago não apenas praticou sincretismo religioso. Também confundiu escritura sagrada, especulação filosófica e literatura. É um hipersincretismo que exemplifica a "usura de fronteiras" entre disciplinas e campos do saber a que se referiu Monnerot, na passagem já citada.

E Simão inverteu o sentido da relação entre os dois campos, da religião e da literatura. Mesmo afirmando a natureza sublime, divina, da poesia, os gregos, desde o século VI a.C., já entendiam literatura como produção autônoma. Embora a inspiração poética fosse divina, poemas não foram textos sagrados para os gregos e a cultura helenística, no mesmo sentido que escrituras bíblicas o são para judeus e cristãos, os Sutra para budistas ou o Zend-Avesta para zoroastrianos.

Para Ernest Robert Curtius, a própria noção de literatura tem origem grega:

> A literatura faz parte da "educação". Por quê, e desde quando? Porque os gregos encontraram num poeta o reflexo ideal do seu passado, de sua existência, do mundo dos deuses. Não possuíam livros sacros nem castas

---

[20] Harold Bloom, *Poesia e repressão — O revisionismo de Blake a Stevens*, tradução de Cillu Maia, Rio de Janeiro, Imago, 1994, p. 23.

sacerdotais. Sua tradição era Homero. Já no século VI era um clássico. Desde então a literatura é disciplina escolar e a continuidade da literatura europeia está ligada à escola.[21]

A tese da origem grega da literatura, ou da autonomia grega da literatura, também é sustentada por Paz, associando-a a uma iniciativa pedagógica: "Sem os pedagogos gregos ninguém teria recitado os poemas homéricos e a Grécia não teria sido a Grécia."[22] É exemplo de como a poesia pode fundar nações e civilizações: "Ao criar a linguagem das nações europeias, as lendas e poemas épicos contribuíram para criar essas mesmas nações. Num sentido profundo, as fundaram — deram-lhes consciência de si mesmas."[23]

Eliade, percorrendo outro caminho ao focalizar o mito, e não, como Curtius e Paz, a literatura, acentuou "a solidariedade de poesia e mito" entre os gregos e a crítica a ambos, poesia e mito, por filósofos:

> Em nenhuma outra parte vemos, como na Grécia, o mito inspirar e guiar não só a poesia épica, a tragédia e a comédia, mas também as artes plásticas; por outro lado, a cultura grega foi a única a submeter o mito a uma longa e penetrante análise, da qual ele saiu radicalmente "desmitificado". A ascensão do racionalismo jônico coincide com uma crítica cada vez mais corrosiva da mitologia "clássica", tal como é expressa nos obras de Homero e de Hesíodo. Se em todas as línguas europeias o vocábulo "mito" denota uma "ficção", é porque os gregos o proclamaram há vinte e cinco séculos.[24]

Relações entre poesia, mito e filosofia também foram comentadas por Curtius:

> O pensamento de Hesíodo era mítico. Opôs-se-lhe, desde o século VI, o pensamento da filosofia natural jônica. É um espetáculo maravilhoso

---

[21] Ernst Robert Curtius, *Literatura europeia e Idade Média latina*, tradução de Teodoro Cabral e Paulo Rónai, São Paulo, Hucitec/Edusp, 1996, p. 71.
[22] Octavio Paz, *A outra voz*, tradução de Wladir Dupont, São Paulo, Siciliano, 1990, p. 123.
[23] Octavio Paz, *O arco e a lira*, p. 48.
[24] Mircea Eliade, *Mito e realidade*, tradução de Pola Civelli, São Paulo, Perspectiva, 1972, p. 130.

a irrupção da filosofia no espírito grego, tomando de assalto todas as posições do inimigo. É a revolta do *logos* contra o mito... e também contra a poesia. Hesíodo, em nome da verdade, criticara a epopeia. Agora, ele mesmo, junto com Homero, será julgado perante o tribunal da filosofia. [...] Por isso mesmo, o poeta será expulso do Estado platônico (*Rep.* 398ª e 606/7). A crítica de Platão a Homero é o ponto culminante da polêmica entre filosofia e poesia, que no tempo de Platão já era "coisa velha" (607 c). Essa polêmica assenta na estrutura do mundo espiritual. Vale dizer que sempre há de reavivar-se (o que veremos no *trecento* italiano) e nesse antigo pleito caberá sempre à filosofia a última palavra, já que a poesia não responde: tem sua própria sabedoria.[25]

Essas observações permitem que se perceba a originalidade simoniana, comentada por Bloom: o caudal de criações literárias a partir de textos religiosos é infinito; mas não a transformação dos personagens literários em protagonistas de culto.

A confusão de modalidades ou hierarquias textuais não foi, no gnosticismo, exclusiva de Simão. Como lembra Alexandrian, "Os naassenos são típicos da vontade de síntese da Gnose: consideravam Homero como um profeta superior ao da Bíblia."[26] E um dos textos encontrados em Nag Hammadi, *A exegese da alma*, relata a queda da alma no mundo e seu retorno aos céus, com três citações da *Odisseia*: Odisseu e Helena lamentam-se, enganados e traídos por Afrodite, e por isso perdidos no mundo.

Assim, Eliade e Curtius observaram, de modo convergente, racionalização e crítica dos mitos nos fundadores gregos da filosofia e da ciência. É o que Curtius chamou de "revolta do *logos* contra o mito" e Eliade de "triunfo do *logos* sobre o *mythos*".[27] Nesse caso, o culto gnóstico a Helena permite enxergar remitificação e des-racionalização da filosofia e a promoção do retorno da poesia a suas fontes mitológicas.

Admitindo-se uma história do Ocidente com um marco inicial na adoção escolar de Homero, como sustentado por Curtius e Paz, então

---

[25] Ernst Robert Curtius, *op. cit.*, p. 264.
[26] Sarane Alexandrian, *História da filosofia oculta*, tradução de Carlos Jorge Figueiredo Jorge, Lisboa, Edições 70, s/d, p. 83.
[27] Mircea Eliade, *op. cit.*, p. 137; Ernst Robert Curtius, *op. cit.*, p. 267.

Simão e outros gnósticos tentaram efetuar uma contramarcha, uma reversão. Recuperaram a visão mítica do mundo, em um confronto com a perspectiva racionalista. Queriam a revanche do mito contra o *logos*. A separação entre modalidades do conhecimento não fazia sentido para eles, por seu desprezo pelo mundo sensível. É o espírito anticlássico do gnosticismo, colidindo frontalmente com a visão de um mundo harmônico da cultura helenística.[28]

Tais confrontos entre mito e *logos* também foram examinados por Scholem. Ao observar que os símbolos da Cabala "se apresentam invariavelmente coloridos pelo mundo da mitologia", associou esse retorno do mito — visto como "vingança do mito sobre seu conquistador" — especificamente ao gnosticismo: "Foi o gnosticismo, uma das últimas grandes manifestações da mitologia no pensamento religioso, e certamente concebido na luta contra o conquistador monoteísta da mitologia, o judaísmo, que forneceu as figuras da linguagem para o misticismo judaico."[29] O gnosticismo e os misticismos a ele relacionados têm caráter subversivo:

> cumpre ter em mente que todo o significado e objetivos daqueles mitos e metáforas antigos, cujos restos os redatores do livro *Bahir* e portanto toda a Cabala, herdaram dos gnósticos, eram simplesmente a subversão da lei que, em sua origem, perturbara e rompera a unidade do mundo mítico. Destarte, através de amplas e disseminadas regiões do cabalismo, a vingança do mito sobre seu conquistador é clara aos olhos de todos.

Portanto, o traço diferenciador do gnosticismo não seria apenas o sincretismo, porém uma modalidade específica do sincretismo que consiste em assimilar o novo ao antigo, em vez de, como o fizeram os alegoristas — os praticantes do que Eliade chama de "teologia da literatura" da Idade Média e do Renascimento, inspirada em Virgílio e Cícero[30] — reinterpretar o antigo à luz do novo. Se o sincretismo gnóstico é um

---

[28] Conforme examinado por Hans Jonas, *The Gnostic Religion*: The Message of the Alien God and the Begginings of Christianity, Boston, Beacon Press, p. 239 e seguintes.
[29] Gershom G. Scholem, *As grandes correntes da mística judaica*, tradução de Jacó Guinsburg e outros, São Paulo, Perspectiva, 1995, p. 36 e seguintes.
[30] Mircea Eliade, *História das crenças e das ideias religiosas*, t. II, v. 2, p. 133.

processo de transformação dos símbolos e das doutrinas, então enxerga-se melhor seu sentido: é regressivo, voltado para o passado. Ou para aquilo que seria anterior ao passado, o começo de tudo, pois o mito é um relato da origem, do início dos tempos.[31]

O que o sincretismo gnóstico tem de regressivo lembra algumas páginas de Paz intituladas *Revolta, revolução e rebelião*. Terminam com observações sobre a mudança de significado desses termos na modernidade:

> Revolução é uma palavra que contém a ideia do tempo cíclico e, em consequência, a de regularidade e repetição das mudanças. Mas a acepção moderna não designa o eterno retorno, o movimento circular dos mundos e dos astros, e sim a mudança brusca e definitiva na direção dos assuntos públicos. Se essa mudança é definitiva, o tempo se rompe, e começa um novo tempo, retilíneo. A nova significação destrói a antiga: o passado não voltará e o arquétipo do suceder não é o que foi, e sim o que será.[32]

Semelhante mudança afeta o sentido dos outros dois termos, "revolta" e "rebelião":

> [...] a palavra guerreira, rebelião, absorve os antigos significados de revolta e revolução. Como a primeira, é protesto espontâneo frente ao poder; como a segunda, encarna o tempo cíclico que põe acima o que estava abaixo, em um girar sem fim. O rebelde, anjo caído ou titã em desgraça, é o eterno inconformado. Sua ação não se inscreve no tempo retilíneo da história, domínio do revolucionário ou do reformista, mas no tempo circular do mito: Júpiter será destronado, Quetzacoatl voltará, Luzbel regressará ao céu. Durante todo o século XIX o rebelde vive à margem. Os revolucionários e os reformistas o veem com a mesma desconfiança com que Platão vira o poeta e pela mesma razão: o rebelde prolonga os prestígios nefastos do mito.

---

[31] Ao longo de toda a sua obra, Eliade insiste em que o mito é sempre da origem, uma narrativa do começo, especialmente em *Mito e realidade*.
[32] Octavio Paz, *Signos em rotação*, p. 265, assim como a citação seguinte.

"Júpiter será destronado" — e também Jeová, conforme os gnósticos. Prolongar ou restaurar "os prestígios nefastos do mito": haveria caracterização mais clara do que Simão e seus continuadores, valendo-se das artimanhas do sincretismo, tentaram empreender? E do que, quase dois milênios mais tarde, no âmbito da poesia, e não mais da religião, Blake, Novalis, Nerval, Breton e tantos outros poetas também diriam?

CAPÍTULO 5   Cosmovisão e mitologia do gnosticismo; o dualismo; o demiurgo; do gnosticismo ao satanismo

Em uma das estrofes do Canto I de *Os cantos de Maldoror*, Lautréamont, por meio de seu protagonista, Maldoror, exclama: "Ai de nós! O que vêm a ser, pois, o bem e o mal?" A seguir, discute a natureza do mal:

> Serão uma mesma coisa [o bem e o mal], pela qual testemunhamos com raiva nossa impotência e a paixão de alcançar o infinito, mesmo pelos meios mais insensatos? Ou então, serão duas coisas diferentes? *Sim... que sejam antes a mesma coisa... pois senão, o que será de mim no dia do juízo?*[1]

Declara-se, portanto, além do bem e do mal, anulando a oposição entre as duas instâncias: são contingentes, pois decorrem da incapacidade humana de ultrapassar-se. É monista: as duas instâncias são uma mesma coisa. Mas, na mesma estrofe, também é dualista: "Assim, pois, há um poder mais forte do que a vontade... Maldição! A pedra queria subtrair-se às leis da gravidade? Impossível. Impossível, se o mal quisesse aliar-se ao bem. É o que eu dizia acima." Adiante, em suas cartas, justificaria a celebração do mal em *Os cantos de Maldoror* dizendo que conduziria ao bem por meio da "literatura sublime que canta o desespero apenas para oprimir o leitor, e fazê-lo desejar o bem como remédio".[2] Se o mal pode conduzir ao bem, então existe de modo autônomo. O enredo de *Os cantos de Maldoror* é, todo ele, dualista, feito de confrontos entre o representante do mal, Maldoror, que declara ter feito "um pacto com a prostituição a fim de semear a desordem entre as famílias",[3] e Deus, bem como sua cópia terrestre, o ser humano.

---

[1] Lautréamont, *Os cantos de Maldoror, Poesias, Cartas*, prefácio e notas de Claudio Willer. São Paulo, Iluminuras, 2005, p. 78.
[2] *Idem, ibidem*, p. 332.
[3] *Idem, ibidem*, p. 79.

Outra resposta à questão da natureza do mal consiste em entendê-lo como falta, desvio, distância com relação ao centro, à plenitude. É a doutrina agostiniana, que se contrapõe aos sistemas nos quais o mal é hipostasiado, dado como realmente existente.

À separação entre bem e mal corresponde aquela entre este mundo e outro, imanência e transcendência, matéria e espírito. Postular duas criações, uma supra e outra infracelestial, cada qual por conta de um desses princípios — e a duplicidade de criações é um fundamento do gnosticismo clássico e do maniqueísmo — é uma radicalização do dualismo e também sua consequência lógica.

Monismos e dualismos já foram associados a outro par de opostos: otimismo e pessimismo. Festugière distinguiu entre períodos de triunfo de um helenismo racionalista, monista, precursor do espírito científico, a exemplo do século I d.C., e aqueles de crise ou exaustão desse racionalismo e da visão unitária do mundo, como no século II d.C. A consequência, a revivescência da atração pelo Oriente, dos misticismos, da busca de conexão direta com a esfera divina.[4] Haveria, portanto, ciclos nos quais se alternavam o maior ou menor prestígio dos sistemas e doutrinas, descrevendo um cosmo ordenado, regido pela razão, por sua vez equiparada à lei divina, e as visões do universo como palco do confronto de princípios antagônicos: mazdeísmo e zoroastrismo, gnosticismo e maniqueísmo.

Associar esoterismo e misticismo a períodos de crise, como o fez Festugière, assemelha-se a T. S. Eliot em um trecho de *Quatro quartetos*, com evidentes farpas dirigidas a Yeats e a tantos outros ocultistas dentre seus contemporâneos:

> Comunicar com Marte, conversar com os espíritos,
> Relatar o comportamento do monstro do mar,
> Descrever o horóscopo, ler nas entranhas ou no cristal, [...]
> Explorar o ventre, ou o túmulo, ou os sonhos; tudo isso são usuais
> Passatempos e drogas, e assuntos de imprensa:
> E sê-lo-ão sempre, alguns especialmente

---

[4] André-Jean Festugière, *La révélation d'Hermés Trimégiste*, Paris, Societé d'Édition les Belles Lettres, 1986, no capítulo I, "Le déclin du rationalisme".

> Quando há tristeza nas nações e perplexidade
> Quer nas costas da Ásia ou em Edgware Road.[5]

Mas a separação em ciclos de otimismo e pessimismo, associados aos pares racionalismo-misticismo, e esse último à "tristeza nas nações e perplexidade" de Eliot ou ao "declínio do racionalismo" de Festugière, não é consensual entre historiadores (menos ainda entre poetas). Para Doresse, toda a Antiguidade clássica, "longe de estar animada pela visão otimista de mundo que alguns lhe atribuem — estava dominada por essa noção de submissão à Fatalidade astral".[6] Eliade também trata da "concepção pessimista" prevalente entre os gregos:

> Julgada na perspectiva judaico-cristã, a religião grega parece constituir-se sob o signo do pessimismo: a existência humana é, por definição, efêmera e sobrecarregada de preocupações.[...] Essa concepção pessimista impôs-se irremediavelmente quando o grego tomou consciência da precariedade da condição humana.[7]

Mas o pessimismo entre os gregos clássicos tem, para Eliade, a contrapartida da alegria de viver, "a valorização religiosa do presente", em uma visão ao mesmo tempo trágica e sublime da existência.

> Em vez de inibir as forças criativas do gênio religioso grego, essa visão trágica conduziu a uma revalorização paradoxal da condição humana. Forçado pelos deuses a não ultrapassar os seus limites, o homem acabou por realizar a perfeição e, portanto, a sacralidade da condição humana. [...] Como tantos outros antes e depois deles, os gregos aprenderam que o meio mais seguro de escapar do tempo é explorar as riquezas, à primeira vista insuspeitáveis, do instante vivido.[8]

---

[5] T. S. Eliot, *Quatro quartetos*, tradução de Maria Amélia Neto, Lisboa, Ática, 1970.
[6] Jean Doresse, "La gnosis", em *Las religiones en el Mundo Mediterrâneo y en el Oriente Proximo II*, v. 6, Madri, Siglo XXI, 1979 (Coleção Historia de las Religiones, organizada por Henri-Charles Puech), p. 36.
[7] Mircea Eliade, *História das crenças e das ideias religiosas,* t. I, v. 2, p. 91 e 94.
[8] *Idem, ibidem.*

UM OBSCURO ENCANTO: GNOSE, GNOSTICISMO E POESIA MODERNA

A esses pares — otimismo e pessimismo, monismo e dualismo — podem ser acrescentadas interpretações políticas. Quando Virgílio afirmou que *Joves omnia plena*, Júpiter em todo lugar, identificando a divindade à totalidade do universo, enunciava, evidentemente, uma profissão de fé monista. E um pensamento político: naquele momento, Júpiter era pleno e, além disso, tinha um representante terrestre na pessoa de Augusto César, o imperador. À crença em uma ordem cósmica e natural corresponde há milênios à defesa de uma ordem política como sua consequência, bem resumida, vinte séculos depois da *República* de Platão, por Francis Bacon: "Um rei é um deus mortal na terra, a quem o Deus vivo cedeu seu próprio nome como uma grande honra" — em uma frase anotada por Blake como "manifestação de um detestável e abjeto escravo."[9]

Reciprocamente, ao polo do pessimismo podem ser associadas categorias como insatisfação, inquietação, inconformismo e rebelião. As oscilações observadas por Festugière, de um polo ao outro, não foram apenas crises da teoria do conhecimento, porém acontecimentos políticos. O crescimento do misticismo em Alexandria coincide com o fim da dinastia ptolomaica, assim como a expansão de apócrifos e doutrinas visionárias entre os judeus coincide com a dominação sírio-helenística pela dinastia de Antíoco.

No gnosticismo, expressão do pessimismo, não apenas é central a ideia da autonomia do mal, transferido da condição de atributo para aquela de entidade realmente existente, como também o seu lugar: aqui, neste mundo. Gnósticos certamente subscreveriam a visão de mundo expressa com tamanha veemência na "Ode a Walt Whitman" de Federico García Lorca (entre outras passagens em tom desesperado de *O poeta em Nova York*):

> Agonia, agonia, sonho, fermento e sonho.
> Este é o mundo, amigo, agonia, agonia.
> Os mortos se decompõem sob o relógio das cidades,
> a guerra passa chorando com um milhão de ratazanas cinzentas,
> os ricos dão a suas queridas

---

[9] William Blake, *Complete Writings*, Geoffrey Keynes (org.), Londres, Oxford University Press, 1972, p. 401.

pequenos moribundos iluminados,
e a vida não é nobre, nem boa, nem sagrada.[10]

O protagonista de *Zostrianos*, logo no início, declara que o mundo é feito de morte e trevas. Daí

> ter partido, por meio do intelecto, das trevas corpóreas dentro de mim junto com o caos animado e a feminilidade desejosa dentro daquelas trevas — pois eu não me interessava por isso, e depois de ter descoberto o aspecto (infinito) do meu material e ter reprovado a criação morta dentro de mim [e] o perceptível governante divino do mundo, então [eu] vigorosamente anunciei a totalidade àqueles que possuíam partes de natureza diversa.[11]

Ou, na descrição por Irineu do gnosticismo de Ptolomeu, da escola valentiniana: "A essência da matéria — dizem eles — teve sua primeira fonte na já mencionada falta de conhecimento, desgosto, medo e terror." E, de modo mais detalhado, ao vincular os quatro elementos constituintes do mundo a modalidades do mal:

> Do terror e desespero foram gerados os elementos que compreenderam o mundo, da mesma forma que as coisas corpóreas foram geradas do que é mais estacionário, como dissemos acima; a terra (foi gerada) pela fixidez do terror; a água, pela atividade do medo; o ar, pela fixação do desgosto. Mas o fogo está naturalmente presente em todos esses, como (um princípio de) corrupção e morte, do mesmo modo como falta de conhecimento — assim ensinam eles — está escondida nas três paixões acima mencionadas.[12]

É o mal universal, assim descrito por Puech:

> O firmamento, os corpos celestes, especialmente os planetas que presidem ao Destino, à Fatalidade, são seres maus ou a sede de Entidades inferiores, tais como o Demiurgo e os anjos criadores, ou Dominadores demoníacos, com formas bestiais: os "Arcontes". Em uma palavra, o universo visível, de

---

[10] Federico García Lorca, *Obra poética completa*, tradução de William Agel de Melo, Brasília, Martins Fontes/UnB, 1989.
[11] Bentley Layton (org.), *As escrituras gnósticas*, p. 149.
[12] *Idem, ibidem*, p. 336 e 346.

divino que era, torna-se diabólico. O homem nele sufoca, como em uma prisão, e, longe de ser manifestação do verdadeiro Deus, traz a marca de sua enfermidade ou de seu malefício congênito: nele não se reencontra nada, a não ser a mão de um Ser decaído ou perverso.[13]

Por isso, gnósticos não apenas atribuíram a criação e a regência do mundo ao demiurgo, "pequeno deus", nisso acompanhando o mito da criação de Platão no *Timeu*, mas descreveram esse *cosmocrator* — Ialdabaoth, Samael ou Saclas — como cego, arrogante e obtuso, como relata *A realidade dos governantes*:

> Abrindo os olhos, ele [Ialdabaoth, engendrado pela fé e sabedoria, ou seja, *Pistis Sophia*] viu uma vasta quantidade de matéria sem limite; e ele se tornou arrogante, dizendo: "Eu é que sou deus, e não há nenhum além de mim". [...] Este governante, por ser andrógino, fez para si mesmo um vasto reino, uma extensão sem limite. E ele pensou em criar filhos para si mesmo, e criou para si mesmo sete filhos andróginos exatamente como o pai deles. E ele disse a seus filhos: "Eu é que sou o deus da totalidade."[14]

Tais representações do Criador e do cosmo, invertendo tanto a ótica judaico-cristã quanto a helenística, obedecem a uma lógica também exposta por filósofos do iluminismo, porém no registro irônico, como lembra Borges citando Hume.[15] O próprio Borges sugere adesão a esse mito em passagens de sua obra, como o poema "Ajedrez": "Deus move o jogador, e este, a peça./Que deus atrás de Deus a trama começa/De pó e tempo e sonho e agonias?"[16]

Regentes do mundo maus ou ambivalentes estão em um sem-número de mitologias de sociedades tribais e civilizações da antiguidade, e até contemporâneas (já que o ambivalente Siva e a destrutiva Kali ainda vigoram na Índia). E também demiurgos, deuses subordinados incumbidos da regência do mundo, ocupando o lugar deixado por um *deus ociosus*, ausente. Entre outros, o Zeus grego e o Oxalá de cultos africanos e afro-

---

[13] Henri-Charles Puech, *En quête de la gnose*, v. 1, Paris, Gallimard, 1978, p. 241.
[14] Bentley Layton (org.), *As escrituras gnósticas*, p. 88.
[15] Jorge Luis Borges, *Novas inquirições*, tradução de G. N. Carvalho, Lisboa, Editorial, Querco, 1984, p. 120.
[16] Jorge Luis Borges, *Antologia poética, 1923-1977*, Madri, Alianza Editorial, 2005, p. 24.

brasileiros são derivados de outros deuses (Zeus era filho de Geia e Cronos, a quem destituiu; e Oxalá vigora na ausência de Olorum, divindade que se retirou). No entanto, reinventar desse modo mitos da criação, atribuindo a criação do mundo a um deus não apenas derivado, porém mau, foi específico do gnosticismo. Dualismo pode ser encontrado em todo lugar, inclusive no cristianismo; mas, observa Eliade, "nem São Paulo nem os autores dos apocalipses contestavam a origem divina da Criação, mesmo entendendo que o mundo era dominado por Satanás".[17]

Isso, em religião; na literatura, representações de Deus como mau demiurgo irão reaparecer em Blake, Nerval, Baudelaire, Lautréamont, Artaud. Ou em Pessoa pela voz de Alberto Caeiro, no poema VIII de *O guardador de rebanhos*, relato de um sonho no qual Jesus Cristo

> Diz-me muito mal de Deus.
> Diz que ele é um velho estúpido e doente,
> Sempre a escarrar no chão
> E a dizer indecências. [...]
> Tudo no céu é estúpido como a Igreja Católica.
> Diz-me que Deus não percebe nada
> Das coisas que criou —
> "Se é que ele as criou, do que duvido"[18]

Na introdução de *Ficções do interlúdio*, Pessoa se referiu a esse poema como "blasfêmia infantil" por seu "antiespiritualismo absoluto". Mas a equiparação de Deus a um regente cruel do mundo reaparece, como será visto adiante, em sua obra.

Adotando o mito da criação de Platão, o gnosticismo procedeu à sua revisão. Abel Jeannière comenta o *Timeu* e sua representação de um universo harmônico:

> Trata-se desta vez de pensar o mundo inteiro concebido como uma entidade viva, o vivente perfeito cuja ideia é uma alma, a alma do mundo. O Timeu explica que este mundo foi criado pelo Demiurgo, uma espécie de artesão supremo que não é forçosamente deus, embora Platão o chame

---

[17] Mircea Eliade, *História das crenças e das ideias religiosas*, t. II, v. 2, p. 139.
[18] Fernando Pessoa, *Obra poética*, Rio de Janeiro, Aguillar, 1960.

também de theos. E nós reencontramos o esquema da fabricação artesanal. o demiurgo realiza sua ideia criando o mundo. Essa referência ao divino é, em última instância, a explicação da transcendência das ideias.[19]

Associar a filosofia platônica ao gnosticismo é lícito pela ideia de uma queda, desde um centro, *habitat* da forma inteligível, até a periferia constituída pelas coisas sensíveis, as aparências.

Doresse fornece um sumário de afinidades entre a filosofia de Platão e o gnosticismo (mas reconhecendo diferenças de fundo):

> O platonismo já havia traçado como que um esboço do que foram certos temas da teologia gnóstica. Que se abra o *Fedro*, o *Timeu*, o *Fédon*...: já se lerá como a queda acidental da alma a projetou do mundo supraterrestre na materialidade dos corpos, e como a alma caída ainda guarda aqui, como um tesouro secreto, lembranças de realidades absolutas que havia contemplado em suas origens.[20]

E cita o mito da reencarnação das almas na República e as vias ascendentes e descendentes, de direita e esquerda, no céu. Richard Khaitzine vai mais longe:

> A gnose, sabe-se, emprestou seu vocabulário de Platão. Esse, em *Górgias*, emite o pensamento, que retoma em *Crátilo*, de que a vida talvez seja uma morte, que o corpo é um túmulo, que a existência é uma queda. Em *Fédon* (o estudo da alma sobre a alma), Platão pinta a alma na vida, "jazendo sob montanhas de males".[21]

Há, contudo, limites para essa associação. No mito relatado pelo Platão do *Timeu*, há um bem transcendente e um demiurgo racional, que atua como mediador para preencher, através da geometria, a distância

---

[19] Abel Jeannière, *Lire Platon*, Paris, Aubier, 1990, p. 154.
[20] Jean Doresse, *Les livres secrets des gnostiques d'Égypte*, Paris, Libraire Plon, 1958, p. 297.
[21] Richard Khaitzine, "Le Rébis... De Gérard de Nerval à Raymond Roussel", em *Poesia, língua das aves*, Lisboa, Apenas Livros, , 2006, p. 47 (Coleção Lápis de Carvão).

entre formas inteligíveis e coisas sensíveis.[22] No gnosticismo, essa visão de mundo é negada. É o que resume Puech:

> O grego diz: "Deus é o mundo", ligando indissoluvelmente os dois termos; o gnóstico dirá: "Deus ou o mundo", dissociando os dois termos, que representam para ele duas realidades heterogêneas, independentes, irreconciliáveis. A ação providencial de Deus não consistirá mais na manutenção e execução das leis cosmológicas; ela intervirá, ao contrário, para contradizer e romper essas leis.[23]

Daí a crítica ao gnosticismo por Plotino, resumida por Eliade:

> [...] para Platão, o Demiurgo não é a encarnação do Mal. O Mundo é um "Cosmo", sendo, portanto, perfeito e harmonioso. Para Plotino, assim como para os estoicos, os astros são deuses cuja contemplação facilita o relacionamento dos seres inteligíveis; cf. *Enéades*, (II; IV, 8; etc). No que se refere à encarnação da alma, ela é, para Plotino, uma "queda", já que a alma perde a sua plenitude espiritual e a sua autonomia (IV, 8, 5, 16); mas é ainda uma descida livremente consentida a fim de auxiliar as existências situadas no mundo inferior (IV, 8, 7, 1).[24]

A separação de gnosticismo e filosofia helenística foi acentuada por Bataille, ao caracterizá-lo como "baixo materialismo":

> [...] o neoplatonismo e o cristianismo não devem ser procurados na origem da gnose, cujo fundamento é mesmo o dualismo zoroastriano. Dualismo por vezes desfigurado, sem dúvida na sequência de influências cristãs ou filosóficas, mas dualismo profundo e, ao menos em seu desenvolvimento específico, não emasculado por uma adaptação às necessidades sociais, como no caso da religião iraniana. [...] Praticamente, é possível dar como um *leitmotiv* da gnose a concepção da matéria como um princípio ativo tendo sua existência eterna autônoma, que é aquela das *trevas* (que não seriam a ausência de luz, porém os arcontes mons-

---

[22] Platon, *Timée/Critias*, tradução, introdução e notas de Luc Brisson, Paris, Flammarion, 1992. Sigo os comentários do estudo introdutório por Luc Brisson.
[23] Henri-Charles Puech, *op. cit.*, p. 241.
[24] Mircea Eliade, *op. cit.*, p. 141.

truosos revelados por essa ausência), aquela do mal (que não seria a ausência do bem, mas uma ação criadora). Essa concepção era perfeitamente incompatível com o princípio mesmo do espírito helênico, profundamente monista e cuja tendência dominante dava a matéria e o mal como degradações de princípios superiores.[25]

Assim, gnósticos simultaneamente alteraram o sentido do demiurgo platônico e rebaixaram o Deus do monoteísmo judaico-cristão. Questionando a Bíblia, ofereceram uma terceira opção: no lugar de Jeová, o severo Deus justiceiro, e do misericordioso Deus cristão postularam o deus ignorante, por isso responsável pelos males do mundo.

E não se limitaram a reinterpretar o *Gênesis*. Foram além e o contestaram. Em "escrituras" gnósticas clássicas, o dilúvio é um flagelo provocado por Ialdabaoth; a serpente é uma fonte efetiva de sabedoria; e Abel e Caim são o fruto de um estupro de Eva por arcontes. Chegaram a afirmar, em *O livro santo do grande espírito invisível*,[26] que os habitantes de Sodoma e Gomorra foram uma semeadura de Set, o arquétipo e pai dos "eleitos". É o que resume Puech:

> A própria vinda do Cristo nada tem a ver com as profecias inspiradas pelo Demiurgo. Os profetas, além disso, como todos ou quase todos os personagens da história antiga de Israel, foram servidores dos Arcontes e do falso Deus de Justiça, e algumas seitas acabam mesmo por exaltar à sua custa todos os malditos do Antigo Testamento, todos aqueles que se revoltaram contra o Criador e sua Lei: a Serpente, Caim, Koré, Dathan, Abiram, Esaú, os Sodomitas. Em outros termos, o passado é condenado e rejeitado; o presente é absolutamente dessolidarizado dele, assim como o Novo Testamento o é do Velho, que ele contradiz e abole.[27]

Em Valentino e seus discípulos há mudanças importantes nessa cosmologia. O demiurgo e os arcontes são substituídos por categorias abstratas: ignorância, terror e dor. Em vez da negação frontal do Velho Tes-

---

[25] Georges Bataille, "Le bas matérialisme et la gnose", em *Oeuvres complètes*, Paris, Gallimard, v. 1, p. 223.
[26] Também conhecido como *O evangelho egípcio*, em Bentley Layton (org.), *op. cit.*, p. 137.
[27] Henri-Charles Puech, *op. cit.*, p. 243.

tamento, há interpretações alegóricas. Ou então, como na *Epístola de Ptolomeu a Flora*,[28] contextualizações: a lei mosaica não seria propriamente errada, porém a mais adequada às "fraquezas" do povo judaico.

Gnosticismos valentinianos, mais do que cristãos, parecem ser platonizantes. Correspondem a uma restauração do *logos*, pois mitos voltam a ser interpretados, em lugar de serem tomados ao pé da letra. Mas o significado da vinda e do martírio de Jesus Cristo é modificado nessa vertente. Se Cristo foi vítima, e não filho do demiurgo, e um avatar da luz superior ou Princípio Primeiro, não poderia ter ressuscitado em carne e osso, já que, para o dualismo, este e o outro mundo são incompatíveis. A ressurreição foi um acontecimento visionário, presenciado em primeira mão por Maria Madalena, detentora da primazia entre os discípulos.

A visão gnóstica tem consequências no plano moral. Equivale à exoneração ou supressão da culpa, ao suprimir o pecado original. A expulsão do Paraíso não foi consequência do erro de Adão e Eva, porém do demiurgo. O ser humano passa de culpado a vítima. Em algumas versões, textualmente, vítima de um estupro divino.

Nesse aspecto, gnosticismo não se diferencia apenas do cristianismo, mas de mitologias e filosofias clássicas da Grécia, quando essas atribuem a culpa, associada à ruptura da ordem divina, ao ser humano. Movido pela *hybris*, a falta de medida, sujeitava-se à punição e expiação. Esse foi, inclusive, o cerne de tragédias gregas.

Da negação gnóstica da culpa resultou um relativismo e até um niilismo, o antinomismo. Se o mundo e o corpo são intrinsecamente maus, não mais obra do Deus bom ou, como nos panteísmos, impregnados do divino, porém resultado, pode-se dizer, de um erro cósmico de fabricação, então tanto faz. É indiferente proceder de um ou de outro modo no âmbito mundano. Daí fazer sentido a hipótese dos gnósticos licenciosos, adeptos de uma ética ao contrário, ou até mesmo da ética do contrário.

Por esse modo de entender culpa e salvação, no gnosticismo clássico também não tem lugar o milenarismo cristão (tal como definitivamente sancionado, é bom lembrar, no Concílio de Niceia no século IV d.C.). Redenção coletiva dos pecados no Juízo Final e a consequente ressurrei-

---

[28] Bentley Layton (org.), *op. cit.*, p. 365.

ção da carne não cabem nessa teologia. Para correntes cristãs do gnosticismo, o primeiro Advento foi suficiente: o Apocalipse já aconteceu. É mencionado, contudo, em "escrituras" setianas, um combate final, equivalente à definitiva libertação dos escolhidos, aqueles da raça eleita. E o maniqueísmo recolheu do mazdeísmo, zoroastrismo e hinduísmo a expectativa de um fim dos tempos, um confronto final entre luz e trevas, com a vitória da luz. Mas quem se salva não é a humanidade, porém a divindade, que se descontamina do mal uma vez destruído o mundo e assim recupera sua plenitude luminosa.

O gnosticismo apresenta, como contraponto a Ialdabaoth e a um sem-número de opressores celestiais, um ente superior. É o Deus desconhecido, o Incriado, o Princípio Primeiro, que só pode ser descrito por paradoxos, conforme já examinado. Corresponde às representações mais abstratas de Deus como esfera onipresente, como em Eckhardt; representações essas ao mesmo tempo a um passo da declaração de sua ausência. Sendo tudo, também é nada. Isso foi observado por Borges em "La esfera de Pascal",[29] tomando este exemplo do *Asclépio*, um dos livros do *Corpus Hermeticum*: "Deus é uma esfera inteligível, cujo centro está em toda parte e a circunferência em nenhuma"; e mostrando como, a partir dela, se chega à visão abissal do mundo de Pascal, do qual Deus se retirou. Da exaltação mística ao pessimismo, é uma questão de ênfase em um ou outro dos dois termos da frase do *Corpus Hermeticum*: "toda parte" ou "nenhuma".

Para Yates, o Deus ao mesmo tempo oculto e onipresente corresponde ao En-Sof, princípio primeiro do qual emergem os dez *sefirot* da cabala.[30] Mas, adverte Scholem, a cabala, sendo judaica, é monista:

> O cabalismo, em outras palavras, não é dualista, embora historicamente exista uma estreita conexão entre sua forma de pensar e a dos gnósticos, para quem o Deus oculto e o Criador são princípios opostos. Pelo contrário, toda a energia da especulação cabalística "ortodoxa" é dedicada à

---

[29] Jorge Luis Borges, *Ficcionario — Una antologia de sus textos*, Emir Rodrígues Monegal (org.), Cidade do México, Fondo de Cultura Económica, 1985, p. 305.
[30] Frances A. Yates, *Giordano Bruno e a tradição hermética*, op. cit., p. 147-148.

tarefa de escapar das consequências dualistas; de outro modo, eles não poderiam ter-se mantido dentro da comunidade judaica.³¹

Descrições da divindade superior por meio de paradoxos, examinadas no capítulo precedente, dão-na como andrógino, "virgem masculina". Tais descrições podem suscitar dúvidas quanto à caracterização do gnosticismo como dualismo. Afinal, o andrógino é símbolo da unidade, e não de uma dualidade ontológica. Como observa Eliade, "a androginia era a fórmula por excelência da totalidade":³²

> É a concepção fundamental do zervanismo iraniano, segundo a qual Ohrmazd e Ahriman teriam ambos saído de Zervan, o Deus do Tempo ilimitado. Estamos, nisso, diante de um supremo esforço da teologia iraniana de ultrapassar o dualismo e postular um princípio único de explicação do Mundo.

O historiador das religiões relaciona esse jogo de unidade e dualidade ao gnosticismo, pela lenda da fraternidade de Cristo e Satã:

> Vemo-nos nesse caso diante da coalescência de dois temas distintos, porém solidários: o mito gnóstico da fraternidade do Cristo e Satã, e o mito arcaico da associação, e até quase fraternidade de Deus e do Diabo. [...] os bogomilos acreditavam que Satanaël fosse o primogênito de Deus, e Cristo, o segundo filho. [...] esta crença derivava muito provavelmente de uma fonte iraniana, posto que, na tradição zervanita, igualmente Ahriman era considerado como o primogênito.³³

Há "um fundo monista em todo dualismo", como observa Montserrat Torrents; uma crença na unidade perdida, recuperada no fim dos tempos através da resolução das antinomias. Mas em doutrinas gnósticas a dualidade de luz e sombra está na origem: é o caso, como observa Jonas,³⁴

---

³¹ Gershom G. Scholem, *As grandes correntes da mística judaica*, tradução de Jacó Guinsburg e outros, São Paulo, Perspectiva, 1995, p. 15.
³² Mircea Eliade, *Méphistophélès et l'androgyne*, Paris, Gallimard, 1962, p. 159.
³³ Mircea Eliade, *op. cit.*, p. 120.
³⁴ Hans Jonas, *The Gnostic Religion*: The Message of the Alien God and the Begginings of Christianity, Boston, Beacon Press, 1963, p. 273.

de Basilides; e no maniqueísmo, o mais radical dos dualismos, não há síntese, porém acerto final de contas, pois a luz se salva por meio da eliminação das trevas, pela destruição total do mundo.

A solução drástica do maniqueísmo corresponde a uma dentre as complexas relações entre unidade e dualidade, ou pluralidade. Há aquelas presentes nas visões de mundo de inspiração pitagórica, incluindo um sem-número de obras ocultistas, nas quais a unidade somada à dualidade gera a trindade e essa, por sua vez, o conjunto dos entes, associados a valores numéricos. Ou então, no *I Ching* de inspiração taoista (ou talvez inspirador do taoísmo, uma doutrina monista), dividindo o cosmo em Yin e Yang, polos opostos, porém interdependentes e que interagem de um modo tal que cada combinação desses polos em hexagramas irá acarretar seu reverso.[35]

A polaridade arcaica, dividindo o universo em entidades opostas, porém complementares, reaparece em Jacob Böhme: "Desde toda a eternidade houve duas essências", sustenta o místico. Uma, a "Vida-Espírito, voltada para o interior"; outra, a "Vida-Natureza, voltada para o exterior". Para o autor de *Mysterim Magnum*, a dualidade é constitutiva do cosmo; mas as duas instâncias interagem; por isso, "comparamos ambas a uma esfera que vai para todos os lados, como a roda descrita por Ezequiel."[36] E, pode-se acrescentar, a rotação taoista de Yin e Yang. Parece corresponder-lhe, no gnosticismo, a crença nas sizígias, pares de opostos, entidades duplas.

Tais visões correspondem ao que Hutin denomina de "teorias dos contrários". Blake, leitor de Böhme, projetava a rotação de opostos tanto na ordem cósmica quanto na vida imediata: "Não há progresso sem Contrários. Atração e Repulsão, Razão e Energia, Amor e Ódio são necessários à existência Humana."[37]

O trajeto do gnosticismo e do maniqueísmo até Böhme e Blake sugere um refinamento, um ganho em substância filosófica, desde o dualismo

---

[35] James Legge, *I Ching — O livro das mutações*, supervisão de Torrieri Guimarães, São Paulo, Hemus, 2004.
[36] Jacob Böhme, *A revelação do grande mistério divino*, São Paulo, Polar Editorial, 1998, p. 91.
[37] William Blake, *O matrimônio do céu e do inferno, O livro de Thel*, tradução de José Antônio Arantes, São Paulo, Iluminuras, 1987, p. 12; ou então William Blake, *op. cit.*, p. 149.

clássico, com duas instâncias não só antagônicas mas excludentes, incomunicáveis, até uma dialética, quando interagem e podem ser intercambiáveis. Contudo, Eliade entende o contrário: as dialéticas de opostos precedem os dualismos rigorosos, sem solução. Para o historiador das religiões, ao comentar o hinduísmo e o *Bhagavadgîtâ* (a narrativa na qual o mundo acaba para dar lugar a um novo ciclo), visões do universo como aquela do maniqueísmo e hinduísmo tardio correspondem a um progressivo "endurecimento" do dualismo, ao longo da história.[38]

Para exibir mais da complexidade das relações entre monismos e dualismos, observa-se em "escrituras" gnósticas o deslizamento de uma mitologia para uma crítica epistemológica, toda vez que o mundo é associado à ignorância, ao desconhecimento, ao que é falso. É o que Pagels observa na gnose de Valentino:

> Embora Irineu e outros acusem os cristãos valentinianos de serem dualistas, o Evangelho de Filipe sugere o oposto. Abandona até mesmo o dualismo modificado que caracterizava a grande maioria dos ensinamentos cristãos, baseados, conforme vimos, na convicção de que o espírito de Deus viveria em constante luta com Satanás. Em vez de conceber a potência do mal como uma força estranha que ameaçava invadir, e invadia, seres humanos a partir de fora, o autor de Filipe exorta cada um a reconhecer o mal dentro de si e, com consciência, erradicá-lo.[39]

A cosmovisão do gnosticismo, nessas versões, se torna mais próxima daquela do bramanismo, no qual o mundo é o ilusório véu de Maya, e modalidades do budismo. E, evidentemente, de todas as variedades do crítica filosófica nas quais categorias e termos para descrever o real seriam nossos, da ordem do sujeito. Ialdabaoth seria, então, o criador de uma miragem, uma realidade ilusória. Deixa de prevalecer o "baixo materialismo" detectado por Bataille, pois a matéria não é mais uma entidade autônoma, porém um equívoco, erro da percepção — mas Bataille

---

[38] Mircea Eliade, *História das crenças e das ideias religiosas*, t. II, *De Gautama Buda ao triunfo do cristianismo*, v. 1, tradução de Roberto Cortes de Lacerda, Rio de Janeiro, Jorge Zahar, 1979, p. 265.

[39] Elaine Pagels, *As origens de Satanás*, tradução de Ruy Jungman, Rio de Janeiro, Ediouro, 1996, p. 224.

argumentou que esse deslizamento foi, não um refinamento filosófico, porém "emasculação", adaptação às conveniências.

Preenchendo páginas e páginas de "escrituras" gnósticas, há relatos de um drama cósmico, iniciado com o Princípio Primeiro, o Incriado, e sua emanação, Barbelô, até chegar à humanidade, passando por luminares como Harmozêl, Ôroiaêl, Daueithai e Êlêlêth; e, entre outras instâncias, em O *Livro secreto segundo João*, os 73 anjos que moldam ou ordenam o corpo humano, inclusive Knuks, responsável pela perna direita, Phiouthrom, pelo pé direito, e Boabel, o dos dedos do pé direito.[40]

Para Alexandrian, a complexidade das cosmogonias gnósticas decorre da "preocupação de conciliar valores inconciliáveis", que "se extenua em sutilezas infinitas."[41] Por isso, seu leitor se perderá em um labirinto de categorias estranhas, provenientes de fontes distintas. Inclui instâncias mediadoras, escalões ou graus desde o Princípio Primeiro até a matéria; pensamentos primeiros, anteriores, posteriores e laterais da instância superior; os eons (emanações, eternidades, grandes dimensões de espaço-tempo, distintas de *cronos*, o tempo deste mundo); sisígias (pares de eons); arcontes (regentes do mundo); e mais uma multidão de luminares, anjos, criaturas, governantes; os escalões cósmicos e as correspondentes etapas da ascensão do espírito ou degradação da luz. Há ainda arquétipos de tudo, de todas as qualidades e características do mundo. Ao Adão encarnado corresponde outro, primordial e cósmico, o Antropos ou Adam Cadmon.

Seligmann chega a comentar que "constituiria abuso da paciência do leitor descrever a intrincada organização celestial das doutrinas gnósticas".[42] E até mesmo uma das "escrituras" clássicas, *O estrangeiro* ou *Allogenes*, cuja "ascensão mística", observa Layton, "é quase inteiramente abstrata, sem batismos metafóricos ou anjos intérpretes",[43] relativiza as exaustivas descrições teológicas. Faz recomendações que lembram aquelas da crítica budista do conhecimento:

---

[40] Bentley Layton (org.), *op. cit.*, p. 45-47.
[41] Sarame Alexandrian, *História da filosofia oculta*, tradução de Carlos Jorge Figueiredo Jorge, Lisboa, Edições 70, s/d, p. 40.
[42] Kurt Seligmann, *História da magia*, tradução de Joaquim Duarte Lourenço Peixoto, Lisboa, Edições 70, 1979, p. 89.
[43] Bentley Layton (org.), *op. cit.*, p. 169.

COSMOVISÃO E MITOLOGIA DO GNOSTICISMO

> Não procures entender mais nada. Antes, vai. Nós não sabemos se o irreconhecível possui anjos ou deuses; nem se o imóvel tem alguma coisa dentro dele além da imobilidade, i.é, seu próprio "si mesmo"; e assim ele não é... Nem é conveniente tornar-se disperso muitas vezes procurando (entender).

Associado à origem do mundo e à perda do conhecimento, o mito da queda e da degradação de Sophia, ou Pistis Sophia, arquétipo da sabedoria e da fé, também cultuada no cristianismo oriental e outras religiões. No gnosticismo, é mãe de Ialdabaoth em algumas versões, sexualmente envolvida com ele em outras: ao decair, por querer ultrapassar seus limites, teria perdido a memória. Na gnose valentiniana e na *Pistis Sophia*, é resgatada por Jesus Cristo; em textos gnósticos clássicos, por Set.

Às entidades das teologias gnósticas são associados valores numéricos. Embora haja bastante múltiplos de 12, variam, contudo, as quantidades de arcontes, eons, emanações e outras entidades, de uma "escritura" para outra. São evidentes os empréstimos da astrologia, com nove círculos ou esferas celestiais em lugar das sete órbitas planetárias: a oitava, a ogdóada, supracelestial. Em alguns textos, o número de arcontes e de esferas é o mesmo dos decanatos da astrologia e cosmologia egípcia: 36.

Isso além das variantes: os cainitas, descendentes de Caim, e não mais de Set; e os defensores da panspermia, da semente luminosa emanada pela divindade como origem da humanidade.

Uma dessas variantes, a dos ofitas ou naassenos, cultuadores da serpente, despertou o interesse de heresiólogos. Pela lógica que rege a mitologia gnóstica, pautada pela inversão do *Gênesis* e pelo sincretismo, a serpente bíblica ganha sinal positivo: deixa de ser corruptora e torna-se emissária de conhecimento, encaminhando Eva à árvore da sabedoria. Confunde-se com a serpente sagrada de cultos arcaicos de mistério, egípcios inclusive.

Interessa no ofismo o culto a Ouroboros, a serpente que morde a própria cauda, símbolo da conciliação ou superação de antinomias, como observou Seligmann: "A serpente, Ouroboros, foi adorada por várias seitas dos ofitas. A criatura enrolada, que se assemelha a um dragão e morde sua própria cauda, forma um círculo, o símbolo do ciclo infindável das metamorfoses. O bem e o mal unem-se assim dentro de Ouroboros."[44]

---

[44] Kurt Seligmann, *op. cit.*, p. 93.

Ofitas, sendo dualistas, acabaram por adotar um símbolo da unidade, da *coincidentia oppositorum*. O mesmo símbolo teve um deslocamento do sentido. Representação do mal em Gênesis, a valência da serpente é invertida e, pela lógica do gnosticismo, passa a ser identificada com a sabedoria. Depois de assimilar as características da serpente sagrada em cultos egípcios e sua presença no caduceu de Hermes-Mercúrio, torna-se, em nova metamorfose, símbolo da unidade. Acaba por transformar-se em dragão alquímico em mais uma fusão, assimilando outros monstros e abominações bíblicas: Behemot, Leviatã, Rahab.

Tais metamorfoses e mudanças do valor de um símbolo da própria metamorfose têm algo de vertiginoso. Mais ainda se acompanhadas por suas metamorfoses literárias. Em *Moby-Dick*, Melville escreveu, textualmente, que a baleia branca perseguida pelo capitão Ahab era a serpente dos ofitas. Dualista, porém fiel, mais do que ao gnosticismo, à sua formação protestante, fez com que um símbolo do conhecimento e da transformação, antagônico com relação a Ialdabaoth, retornasse à condição de abominação bíblica.

No satanismo romântico ocorre uma substituição, e Lúcifer adota as características e a função da serpente reinterpretada pelo gnosticismo. Por isso — e a propósito das mudanças de valor na simbologia do gnosticismo — Ialdabaoth e demais demiurgos e arcontes não devem ser identificados com o Lúcifer do satanismo romântico.

Conforme Pagels em *As origens de Satanás*, e mais recentemente Bloom em *Anjos caídos*,[45] entre outros, o destaque a esse demônio é eminentemente cristão. Sua origem seria assírio-caldaica; torna-se judaico e bíblico como anjo rebelde em Gênesis, desempenhando múltiplos papéis: o de mensageiro do Senhor em episódios como o de Balaão, o de atormentador de Jó e o de um cismático líder ou inspirador de rebeliões. Reaparece nos evangelhos como o tentador de Jesus. A partir daí, passa a ser mencionado como anátema, sucessivamente por judeus, romanos e hereges.

Cabem adendos a Pagels. Para Eliade, a presença de Satanás, "provavelmente sob a influência do dualismo iraniano", já era forte na escatologia judaica do século I° a.C. E Paulo o designou como "deus deste mun-

---

[45] Harold Bloom, *Anjos caídos*, tradução de Antonio Nogueira Machado, Rio de Janeiro, Objetiva, 2008.

do" em II Coríntios 4:4. Isso entre outras interpretações de Satanás ou Lúcifer ao longo de séculos. No *Mysterium Magnum,* de Böhme, é princípio criador: portanto, um demiurgo; e também dialetizado, polo em uma teoria dos contrários, antecipando Blake.

Interessa mostrar que a idealização ou estetização de Lúcifer, que tanto marcou a literatura romântica e se fez presente, de modos diferentes ou com distintas nuances, em Blake, Byron, Victor Hugo, Baudelaire e Breton, nada tem a ver com os traços atribuídos ao demiurgo, quer seja na versão platônica ou gnóstica. É um rebelde sábio, mais do que o disciplinado arquiteto de Platão ou a obtusa divindade gnóstica. Mario Praz, em seu ensaio sobre a carne, a morte e o diabo na literatura romântica e decadentista,[46] mostrou, no capítulo intitulado "As metamorfoses de Satanás", como houve um deslocamento, da Renascença ao romantismo. Na épica renascentista, em Tasso, o demônio é horripilante; no entanto, o horror — associado à exceção, à ruptura da norma — passa a ter valor estético na arte romântica: é fascinante, e não só repulsivo. O ponto de inflexão, quando Satã se torna prometeico, seria, conforme Praz, *O paraíso Perdido* de Milton. Cita Baudelaire: "O mais perfeito tipo de beleza viril é Satã — à maneira de Milton"; e também Blake em *O casamento do céu e do inferno*: "Milton tomou o partido do demônio sem sabê-lo." De fato, Milton identifica Lúcifer com a estrela da manhã, adotando uma imagem que já está no Velho Testamento, em Isaías 14:12.

Assim, detalha Praz:[47] "Com Milton, o Maligno assume de forma definitiva um aspecto de beleza decaída, de esplendor ofuscado pela melancolia e a morte. É *majestic though in ruin*." Para corroborar, cita Shelley: "Nada pode superar a energia e esplendor do caráter de Satanás, tal como se encontra expresso em *O paraíso perdido*. É um erro supor que possa ter sido concebido como a popular personificação do mal."

A partir daí, Satanás, ou Satã, ou Lúcifer, se desdobra em dois personagens literários distintos, porém complementares. Um deles, o arquétipo ou inspirador de todos os heróis cruéis de narrativas românticas e de horror gótico que acabariam confluindo no Maldoror de Lautréamont: são os Melmoth, de Charles Mathurin, e os Schedoni de *The italian*, de

---

[46] Mario Praz, *La carne, la muerte y el diablo en la literatura romántica*, tradução de Jorge Cruz, Caracas, Monte Avila Editores, 1969.
[47] *Idem, ibidem*, p. 75-81.

Ann Radcliffe, os Lara, Manfred e o Corsário, de Byron, e os protagonistas de um sem-número de dramalhões e narrativas folhetinescas. Ao mesmo tempo, em uma blasfêmia contra o cristianismo, passa a esplender a imagem do Lúcifer libertador, arquétipo do rebelde, consagrado na litania de Baudelaire.

Éliphas Lévi, em *Les trois harmonies*, seu livro de poemas, converteu Satã.[48] Hugo, leitor de Lévi, o perdoou e reconciliou com Deus, fazendo com que da união nascesse a liberdade, em *Satan pardonné* de *La fin de Satan*, um complemento de *La légende des siècles*.[49] Breton, por sua vez, cita Lévi e Hugo em *Arcano 17*: mas, representado pela estrela da manhã, Lúcifer é o signo da "própria revolta, a única revolta criadora de luz"; uma luz que "só pode passar por três vias: a poesia, a liberdade e o amor". O brilho de Lúcifer aumentou de autor para autor, desde Lévi até Breton (mas já esplendera antes, em *O casamento do céu e do inferno*, de Blake).

Nas versões românticas, como vilão ou libertador, Lúcifer simboliza a negatividade, o confronto com a ordem estabelecida: é "o espírito que nega" do *Fausto*, de Goethe. Ora, no gnosticismo clássico Deus-Jeová já é Saclas, o Satã. Contrapor-lhe Lúcifer seria o mesmo que o contrapor a si mesmo: não faria sentido. Menos ainda, valorizar nele a rebelião e vê-lo como fonte de conhecimento: o demiurgo é uma divindade conservadora, o regente do *status quo*, e não da sua transformação. No gnosticismo, a entidade luminosa, detentora e transmissora do conhecimento, não é Satã, porém o Ungido, Set, Cristo ou Hermes-Toth.

O satanismo romântico introduziu, portanto, um novo ator no drama cósmico. Lúcifer está para o romantismo literário assim como a serpente, matriz do dragão alquímico, para os ofitas, e Hermes, em sua versão mercurial, como símbolo e agente das transformações, para os herméticos.

Baudelaire operou a fusão, na abertura de *As flores do mal*, identificando Satã e Hermes Trimegisto: "Na almofada do mal é Satã Trimegisto/ Quem docemente nosso espírito consola,/E o metal puro da vontade então se evola/Por obra deste sábio que age sem ser visto."[50]

---

[48] Éliphas Lévi, *Les trois harmonies — Chansons et poésies*, Paris, MM. Felens et Dufour Éditeurs, 1845.
[49] Victor Hugo, *La légende des siècles, La fin de Satan, Dieu*, Paris, Gallimard, 1950, p. 937-940.
[50] *Charles Baudelaire, poesia e prosa*, Ivo Barroso (org.), diversos tradutores, tradução de *As flores do mal* por Ivan Junqueira, Rio de Janeiro, Nova Aguilar, p. 103.

CAPÍTULO 6   Gnosticismo e hermetismo; astrologia e alquimia

Há discussão sobre a afinidade ou incompatibilidade de doutrinas gnósticas com aquela exposta no *Corpus Hermeticum*, do sincretismo helenístico-egípcio cujo centro irradiador foi Alexandria. Relaciona-se à antinomia mais geral entre monismo e dualismo: o gnosticismo é dualista e o hermetismo, monista. A questão apresenta especial interesse, pois há poetas que parecem adotar os dois quadros de referência, gnóstico e hermético, como será visto adiante.

Alguns dos autores aqui citados tomam gnosticismo e hermetismo como afins, pela identificação do conhecimento com a salvação. Mas Doresse adverte sobre "o abismo que em outro tempo havia separado o gnosticismo dualista das grandes seitas de 'gnoses' otimistas, como a do hermetismo filosófico ou a de determinadas interpretações platônicas do cristianismo".[1]

Ialdabaoth e demais *cosmocrators* seriam um divisor de águas com relação ao platonismo e ao hermetismo: "O que em definitivo opõe tão brutalmente o hermetismo ao gnosticismo pode ser resumido em poucas palavras: assim como Plotino e sua escola, os discípulos de Hermes abominam nos gnósticos sua predicação de que o mundo é mau, e seu criador, perverso."

> Por isso, embora o hermetismo filosófico se aproxime da gnose por sua doutrina baseada às vezes em determinados mitos mais ou menos saídos do Gênesis, mesclados de recordações egípcias, babilônias e iranianas, separa-se dela, não obstante e de maneira imediata, por suas conclusões otimistas e particularmente por sua negativa total em considerar como

---

[1] Jean Doresse, "La gnosis", em *Las religiones en el mundo Mediterrâneo y en el Oriente Proximo II*, v. 6, Madri, Siglo XXI, 1979 (Coleção Historia de las Religiones, organizada por Henri-Charles Puech).

mau — inclusive quando vê nele um segundo Deus — ao Demiurgo do mundo terreno.²

Também Yates vê o hermético como "otimista gnóstico", para quem "a matéria é impregnada do que é divino, a terra é viva, move-se como vida divina, as estrelas são imensos animais vivos, o sol brilha com poder divino e não há parte da natureza que não seja boa, pois tudo pertence a Deus".³

Hermes-Thoth ou Trimegisto, uma espécie de secretário de Ísis e Osíris, registrando seu ensinamento, foi identificado com a linguagem. Desde Platão, no *Fedro*,⁴ é o criador da escrita, interpretada como *pharmakon*, elixir ou veneno, e aquele que a ensinou aos homens. É o que observou Festugière:

> Se, então, Hermes era assimilado ao Logos-Deus, e se Thoth se identifica com Hermes, vê-se o quanto essas equivalências, facilitadas talvez pelo papel demiúrgico do deus hermopolitano, preparavam para receber, nos primórdios de nossa era, a doutrina de um Hermes-Toth palavra de Deus, ao mesmo tempo criador do mundo e profeta dessa criação.⁵

Assim, enquanto no gnosticismo há cisão entre dois personagens — o demiurgo, Ialdabaoth, e o avatar da divindade superior, Set, que nas gnoses afins ao cristianismo é Jesus Cristo — no hermetismo ambos se fundem: Hermes-Toth é o bom demiurgo e o avatar. Tanto é que o *Poimandres*, primeiro dos tratados herméticos, incluído por Layton em *As escrituras gnósticas*, mas catalogado em *Outras correntes antigas*, trata de um "bom artífice", sincronizado com Deus, criador de um mundo que "é belo". Um demiurgo platônico, e não gnóstico; o Grande Arquiteto da maçonaria.

---

² Jean Doresse, "El hermetismo egipcianizante", em Henri-Charles Puech, *op. cit.*, p. 135.
³ Frances A. Yates, *Giordano Bruno e a tradição hermética*, tradução de Yolanda Steidel de Toledo, São Paulo, Cultrix, 1955, p. 34.
⁴ *Idem*, *The Art of Memory*, Londres, Plimlico, 2000, p. 52; o trecho inspirou o conhecido ensaio de Jacques Derrida, *A farmácia de Platão*, sobre a oposição escrita-memória em Platão.
⁵ André-Jean Festugière, *La révelation d'Hermés Trimegiste*, Paris, Societé d'Édition Les Belles Lettres, 1986, p. 73.

GNOSTICISMO E HERMETISMO; ASTROLOGIA E ALQUIMIA

Mas também se pode enxergar dualismo na distinção hermética entre "intelecto" e "matéria irracional", observada por Layton no *Poimandres*:

> Ora, o intelecto divino, sendo andrógino, visto que existia como vida e luz, gerou racionalmente um segundo intelecto, como artífice; e este último, sendo deus do fogo e do espírito, que circundam, em órbitas, o mundo perceptível. E seu controle é chamado destino.
> Imediatamente, a razão de deus saltou fora dos elementos que tendem para baixo, em direção ao produto manufaturado puro, a ordem natural, e se uniu ao intelecto que é o artífice, pois era da mesma substância. E destarte os elementos da ordem natural que tendiam para baixo foram deixados para trás como mera matéria irracional.[6]

Bastaria ler "fatalidade" em lugar de "destino", e "arcontes" em lugar de "controladores", para que o trecho do *Poimandres* se identificasse com o gnosticismo clássico.

Além disso, o propósito do *Poimandres* é o mesmo de escritos gnósticos: orientar o adepto para a viagem ascendente, saindo deste mundo. É preciso que ultrapasse "sete esferas": as "agências do crescimento e do declínio", "os meios da ação má", a "ilusão do desejo", a "eminência associada com dominação", a "arrogância ímpia e a temeridade da imprudência", os "maus pretextos para a riqueza" e a "conspiração da falsidade". Tais esferas poderiam fazer parte de uma orientação budista; se nomeassem arcontes ou guardiões de cada esfera, seriam gnósticas.[7]

Vê-se que contrastes entre hermetismo e gnosticismo podem ser relativizados. Descrições dessas doutrinas como se fossem sistemas levam a acentuar os contornos do que as separa. Mas, como observou Yates, a *Hermética* ou *Corpus Hermeticum* inclui tratados ou escrituras que podem ser lidos como expressões da gnose pessimista. Seus comentários permitem ver como as duas gnoses, a otimista do hermetismo e a pessimista do gnosticismo, se interpenetravam. Reciprocamente, o acervo de Nag Hammadi incluiu textos que podem ser interpretados como gnose otimista ou hermetismo, pois não são dualistas e neles não se fala em demiurgo ou arcontes. Um deles, o já citado *O trovão — Intelecto perfei-*

---

[6] Bentley Layton (org.), *As escrituras gnósticas*, São Paulo, Loyola, 2002, p. 534.
[7] *Idem, ibidem*, p. 539.

to, exaltação da androginia como síntese. Outro, o *Asclépio*, um texto importante da *Hermética*.[8] E ainda *O discurso da oitava e da nona* (citado no Capítulo 2, a propósito de glossolalias) e uma *Oração de graças*. Tomando os dois conjuntos, de Nag Hammadi e do *Corpus Hermeticum*, é como se o hermetismo estivesse dentro do gnosticismo (nos escritos de Nag Hammadi) e o gnosticismo dentro do hermetismo (no *Corpus Hermeticum*).

Em um texto especialmente complexo e relevante do *Corpus Hermeticum*, o *Asclépio*,[9] o mundo e o homem são maravilhosos, obras de Deus; não se fala em demiurgo ou potências opressoras; mas o bem é minoritário, e os homens bons, aqueles aptos a receber o ensinamento hermético, são minoria; e há uma profecia apocalíptica: o mundo acabará sendo destruído por Deus, para eliminar o mal. Pelo visto, em nada incomodou aos autores do *Asclépio* serem simultaneamente otimistas e pessimistas, monistas e dualistas.

É preciso estar atento para diferenças entre os dois conjuntos, do gnosticismo e do hermetismo, que são de natureza editorial, relacionadas ao modo como circularam. O *corpus* do gnosticismo é aquele definido pelos escritos de Nag Hammadi, a *Pistis Sophia*, outros códices e, complementarmente, pelos relatos de heresiólogos, polemistas e historiadores seus contemporâneos. Já o *corpus* do hermetismo, a *Hermética*, é composto por um conjunto de tratados que vieram do Império Bizantino, acrescidos do *Asclépio* e do *Picatrix*, um tratado de magia conservado no âmbito da civilização muçulmana. Foram esses textos que chegaram à Academia neoplatônica de Florença para serem traduzidos por Marsílio Ficino a partir de 1460. Acrescidos da cabala estudada e divulgada por Pico de la Mirandola, inspiraram a "filosofia oculta" de Cornelius Agrippa, a *prisca teologia* de Giordano Bruno e demais magos e teósofos da Renascença; e, a seguir, uma resistência à Contrarreforma.

Por trás das "escrituras" gnósticas, subjazendo aos textos, ainda se enxerga algo: cultos, comunidades, profetas e líderes de seitas. Por trás do *Corpus Hermeticum*, não se vê nada. O hermetismo chegou a nós como texto, sem informações sobre adeptos e uma base social. Daí ter

---

[8] James Robinson (org.), *The Nag Hammadi Library in English*, diversos tradutores, Nova York, Harper Collins, 1990, p. 330-338.

[9] Hermès Trimégiste, *Corpus Hermeticum*, tradução de A. J. Festugière, Paris, Les Belles Lettres, 2002, t. II.

sido denominado por Bloom de "gnosticismo secular" e por Yates de "religião sem culto, nem templos, nem liturgia".

Filtros e critérios de reedição dos escritos gnósticos e da *Hermética* não foram os mesmos. Os textos conhecidos do gnosticismo fazem parte de um conjunto muito mais volumoso, que se expande através de sucessivas descobertas: são os escritos de Nag Hammadi em meados do século XX, a edição copta de *O evangelho de Juda*s há pouco e o que ainda poderá vir a ser reconstituído a partir dos papiros de Oxirrincus (no qual foi encontrada uma primeira cópia de *O evangelho de Tomé*), restando ainda torcer para que algum dia venham a ser descobertos escritos originais atribuídos a Simão, o Mago.

Provavelmente, as duas visões de mundo, dualista e monista, à medida que iam sendo alteradas por meio da cópia e transmissão, influenciaram-se. As doutrinas eram distintas: mas seu centro de difusão, Alexandria, foi o mesmo. Pode-se, por isso, supor transfusão de conteúdos, do gnosticismo ao hermetismo, e vice-versa.

E, principalmente, nos séculos XV a XVII as duas visões de mundo, monista e dualista, como que se ajustaram. Passaram a fazer parte de uma configuração do saber: aquela do neolatonismo renascentista; a *episteme*, para usar a categoria de Michel Foucault em *As palavras e as coisas*,[10] oposta à representação aristotélico-tomista do mundo.

Isso pode ser exemplificado por meio de um texto que exerceu influência significativa, o primeiro manifesto rosa-cruz, *Fama fraternitatis*. Nele, uma profissão de fé monista, afirmando a correspondência ou "suave acordo" entre o homem, a natureza e Deus; entre macrocosmo e microcosmo:

> Daí resulta esse suave acordo, assim como em cada semente está contida toda uma grande árvore ou fruto, de que igualmente no pequeno corpo do homem está compreendido todo o grande mundo, cuja religião, política, saúde, membros, natureza, idioma, palavras e obras estão de acordo e são afins e têm uma tonalidade e melodia igual àquela de Deus, do Céu e da Terra.[11]

---

[10] Michel Foucault, *As palavras e as coisas — Uma arqueologia das ciências humanas*, tradução de António Ramos Rosa, Lisboa, Portugália, 1968.
[11] Frances A. Yates, *El iluminismo rosacruz*, tradução de Yolanda Steidel de Toledo, São Paulo, Cultrix, 1995, onde *Fama fraternitatis* é reproduzido como apêndice, p. 291.

Mas, na frase seguinte, refere-se ao diabo como um princípio autônomo: "E o que está em desacordo com isto é erro, falsidade e do Diabo, que é a única causa primeira, média e última das lutas, da cegueira e da obscuridade que há no mundo."

Na mesma sequência, sem dar atenção à contradição, uma declaração do monismo e outra do dualismo.

Também em Böhme, contemporâneo da divulgação e possível redação de *Fama fraternitatis*, há essa oscilação. O místico desenvolveu a ideia das "assinaturas", as *signatura rerum*, postulando a analogia universal; ao mesmo tempo, caracterizou o diabo como ente autônomo, que movimenta o mundo.

Vê-se que os renascentistas neoplatônicos e os místicos contendores da Contrarreforma confundiram as duas gnoses, otimista e pessimista. Ao desconhecer seu antagonismo, talvez tentassem sintetizar dois modos do misticismo: um deles, a visão do mundo como impregnado da presença divina; outro, aquele da superação do abismo entre o mundo e o Deus remoto.

É possível propor uma interpretação para esse trânsito do dualismo ao monismo e do pessimismo ao otimismo. Aquilo que, em nossa perspectiva, seria antagônico não o foi para os herméticos da Renascença, para os quais era mais evidente o choque entre a visão de mundo neoplatônica que sustentavam e aquela do tomismo aristotélico. E mais: talvez nem o fosse para seus adeptos da Antiguidade tardia dos séculos I a V, gnósticos ou hermetistas. Com ou sem demiurgo a interpor-se, qualquer que fosse a natureza dos males e dos sofrimentos dos quais queriam se livrar, mundanos ou cósmicos, ilusórios ou materiais, interessava-lhes ascender e reencontrar a Unidade.

Aceita a generalização de Borges, por sua vez citando Coleridge, de que "todos os homens nascem aristotélicos ou platônicos",[12] então os adeptos de cada um dos dois conjuntos, da *Hermética* e do gnosticismo, ou simultaneamente de ambos, pertenceram à mesma grande família platônica. Foram adeptos da mesma *episteme*.

---

[12] Jorge Luis Borges, "De las alegorias a las novelas", em *Ficcionario, Una antologia de sus textos*, edição e notas de Emir Rodrígues Monegal, Cidade do México, Fondo de Cultura Económica, 1985, p. 295.

GNOSTICISMO E HERMETISMO; ASTROLOGIA E ALQUIMIA

O modo como se sobrepunham e confundiam permite avançar no exame do sentido da astrologia e alquimia no âmbito do gnosticismo.

Desde suas origens mais arcaicas, sumérias ou assírio-caldaicas, a astrologia postulou relações de sincronia e correspondência entre dois planos: um deles, celestial, representado pelo zodíaco, equivalente ao macrocosmo; outro, mundano, equivalente ao nosso planeta, às coisas e aos fenômenos do microcosmo. É a ideia das correspondências, da analogia entre o alto e o baixo, reafirmada na *Tábua de esmeralda* atribuída a Hermes Trimegisto e reproduzida, com graus crescentes de complexidade, por místicos e ocultistas, até chegar, em Paracelso e Böhme, à teoria das assinaturas: tudo, no mundo, tem as marcas da origem e de atributos divinos.

No gnosticismo, a esfera celestial, regida por arcontes, é uma instância negativa, um obstáculo à perfeição, como observou Puech:

> O céu estrelado é povoado de opressores e déspotas (*arkhontés, kosmocratorés, tyrannoi*); as esferas planetárias são postos de fronteira ou cárceres — os *mattarâtâ*, dizem os mandeus — ou guardiões demoníacos que se esforçam em reter as almas que tentam escapar às cadeias perpetuamente reformadas do devir. O firmamento, cujo espetáculo era para o grego uma evocação da ordem e da beleza, e lhe inspirava sentimentos de admiração e de veneração religiosa, torna-se, aos olhos do gnóstico, o teatro de uma tragédia, de um drama espantoso.[13]

Confundem-se, portanto, o mundo terrestre, regido pela temporalidade, e aquele celestial, abrangendo os círculos que correspondem aos planetas, por sua vez associados aos arcontes, aos guardiões do mundo: ambos são *kenoma* e contrastam com a intemporalidade do *pleroma*, a esfera supracelestial. A sincronia não desaparece: muda a sua natureza. Haveria uma sincronia do mal; uma absurda sincronia do erro, da aplicação de regras arbitrárias para criar esse e outros tantos universos ilusórios, como aqueles mundos descritos em *Tlön, Uqbar, Orbis Tertius*, de Borges, que ao mesmo tempo são meros dados bibliográficos e invasores da realidade.

---

[13] Henri-Charles Puech, *En quête de la gnose*, v. I, Paris: Gallimard, 1978, p. 248.

A regência pelo absurdo é sugerida em outros textos borgianos. Um exemplo é seu comentário sobre

> certa enciclopédia chinesa que se intitula *Empório celestial de conhecimentos benévolos*: nas suas remotas páginas está escrito que os animais se dividem em (a) pertencentes ao Imperador, (b) embalsamados, (c) amestrados, (d) leitões, (e) sereias, (f) fabulosos (g) cães soltos, (h) incluídos nesta classificação, (i) que se agitam como loucos, (j) inumeráveis, (k) desenhados com um finíssimo pincel de pelo de camelo, (l) etcétera, (m) que acabam de quebrar o vaso, (n) que de longe parecem moscas.[14]

O trecho é citado por Foucault como fonte de inspiração de *As palavras e as coisas*; e fortaleceu toda a gama de relativismos linguísticos. Interessam as conclusões extraídas por Borges:

> Não existe, evidentemente, classificação do universo que não seja arbitrária ou hipotética. [pois] cabe supor que não há universo no sentido orgânico, unificador, que este ambicioso vocábulo encerra. E se ele existe, falta conceber o seu propósito; falta inventar as definições, as etimologias, as sinonímias, do secreto dicionário de Deus.

De fato, sob o ponto de vista gnóstico, de duas uma: ou o universo reflete os secretos desígnios do "deus desconhecido", e por isso é ininteligível, ou foi engendrado pelo demiurgo, de modo arbitrário e atabalhoado.

Mas a suposição do *design* arbitrário do universo — que pode ser contraposto ao *design* inteligente dos criacionistas, bem como à crença na evolução — não eliminou a astrologia como campo do conhecimento gnóstico. É o que observa Yates, em considerações sobre a *Hermética* que valem para o gnosticismo:

> Como explica Festugière, os doze vícios ou "castigos" provêm dos doze signos do zodíaco que oprimiam Tat [o protagonista do Livro XIII do *Corpus Hermeticum*] enquanto ele ainda era material, vivendo sob as in-

---

[14] Jorge Luis Borges, *Novas inquirições*, tradução de G. N. Carvalho, Lisboa, Editorial, Querco, 1984, p. 120, assim como a citação seguinte.

fluências da matéria. Festugière compara esse fato com a ascensão através das esferas mencionadas no *Pimandro*, onde há sete vícios que o iniciado abandona com os planetas, em seu caminho ascendente. Assim, os castigos da matéria são realmente uma influência das estrelas, substituídas, na obra de regeneração, pelas Virtudes, que são Potestades Divinas aptas a libertar a alma do peso material do céu e suas influências.[15]

Assim, em um dos textos de Nag Hammadi, *O discurso da oitava e da nona*, são postulados dois andares ou escalões de influências astrológicas: até a sétima esfera, domínio dos planetas, do sol e da lua, as influências maléficas; na oitava e nona esfera, as influências benéficas. Ainda seguindo Yates, tanto no hermetismo quanto no gnosticismo,

> O quadro de referências cosmológico admitido como axiomático é sempre astrológico, mesmo quando isso não está expressamente declarado. O mundo material se encontra sob o domínio das estrelas e dos sete planetas, os "Sete Governadores". As leis da natureza nas quais vive o religioso gnóstico são leis astrológicas e são o cenário da sua experiência religiosa.[16]

Haveria, portanto, premissas astrológicas, mesmo nas "escrituras" gnósticas, nas quais planetas, constelações, decanatos e casas do zodíaco não são mencionadas. A correspondência entre o alto e o baixo, entre macrocosmo e microcosmo, base do pensamento analógico, não é revogada: torna-se implícita e mais complexa.

Ou, antes, no gnosticismo essa correspondência é reforçada. Na *Pistis Sophia*, a contradição entre as duas esferas, terrena e celestial, é resolvida pela intervenção de Jesus Cristo. O Salvador é capaz de inverter a rotação da esfera planetária, celestial, mudando-lhe o sentido e restabelecendo a sincronia.

No maniqueísmo, com sua versão da doutrina da consubstancialidade, encontra-se uma versão mais elaborada das correspondências, como relação bilateral. Como descreve Puech:

---

[15] Frances A. Yates, *op. cit.*, p. 41.
[16] *Idem, ibidem*, p. 33.

Este é um ponto capital da doutrina, já que supõe o reconhecimento de uma consubstancialidade entre Deus e as almas: estas não são senão fragmentos da substância divina, ou, o que vem a ser o mesmo, partículas de Deus caídas aqui embaixo, unidas ao corpo e à matéria e mescladas ao Mal.[17]

Associada a essa doutrina, há uma ética da corresponsabilidade, pois, ainda conforme Puech,

> é precisamente isso que garante que Deus não pode desinteressar-se da Salvação dessas partes Dele, engolidas e sofredoras na Matéria, e que as recuperará, reintegrando-as nele. Em resumo, através dos homens, Deus se salva a si mesmo: Deus é ao mesmo tempo salvador e salvo; é o "Salvador-Salvo" ou salvador "que há que salvar".

Há, portanto, uma inovação na suposição da consubstancialidade. Nas grandes religiões monoteístas, a relação entre deuses e homens é de subordinação. Homens são uma função da divindade. No maniqueísmo, a relação pode ser bilateral: as ações humanas têm reflexos na esfera divina. Iluminar-se produz luz, com reflexos cósmicos. É o que Jonas observa: "No maniqueísmo, a doutrina da mistura, com sua contrapartida da desmistura, forma a base de todo o sistema cosmológico e soteriológico."[18]

No hermetismo, a suposição das correspondências vai mais longe. No *Asclépio*, Hermes Trimegisto ensina que homens podem criar deuses: "Pois assim como o Pai, o Senhor do Universo, cria deuses, desse mesmo modo também o homem, essa criatura mortal, terrena, viva, aquele que não é como Deus, também cria deuses. Não apenas os fortalece, mas também é fortalecido. Não apenas ele é deus, mas ele também cria deuses." Isso como consequência de que "todas as coisas são conexas umas às outras por relações mútuas, em uma corrente que se estende da mais baixa à mais alta".[19]

Algo semelhante é observado por Scholem, tratando do misticismo judaico:

---

[17] Jean Doresse, "El maniqueísmo", *op. cit.*, p. 232, assim como a citação seguinte.
[18] Hans Jonas, *The Gnostic Religion*, The Message of the Alien God and the Begginings of Christianity: Boston, Beacon Press, 1963, p. 59.
[19] James M. Robinson (org.), *op. cit.*, p. 333; Hermès Trimégiste, *op. cit.*, p. 319.

GNOSTICISMO E HERMETISMO; ASTROLOGIA E ALQUIMIA

> O judeu devoto tornou-se um protagonista no drama do mundo; manipulava os cordéis atrás dos bastidores. Ou, para valer-nos de um paralelo menos extravagante, se o universo é uma máquina enorme e complicada, então o ser humano é o maquinista que mantém as engrenagens em funcionamento, aplicando umas poucas gotas de óleo aqui e ali no momento certo. A substância moral da ação do homem fornece esse "óleo" [...][20]

Em uma variante, registrada por Idel: "Deus aguarda, pois, que a atividade humana O ative."[21]

Uma consequência do pensamento analógico, em geral, e da doutrina da consubstancialidade, em especial, é a famosa afirmação de que o bater de asas de uma borboleta na América pode ter relação com um tufão no Índico. É como se houvesse dois eixos, um deles vertical, com a interdependência de criatura e criador, e outro horizontal, significando compromisso com todos os seres e coisas do mundo natural. E, como na passagem do *Asclépio* citada anteriormente, também com o mundo sobrenatural. A doutrina que torna o homem responsável pelo destino de Deus, de todos os homens e de todas as coisas é exposta por Borges no conto "A forma da espada":

> O que faz um homem, é como se todos os homens o fizessem. Por isso não é injusto que uma desobediência num jardim contamine o gênero humano; por isso, não é injusto que a crucifixão de um só judeu baste para salvá-lo. Talvez Schopenhauer tenha razão: eu sou os outros, qualquer homem é todos os homens, Shakespeare é de alguma maneira o miserável John Vincent Moon [o protagonista do conto de Borges].[22]

Algo semelhante foi dito no poema, tão citado, de John Donne:

> Nenhum homem é uma ilha, isolada em si mesma; todo homem faz parte do continente, faz parte de outra terra;
> se um pedaço for carregado pelo mar, a Europa diminui, como um monte,

---

[20] Gershom G. Scholem, *As grandes correntes da mística judaica*, tradução de Jacó Guinsburg e outros, São Paulo, Perspectiva, 1995, p. 31.
[21] Moshe Idel, *Cabala: novas perspectivas*, São Paulo, Perspectiva, 2000, p. 296.
[22] Jorge Luis Borges, *Ficções*, Porto Alegre, Globo, 1969, p. 103.

ou a casa de um de teus amigos, ou, até mesmo, a tua casa; a morte de qualquer homem me diminui,
pois sou parte da Humanidade; assim, nunca perguntes por quem os sinos dobram:
eles dobram por ti.[23]

São textos que se referem a relações mágicas, distintas daquelas explicadas pela relação de causa e efeito, resultado de uma infinita rede de relações secretas.

De todo modo, em qualquer um desses contextos — aqueles desenhados pelo gnosticismo, pelo maniqueísmo e pelo *Corpus Hermeticum* — conhecimento astrológico, operações alquímicas e aquelas mágicas e mágico-medicinais, subordinadas às leis astrológicas, terão sempre o sentido de uma sublimação, de um movimento ascendente. Quer fosse neutralizando más influências ou acentuando aquelas boas, contribuiriam para que o adepto se transferisse deste para outro plano.

Daí haver, entre gnosticismo, astrologia e alquimia, relações diretas, no sentido de alquimistas haverem sido efetivamente vinculados a seitas gnósticas, e indiretas. Doresse enxergou "um parentesco mais formal do que real de determinadas elucubrações alquímicas com a gnose". Mais do que parentesco, sincronia:

> Os alquimistas utilizaram o mesmo procedimento [dos gnósticos] para delinear, marcando seus "conhecimentos" sobre a matéria e suas transformações no mesmo sistema escolar, uma ciência tão perfeita em seu ordenamento que nada ficasse sem explicar, podendo qualquer coisa ser interpretada como variante acidental da Unidade inicial.[24]

Seligmann observou não apenas sincronia, porém relação direta entre gnosticismo e alquimia. A conexão seria pelo culto gnóstico da serpente:

---

[23] John Donne, "Nenhum homem é uma ilha, isolada em si mesma; todo homem faz parte do continente, faz parte de outra terra." Tradução de Thereza Christina Rocque da Motta. Inédito.
[24] Jean Doresse, "*La gnosis*", *op. cit.*, p. 70.

GNOSTICISMO E HERMETISMO; ASTROLOGIA E ALQUIMIA

> A par da magia e outras artes ilícitas, a alquimia foi revelada ao homem pelos anjos malditos, traidores dos segredos de Deus. Como eles haviam sido castigados pela sua indiscrição, pendia uma maldição sobre os conhecimentos proibidos que possibilitavam ao homem rivalizar com o seu criador. [...] Ao longo dos primeiros séculos da nossa era, a árvore da ciência do Gênesis continuou a ser o símbolo dessa investigação pecaminosa. Ao comer o fruto proibido, o homem tornara-se semelhante a Deus, pois conhecera o bem e o mal. Sem dúvida que os alquimistas aceitavam tais pontos de vista; contudo, prosseguiam assim mesmo com suas investigações. O modo como Ísis se vangloria de haver adquirido os seus conhecimentos assemelha-se a um desafio ao passo do Gênesis. As doutrinas gnósticas deram origem a esta atitude inteiramente nova, pois que muitas seitas gnósticas eram indiferentes ao problema do bem e do mal sobre a terra. Os Ofitas adoravam da mesma maneira a serpente da Bíblia como um ser beneficente, uma vez que ela havia levado acertadamente o homem ao saber, a arma por ele utilizada contra o seu criador, Ialdabaoth. A árvore da ciência e a serpente viriam deste modo a converter-se nos símbolos mais prezados da alquimia.[25]

Houve, portanto, uma atitude prometeica, comum a ofitas e alquimistas.

A serpente gnóstica iria metamorfosear-se, expõe Seligmann, em dragão, símbolo fundamental da alquimia, correspondente ao mercúrio e à transmutação: "A maléfica serpente do paraíso foi transformada pelos gnósticos na benéfica Ouroboros. Esta passou a ser o dragão dos alquimistas, cujo corpo, porque era leve e escuro, adquiriu um sentido químico."[26]

O mais importante a reter da argumentação de Seligmann é como, nesse contexto gnóstico, a alquimia passou de um misto de magia e tecnologia, sob regência astrológica, a uma ascese do praticante, traduzida em símbolos que acabariam, por sua vez, adotados por místicos cristãos:

---

[25] Kurt Seligmann, *História da magia*, tradução de Joaquim Duarte Lourenço Peixoto, Lisboa, Edições 70, 1979, p. 114.
[26] *Idem, ibidem*, p. 125.

O dragão, mercúrio, tem que ser morto. [...] O ouro do perfeito alquimista não poderá ser produzido sem prévia deterioração.

E isto não era válido apenas para a transmutação da matéria, uma vez que, de acordo com o pensamento místico alquímico, como já vimos, o homem tinha de passar pela mesma provação: ele não poderá atingir o estado de bem-aventurança sem primeiro destruir as suas paixões físicas. Quando tiver vencido a hidra negra do seu coração, estará então purificado e a negrura transformar-se-á em alvura.

Essa seria a gênese da concepção da alquimia como ciência total, sintética. Nela, coexistem o pensamento analógico, a doutrina hermética das correspondências e o dualismo gnóstico, com a consequente rebelião contra o poder do *cosmocrator*.

A alquimia é essencialmente dualista, e sua prática, um dos modos de transpor o abismo entre o plano terrestre e o divino. Portanto, gnosticismo e alquimia partilham o mesmo fundamento; ou então, realização da alquimia é gnose.

À ampliação do alcance da alquimia corresponde um ganho em complexidade da astrologia, em virtude da premissa da regência astrológica do mundo e, por decorrência, das transmutações alquímicas. Assim como a alquimia não é química precursora ou pré-científica, a astrologia não é astronomia rudimentar, a ser examinada desde pressupostos mecanicistas. Não se trata, portanto, de discutir se haveria uma influência de Marte ou Vênus do mesmo teor das influências constatáveis da Lua ou do Sol sobre fenômenos naturais, mas de enxergar o firmamento como sistema de relações: uma escrita. Essa escrita celestial equivaleria, por sua vez, à "escrita de Deus" do conto de Borges com esse título (que voltará a ser citado), entrevista por seu protagonista através da decifração dos traços na pele de um tigre. Correspondem-lhe textos mais obscuros da tradição hermética e algumas luminosas obras poéticas.

CAPÍTULO 7   O tempo gnóstico e os tempos da poesia

Sabe-se que diferentes civilizações e culturas deram, basicamente, dois tratamentos à questão do tempo. Um deles, o tempo circular das sociedades tribais e civilizações arcaicas. Outro, linear, é aquele da nossa civilização.

Entre os autores que comentaram essa dualidade de tempos, observando algumas de suas consequências, está Paz:

> Para as sociedades primitivas, o arquétipo temporal, o modelo do presente e do futuro, é o passado. Não o passado recente, mas um passado imemorial que está mais além de todos os passados, na origem da origem. Como um manancial, esse passado de passados flui continuamente, desemboca no presente e, confundido com ele, é a única atualidade que realmente conta. A vida social não é histórica, mas ritual; não é feita de mudanças sucessivas, mas consiste na repetição rítmica do passado intemporal.[1]

Esse tempo circular, de "repetição rítmica", é aquele dos ciclos cósmicos e da natureza: o alternar-se do dia e da noite, o nascer e o pôr do sol, o fluxo e refluxo das marés, as estações do ano, as temporadas de chuva e seca, de plantio e colheita, das migrações de espécies vivas e da sua reprodução. Reproduzem eventos arquetípicos, que ocorrem em um tempo primordial. Efemérides e momentos que delimitam esses ciclos — os solstícios de inverno e verão, o amanhecer e anoitecer, por exemplo — correspondem ao encontro de dois planos, temporal e atemporal, arquetípico e mundano. Celebrados por meio de rituais, são uma renovação ou revitalização do próprio ser, como argumentou Paz (de modo semelhante ao que diz Eliade em *O mito do eterno retorno*):

---

[1] Octavio Paz, *Os filhos do barro*, tradução de Olga Savary, Rio de Janeiro, Nova Fronteira, 1984, p. 26.

UM OBSCURO ENCANTO: GNOSE, GNOSTICISMO E POESIA MODERNA

> A data que retorna é na verdade uma volta do tempo anterior, uma imersão num passado que é, simultaneamente, o de cada um e do grupo. A roda do tempo, ao girar, permite à sociedade a recuperação das estruturas psíquicas sepultadas ou reprimidas para reintegrá-las num presente que é também um passado. Não é apenas o regresso dos antigos e da Antiguidade: é a possibilidade que cada um tem de recobrar sua porção viva do passado.[2]

Indivíduos de sociedades tribais desconhecerem sua idade ou não terem uma cronologia de sua história não deve ser interpretado como atraso pela incapacidade de operar com números: é que as cronologias, aquela da idade individual e a da história, não se ajustam à sua concepção do tempo. Em compensação, sabem melhor do que nós quando vai chover, o dia mais adequado para iniciar o plantio, ir à pesca ou mudar a localização da aldeia. Já os calendários elaborados de civilizações como a dos maias, com sua observação de estrelas e planetas, não medem apenas a sucessão, porém ciclos, repetições, fases do movimento cósmico.

Tudo isso vale, igualmente, para a Antiguidade clássica e civilizações pré-colombianas, observou Paz:

> A Antiguidade sabia que os deuses são mortais, mas que, manifestações do tempo cíclico, ressuscitam e voltam. À noite, os marinheiros escutam uma voz que percorre as costas do Mediterrâneo dizendo: "Pã morreu", e essa voz que anuncia a morte do deus anuncia também sua ressurreição. A lenda náuatle nos conta que Quetzalcoatl abandona Tula, imola-se e se transforma em planeta duplo (Estrela da Manhã e da Tarde), mas que voltará um dia para recuperar sua herança.[3]

Em contraste, na civilização cristã o tempo é série linear, feita de eventos sucessivos e únicos. Ainda citando Paz, "Cristo veio à terra apenas uma vez. Cada acontecimento da história sagrada dos cristãos é único e não se repetirá." É irreversível. O cristianismo projetou a esfera do sagrado na dimensão temporal de um modo específico: é a *via recta* de Santo Agostinho. Ao incorporar o Velho Testamento, adotou uma histó-

---
[2] *Idem, Signos em rotação,* tradução de Sebastião Uchoa Leite, São Paulo, Perspectiva, 1972, p. 18.
[3] *Idem, Os filhos do barro,* p. 68.

ria cujo início é a criação do mundo, que passa por Moisés e os demais episódios relatados na Bíblia, terminando, também cronologicamente, no Apocalipse, no fim do mundo e da série temporal de eventos. Nela, a vinda de Cristo é uma coordenada temporal: o ano zero do nosso calendário, momento excepcional da encarnação, quando as duas dimensões, terrena e celestial, se encontraram. Daí os milenarismos fazerem sentido no contexto cristão:

> Finito e pessoal, o tempo cristão é irreversível: não é verdade, diz Santo Agostinho, que por ciclos sem conta o filósofo Platão esteja condenado a ensinar em uma escola de Atenas, chamada a Academia, aos mesmos discípulos, as mesmas doutrinas: "Somente uma vez Cristo morreu por nossos pecados, ressuscitou entre os mortos e não morrerá mais." Ao romper os ciclos e introduzir a ideia de um tempo finito e irreversível, o cristianismo acentuou a heterogeneidade do tempo; isto é, pôs manifestamente essa propriedade que o faz romper consigo mesmo, dividir-se, separar-se, ser outro sempre diferente.[4]

Na origem do cristianismo, uma visão totalizante da história. Como observa Joseph Dan, o passado bíblico passa a ser fonte de legitimação da mensagem cristã: "A História, de acordo com Mateus, é o desdobramento e a revelação de um antigo plano diretor divino, partes do qual foram reveladas aos antigos profetas."[5]

A sociedade leiga adotou o tempo cristão, mas deixando de lado o milenarismo. É o mundo material análogo ao funcionamento de um relógio em Descartes. A marcha dessa cronologia equivale a progresso e evolução, categorias burguesas, expressões do Esclarecimento. Novamente recorrendo a Paz: "A modernidade secularizou o tempo cristão e entre a tríade temporal — passado, presente, futuro — coroou o último como a potência condutora de nossas vidas e da história."[6]

Já o gnosticismo interpretou o tempo de modo original. Ofereceu uma terceira opção às visões pagã e cristã. No lugar do tempo circular, ou do tempo linear e tendente a um fim, procedeu à sua negação. Qualquer tem-

---

[4] *Idem, ibidem*, p. 32.
[5] Joseph Dan, *Jewish Mysticism*, Nova Jersey, Jason Aronso, 1998, p. ix.
[6] Octavio Paz, *Conjunções e disjunções*, tradução de Lúcia Teixeira Wisnik, São Paulo, Perspectiva, 1979, p. 123.

poralidade seria falsa, pois não passaria de uma categoria própria do mundo caído. Como resume Bloom, "o modelo platônico propõe o tempo como uma necessidade, e a expropriação valentiniana condena o tempo como uma mentira".[7]

Para o gnóstico, os dois mundos, este, temporal e material, e aquele outro, eterno, não têm conexão. Ao contrário dos simétricos edifícios filosóficos da cultura helênica, o plano inferior não é sincrônico com relação ao macrocosmo; não o reflete. E, ao contrário da doutrina cristã, um não se projeta nem se resolve no outro: a cisão entre *pleroma* e *kenoma* é definitiva.

A existência das três concepções de tempo, opondo não apenas o helenismo ao cristianismo, porém ambos ao gnosticismo, foi examinada por Puech em um capítulo de *En quête de la gnose*, intitulado "La gnose et le temps". O historiador das religiões acentuou o caráter terrível, para o gnóstico, do tempo:

> O tempo também é sujeira: nós estamos mergulhados nela e participamos dela pelo corpo, que, como toda coisa material, é obra abjeta do Demiurgo inferior ou do príncipe do mal; no tempo e pelo tempo, nosso verdadeiro "eu", espiritual ou luminoso por essência, é encadeado a uma substância estrangeira, à carne e a suas paixões, ou às trevas da Matéria. [...] Esse cativeiro aviltante no corpo e no tempo, o nascimento nos introduz nele, e nossa existência terrestre nos mantém aí.[8]

Como expõe Doresse, "Puech constatou que, por sua noção de tempo, a gnose se separava absolutamente do helenismo e do Cristianismo".[9] Noção de tempo, cabe acrescentar, indissociável daquela de espaço, como observou Jonas: "O duplo aspecto do terror cósmico, o espacial e o temporal, é bem exibido no complexo significado do conceito helenístico 'Aeon', adaptado pelo gnosticismo."[10]

---

[7] Harold Bloom, *Presságios do milênio: anjos, sonhos, imortalidade*, tradução de Marcos Santarrita, Rio de Janeiro, Objetiva, 1996, p. 73.
[8] Henri-Charles Puech, *En quête de la gnose*, v. I, Paris, Gallimard, 1978, p. 246.
[9] Jean Doresse, *Les livres sacrets des gnostiques d'Égypte*, Paris, Libraire Plon, 1958, p. 116.
[10] Hans Jonas, *The Gnostic Religion*, The Message of the Alien God and the Begginings of Christianity, Boston, Beacon Press, 1963, p. 53.

O TEMPO GNÓSTICO E OS TEMPOS DA POESIA

A revolta contra a subordinação da existência ao tempo é um tema literário por excelência. Está presente em proclamações pela suspensão do tempo, como as do *Fausto,* de Goethe, ou do célebre poema de Lamartine.

Eliot sugeriu, em *The Waste Land*, que o tempo presente é uma câmara de ecos do passado. Em *Quatro quartetos*, "O tempo presente e o tempo passado/Estão ambos talvez presentes no tempo futuro,/E o tempo futuro contido no tempo passado./Se todo tempo é eternamente presente/Todo tempo é irredimível."[11] A passagem do tempo é perda e ilusão, pois "O que chamamos o princípio é muitas vezes o fim/E terminar é recomeçar". Cristão anglicano, identificou a superação do tempo linear, da sequência passado-presente-futuro, à salvação; e essa à reconquista da memória, revertendo a perda: "Esta é a utilidade da memória:/Libertação — não diminuição do amor mas crescimento/Do amor para além do desejo, e assim libertação/Do futuro e do passado." Salvação, ou "libertação", equivale à anamnese platônica: "Apreender/O ponto de intersecção do intemporal/Com o tempo, é ocupação do santo."[12]

Já em Borges não existe semelhante possibilidade. Não há reconciliação do passado, presente e futuro, ou de um tempo linear e outro cíclico. Em "Uma nova refutação do tempo", adotou o tipo de argumentação empreendida por George Berkeley e Hume para chegar à demonstração de que a categoria tempo pertence à esfera da subjetividade, sendo um equívoco tomá-la como propriedade do mundo "real". Mas, de modo coerente com a visão gnóstica, acaba por reverter sua própria argumentação, no parágrafo final:

> Negar a sucessão temporal, negar o eu, negar o Universo dos astros, são parentes desesperos e secretas consolações. O nosso destino (ao contrário do inferno de Swedenborg e do inferno da mitologia tibetana) não é extraordinário por ser irreal; é extraordinário por ser irreversível e de ferro. O tempo é a substância de que sou feito. O tempo é um rio que me arrasta, mas eu sou o rio; é um tigre que me destroça, mas eu sou o tigre; é um

---

[11] T. S. Eliot, *Quatro quartetos*, tradução de Maria Amélia Neto, Lisboa, África, 1970, p. 15
[12] *Idem, ibidem*, p. 81, 75 e 61.

fogo que me consome, mas eu sou o fogo. O mundo, desgraçadamente, é real. Eu, desgraçadamente, sou Borges.[13]

Esse final de ensaio poderia ser uma paráfrase do trecho de Puech citado anteriormente, sobre o pessimismo da visão gnóstica do tempo. Borges reduz toda a argumentação das suas páginas precedentes, na qual expõe a crítica segundo a qual tempo, espaço e causalidade são categorias do sujeito a um exercício de raciocínio. O tempo, afirma, é real por ser indissociável da própria condição humana, do estar no mundo degradado — "desgraçadamente", observa, pois mundo e inferno são o mesmo lugar.

O tempo gnóstico, equivalente à perda e degradação, é um tema borgiano também exposto em algumas de suas narrativas. Em "O Imortal", que abre a coletânea *O Aleph*, Marco Flaminio Rufo, tribuno romano, parte em busca da Cidade dos Imortais. Encontra-a: é um lugar repugnante, habitado por trogloditas, cuja arquitetura é "obra de deuses que estavam loucos". Foge acompanhado por um desses trogloditas, que vai gradativamente recuperando a memória e a fala até revelar sua identidade: é Homero, reduzido a esse estado pelo transcorrer de mil e cem anos. O resultado da passagem do tempo é reduzir o poeta a um troglodita, e não, como pretenderia uma visão evolucionista da história, partir do troglodita para chegar ao *homo sapiens*.

Quanto à Cidade dos Imortais, é uma "espécie de paródia ou reverso e também templo dos deuses irracionais que manejam o mundo e dos quais nada sabemos, salvo que não se parecem com o homem". Portanto, obra de arcontes ou demiurgos, para não deixar dúvidas sobre o fundamento gnóstico da narrativa. O narrador/protagonista, por sua vez transformado em imortal, termina formulando variações sobre o postulado maniqueísta da consubstancialidade, "a doutrina de que não existe coisa que não esteja compensada por outra", pela qual "Ninguém é alguém, um só homem imortal é todos os homens, e todos os nossos atos são justos, mas também são indiferentes."[14] De modo conforme, é simultaneamente Marco Flaminio e Homero: e parte em busca do rio da mortalida-

---

[13] Jorge Luis Borges, *Novas inquirições*, tradução de O. N. Carvalho, Lisboa, Editorial Querco, 1984, p. 218.
[14] *Idem*, *O Aleph*, tradução de Flávio José Cardozo, São Paulo, Globo, 2001, p. 28-29.

de, necessariamente existente, em consequência da verdade dessa doutrina.

"O Imortal" não é a única narrativa de Borges na qual o tempo é equiparado à degradação e à perda. "O Aleph" também pode ser lido como argumentação segundo a qual, na contemporaneidade, só é possível um falso Aleph: sua relação com a verdadeira partícula que contém todos os lugares e tempos equivale àquela dos subliteratos satirizados no relato com a *Divina comédia* e outros monumentos literários do passado.

Cabe observar, ainda, que a atitude pessoal de Borges — por exemplo, seu tradicionalismo como crítico, a exemplo de suas afirmações sobre a qualidade insuperável das metáforas dos islandeses do século XI — é coerente com a visão negativa do tempo, da qual decorre a idealização do passado. Daí os julgamentos idiossincráticos, as condenações dos modernismos e da modernidade. Criticou Rimbaud por seu "É preciso ser absolutamente moderno", observando que "Das obrigações que pode impor-se um autor, a mais comum e sem dúvida a mais prejudicial é a de ser moderno"; e Apollinaire, pensador da modernidade e dos modernismos: "Hoje como ontem, o valor geral da obra de Apollinaire é mais documental de que estético."[15]

Dos autores associados aos modernismos e vanguardas, o mais admirado por Borges foi Joyce: justamente por reproduzir a visão do presente como degradação do passado, etapa do "pesadelo da História", em que o bordel de Dublin é o equivalente contemporâneo das sereias da *Odisseia*. É como se interpretasse *Ulisses* como gnóstico ou então tomasse o gnosticismo como paradigma para sua leitura.

---

[15] *Idem*, "La paradoja de Apollinaire", em *Ficcionario*, p. 219.

CAPÍTULO 8   Viagens, as duas almas e a centelha de luz: uma antropologia ou psicologia gnóstica?

Enquanto a concepção gnóstica do tempo é um marco de separação, a duplicidade de almas ou de "eus" e as viagens correspondem àqueles temas que o gnosticismo partilha com outras religiões, doutrinas e cultos.

Viagens de iniciados, profetas, avatares e outras entidades e personagens reproduzem algo muito arcaico: os xamãs, feiticeiros tribais, também viajavam ao longo do *axis mundi*, eixo do mundo, simbolizado por uma árvore, como mostrou Eliade.[1] A aquisição de seus poderes requeria a ida e a volta a um reino subterrâneo ou centro do mundo, ultrapassando a barreira da morte.

É evidente a afinidade com mitos que relatam visitas ao mundo dos mortos: a de Perséfone e Deméter, as de Ísis em busca de Osíris e ainda aquela relatada no mito de Orfeu, patrono dos poetas e dos mistérios iniciáticos gregos, mesmo em outros contextos, do reencontro da filha (em Ceres ou Deméter), do companheiro (em Ísis) e da mulher amada (em Orfeu). Ou não: reencontrar Deméter, Osíris ou Eurídice seria equivalente às bodas alquímicas, a um encontro de almas e reintegração.[2]

Uma das origens da literatura, a *Odisseia* homérica é um relato de viagem interpretável à luz do hermetismo, assim como outras epopeias. E não apenas as epopeias. Entre outros exemplos românticos, o *Heinrich von Ofterdingen*, de Novalis exemplifica a tópica da viagem iniciática. E, também em Novalis, nos *Hinos à noite*, há um mensageiro que viaja ao Industão, ao encontro da Idade do Ouro, da Mãe, da sabedoria e do Cristo. Nessa e em outras de suas obras, Novalis procede a uma inversão característica do romantismo literário, com relação ao gnosticismo e aos dualismos clássicos. O mundo finito é aquele da luz: "Há que sempre

---

[1] Mircea Eliade, *Le chamanisme et les techniques archaiques de l'extase*, Paris, Payot, 1951.
[2] Justificando essa contextualização, principalmente Mircea Eliade, *op. cit.*, e Walter Burkert, *Antigos cultos de mistério*, São Paulo, Edusp, 1991.

retornar a manhã? Nunca findará o poder terrestre?"[3] E a escuridão, "o divino advento da noite", representa o infinito e a sabedoria. Luz e trevas têm sinal trocado em relação à carga simbólica tradicional por representarem, respectivamente, a razão, criticada por românticos, e o mistério, por eles cultuado. Se Deus é o Indiferenciado, então o Deus romântico tinha de ser noturno, em contraposição ao dia, o mundo da diferenciação.

Adiante, será feito o paralelo entre a viagem iniciática e poemas como "A viagem", de Baudelaire, e "Mensagem", de Pessoa. Mas é em "Altazor", de Huidobro, que se encontram, de modo consciente, o tema da viagem ascendente, iniciática, e chaves esotéricas, herméticas e gnósticas, incluindo o recurso às glossolalias.

Na tradição esotérica ocidental, dentre os relatos que identificam viagens à aquisição de conhecimentos superiores, merece destaque *Fama fraternitatis*, o primeiro dos manifestos rosa-cruzes, divulgado em 1614. Especialistas concordam em atribuí-lo a Johann Valentin Andreae. Multiplicam-se tais viagens, nesse texto importante como inspiração de associações esotéricas.

Fama fraternitatis narra a vida do mítico Cristian Rosencreutz, o "irmão C.R.", nascido em 1378 e que teria vivido por 120 anos. Adolescente e já detentor de enorme conhecimento, C.R. interrompeu em Chipre uma viagem à Terra Santa, mudou a rota para Damasco, onde "a natureza ia descobrindo seus segredos" diante dos sábios árabes.[4] Em seguida rumou para o Egito e de lá para Fez, no atual Marrocos. Maravilhou-se com o modo como sábios cooperavam e trocavam informações; conheceu "os que comumente são chamados Habitantes Elementais que lhe revelaram muitos de seus segredos". Ainda esteve na Espanha, antes de regressar à Alemanha e fundar a Fraternidade Rosa Cruz. Os membros da fraternidade, por sua vez, percorrem toda a Europa antes de partir em busca do túmulo de Cristian Rosencreutz, repositório de segredos equivalente a um centro da terra, que acabaria, conforme o relato, sendo descoberto por eles em 1604.

---

[3] Novalis, *Hinos à noite*, tradução de Nilton K. Okamoto e Paulo Allegrini, São Paulo, A Esfinge, 1987, p. 49 e 55.
[4] Frances A. Yates, *El iluminismo rosacruz*, tradução de Roberto Gómez Ciriza, Cidade do México, Fondo de Cultura Económica, 2001, p. 290.

São, portanto, três ciclos de viagens: de Rosencreutz em busca do conhecimento; já como iniciado, para difundir pela Europa o conhecimento que havia adquirido; e dos discípulos em busca do túmulo, alcançando, por sua vez, o conhecimento.

Relatos gnósticos da criação e da salvação já haviam promovido a multiplicação das viagens. Uma delas, descendente, da Queda, o acidente cósmico que se confunde com a criação e a absorção da luz pelas trevas. Outra, também descendente, corresponde à reversão das trevas ou redenção através do emissário celestial, Set, Adão, Jesus Cristo ou Hermes Toth. E outra, ainda, da ascensão, sempre individual: é a reintegração. Assim, em *As três tabuletas de Set*, esse avatar declara a Geradamas, o Adão arquetípico: "Viestes à existência do Um pelo Um/Vós viajastes: penetrastes o Um/[Vós] salvastes, vós salvastes, vós nos salvastes." Identifica salvação e viagem. Ao final do hino, referindo-se aos eleitos, é dito: "E assim como lhes foi ordenado, eles subirão. Após o silêncio, descerão do terceiro: eles bendirão o segundo; e depois o primeiro. O caminho da subida é o caminho da descida."[5]

Em outros textos, como no *Poimandres*, livro primeiro do *Corpus hermeticum*, a viagem é apenas ascendente. No *Zostrianos*, o batismo corresponde a uma viagem por águas celestiais ou cósmicas, "a bordo de uma grande nuvem luminosa", de "uma beleza inefável", por meio da qual "escapamos do mundo todo e dos 13 reinos que residem nele, [com] suas hostes de anjos, sem que fôssemos vistos".[6]

Especialmente interessante é "O hino da pérola", texto de origem desconhecida. Faz parte dos *Atos de Tomé*, escritos ou compilados em Edessa entre 200 e 225 d.C.. Refere-se aos reis da Partia, ou seja, da Pérsia sob a dinastia dos partas, entre 247 a.C. e 224 d.C.; e, mesmo agregado ao cristianismo de Tomé, não há referência a Jesus Cristo e nada da terminologia cristã e judaica. Daí Layton supor, entre outras possibilidades, que esse hino "teria sido importado por Edessa e secundariamente adotado pela escola de Tomé para seus próprios fins".[7]

"O hino da pérola" relata uma viagem de ida e volta: do Oriente natal ao Egito (do plano supracelestial ao mundo), onde o protagonista é des-

---

[5] Bentley Layton (org.), *As escrituras gnósticas*, São Paulo, Loyola, 2002, p. 188 e 190.
[6] *Idem, ibidem*, p. 151.
[7] *Idem, ibidem*, p. 435, assim como as informações precedentes.

pojado de seus bens, recuperando-os por intercessão superior, para retornar, já de posse da pérola e apto a receber um manto de luz. Representa, portanto, a queda e a ascensão. O percurso é sinuoso: passa pela Babilônia, onde o viajante se perde em um labirinto, e pela Síria. O manto de luz, inicialmente vislumbrado em um espelho, é descrito como se fosse o *rebis*, dois em um, dos tratados alquímicos:

> Mas quando, de repente, vi minha roupa refletida como que num espelho,
> Percebi nela meu eu inteiro também,
> E através dela reconheci e vi a mim mesmo.
> Pois, embora nós derivássemos de um único e mesmo, estávamos parcialmente divididos; e aí, de novo, éramos um, com uma única forma.
> E até os tesoureiros que tinham trazido a roupa
> Eu via como dois seres, mas existia uma única forma em ambos,
> Uma única prova real consistindo em duas metades.
> E eles tinham meu dinheiro e minha riqueza em suas mãos, e me deram a minha recompensa:
> A bela roupa de cores vivas,
> Que era bordada com ouro, pedras preciosas e pérolas para dar uma impressão conveniente.

Segue-se a descrição dessa roupagem, na qual está tecida a imagem do Rei dos Reis. O manto luminoso simboliza a recuperação do verdadeiro "eu": é a conquista da identidade, condição para a reintegração.[8]

Jonas comenta o "mistério da mensagem" de "O hino da pérola", que "expressa a experiência gnóstica básica em termos mais comoventes e mais simples"[9] do que qualquer outro texto. Também Eliade classifica "O hino da pérola" como "a mais dramática e comovente apresentação do mito gnóstico da amnésia e da anamnese".[10]

---

[8] Esse significado de "O *hino da pérola*" e sua relação com outras doutrinas iniciáticas são expostos em Peter Lamborn Wilson, *Chuva de estrelas — O sonho iniciático no sufismo e taoismo*, tradução de Alexandre Matias, São Paulo, Conrad, 2004.
[9] Hans Jonas, *The Gnostic Religion*, The Message of the Alien God and the Begginings of Christianity, Boston, Beacon Press, 1963, p. 116.
[10] Mircea Eliade, *História das crenças e das ideias religiosas*, tradução de Roberto Cortes de Lacerda, Rio de Janeiro, Jorge Zahar, 1979, t. II, v. 2, p. 149.

De modo mais evidente em "O hino da pérola", as viagens de iniciação e salvação estão associadas a outros mitos, também arcaicos, e não apenas gnósticos. São aqueles do "salvador salvo", do enviado celestial que esqueceu sua identidade divina, como observa Eliade; e o mito das duas almas, ou da centelha divina de luz. Nele, um grão da luz permaneceria no ser humano. Coexistiria com uma alma adventícia, falsa, introduzida pelo demiurgo. Para encontrar-se, é preciso viajar: o encontro de luzes, da nossa alma verdadeira com a instância primeira, equivale ao término da viagem ascendente e à gnose. Esse tema permeia o gnosticismo. Em *Zostrianos*, é associado ao batismo, por meio do qual "reconheci que o poder residente dentro de mim presidia às trevas, [pois] ele possuía luz total".[11]

A centelha divina é uma semente; por isso, análoga ao sêmen. Daí a suposição gnóstica da espermatogênese: da origem humana — ou dos humanos que seriam eleitos — por uma irrigação da Terra pela semente divina. E também, em uma inversão da relação simbólica, a sacralização do esperma, visto como luz celestial, como no tantrismo. Tanto nas experiências sufistas, indianas e tibetanas de luz mística[12] quanto em "O hino da pérola", a luz, sendo interior, também é representada como vestimenta: uma aura.

A ideia das duas almas, uma delas manifesta, porém postiça, e outra equivalente à essência luminosa e secreta, é arcaica. A Flor de Ouro taoísta pode ser uma de suas modalidades. Outra, a Flor Azul do *Heinrich von Ofterdingen*, de Novalis, em busca da qual, depois de sonhá-la, parte o protagonista da narrativa. E já estava em mitos da origem da humanidade, como aquele do confronto dos titãs com Dionísio; esse, por sua vez, um viajante, deus vindo de fora, da Ásia Menor.

Em *Lire Platon*, Abel Jeannière, ao tratar dos mistérios órficos e dionisíacos na origem do pitagorismo, precedendo a filosofia platônica, comenta a destruição de Dionísio — equivalente a Zagreus, sua versão iraniana — devorado pelos Titãs, os primeiros habitantes da Terra:

> Zagreus-Dionísio imolado ressuscita enquanto Dionísio vivo, esse "estranho estrangeiro" à vontade em todo lugar sobre a terra. Quanto aos ho-

---

[11] Bentley Layton (org.), *op. cit.*, p. 151.
[12] Comentadas em Peter Lomborn Wilson, *op. cit.*

mens, eles nascem das cinzas dos Titãs fulminados. [...] Misturadas à terra, as cinzas dos Titãs dão nascimento aos homens. Ora, os Titãs acabavam de devorar a carne de Zagreus-Dionísio; uma parcela do divino está, portanto, presente em cada homem. Nenhum homem nasce sobre a terra sem que, nele, uma faísca divina não aspire a juntar-se à divindade, e essa faísca divina que nos constitui no mais profundo de nós, devemo-la ao martírio de Zagreus.[13]

Bloom vai mais longe na prospecção da centelha de luz. Citando Dodds em *Os gregos e o irracional*, associa-a a um xamanismo grego:

> O eu oculto era de origem divina, ao contrário da alma, que para os gregos se achava muito à vontade no corpo; o mesmo não se dava com o novo eu dos xamãs, importado para a Grécia da Trácia, ao norte, e, portanto, em última análise, da bárbara Sicília, para onde asiáticos centrais haviam descido.[14]

Daí, ainda conforme Bloom, "o antigo surgimento do gnosticismo a partir do xamanismo, sobretudo do eu oculto ou mágico xamanista".

Enxergar uma protognose no mito de Dionísio-Zagreus e dos titãs, e por extensão nos cultos órficos, é endossado por Eliade:

> [...] a antropogonia órfica, por mais sombria e trágica que pareça ser, comporta, paradoxalmente, um elemento de esperança, ausente não só na *weltanschauung* mesopotâmica, mas também na concepção homérica. Pois, a despeito de sua origem titânica, o homem participa, pelo modo de ser que lhe é próprio, da divindade. Ele é até mesmo capaz de se libertar do elemento "demoníaco" manifesto em toda existência profana (ignorância, regime carnívoro etc.). Pode-se discernir, de um lado, um dualismo (espírito-corpo) muito próximo do dualismo platônico; de outro, um conjunto de mitos, crenças, comportamentos e iniciações que asseguram a separação do "órfico" de seus semelhantes e, ao fim de contas, a separa-

---

[13] Abel Jeannière, *Lire Platon*, Paris, Aubier, p. 31.
[14] Harold Bloom, *Presságios do milênio: anjos, sonhos, imortalidade*, tradução de Marcos Santarrita, Rio de Janeiro, Objetiva, 1996, p. 104-105.

ção da alma do Cosmos. Tudo isso lembra numerosas soteriologias e técnicas indianas e antecipa diversos sistemas gnósticos.[15]

Tais sinopses fortalecem a aproximação de Jesus Cristo com Dionísio e Osíris, integrantes da família dos deuses ou avatares sacrificados e depois ressuscitados ou reconstituídos. Mas a duplicidade de almas é um componente de mitologias pagãs: o cristianismo postula a unidade da alma, por coerência com sua doutrina da salvação. A exceção está em expressões do seu misticismo, na fronteira da heresia. A postulação da centelha divina foi, justamente, uma das teses de Eckhart rejeitadas como heréticas por teólogos do seu tempo.

A pseudoepigrafia em textos gnósticos, ocultando o nome de quem os redigiu, é coerente com a suposição da centelha divina e das duas almas: qual o sentido do autor ou redator identificar-se, se essa identidade era falsa, atributo do "eu" adventício? É a mesma lógica pela qual se explica a adoção de um novo nome nos rituais tribais de passagem, em ordens e confrarias iniciáticas, e no âmbito do cristianismo, em ordens monásticas e pelo papa. Talvez valha para alguns dos casos de adoção de pseudônimos por escritores: Novalis no lugar de Friederich von Hardenberg, Nerval em vez de Labrunie, Lautréamont substituindo Isidore Ducasse (lembrando que em Nerval e Lautréamont o tema da duplicidade do "eu" é manifesto).

Ambas as tópicas, da viagem iniciática e das duas almas, convergindo no encontro da alma verdadeira ao final da viagem iniciática, dariam frutos literários. A viagem iniciática será examinada adiante, em poemas como "Mensagem", de Pessoa, e "A viagem", de Baudelaire. Quanto às duas almas, é afim ao tema das duplas identidades e divisões do "eu": o duplo romântico, o *Doppelgänger*, e seus derivados, como o William Wilson, de Edgar Allan Poe. E, com mais propriedade ainda, as proclamações do *Eu sou um outro*, de Nerval — em *Aurélia* e em uma anotação que havia feito em um de seus retratos — e o "Eu é um outro", da "Carta do vidente", de Rimbaud. Tais percepções, por sua vez, assemelham-se a dissociações, às objetivações do "eu", como aquela de Mallarmé, em sua crise de 1867, levando-o a dizer, em carta a Cazalis, que "Acabo de passar um ano assustador: meu Pensamento se pensou"; ou então, de Jean-

---

[15] Mircea Eliade, *op. cit.*, t. II, v. 2, p. 185.

Paul, o sonhador romântico que fez uma confissão do mesmo teor: "Meu eu se havia visto a si mesmo pela primeira vez, e para sempre."[16] Boa parte da obra de Pessoa registra as constatações da falsidade do "eu" e a busca da identidade verdadeira.

O outro "eu" como verdadeira identidade: é o subjetivismo romântico, pelo qual conhecer é conhecer-se, pois a gnose equivale ao autoconhecimento, como já havia sido proclamado em *Zostrianos* e *O evangelho segundo Filipe* (citado no Capítulo 2). Mas a duplicidade do "eu" é tratada de modos distintos em românticos e seus continuadores. O "outro" também pode ser um perseguidor, alguém que veio para destruir: precedendo o infeliz William Wilson duplicado do conto de Poe, os *doppelgänger*, personagens e temas de Hoffmann e Jean-Paul. Assim, em um conto de Hoffmann, assassinatos são cometidos pelo protagonista, porém atribuídos ao *alter ego*,[17] antecipando o médico e o monstro de Robert Louis Stevenson. O outro "eu" como entidade destruidora pode, portanto, corresponder a um drama arquetípico: aquele da imposição da alma adventícia, da qual os sinistros duplos românticos seriam metáforas.

Em Nerval, o tema é retomado como interrogação. O "outro" pode ser bom ou mau; mas é sempre ameaçador:

> Uma ideia terrível me veio: "O homem é duplo", disse comigo. "Sinto dois homens em mim", escreveu um padre da Igreja. A união de duas almas depositou esse germe misto num corpo que oferece — ele mesmo — à vista duas porções similares reproduzidas em todos os órgãos de sua estrutura. Em todo homem há um espectador e um ator, aquele que fala e aquele que responde. Os orientais viram aí dois inimigos: o gênio bom e o gênio mau. "Eu sou o bom? Sou o mau?", perguntava-me. Em ambos os casos, o outro me é hostil.[18]

Esoterista, conhecedor do gnosticismo, Nerval dá o outro "eu" como estabelecido. Trata não mais de sua existência, mas das consequências dessa existência.

---

[16] Albert Béguin, *L'âme romantique et le rêve*, essai sur le romantisme allemand et la poésie française, Paris, Librairie José Corti, 1991, p. 237.
[17] *Idem, ibidem*, p. 241 e seguintes.
[18] Gérard de Nerval, *Aurélia*, tradução e prefácio de Contador Borges, São Paulo, Iluminuras, 1991, p. 56.

A duplicidade do "eu" também sobressai em Borges, em trechos muito conhecidos nos quais fala do "outro eu" e do "outro Borges", a exemplo de "Borges e eu".[19] Trata-se de artifício literário para manter a devida distância entre quem se expressa por meio de suas narrativas e o Borges histórico, pessoa física. Mas a duplicidade gnóstica é explicitamente examinada em sua obra. Por exemplo, no relato "Os teólogos" de *O Aleph*, um de seus resumos de heresias e uma das suas fruições das "íntimas delícias da teologia especulativa",[20] diz que "alguns desses inventores de doutrinas imaginaram que todo homem é dois homens, e que o verdadeiro é o outro, o que está no céu". Daí, também, sua aversão a espelhos, declarada em poemas, relatos e reflexões: reproduzindo o "eu" ilusório, multiplicam o falso; são aparências da aparência. É o que diz em um dos relatos de *História universal da infâmia*, protagonizado por um sinistro pseudoprofeta gnóstico, Hakim de Merv: "A terra que habitamos é um erro, uma incompetente paródia. Os espelhos e a paternidade são abomináveis, porque a multiplicam e afirmam. O asco é a virtude fundamental."[21]

O próprio plano dessa estreia de Borges como narrador, com resumos da vida de bandidos e impostores, da pirata chinesa a Billy the Kid, parece gnóstico: seu título sugere que a infâmia é universal, inerente ao mundo.

O estudo mais extenso da relação da obra de Borges com o gnosticismo — e com a cabala, o hermetismo e doutrinas afins — distinguiria duas modalidades de tratamento. Uma, de sátira e paródia, pela redução ao absurdo de alguma doutrina e, por extensão, das nossas categorias de conhecimento. Tomando-as como ponto de partida, a exemplo de "Os teólogos" e *O evangelho de Judas*, acaba mostrando que resultam em proposições e postulados opostos àqueles que a originaram.

Em outros relatos há deslocamento. É uma recontextualização ou transcontextualização, procedimento típico da paródia: a narrativa de

---

[19] "Borges e eu" é o prólogo de Jorge Luis Borges, *Sete noites*, São Paulo, Max Limonad, 1985.
[20] Jorge Luis Borges, *O Aleph*, tradução de Flávio José Cardozo, São Paulo, Globo, 2001, p. 48 e 50.
[21] Jorge Luis Borges, "El tintorero enmascarado Hákim de Merv", em *Ficcionario — Una antologia de sus textos,* Emir Rodrígues Monegal (org.), Cidade do México, Fondo de Cultura Económica, 1985, p. 86.

Borges é gnóstica, mas não se localiza na Alexandria do século I a IV e suas imediações e não se fala em gnosticismo. Cabe lembrar que, conforme Linda Hutcheon,[22] a paródia não implica, necessariamente, intenção ridicularizadora; não deve ser confundida com a sátira. E mais: parodiar uma obra equivale a tomá-la como modelo. Aceita essa argumentação, Borges não foi contraditório ao parodiar gnosticismo e adotar sua visão de mundo.

É o que se vê em "A escrita de Deus", também de *O Aleph*. A ação transcorre no México do século XVI; seu protagonista é um sacerdote asteca prisioneiro dos espanhóis; mas, dos relatos borgeanos, é aquele que oferece a melhor ilustração do mito do encontro com a centelha divina ou alma verdadeira associado à gnose. Tzinacan, o sacerdote encarcerado, reconstrói pela memória as manchas na pelagem de um jaguar, animal que é "um dos atributos do deus". Nelas, discerne a escrita divina, "uma fórmula de catorze palavras casuais". Dizê-la o tornaria todo-poderoso, capaz de destruir seu cárcere e restaurar o reino de Montezuma:

> Mas eu sei que nunca direi essas palavras, porque não me lembro de Tzinacan. [...] Quem entreviu o universo, quem entreviu os ardentes desígnios do universo não pode pensar num homem, em suas triviais venturas ou desventuras, mesmo que esse homem seja ele. Esse homem *foi ele* e agora não lhe importa. Que lhe importa a sorte daquele outro, que lhe importa a nação daquele outro, se ele agora é ninguém. Por isso não pronuncio a fórmula, por isso deixo que os dias me esqueçam, deitado na escuridão.[23]

O "eu" é, ou foi após a gnose, um outro; mas esse outro, tendo sido, não importa mais, deixou de interessar. "A escrita de Deus" é, portanto, uma parábola do misticismo contemplativo e do dualismo radical: a centelha divina, alma verdadeira, anula o "eu" adventício; a gnose neutraliza as categorias do mundo; por isso, tanto faz, são indiferentes a liberdade ou prisão, poder ou submissão, miséria ou prosperidade, categorias mundanas, desprovidas de sentido para quem não está mais no mundo.

---

[22] Linda Hutcheon, *Uma teoria da paródia*, tradução de Teresa Louro Pérez, Lisboa, Edições 70, 1993, especialmente no capítulo 2, "Definição da paródia".
[23] Jorge Luis Borges, *O Aleph*, p. 127.

A duplicidade de almas ou do "eu" não foi um tema exclusivo de autores religiosos e de poesia e narrativa de ficção. Lacan, na "Introdução" a *O seminário — volume 2*, refere-se à "fulgurante fórmula de Rimbaud — os poetas, que não sabem o que dizem, como é bem sabido, sempre dizem, no entanto, as coisas antes dos outros — [eu] é um outro". Esse [eu], diz Lacan, é distinto do "eu", e não é "da ordem da consciência", na mesma medida em "que o sujeito não se confunde com o indivíduo"; e mais, "é outra coisa", que "fala a partir de um outro lugar", pois "o sujeito está descentrado com relação ao indivíduo". E conclui: "É o que [eu] é um outro quer dizer."[24]

Isso significaria que Lacan, por sua teoria do sujeito, do "duplo eu", da individualidade descentrada e da alteridade invasora, foi gnóstico? Ou, ao contrário, no gnosticismo, com a ideia da alma adventícia, temos a metáfora de um processo psicológico profundo? A duplicidade gnóstica das almas pode ser mais uma das versões da constatação de que não somos quem pensamos ser. Cabe associá-la ao conjunto das teorias psicanalíticas, e não apenas à de Jung, que declaradamente se inspirou no gnosticismo — afinal, nas psicanálises, contrapondo-se à visão cartesiana do homem, há uma duplicidade ou pluralidade de instâncias do psiquismo. E no surrealismo, de inspiração freudiana, o inconsciente seria fonte da poesia, ou seja, do conhecimento.

Mas há um limite para as interpretações psicológicas da gnose, incluindo os paralelos de Pagels entre gnose e psicoterapias e o entusiasmo por Jung de Hoeller e do tradutor da edição brasileira da *Pistis Sophia*, Branco, que vê, nesse conjunto de textos, "um indício de que os 'demônios', ou seres das trevas, não são tanto seres exteriores que atormentam as almas atuando a partir de fora, mas sim aspectos da nossa constituição interior, o que Jung, com rara felicidade, chamou de nosso lado sombra".[25] Daí que haveria uma perspectiva "cosmológica" e outra "psicológica", pela qual "todas as entidades descritas no mito de Sophia estão dentro de nós mesmos. Na realidade, são os diferentes aspectos da totalidade do nosso ser".

---

[24] Jacques Lacan, *O seminário, livro 2, O eu na teoria de Freud e na técnica da psicanálise*, tradução de Marie-Christine Laznik, Rio de Janeiro, Jorge Zahar, 1985.
[25] *Pistis Sophia* — Os mistérios de Jesus, tradução e comentários de Raul Branco, Rio de Janeiro, Bertrand Brasil, 1997, p. 62.

UM OBSCURO ENCANTO: GNOSE, GNOSTICISMO E POESIA MODERNA

Mas uma coisa é afirmar que Palas-Atena ou Pistis Sophia são representações, metáforas ou alegorias de uma qualidade, a sabedoria; outra é sua hipóstase: dizer que a deusa Palas-Atena ou a Pistis Sophia "são" a sabedoria e efetivamente a encarnam e regem. E as entidades gnósticas têm existência autônoma. Uma das "escrituras" publicadas por Layton tem como título *A realidade dos governantes* ou *Hipóstase dos arcontes*; e um dos fragmentos de Basilides também se intitula *Hipóstases*. Referem-se à totalidade do universo, visível e invisível, e aos regentes do universo, e não à cognição e à vida afetiva. Pertencem à ordem cosmológica, e não psicológica. Categorias e interpretações psicológicas não têm lugar na visão de mundo dos adeptos do gnosticismo histórico: buscavam a salvação, e não a cura. E salvação não é apenas individuação ou ampliação da consciência, porém transcendência, interpretada como tal.

Outra razão pela qual não é possível adotar de modo fiel o gnosticismo em terapias é seu contraste radical com o mundo. Segui-lo implicaria endossar uma visão de mundo e as respectivas opções de vida; ou de não vida, a exemplo daquela do protagonista borgiano de "A escrita de Deus". Não caberia a um terapeuta, qualquer que fosse sua orientação, recomendar o abandono da posse de bens materiais, o isolamento como estilo único de vida. *Sidartha*, de Hesse, pode ser relacionado, com *O lobo da estepe* e *Demian*, à terapia do escritor com Jung e a seu contato com a doutrina gnóstica; mas quem adotou o encratismo foi Sidartha, personagem da ficção (embora calcado em pessoas reais). Anônimos ascetas indianos ainda não ganharam o Nobel de literatura: quem o recebeu foi Hesse.

CAPÍTULO 9   O gnosticismo licencioso

Estudiosos distinguem duas opções de vida no gnosticismo.

Uma delas é o ascetismo; o encratismo, desprezo pelo corpo; o quietismo segundo o qual, se o mundo é mau, não se deve ter relação com ele, deixando de empreender qualquer ação ou iniciativa, a não ser dedicar-se à contemplação.

Outra, minoritária (se é que existiu), porém objeto de interesse e controvérsia ao longo dos séculos seguintes, foi aquela dos gnósticos licenciosos. Seu exame é necessário para a boa compreensão de como o gnosticismo — seja a doutrina gnóstica "real", seja uma imagem ou imaginário gnóstico — se projetou na literatura e no ocultismo. Permite discutir se a devassidão de um Aleister Crowley e a magia sexual de Julius Évola estão entre suas reaparições, ou se as cerimônias em *Monsieur*, de Durrell têm algo a ver com o gnosticismo histórico. E se o elogio do "desregramento dos sentidos" em Rimbaud ou do "caminho do excesso" em Blake teria fundamento gnóstico.

Além disso, corresponderia ao traço mais perturbador ou subversivo do gnosticismo, se confrontado com os grandes monoteísmos, dos quais o ritual explicitamente sexual é excluído. E fortalece aproximações com práticas e cultos arcaicos: orgias em cultos tribais e de mistérios; e com o tantrismo.

Quanto ao encratismo, não há dúvidas. É recomendado em escritos gnósticos, enquanto a licenciosidade é condenada, como neste trecho de *O evangelho da verdade,* de Valentino:

> Não vos torneis o lugar do diabo, pois vós já o reduzistes a zero. Não fortaleçais os elementos que vos impedem — aqueles que caem — supondo que este é um tipo de aperfeiçoamento. Pois o licencioso é nada. Trata esse mais energicamente do que o justo, visto que o licencioso age na su-

posição de ser licencioso, ao passo que o justo age em relação aos outros, na suposição de ser justo.[1]

Ou seria esse o texto de um gnóstico a polemizar com outros gnósticos, de orientações divergentes?

Seja como for, não existe recomendação expressa de licenciosidade na literatura gnóstica conhecida. Todas as fontes são indiretas. Gnósticos não nos deixaram seu *Tantra Hevajra*. Não construíram seu "pagode negro" de Konarak. Onde se encontra elogio do sexo é no *Asclépio*, um texto do hermetismo, a gnose otimista: "[...] o um e o outro sexos são plenos de força procriadora e a conjunção destes dois sexos, ou, melhor dizendo, sua unificação, que se pode nomear corretamente Amor ou Vênus ou esses dois nomes juntamente, é uma coisa que ultrapassa o entendimento".[2]

Por isso, a associação do gnosticismo com a licenciosidade é obra de seus críticos, e não algo a constar em fontes primárias. Acusações de licenciosidade foram lançadas desde 150 d.C., como informa Layton:

> Histórias sobre seitas cristãs sexualmente depravadas não eram desconhecidas na antiguidade. Já desde Sto. Irineu, os escritores antignósticos ocasionalmente comentavam sobre seitas libertinas, algumas das quais até se chamavam de "gnósticos", isto é, "pessoas capazes de conhecimento" (deve-se lembrar que, na linguagem do Antigo Testamento, "conhecer ou obter conhecimento de" poderia ser um eufemismo para a relação sexual).[3]

Exerceram influência os trechos do *Contra Heresias*, de Epifânio, descrevendo borboritas ou barbelognósticos licenciosos. Para se livrar da "prisão do corpo", teriam praticado a promiscuidade e o homossexualismo. E incesto, coprofagia e ingestão de esperma; e, além de abortar, devorariam ritualmente os fetos. Também se banqueteavam, perfumavam, adornavam.[4] Faziam de tudo.

---

[1] Bentley Layton (org.), *As escrituras gnósticas*, São Paulo, Loyola, 2002, p. 308.
[2] Hermès Trimégiste, *Corpus Hermeticum*, tradução de A. J. Fustigière, t. II, Paris, Les Belles Lettres, p. 322.
[3] Bentley Layton (org.), *op. cit.*, p. 237.
[4] *Idem, ibidem*, p. 241-256.

Paira, até hoje, um ponto de interrogação sobre o que Epifânio viu, que comunidade visitou por volta de 380 d.C. Teria preparado um testemunho difamatório, visando à condenação moral, para justificar a exclusão dos gnósticos? É possível. Acusações desse teor condimentaram polêmicas religiosas: os perseguidores romanos dos cristãos dos séculos I a III lhes imputaram, entre outras práticas, canibalismo.

Admitida a existência do gnosticismo licencioso, seriam relatos como o de Epifânio um registro de fatos reais, porém excepcionais, registrando versões aberrantes e degradadas em uma periferia alucinada? Ou corresponderia a licenciosidade a algo generalizado no gnosticismo? Sexo e o que hoje enxergamos como perversão não são novidade no âmbito de religiões. E pelo menos um estudioso importante, Doresse, toma o relato de Epifânio pelo valor de face, além de associar liberdade sexual à origem do gnosticismo, a Simão, o Mago e seus adeptos: "À imitação de seu mestre, os discípulos de Simão teriam repetido, em suas extravagâncias, que é preciso entregar-se sem medida ao comércio carnal: 'Toda terra é terra, e pouco importa onde é semeada, desde que a semeemos.' É nisso — teriam declarado — que consiste o 'amor perfeito'."[5]

Além disso, testemunhos contra o gnosticismo licencioso são recorrentes. Epifânio repetiu e detalhou o que havia sido dito por Ireneu, dois séculos antes. E a licenciosidade dos gnósticos também foi criticada, desde 150 d.C., por Plotino, o filósofo e místico neoplatônico: alguém que, certamente, não foi um sectário religioso.

Quer fossem difamações ou registros de fatos, as peças dos heresiólogos e demais polemistas projetaram-se no subsequente exame da doutrina gnóstica. Nas descrições dos cátaros albigenses dos séculos XII e XIII, já em plena Idade Média tardia, reproduziram-se as denúncias de licenciosidade. Reaparecem no modo como J.-K. Huysmans, já no final do século XIX, tratou os cátaros em *Là-bas*, seu relato sobre missas negras. Através de um de seus personagens, o erudito Des Hermies, depois de afirmar que o tempo em que vivia era regido pelo Deus das Trevas e admitir que essa visão de mundo era maniqueísta, identificou maniqueístas e cátaros com o satanismo: "Ó! assim como eles comungavam sobre as duas Espécies, eles faziam ainda melhor, retomou des Hermies. Estrangu-

---

[5] Jean Doresse, *Les livres secrets des gnostiques d'Égypte*, Paris, Librairie Plon, 1958, p. 17.

lavam crianças, misturavam seu sangue à cinza, e essa pasta, dissolvida em uma beberagem, constituía o Vinho eucarístico."[6]

Houve, portanto, uma representação dos costumes dos cátaros idêntica àquela dos gnósticos anteriores aos cátaros em um milênio. Isso apesar de os "puros" (*cathari*) praticarem um rigoroso ascetismo, com um significado de crítica à acumulação de riquezas pelo clero católico. Mas é possível que, entre aqueles dissidentes, houvesse não o satanismo denunciado por seus acusadores, porém amor livre, pela recusa ao casamento e à procriação por parte dos "crentes" (que poderiam ascender à perfeição por meio do *consolamentum*). É a hipótese de Nachman Falbel:

> Os Perfeitos que observavam a castidade não podiam impô-la aos Crentes, mas desaprovavam o casamento, o que causava certo embaraço aos adeptos. Deste modo, o casamento era condenado e a destruição da família favorecida, levando assim à aceitação da união livre e à restrição dos nascimentos. Foi uma antecipação da liberdade sexual absoluta.[7]

Em consequência desses relatos e interpretações, constituiu-se uma imagem fortemente negativa do gnosticismo para alguns e positiva para outros. Daí autores contemporâneos como Jacques Lacarrière enxergarem gnósticos como precursores do anarquismo e da contracultura, pelo caráter coletivo e comunitário do seu modo de vida, inclusive na conduta sexual.

Atribuir licenciosidade ao gnosticismo não é apenas resultado de relatos, quer fossem falsos ou verdadeiros. Também é uma inferência a partir do relativismo sugerido por passagens como esta, de *O evangelho segundo Filipe*:

> Luz e trevas, vida e morte, direita e esquerda são irmãos (isto é, mutuamente dependentes); é impossível separá-los. Consequentemente, os bons não são bons, os maus não são maus, vida não é vida, morte não é morte. De modo que cada qual será disperso para sua fonte original. Mas coisas que são superiores ao mundo são indissolúveis: são eternas.[8]

---

[6] J.-K. Huysmans, *Là-bas*, Paris, Librairie Plon, 1961, p. 58.
[7] Nachman Falbel, *Heresias medievais*, São Paulo, Perspectiva, 1976, p. 56.
[8] Bentley Layton (org.), *op. cit.*, p. 395.

O GNOSTICISMO LICENCIOSO

Essa formulação corresponde a um princípio do hermetismo, de que cada coisa contém seu contrário. Aplica o pensamento analógico, contrariando os princípios lógicos da identidade e não contradição. Consagra a ambivalência. Nessa perspectiva, o eleito, o puro, conteria em si um desregrado; o santo, um transgressor. Suas consequências filosóficas não são poucas. Do relativismo ao niilismo, a distância é de um passo. Nessa perspectiva, encratismo e licenciosidade seriam faces da mesma moeda. Ambos expressões, como disse Monnerot, da "vontade de tomar o contrapé da criação",[9] contrariando o demiurgo e suas leis. Daí adotar a interpretação da licenciosidade como inerente à gnose:

> No século III, nas seitas em questão, não é mais de metáforas que se trata. Essas confrarias levam tão longe quanto possível a transgressão dos mandamentos cristãos prescrevendo castidade e continência. Chegariam com frequência até a transformar as transgressões em outras tantas obrigações rituais. Que o misticismo não exclui por natureza a sensualidade, os mais antigos mistérios o testemunharam irrecusavelmente, não sendo de espantar que uma época na qual floresceu o materialismo mágico lhes demande ensinamentos, nem que uma especulação filosófica desembaraçada de todo contrapeso celeste se alie de maneira tão humana ao deboche ritualizado.

Haveria isomorfismo entre filosofia e vida, uma coerência também observada por Bataille e comentado por Moraes, assim provocando "intensas 'desordens filosóficas'", proclamando a realidade e concretude do "baixo", em contraste com o ordenado cosmo helênico.[10] A licenciosidade não seria, então, aberração, porém a realização de premissas. À inversão filosófica corresponderia a subversão da conduta.

Para Monnerot, assim como em inúmeros outros rituais nos quais o sexo está presente e tem importância, houve materialização do símbolo, tomado *in concreto*. Mas no judaísmo também há bastantes metáforas sexuais, examinadas por Idel;[11] contudo, nesse caso, não haveria chance alguma de materialização do símbolo.

---

[9] Jules Monnerot, *La poésie moderne et le sacré*, Paris, Gallimard, 1945, p. 92-93.
[10] Eliane Robert Moraes, *O corpo impossível: a decomposição da figura humana*, de Lautréamont a Bataille, São Paulo, Iluminuras/Fapesp, p. 200.
[11] Moshe Idel, *Cabala: novas perspectivas*, São Paulo, Perspectiva, 2000, p. 310.

Diante dessa diversidade de interpretações e valorações da licenciosidade gnóstica — pois a mesma conduta que recebeu anátemas do censor desperta a simpatia do adepto da liberdade sexual — há que discernir o referente, especificar do que, exatamente, se está falando. Sexo é sempre a mesma coisa para o censor, para quem o combate; mas não para quem consegue enxergar as múltiplas manifestações do Eros polimorfo. Libertinagem generalizada e sexo ritual podem assemelhar-se na superfície. Comunicam-se, pois festas profanas como aquelas em Roma tinham como origem cerimônias do culto a Baco. Mas são opostas em seu significado. Libertinagem corresponde à liberdade de conduta, quando tudo é permitido. Já o sexo ritual é um índice de religiosidade tão elevada que incorpora o sexo à religião, em vez de excluí-lo. É religião total. Paz, a propósito do tantrismo, em *Conjunções e disjunções*, trata-o como "uma experiência total, carnal e espiritual, que deve verificar-se concreta e realmente no rito".[12] Quem faz sexo no âmbito de uma cerimônia religiosa pode ser um devoto, e não um profanador, conforme a religião.

No âmbito dessa categoria, sexo ritual, cabem novas distinções, entre a orgia ritual e procedimentos como aqueles do tantrismo. E, na literatura sobre tantrismo, distingue-se o ritual que seria da "mão esquerda" daquele da "mão direita"; nesse caso, sublimado, operando no plano estritamente simbólico, sem a prática do *maithuna*, o sexo com a retenção do esperma, acompanhado de procedimentos de respiração e recitação de mantras. Eliade, em *Le yoga — Immortalité et liberté*, designando-o como "um grandioso movimento filosófico e religioso que se anuncia desde o IV século da nossa era e toma a forma de uma 'moda' pan-indiana a partir do VI século",[13] examina toda a hataioga como capítulo do tantrismo.

A orgia ritual é frenesi, perda da individualidade: exceção, momento da transgressão da regra, com observou Eliade a propósito das "inversões simbólicas do comportamento" na iniciação, celebração ou propiciação:

> Em suma, é uma suspensão das leis e dos costumes, pois a conduta dos sexos é agora exatamente contrária ao que ela deve ser normalmente. A

---

[12] Octavio Paz, *Conjunções e disjunções*, tradução de Lucia Teixeira Wisnik, São Paulo, Perspectiva, 1979, p. 62.
[13] Mircea Eliade, *Le yoga — Immortalité et liberté*, Paris, Payot, 1968, p. 203.

inversão dos comportamentos implica a confusão total dos valores, nota específica de todo ritual orgástico. Esse retorno ao indistinto se traduz por uma suprema regeneração, por um crescimento prodigioso da potência.¹⁴

Já o *maithuna*, o sexo ritual no tantrismo, antes de suspensão da lei, é sua afirmação. Corresponde à transformação da relação sexual em outra coisa: sua finalidade não é mais o prazer, menos ainda a procriação, porém a transcendência por meio da centelha divina manifesta no esperma. Por isso, a crença, também gnóstica, em uma luz divina no esperma ser central no tantrismo. É o que observa Paz: "Como se sabe, a norma central do rito sexual tântrico consiste na contenção do esperma, não por razões de ordem moral e menos ainda por higiene, mas porque todo o ato está dirigido à transmutação do sêmen e à sua fusão com a vacuidade."¹⁵

A hipótese da influência de um tantrismo budista sobre o gnosticismo esbarra em uma dificuldade cronológica, já que seu desenvolvimento é posterior. Contudo, a percepção de afinidades e sincronias entre ambos, independentemente de relações de influência (qualquer que fosse sua direção, do tantrismo para o gnosticismo ou vice-versa), é reforçada ao se levar em conta não só a conduta sexual, como também práticas alimentares que podem ter sido comuns a variantes das duas doutrinas.

Tomem-se as passagens de Epifânio em que o heresiólogo diz que os borboritas não apenas praticam 730 vezes o ato sexual ("730 quedas", diz), pronunciando a cada vez o nome de um governante, mas "trituram embriões e temperam isso com mel, pimenta e outros condimentos, e com aromáticos", e, em seguida, "partilham, com seus dedos, do bebê triturado, além de outros atos igualmente horríveis". Além disso, "partilham de todas as espécies de carne", assim "coletando almas de todas as coisas e transportando-as conosco para o alto". E mais: "Alguns deles que são machos não têm relações com fêmeas, mas se corrompem com suas próprias mãos e apanham sua corrupção em suas mãos e assim a comem."¹⁶

---

¹⁴ Mircea Eliade, *Méphistophélès et l'androgyne,* Paris, Gallimard, p. 164.
¹⁵ Octavio Paz, Folio-Essais, 1995, *op. cit.*, p. 76.
¹⁶ Bentley Layton (org.), *op. cit.*, p. 250-256.

Compare-se esse relato com as observações de Paz de que "os textos dos tantras, sejam eles budistas ou hindus, não deixam lugar a dúvidas sobre a necessidade de comer alimentos impuros no momento da consagração". Nas paginas de *Conjunções e disjunções* dedicadas ao tantrismo — examinado como oposto complementar do protestantismo em sua dialética dos signos do corpo e do não corpo — são mencionados canibalismo, ingestão de esperma e excrementos, entre outros alimentos impuros.

Fazer sexo, copular, não é exceção, embora possa sê-lo a cópula como ritual religioso. Já a ingestão de impurezas é sempre excepcional. Por isso, interessa seu significado, possivelmente comum ao tantrismo e àqueles gnósticos licenciosos: corresponde à afirmação do predomínio total do espírito sobre a matéria. O adepto come impurezas e alimentos tabus para mostrar que seu grau de elevação é tamanho que nada o afeta; por isso, é capaz de assimilar e sublimar o que é baixo. Há semelhança com a ideia da transformação da matéria negra ou putrefata na alquimia: o praticante torna-se, ele mesmo, um atanor, promovendo a síntese de contrários, ao, na interpretação de Paz,

> reintegrar — de novo: reincorporar — todas as substâncias, sem excluir as imundas, como o excremento, e as proibidas, como a carne humana. [...] o festim tântrico é uma deliberada transgressão, uma ruptura das regras que tem por finalidade provocar a reunião de todos os elementos e substâncias. Abater as muralhas, transbordar os limites, suprimir as diferenças entre o horrível e o divino, o animal e o humano, a carne morta e os corpos vivos: samarasa, sabor idêntico de todas as substâncias.[17]

É a prática dos adágios tântricos citados por Eliade: "pelos mesmos atos que fazem queimar certos homens no inferno por milhões de anos, o iogue obtém sua eterna salvação"; ou então, "aquele que sabe desse modo, qualquer pecado que ele pareça cometer, devora tudo e é puro, limpo, sem velhice, imortal".[18] A transgressão como prova de superação da contingência, do reino da necessidade. Tantristas queriam ser super-homens.

---

[17] Octavio Paz, *op. cit.*, p. 67.
[18] Mircea Eliade, *Le yoga — Immortalité et liberté*, p. 262.

O GNOSTICISMO LICENCIOSO

Os extremos associados a modalidades do tantrismo — sacrifícios humanos, canibalismo, rituais com cadáveres e em cemitérios — são interpretados por Eliade, em *Le yoga — Immortalité et liberté,* como "a degradação de uma ideologia por incompreensão do simbolismo que a veicula". Vê-os como sincretismo com ritos e simbolismos muito arcaicos, característico de regiões de fronteira e de assimilações por outras culturas. Daí sua ocorrência no Assam ("terra tantrista por excelência", conforme Eliade), em Bengala, no Tibet ou Nepal: é cultura indiana, porém miscigenada. Semelhante interpretação parece colidir com aquela de Paz, que vê os adeptos do tantrismo, em *Conjunções e disjunções,* como final de um processo, de um trânsito do desencarnado (em Buda) ao encarnado. Mas esse fim de linha, etapa terminal do devir de uma religião, pode caracterizar-se, ao mesmo tempo, por ser regressivo, por querer incorporar o que haveria de mais arcaico.

A licenciosidade também pode ser um estilo de vida no âmbito de doutrinas iniciáticas, e não apenas momento de exceção. Algo como a projeção direta da recomendação do "desregramento dos sentidos" para chegar à iluminação de Rimbaud. Assim, sabe-se que, ao lado do budismo monástico, há, entre os tibetanos, os *yogins* da "sabedoria selvagem". São os *mahasiddhas* da linhagem N'yingma, que, isolados ou levando uma vida secular, mundana, embriagam-se, exibem a "loucura divina" e não praticam a abstinência sexual. Um deles foi Chögyam Trungpa, mestre e parceiro de Ginsberg na criação de um monastério, a Naropa School,[19] assim atestando a continuidade e até a contemporaneidade da licenciosidade religiosa e das místicas do desregramento (que, na vertente ocidental, tiveram Aleister Crowley como seu representante).

Fazer de tudo, viver plenamente, pode ser consequência da doutrina da metempsicose: para escapar às reencarnações, à roda cármica, haveria que viver todas as vidas em uma só, transitando do desregramento à santidade. Esse também foi o fundamento de uma perturbadora variante do hassidismo, misticismo judaico, nos séculos XVII e XVIII: o sabatianismo, corrente que proclamou Sabbatai Tzevi como seu messias. Depois de esse ser preso e converter-se à religião muçulmana, seus adeptos, como

---

[19] Há outras fontes; mas retirei essa referência de Barry Miles, *Ginsberg, a Biography,* Nova York, Simon and Schuster, 1989.

expõe Scholem,[20] adotaram a tese da necessidade de afundar, esgotar a abjeção, para ascender. Um de seus líderes, Jacob Frank, teria chegado a manter um relacionamento íntimo com várias mulheres, inclusive a própria filha, incluindo esses relacionamentos no culto religioso, informa Idel (que trata o sabatianismo e a corrente liderada por Frank como manifestações separadas).[21] Trilhas sinuosas da história: expulsos das comunidades judaicas, alguns sabatianistas reapareceriam entre os iluministas enciclopedistas que prepararam a revolução francesa, informa Scholem.

O sabatianismo alimenta a ideia de uma recorrência das místicas da transgressão, do desregramento como caminho para esgotar as possibilidades da vida, emergindo aqui e ali ao longo da história. Por conseguinte, fortalece a hipótese do gnosticismo licencioso. Mais ainda, pela mesma doutrina haver prosperado entre gnósticos, como supõe Doresse, ao mencionar "os grupos segundo os quais só é possível alcançar a perfeição depois de haver consumado o vício". E Layton: "Irineu (1.25.1-6), por exemplo, afirma que os seguidores de um certo Carpócrates (no século II d.C.) acreditavam que deviam vivenciar todo tipo de atos, inclusive os que são comumente tidos como perversos, a fim de escapar à reencarnação em outro corpo depois da morte"[22] (mas com a ressalva de que "a doutrina dos carpocratianos não tem semelhança visível com o mito gnóstico, [...] embora possam ter tomado emprestado o nome 'gnóstico'").

Tais modos de entender a licenciosidade gnóstica — associando-a ao tantrismo, a ritos tribais, contextualizando-a ou explicando-a como corolário da doutrina — não se excluem. É possível propor uma interpretação múltipla ou sobrepor interpretações. É o que faz Alexandrian, ao associá-la às orgias rituais nos cultos secretos a Afrodite e a Cibele, em mistérios órficos, de Eleusis, e entre as bacantes do culto a Dionísio, que expressam a sexualização pagã do cosmo; e, ao mesmo tempo, ao vê-lo como opção, uma dentre as possibilidades do universo gnóstico: "A mesma mentalidade ascética inspirava estas duas atitudes opostas de abstinência ou de libertinagem, correspondendo ao sentimento que exprime Hermes Trimegisto a seu filho: 'Se, antes de mais, não odeias o teu corpo, meu filho,

---

[20] Gershom G. Scholem, *As grandes correntes da mística judaica*, tradução de Jacó Guinsburg e outros, São Paulo, Perspectiva, 1995, p. 321 e seguintes.
[21] Moshe Idel, *Kabbalah and Eros*, Londres, Yale University Press, 2005, p. 232.
[22] Bentley Layton (org.), *op. cit.*, p. 237.

não te podes amar a ti próprio.'"²³ Também Doresse chama a atenção para a sua coerência lógica e teológica:

> É preciso dizer que os usos das seitas licenciosas, longe de constituírem a expressão de uma tendência fundamental das doutrinas gnósticas, antes revelam a depreciativa indiferença dessas diante de uma carne que, de qualquer modo, não poderia participar da salvação, nem tampouco impedir a redenção dos eleitos.²⁴

Ao mesmo tempo, a contextualiza, lembrando os costumes em meio aos quais as gnoses se modelaram.

> O Egito romano constituía nessa época um foco de lubricidade generalizada, transbordante de imaginação, como o demonstra o catálogo de vícios do *Liber Hermetis*, tão bem usado por F. Cumont para reconstruir a vida cotidiana em seu *Egypte des astrologes*. Só os cristãos e uma certa elite pagã podiam resultar escandalizados e assombrados por tais excessos.

Conclui com uma condenação das "vias tortuosas" seguidas pelas seitas, às quais "a filosofia grega da decadência nada tinha a invejar", comentando que: "Ao final de contas, quando Plotino critica a moral dos gnósticos, mais do que a licenciosidade de alguns deles, o que reprova é sua ambivalência geral."

Haveria mais a ser dito no capítulo das interpretações do gnosticismo licencioso, apesar de sua base ser formada por indícios. Imagine-se um hipotético calvinista, daqueles bem rígidos e severos, a criticar o catolicismo. Teria chances de identificar um catolicismo licencioso por meio de evidências díspares, desde a conduta desregrada de autoridades eclesiásticas até os frenesis das freiras de Loudun, sem falar das missas negras.²⁵ A resposta católica consistiria em admitir que tudo isso ocorreu, mas

---

²³ Sarane Alexandrian, *História da filosofia oculta*, tradução de Carlos Jorge Figueiredo Jorge, Lisboa, Edições 70, s/d, p. 67.
²⁴ Jean Doresse, "La gnosis", *Las religiones en el mundo Mediterrâneo y en el Oriente Proximo II*, v. 6, Madri, Siglo XXI, 1979 (Coleção Historia de las Religiones, organizada por Henri-Charles Puech), p. 46 e 74.
²⁵ Mais sobre esses episódios em Sarane Alexandrian, tradução de Ana Margarida Paixão, Lisboa, Antígona, 2002.

como aberração. Das missas negras às orgias em conventos e monastérios, houve blasfêmias, e não práticas adotadas pela Igreja. Portanto, a diferença do catolicismo com relação ao gnosticismo licencioso, em matéria de efusões da sexualidade, corresponde àquela entre ortodoxia e heterodoxia. E também do judaísmo com relação ao sabatianismo, cujos adeptos foram devidamente expulsos das comunidades. Religiões normativas excluem a licenciosidade. Reciprocamente, sexo ritual e desregramento podem ter ocorrido no âmbito do gnosticismo na razão direta da inexistência da *regula fidei* e do poder central para zelar por sua observância.

Ou haveria um substrato erótico, uma libido latente em toda experiência religiosa intensa? Praz, na obra já citada sobre a carne, a morte e o diabo no romantismo, argumenta, a propósito de *A tentação de Santo Antão*, de Gustave Flaubert, que aquela exaltação do ascetismo foi, ao mesmo tempo, perversa, pelo modo como descreveu e exibiu as tentações que o santo teve de enfrentar.[26] Sem dúvida, em cenas como a da chegada das aparições, no fim do primeiro capítulo, ou do encontro com a Rainha de Sabá, é como se provação e êxtase se confundissem. Ainda seguindo Praz, nas descrições pictóricas e literárias de tantos outros martírios, a começar por aquele de João Batista diante de Salomé por Gustave Moreau, também há sadismo: é como se sofrimento e gozo se tocassem. Essa convergência ou sobreposição de experiências antagônicas, sofrimento e êxtase, constituiu um eixo central da poesia de Baudelaire; e, principalmente, o cerne da argumentação de Bataille em *Les larmes d'Eros*, no prefácio de *História do olho* e outras de suas obras.

Se existiram gnósticos licenciosos, então adotaram esse caminho por serem religiosos, situando-se em um polo oposto ao de Sade e demais libertinos ateus do século XVIII. No âmbito da religiosidade extrema, os extremos, ascetismo e depravação, santidade e vício, às vezes se encontram, sob a regência de Ouroboros, a serpente que morde a cauda, símbolo da superação de opostos.

---

[26] Mario Praz, *La carne, la muerte y el diablo en la literatura romántica*, tradução de Jorge Cruz, Caracas, Monte, Avila Editores, 1969, p. 308 e seguintes.

CAPÍTULO 10 A mulher no gnosticismo

A questão do papel ou da relevância da mulher no gnosticismo apresenta relação com aquela da licenciosidade. Isso porque a participação de mulheres em cultos e à frente de igrejas ou comunidades gnósticas estimulou acusações de promiscuidade e desregramento, por sua associação ao pecado nos monoteísmos patriarcais.

Como observa Pagels, no capítulo intitulado "Deus Pai/Deus Mãe" de *Os evangelhos gnósticos*, a propósito do patriarcalismo judaico-cristão:

> O Deus de Israel, ao contrário das várias deidades contemporâneas no Oriente Médio, não partilhava o poder com nenhuma divindade feminina, nem era o marido ou amante deificado de nenhuma delas. Ele, com certeza, não pode ser caracterizado por epítetos que não sejam masculinos: rei, senhor, mestre, juiz e pai. [Mas Pagels admite, em nota de rodapé, exceções a essa regra no Velho Testamento.] Na verdade, a ausência de simbolismo feminino para Deus marca o judaísmo, o cristianismo e o islamismo, contrastando, de forma acentuada, com as outras tradições religiosas do mundo, como as do Egito, Babilônia, Grécia e Roma, ou África, Índia e América do Norte, abundantes em simbolismo feminino.[1]

Em contraste, no gnosticismo clássico, Barbelô, emanação e princípio criador, bem como Sophia, fé e sabedoria, e Zoë, matriz da vida, são femininas. Em gnosticismos cristãos, o Espírito Santo pode ser feminino.

Seligmann se refere à "trindade gnóstica", composta por "pai, mãe e filho";[2] e relaciona a presença da mulher, ou de uma simbólica feminina na alquimia, à origem gnóstica dessa disciplina: "A importância que é

---

[1] Elaine Pagels, *Os evangelhos gnósticos*, tradução de Marisa Mota, Rio de Janeiro, Objetiva, 2006, p. 53.
[2] Kurt Seligmann, *História da magia*, tradução de Joaquim Duarte Lourenço Peixoto, Lisboa, Edições 70, 1979, p. 175, assim como as duas citações a seguir.

atribuída às mulheres [na alquimia] está relacionada à gratidão dos ofitas para com Sofia, que indicara o caminho para o conhecimento. Em consequência,

> [...] é uma mulher o símbolo escolhido pelos alquimistas para representar a natureza. Ele [o alquimista] segue seus passos, que conduzem à perfeição. Não é descabido lembrar que Madalena e Sofia são as figuras mais ativas na *Pistis Sophia* e que a encarnação terrena da mãe divina constitui um dos pontos principais da doutrina de Simão, o Mago. A transmutação de Flamel realiza-se na presença de uma mulher; no *Liber Mutus*, um tratado de alquimia, o autor recomenda ao alquimista e à sua mulher que ajoelhem e rezem diante do forno antes de iniciarem a operação. A união da alma e do espírito, da essência masculina e feminina, tem a sua contrapartida no céu: o sol é o pai e a lua é a mãe. Sofia desposa o seu amante divino.

A própria origem do gnosticismo está associada ao destaque conferido à mulher. Para Alexandrian, Simão, o Mago não foi apenas líder de uma renovação religiosa, mas "o chefe dos livres-pensadores de seu tempo". Em especial, pela ousadia de unir-se a uma prostituta, proclamando-a reencarnação de Helena de Troia e grã-sacerdotisa:

> O culto de Helena é a parte sublime da gnose simoniana. Todas as religiões estão cheias de megalômanos que se tomam por Deus ou por enviados de Deus: nada de mais banal, em suma, e isso não distingue Simão dos outros. Mas que ele tenha tido a ideia sem precedentes de fazer do Primeiro Pensamento de Deus um princípio feminino (enquanto que o Deus da Gênese cria primeiro o universo e o homem), de mostrar este princípio proveniente de um bordel fenício (enquanto que Atena, saída da cabeça de Zeus, se mantinha uma virgem incorruptível), era de uma audácia inaudita, quer para os pagãos, quer para os cristãos. Simão fundou assim o feminismo revolucionário e a teologia erótica da Gnose.[3]

---

[3] Sarane Alexandrian, *História da filosofia oculta*, tradução de Carlos Jorge Figueiredo Jorge, Lisboa, Edições 70, s/d, p. 43.

A MULHER NO GNOSTICISMO

A parceria gnóstica de magos com mulheres, tal como exemplificada por Simão, o Mago, não apenas na condição de sacerdotisas, porém de manifestações de uma esfera superior, pode ter iniciado uma tradição: Dositeu também teria se unido a uma Helena; Marsanes e Marcíades foram profetisas, mulheres líderes de comunidades gnósticas. Alexandrian entende que essa tradição chegou até o século XIII: "As mulheres desempenharam entre os cátaros um papel tão importante como no maniqueísmo, o que nos mostra o exemplo de Esclarmonde de Foix, que recebeu o *consolamentum* em 1205, ou Furneria de Mirepoix, que dirigiu três comunidades de Perfeitos."[4]

É evidente o contraste com os preceitos de Paulo, exigindo precedência do homem e subordinação da mulher. É dito, em Coríntios 11, que "a cabeça de todo homem é Cristo, a cabeça da mulher é o homem, e a cabeça de Cristo é Deus", daí resultando homens orarem com a cabeça descoberta e mulheres, cobertas por um véu. Em Colossenses 3, determinou: "Vós, mulheres, submetei-vos aos maridos como convém ao Senhor." E foi veemente na Primeira Epístola a Timóteo 2:

> Eu não permito que a mulher ensine ou domine o homem. Que ela conserve, pois, o silêncio. Porque primeiro foi formado Adão, depois Eva. E não foi Adão que foi seduzido, mas a mulher que, seduzida, caiu em transgressão. Entretanto, ela será salva pela sua maternidade, desde que, com modéstia, permaneça na fé, no amor e na santidade.

Seriam as determinações de Paulo (ou atribuídas a Paulo — Pagels lança dúvidas sobre a autoria dessas epístolas) uma resposta às sacerdotisas e profetisas do gnosticismo? É possível, pois estão próximas e no contexto de admoestações contra os "falsos doutores", possíveis profetas gnósticos, nas mesmas epístolas.

Daí Pagels observar a existência de "dois padrões bem diferentes de atitude sexual emergindo nos círculos ortodoxos e gnósticos". Cita os heresiólogos:

> O bispo Irineu observa, alarmado, que as mulheres, de modo especial, são atraídas para os grupos hereges. "Mesmo em nosso próprio distrito no

[4] *Idem, ibidem*, p. 74.

vale do Ródano", admite, o professor gnóstico Marco atraiu "muitas mulheres tolas" da sua própria congregação, incluindo a mulher de um dos diáconos de Irineu. Declarando estar, ele mesmo, em estado de perplexidade para explicar a atração exercida pelo grupo de Marco, oferece apenas uma explicação: que o próprio Marco era um sedutor de inteligência diabólica, um mágico que preparava afrodisíacos especiais para "enganar, vítimar e corromper" suas presas.[5]

Menciona, ainda, a indignação de Tertuliano contra o exercício, por mulheres, de ensinamento, discussão, exorcismo, cura e batismo e sua liderança em comunidades gnósticas.

Em apoio à suposição dos "padrões bem diferentes de atitude sexual", passagens de O *evangelho segundo Filipe*. Uma, na qual Maria Madalena amou Jesus Cristo "mais do que [todos] os discípulos, [e ele costumava] beijá-la na sua [... mais] vezes do que o resto dos [discípulos]".[6] Outra, na qual "Três mulheres costumavam andar sempre com o senhor — Maria, sua mãe, sua irmã e a Madalena, que é chamada sua companheira. Pois 'Maria' é o nome de sua irmã e de sua mãe, e é o nome de sua parceira."[7] Também há um fragmento no qual Cristo se encontra com Salomé e dialoga com ela (que reaparece na *Pistis Sophia*, restando esclarecer de quem se trata, da agente da destruição de João Batista ou da Salomé mencionada em Marcos 15:40 que assiste à crucifixão).

No entanto, tomando o conjunto dessas "escrituras" gnóstico-cristãs, verifica-se que Maria Madalena é "companheira" de Cristo, mas em um contexto doutrinário no qual a união física está excluída. E nada indica que beijar fosse mais do que uma saudação carinhosa. Além disso, nos evangelhos bíblicos, Jesus Cristo já se fazia acompanhar por mulheres: "Jesus amava Marta e sua irmã e Lázaro", em João 11:5.

O estatuto da mulher é antes ambíguo no gnosticismo. Varia conforme o texto e, provavelmente, a comunidade ou seita. Resta saber se a sexualização gnóstica da relação de Jesus Cristo com mulheres não ocorreu por conta dos heresiólogos, como nesta passagem de Epifânio:

---

[5] Elaine Pagels, *op. cit.*, p. 66.
[6] Bentley Layton (org.), *As escrituras gnósticas*, São Paulo: Loyola, 2002, p. 404 — os colchetes são do texto citado; Elaine Pagels comenta essa passagem, dando por estabelecido que Cristo beija Madalena na boca.
[7] *Idem, ibidem*, p. 399.

> Pois, no assim chamado *Maiores questões de Maria* (de fato, há também *Menores* fabricadas por eles) eles sustentam que ele deu a ela uma revelação; levou-a até a montanha, orou e tirou do seu lado uma mulher; ele começou a unir-se a ela; e, desse modo, naturalmente, partilhando de sua própria emissão, ele indicou que devemos agir assim, a fim de que possamos viver.[8]

Além disso, nos mitos gnósticos da origem do mundo a queda é feminina. A Ennoia de Simão, o Mago e a Sophia do gnosticismo cristianizado dos escritos valentinianos e da *Pistis Sophia* são divindades ou emanações decaídas, arrastadas à queda pela paixão. Em versões do mito valentiniano, essas paixões criam o mundo. Já no gnosticismo clássico, Barbelô e Ioël, ou Zoë, podem ser divindades andróginas, designadas como "virgem fêmea masculina"; e Ialdabaoth, em algumas "escrituras", também é andrógino, e não um protótipo masculino.

Alternam-se, nessas "escrituras", as condenações do mundo e, por associação, da mulher — como em *Zostrianos*: "Fujam da loucura e da peia da feminilidade e escolham para si mesmos a salvação da masculinidade"[9] — e metáforas sexuais.

A condenação da feminilidade pode ser um eco judaico, de onde também viria "o caráter exclusivamente masculino do cabalismo" comentado por Scholem.[10] Já as metáforas sexuais estão presentes tanto em relatos sobre a origem do universo quanto nas referências, especialmente na gnose valentiniana, à câmara nupcial como sacramento gnóstico. A câmara, conforme já observado (no Capítulo 3), pode ter sido puramente simbólica, correspondente a núpcias espirituais ou ao palco da hierogamia, materialização do simbólico através da consumação sexual para realizar a androginia, à semelhança da mesma confusão de planos em ritos arcaicos de iniciação, conforme observado, entre outros, por Eliade.[11]

E mais: há passagens da *Pistis Sophia* que não confirmam a tese de Pagels, das pautas de atitudes sexuais a distinguir cristãos e gnósticos, e

---

[8] *Idem, ibidem*, p. 249.
[9] *Idem, ibidem*, p. 167.
[10] Gershom G. Scholem, *As grandes correntes da mística judaica*, tradução de Jacó Guinsburg e outros, São Paulo, Perspectiva, 1995, p. 39.
[11] Mircea Eliade, *Initiation, rites, sociétés secrètes*, Paris, Gallimard Folio Essais, 1999.

tampouco contradizem as afirmações ortodoxas de Paulo sobre o lugar da mulher. São aquelas nas quais Maria (Madalena), em atitude reverente, "beijou os pés do Senhor", e, adiante, pela compreensão do ensinamento de Cristo, é declarada "espírito puro, de luz": uma entidade puramente espiritual, desprovida dos atributos físicos da feminilidade.

No fim, *O evangelho segundo Tomé* acolhe a mulher, mas toma posição pelo masculino:

> Simão Pedro lhes disse: "Maria deve ir embora, pois as mulheres não são dignas da vida." Jesus disse: "Vede, vou atraí-la para que se torne macho a fim de que ela também se torne um espírito vivente que se assemelha a vós, machos. Pois todo (elemento) feminino que se faz masculino entrará no reino dos céus."[12]

Assim, nessas variantes do gnosticismo, o papel e a função das entidades femininas são bem distintos daqueles das grandes deusas da fertilidade ou da natureza, como Isthar ou Ísis; essas, sim, irrestritamente cultuadas.

Em vista disso, é possível dizer que houve, associado ou não à licenciosidade, um protofeminismo gnóstico? Ou uma sacralização da mulher? Essa lembra o culto de poetas a suas amadas e musas inspiradoras, aspecto de uma subversão ou inversão teológica, conforme observado por Paz em *Os filhos do barro*: "A Virgem de Novalis é a mãe de Cristo e a Noite pré-cristã, sua noiva Sofia e a morte. A Aurélia de Nerval é Ísis, Pandora é a atriz Jenny Colon. Religiões românticas: heresias, sincretismos, apostasias, blasfêmias, conversões."[13]

Reflexos da sacralização gnóstica da mulher foram observados no amor cortês da lírica provençal, no século XII da nossa era, por sua vez na origem de uma tradição lírica ocidental pela influência sobre Dante e Petrarca, entre outros. No entanto, Octavio Paz, em *A dupla chama*, discute as teses de Denis de Rougemont relativas a essa influência dos cátaros sobre os trovadores: "O que era santo para os poetas era pecado para os cátaros." E o amor cortês dos trovadores era a tal ponto fisicamente

---

[12] Bentley Layton (org.), *op. cit.*, p. 471.
[13] Octavio Paz, *Os filhos do barro*, tradução de Olga Savary, Rio de Janeiro, Nova Fronteira, 1984, p. 68.

impossível, tão sublimado, que equiparava a eleita a uma entidade supraterrestre: a Sophia, em primeira instância. A mesma equiparação prosseguiria, transformada em convenção literária forte, inclusive na Beatriz de Dante: afinal, nunca houve nada entre Dante e Beatriz Portinari, a quem o poeta apenas viu.

A revivescência de dois aspectos do gnosticismo, sacralização da mulher e liberdade na conduta, combinando-se de modo evidente, pode ser observada no século XVIII em Cagliostro e sua Serafina, a companheira com estatuto de sacerdotisa que acabaria por traí-lo e entregá-lo à Inquisição.[14] Licenciosidade e sexo ritual também constam na volumosa bibliografia de acusações dirigidas àquele mago.

Houve um momento, no âmbito do gnosticismo tardio ou de um neognosticismo no século XVII, no qual se encontraram a sacralização da mulher e algo que se assemelha à licenciosidade. Trata-se do episódio dos "amantes de Sophia" liderados por Johann-George Gichtel, discípulo de Böhme. É relatado e comentado por Alexandrian em um capítulo de *A magia sexual*: "Nunca as ligações amorosas com uma mulher invisível foram tão realistas como na história de Johann-Georg Gichtel e de Sophia, visto que esta realizou um casamento coletivo."[15]

Böhme, lembra Alexandrian, cultuava a Sophia gnóstica em suas duas versões, como Mãe Celeste e como Sophia Prounicos, "a lasciva", assimilada ao desejo sexual. Gichtel, editor das obras de Böhme, "apaixonou-se loucamente por Sophia". Além de atender a visitantes e discípulos de Gichtel (ao que parece, de modo semelhante às entidades que se manifestam nas sessões espíritas), Sophia também se envolveu com outro membro desse círculo, o livreiro Überfeld, "disposta a tornar-se sua esposa por causa do fervor manifestado" (pela obra de Böhme por Überfeld). A bigamia derivou para uma poligamia erótico-espiritual: "Assim, Sophia, que prometera fidelidade a Gichtel, não hesitava em ser bígama, depois de possuir mais de trinta amantes: ele mantinha-se apenas como o marido preferido e ela favorecia os outros na medida em que o serviam." Houve como que um sucubato celestial. Para Alexandrian,

---

[14] Iain McCalman, *O último alquimista — Conde de Cagliostro, mestre da magia na Era da Razão*, tradução de Geni Hirata, Rio de Janeiro, Rocco, 2004.
[15] Sarane Alexandrian, *A magia sexual*, tradução de Ana Margarida Paixão, Lisboa, Antígona, 2002, p. 169-174, inclusive as três citações seguintes.

Esse caso é absolutamente original, pois trata-se de uma criatura divina, e não diabólica. O adorador sente-a tanto no centro de sua alma, como no exterior do seu corpo, em simultâneo, podendo desaparecer durante algum tempo, voltar a aparecer, desaparecer.... e confere um prazer espiritual ainda mais intenso que o sensual, como se fosse a mulher interior de um homem interior.

O episódio tem valor de síntese. Nele, metáforas são tomadas ao pé da letra. Encontraram-se a sacralização gnóstica da mulher, uma sublimação (a relação erótica acontece em um plano espiritual) e uma dessublimação (a entidade espiritual seria fonte de prazer erótico). Tal erotismo religioso ou religiosidade erótica antecipou, em um século, as mais exacerbadas paixões românticas.

Em *Méphistophèlés et l'androgyne*, Eliade menciona Gichtel e sua confraria de seguidores de Böhme, examinando-os, porém, sob um ângulo distinto daquele de Alexandrian. Trata daquele culto a Sophia como mitologia e teologia:

> Outra ideia fundamental de Böhme, de Gichtel e de outros teósofos foi que Sophia, a Virgem divina, se encontrava originalmente no Homem primordial. Esse queria dominá-la, e por isso a Virgem separou-se dele. Para Gottfried Arnold, é o desejo carnal que fez com que o ser primordial perdesse essa "esposa oculta.[16]

Para aqueles seguidores de Böhme, os encontros com Sophia foram, argumenta Eliade, realizações da androginia. Queriam retornar à unidade primordial e converter-se em *rebis*, o "dois em um" da alquimia e um dos nomes da pedra filosofal.

Os dois comentários sobre os amantes de Sophia, de Eliade e Alexandrian, não são contraditórios: a união ritual no tantrismo, as hierogamias e outros rituais sexuais são tentativas de recuperar a androginia, superando as antinomias.

Depois de mencionar o culto a Sophia de Böhme e seus seguidores, Eliade dedica mais algumas páginas ao exame do andrógino no gnosticis-

---

[16] Mircea Eliade, *Méphistophélès et l'androgyne*, Paris, Gallimard Folio-Essais, 1995, p. 148.

mo. Mostra a ligação dos teosofistas do século XVII com as diversas seitas gnósticas:

> Mas foram sobretudo algumas seitas gnósticas cristãs que deram à ideia do andrógino um lugar central em suas doutrinas. Segundo as informações transmitidas por Santo Hipólito, Simão, o Mago nomeava o espírito primordial *arsenothelys*, "masculino-feminino". Os naassenos igualmente concebiam o Homem celeste, Adamas, como um *arsenothelys*. O Adão terrestre não era senão uma imagem do arquétipo celeste: também ele era andrógino. Pelo fato de os humanos descenderem de Adão, o *arsenothelys* existe virtualmente em cada homem e a perfeição espiritual consiste justamente em reencontrar em si esta androginia. O Espírito supremo, o Logos, também era andrógino. E a reintegração final, "tanto das realidades espirituais quanto animais e materiais, teria lugar em um homem, Jesus, filho de Maria" (Refutatio, V, 6).

Também Doresse relacionou a sacralização da mulher no gnosticismo à androginia primordial e à presença do feminino na origem do cosmo:

> [...] o retorno do elemento feminino à sua contrapartida masculina foi considerado em todo momento como condição indispensável para o acesso à perfeição celestial. A principal entidade salvadora do alto, não foi ela por acaso concebida originariamente como feminina — Sabedoria, Mãe, Barbelô — antes que seu papel fosse masculinizado para justificar a introdução nele de Jesus? Ao lado de Adão encontramos uma Eva igualmente luminosa, e haverá também figuras femininas que desempenharão papéis proféticos, como por exemplo Norea, a esposa de Noé, a "luminosa", segundo o significado de seu nome em semítico. Por sua parte, as seitas que aceitam parte da revelação cristã outorgarão a Maria Madalena, a Miriam e a Salomé papéis pelo menos tão importantes como para os apóstolos.[17]

Eliade, nisso acompanhando e citando Doresse, ainda vê traços do mesmo culto à androginia em escrituras cristãs; em especial, nesta passagem de Paulo em Gálatas 3: "Não há judeu nem grego, não há escravo

---

[17] Jean Doresse, "La gnosis", *op. cit.*, p. 37.

nem livre, não há homem nem mulher; pois todos vós sois um só em Jesus Cristo."[18]

Mas podem-se lançar dúvidas sobre essa percepção de uma relevância da androginia no cristianismo. Uma coisa é o andrógino, entidade com "dois" sexos, hiperssexuada; outra é "nenhum" sexo, sua abolição. O que Paulo anuncia, nessa passagem famosa, é a desaparição em Cristo das nacionalidades, das separações de classe e dos sexos. Não se trata de superação, mas de supressão de categorias e polos opostos. E da reiteração do não elitismo cristão, por isso desconsiderando todos os critérios de classificação das pessoas em alguma hierarquia.

Seria mais próprio associar à androginia a bissexualidade e o travestimento de xamãs e sacerdotes, como o faz Eliade, também em *Méphistophèlés et l'androgyne*. Afinal, o bissexual e o homossexual estariam vivendo ou praticando, *in concreto*, o "dois em um" e assim materializando metáforas.

Essas observações permitem rever as afirmações de Pagels relativas às atitudes sexuais distintas no gnosticismo e no cristianismo ortodoxo. A diferença entre as duas doutrinas reside nem tanto na subordinação imposta à mulher no cristianismo ou em sua valorização no gnosticismo, mas na importância conferida ao andrógino. A mulher consta no gnosticismo, comparece a ele e participa dele: mas como matéria degrada, tanto quanto o homem. É uma etapa para a reintegração, a chegada à perfeição. Nesse contexto, a presença da mulher como divindade, arquétipo, parceira, companheira ou oficiante e as condenações à feminilidade deixam de ser contraditórias. A feminilidade é condenada por fazer parte do mundo; a mulher é cultuada como a outra metade, perdida e recuperada, da unidade.

---

[18] Mircea Eliade, *op. cit.*, p. 153; usei a tradução da *Bíblia de Jerusalém*, *op. cit.*

SEGUNDA PARTE   Poetas gnósticos

CAPÍTULO 11   William Blake: romantismo e gnosticismo libertário

Blake abre a presente série de poetas gnósticos por dois motivos. Um deles é cronológico: inicia o período equivalente, em literatura, ao que vai do romantismo à contemporaneidade, passando pelo simbolismo. Coincidindo com a reativação do interesse por gnosticismo a partir do século XVIII, já comentada no Capítulo 1, relações dessa doutrina com a literatura passam a ter sentidos adicionais com relação a outras épocas e contextos. É possível enxergar gnosticismo em Dante ou Camões; e em Blake, Nerval e Baudelaire: mas só no segundo caso, de românticos, simbolistas, modernos e contemporâneos, pode ser interpretado como rebelião contra a sociedade burguesa e industrial, a massificação, a ideologia do progresso; e, em literatura e artes, contra o realismo e o naturalismo.

O outro motivo é a importância a ele conferida no exame da relação entre poesia e gnosticismo. Na coletânea *Gnosis and Hermeticism from Antiquity to Modern Times*, de Van den Broek e Hanegraaff, é o único poeta que ganha capítulo próprio, um ensaio dedicado a examiná-lo no quadro do gnosticismo. E, para estudiosos, Blake foi um gnóstico literário por excelência, típico. Conforme Hutin, "William Blake (1757-1827), poeta e visionário, reencontrou as atitudes e as imagens mesmas do pensamento gnóstico: reencontram-se nele as mais fantásticas cosmogonias da gnose cristã."[1] De modo semelhante, Smith afirma que, para Blake, "a salvação era a livre expressão de sua própria imaginação visionária, e o poeta expressou essa visão em mitos poéticos com um forte caráter gnóstico".[2] E Pagels cita a abertura de um de seus poemas, "The Everlasting Gospel" (algo como o Evangelho perpétuo, eternamente duradouro), em apoio à associação de Blake ao gnosticismo:

---

[1] Serge Hutin, *Les gnostiques*, Paris, PUF — Qui sais-je? 1978, p. 121.
[2] Richard Smith, "The Modern Relevance of Gnosticism", em James M. Robinson (org.), *The Nag Hammadi Library*, diversos tradutores, Nova York, Harper Collins, 1990, p. 534.

A Visão do Cristo que tu vês
É a maior inimiga da minha visão.
A tua tem um grande nariz adunco como o teu,
A minha tem um nariz redondo como o meu.
A tua é a do Amigo da Humanidade;
A minha fala em parábolas aos cegos:
A tua ama o mesmo mundo que a minha odeia;
As portas do teu céu são os portões do meu inferno.
Sócrates ensinava o que Meletus
Detestava como a mais amarga Maldição de uma Nação,
E Caifás era em sua própria Opinião
Um benfeitor da Humanidade:
Ambos lemos a Bíblia noite e dia,
Mas tu lês negro onde eu leio branco.[3]

Para a historiadora, "William Blake, observando esses retratos distintos de Jesus que aparecem no Novo Testamento, tomou o partido daquele que os gnósticos prefeririam".[4]

Não são apenas historiadores das religiões que associam Blake ao gnosticismo. Críticos literários dão como assente uma cosmovisão gnóstica. Bloom o designa como "um gnóstico independente, que criou seu próprio 'sistema' mítico".[5] Para Madeleine L. Cazamian, tradutora e prefaciadora dos *Poèmes choisis* de Blake, "as ideias religiosas e morais que dominam toda a sua mitologia são aparentadas àquelas dos gnósticos e da cabala judaica ou cristã". Esclarece:

Aproxima-se dessas doutrinas heréticas por sua concepção da criação, obra nefasta, que não provêm do poder supremo, mas de um Deus caído, ou de um demiurgo; por sua condenação da lei mosaica e do hebraísmo,

---

[3] William Blake, *Complete Writings*, Geoffrey Keynes (org.), Londres, Oxford University Press, 1972, p. 748 e seguintes, assim como as citações a seguir do mesmo poema.
[4] Elaine Pagels, *Os evangelhos gnósticos*, tradução de Marisa Mota, Rio de Janeiro, Objetiva, 2006, p. 150.
[5] Harold Bloom, *Genius* — A Mosaic of One Hundred Exemplary Creative Minds, Nova York, Warner Books, 2002, p. 701.

que o Cristo veio reverter, e não regenerar; e pela divisão indefinida de seus personagens em emanações.[6]

"The Everlasting Gospel" exemplifica o que Cazamian afirma sobre "condenação da lei mosaica e do hebraísmo", a lei que o Cristo de Blake veio "reverter, e não regenerar". O poema é de 1818, nove anos antes da morte de Blake, que não chegou a publicá-lo. Pode ser um testamento ou balanço final. Nele, voltou a proclamar sua antiortodoxia; por isso, a relativização dos ensinamentos evangélicos. Comparado a outros de seus poemas, inclusive o imediatamente anterior *Jerusalem*, chama a atenção pela clareza e legibilidade, assim lançando dúvidas sobre sua suposta loucura. É uma crítica às representações de Jesus Cristo. Cada parte do poema começa com uma pergunta:

> Foi Jesus gentil, ou deu ele
> Algum sinal de Gentileza? [...]
> Foi Jesus Humilde? ou deu ele
> Quaisquer provas de Humildade? [...]
> Foi Jesus Casto? ou deu ele
> Quaisquer Lições de Castidade? [...]
> Ensinou Jesus a dúvida? [...]
> Foi Jesus Nascido de uma Virgem Pura
> De Alma estreita & aparência recatada?

A resposta é sempre negativa: apoiando-se nos evangelhos, mostra que Jesus Cristo não foi gentil, nem humilde, nem casto, nem nascido de uma virgem. Mas o que sobraria do ensinamento evangélico? Para Blake, apenas o perdão: "Não há uma Virtude Moral que Jesus Pregasse que Platão & Cícero não houvessem Pregado antes dele; o que então Jesus Pregou? Perdão dos Pecados."

Mas esse perdão, argumentou Blake, sendo uma supressão ou esquecimento, equivale à revogação da Lei mosaica e da ideia de pecado: "Pois Virtudes Morais todas começam/Na Acusação de Pecado." Declarou o pecado contingente a um código, e não ao Pecado Original. Em consequên-

---

[6] William Blake, *Poèmes choisis*, tradução e prefácio de Madeleine L. Cazamian, Paris, Aubier Montaigne, 1950, p. 20.

cia dessa interpretação de Jesus Cristo como supressor da repressão, o moralismo é diabólico: "Pois o que é Anticristo senão aqueles/ que contra Pecadores fecham o Céu/ Com grades de Ferro." Como Blake foi coerente, um contendor das religiões institucionais, do clero, frontalmente atacado ao longo de toda a sua obra. Desde *O casamento do céu e do inferno*, escrito um quarto de século antes de "The Everlasting Gospel", já dizia: "Não existe virtude possível que não possa romper as leis desses dez mandamentos. Jesus Cristo era totalmente virtuoso, mas agia por impulsos, e não por regras."[7] E acrescentava:

> Os poetas da Antiguidade animaram todos os objetos sensíveis com Deuses ou Gênios, nomeando-os e adornando-os com as propriedades dos bosques, lagos das cidades, nações e tudo o que seus dilatados sentidos podiam perceber.
> Particularmente, estudaram o Gênio de cada cidade & país, colocando-o sob a égide de sua deidade mental.
> Até que se formou um sistema, do qual alguns se aproveitaram e escravizaram o vulgo, interpretando e abstraindo as deidades mentais de seus respectivos objetos. Então surgiu o Clero;
> Elegendo formas de culto dos mitos poéticos.
> E proclamando, por fim, que assim haviam ordenado os Deuses.
> Os homens então esqueceram que Todas as deidades residem em seus corações.

Em "The Everlasting Gospel", Blake interpretou o Novo Testamento de modo afim a um gnóstico marcionita, um adepto da separação total entre doutrina cristã e a lei mosaica. E de heréticos que viriam a encabeçar as rebeliões que precederam a Reforma protestante, como John Wycliff e John Huss, nos séculos XIV e XV: os insurretos que combateram a hierarquia eclesiástica em nome do que proclamavam como verdadeiro ensinamento de Cristo, sustentando que a fé tinha de preceder o dogma.

Isso com relação a um dos poemas de Blake. Tomando o conjunto da sua obra, afirmações sobre afinidade com doutrinas religiosas, derivadas da interpretação de algum de seus textos, podem ser questionadas e ne-

---

[7] William Blake, *O casamento do céu e do inferno e outros escritos*, tradução de Alberto Marsicano, Porto Alegre, L&PM, 2007, p. 41, e p. 78 a citação seguinte.

gadas através de outras citações. Assim, na abertura de *Milton*, um de seus poemas mais importantes, a Bíblia foi proclamada a "fonte da verdade" perante Homero e outros "escravos da espada": não repetiu a recusa gnóstica do Velho Testamento nem a absorção gnóstica de Homero.

Podem-se resolver tais contrastes por meio de uma teoria da leitura segundo Blake: a Lei mosaica, tal como sustentada pelo religioso dogmático, é perversa; mas a leitura visionária da Bíblia traz a revelação de outras verdades, encobertas pelo dogma. Cabe lembrar que a revelação de um conteúdo latente do texto sagrado é um dos fundamentos da cabala, de um misticismo judaico que a precede e, por afinidade ou influência direta, de um sem-número de gnosticismos e esoterismos.

Pôr-se a reinterpretar evangelhos — e o restante da Bíblia, levando em conta o conjunto da obra de Blake — é anacrônico: repete o que fizeram líderes religiosos desde a Antiguidade. Mas o anacronismo, paradoxalmente, o caracteriza como moderno. As afirmações em "The Everlasting Gospel" correspondem a um prolongamento da iniciativa revolucionária de Lutero ao traduzir a Bíblia para o alemão, retirando do clero o acesso exclusivo à escritura sagrada e à sua interpretação. E, mais ainda, da variante pietista do protestantismo, com sua valorização da experiência interior (lembrando o prestígio do pietismo na Inglaterra do século XVIII, por meio de John Wesley).

Versos como os aqui citados de "The Everlasting Gospel" também apresentam correspondência com atitudes e valores do iluminismo e romantismo. Do iluminismo, reproduzem a defesa do livre acesso ao conhecimento e da liberdade de expressão. Do romantismo, a valorização do indivíduo e da originalidade: por isso, da interpretação pessoal das escrituras. E dos mitos. Embora Blake tenha feito uma síntese pessoal, há sincronia com Novalis e o grupo romântico de Jena, nas ideias sobre a relação entre poesia e religião, na poética visionária, na assimilação da herança hermética. Na mesma época, Friedrich Schelling proclamaria que "as criações da mitologia, por sua profundidade, sua duração e sua universalidade, apenas são comparáveis à própria natureza".[8]

Por vezes ainda classificado entre os pré-românticos ingleses, junto de Edward Young, Thomas Chatterton e James Macpherson, Blake na ver-

---

[8] Pierre Albouy, *La création mythologique chez Victor Hugo*, Paris, Librairie José Corti, 1963, p. 21.

dade foi um hiper-romântico, pela defesa da liberdade de criação e da originalidade; e, principalmente, da imaginação como faculdade criadora, de modo semelhante a Coleridge ou Baudelaire.

Não satisfazia a Blake (menos ainda a Baudelaire) o retorno à natureza, tema romântico por excelência, de Rousseau a Wordsworth, e a consequente recuperação da inocência. Não defendeu a restauração do mundo natural, que denominou de "mundo vegetal", mas do mundo mítico. Não lhe bastava outra sociedade: queria outros deuses. Indo além da idealização romântica da Idade Média, mirava o tempo primordial.

Sua radicalidade romântica o tornou moderno, fazendo que hoje seja tão lido, estudado e, principalmente, escrito. O Blake exaltado, apocalíptico, ao mesmo tempo arcaico e moderno, pode ser exemplificado por este trecho de "Night the Ninth, Being the Last Judgment", o final de *Vala or The Four Zoas*, uma das mais extensas e complexas dentre suas epopeias, os poemas "simbólicos", como os classifica Groffrey Keynes, organizador da edição de sua obra completa:

> Onde está o Espectro da Profecia? onde o ilusório Fantasma?
> Partiram: & Urthona se ergue dos arruinados Muros
> Em toda a sua força antiga para formar a dourada armadura da Ciência
> Para a Guerra intelectual. A guerra das espadas agora partiu,
> As escuras Religiões partiram & a doce Ciência reina.[9]

É um estilo e um tom que iriam ressoar em poetas modernos e contemporâneos, como o Ginsberg em tom profético de "Morte à orelha de Van Gogh" ou de "Uivo": em seu final, com a proclamação de que tudo é santo; e na segunda parte, em que Moloch é invectivado: "Moloch, cujo nome é a mente!"[10] — e isso é Blake quase literal, pois o deus fenício toma o lugar de Urizen, o Espectro da Profecia e outras entidades apostrofadas por representarem o racionalismo; para Blake um "espectro".

Blake também antecipou os "poetas malditos" do fim do século XIX. Foi visto como excêntrico e louco por contemporâneos (um exemplo, o

---

[9] William Blake, *Complete Writings*, p. 379.
[10] Allen Ginsberg, *Uivo e outros poemas*, seleção, tradução, prefácio e notas de Claudio Willer, Porto Alegre, L&PM, 2005.

comentário sobre sua exposição de 1809 no *Spectator*, dizendo que deveria ser objeto de pena, por ser apenas um pobre louco) e redescoberto por Rossetti e Swinburne, líderes da geração dos pré-rafaelitas e decadentistas. Receberia tratamento editorial adequado apenas em 1893, graças ao empenho de Yeats. E, como afirma Van Meurz, "a pesquisa séria sobre as fontes do background intelectual de Blake só foi iniciada nos anos 1950".[11] Hoje sabe-se que, em um procedimento típico de poetas modernos, foi reescrevendo livremente — procedendo à "desleitura forte" de Bloom — Homero, Dante, Shakespeare, Milton, mais a Bíblia, sagas nórdicas, como os Eddas, epopeias orientais, como o *Baghavad Ghita*, mitos gregos, como o dos titãs, e os mitos platônicos do demiurgo e da Atlântida. As comparações a que procedeu Northrop Frye em um ensaio especialmente importante, *Fearful Symmetry*, não deixam dúvidas quanto à amplidão do seu intertexto.

Também foi simultaneamente arcaico e precursor no modo de criar e veicular a obra: artista plástico, produzia edições de modo assemelhado às cópias medievais com iluminuras, manualmente. O que efetivamente chegou a gravar inclui edições difíceis de classificar como poemas ilustrados ou gravuras legendadas por textos.

Escrevendo parte de sua obra ao modo dos profetas, adotou um verso livre, prosa versificada que ganharia cidadania literária no final do século XIX. Ao reproduzir sons da língua falada nas *Canções da inocência*, foi além da incorporação romântica da fala popular: chegou à melopeia em poemas de vocábulos monossílabos que anteciparam a poesia sonora de Tristan Corbière, Jules Laforgue e Gerard Manley Hopkins.

Contendor do iluminismo, da crença no primado da razão, da concepção do conhecimento como derivado da experiência, invectivou Voltaire, Gibbon, Bacon e John Locke, os representantes do racionalismo abstrato. Ao mesmo tempo, levou a extremos premissas do iluminismo: o apreço pela liberdade individual e pela justiça social. Isso é evidente em poemas das *Canções da experiência* como "O abstrato humano (*The Human Abstract*), com sua "árvore do Mistério" da qual nasce o "fruto do Engano", buscada "pelos Deuses do mar e da terra", mas que cresce no

---

[11] Roelof van den Broek e Wouter J. Hanegraaff (orgs.), *Gnosis and Hermeticism from Antiquity to Modern Times*, Nova York, University of New York, 1998, p. 274.

cérebro humano, e não na natureza.¹² É uma crítica à crença religiosa, repetida em outros poemas, à qual enciclopedista algum objetaria.

Ambivalência, combinando assimilação e negação, afinidade e crítica, pode ser observada em sua relação com outros grandes quadros de referência da época. Por exemplo, diante da cultura hermética do período, de grande difusão e importância na gênese do romantismo: estudioso de Swedenborg, Blake o criticou e satirizou em *O casamento do céu e do inferno*. O mesmo vale com relação ao deísmo, a crença racionalista em uma religião natural sustentada por Thomas Paine e outros iluministas. Patriarca da independência norte-americana, expressão avançada da defesa de valores democráticos, Paine entendia que a crença em Deus é justificada pela natureza, na mesma medida em que a crença em um relojoeiro é justificada pelo funcionamento do relógio. A argumentação deísta incluía a rejeição integral da Bíblia e dos demais livros sagrados, Corão, Zend-Avesta etc., e das respectivas doutrinas, vistas como instrumentos de dominação, somada à total descrença em verdades religiosas reveladas, e não empiricamente comprovadas e racionalmente demonstradas.¹³

Ao longo de toda a sua obra, desde *There is no Natural Religion* até *Jerusalem*, Blake — defensor do primado romântico da imaginação e da experiência visionária como fonte de um conhecimento superior àquele transmitido através dos sentidos e demonstrado pela razão — criticou o deísmo. Mas opinou em defesa de Paine quando esse foi atacado pelo Bispo Watson, um tradicionalista: "Paine não atacou a Cristandade. Watson defendeu o Anticristo."¹⁴ Havia antagonismo entre as ideias de Blake e Paine; ambos, porém, partilhavam um fundo comum: o apreço pela liberdade e a recusa dos dogmatismos religiosos. E um deísta não objetaria às passagens de *O casamento do céu e do inferno* sobre a beleza da nudez feminina, a luxúria do bode e a fúria do leão serem manifestações de Deus. A argumentação de "The Everlasting Gospel", reduzindo a mensagem de Cristo a um mínimo doutrinário, é igualmente compatível com o deísmo.

---

¹² William Blake, *Canções da inocência e da experiência*, tradução, prefácio e notas de Mário Alves Coutinho e Leonardo Gonçalves, Belo Horizonte, Crisálida, 2005, p. 111.
¹³ A argumentação sobre deísmo em *Life and Writings of Thomas Paine* em www.deism.com/paine.htm.
¹⁴ William Blake, *Complete Writings*, p. 383.

Daí Frye observar, em *Fearful Simmetry*, que Blake polemizava com quem lhe era mais próximo, e não com aqueles radicalmente opostos a suas concepções:

> O desprezo viril de Locke pela escravidão, sua defesa da tolerância e até o primado que ele dá à experiência sensível em sua teoria do conhecimento são, todos, qualidades blakianas. O trabalho de Newton na ciência certamente não o tornava um "deísta"; ele tinha um interesse no pensamento apocalíptico que merecia algo melhor, sob o ponto de vista de Blake, que o modo como é ridicularizado. Nenhum desses pensadores é tão oposto ao modo de pensar de Blake quanto, por exemplo, Hobbes, a quem ele nunca menciona, embora nele haja barreiras contra o humanismo apocalíptico de Blake, muito mais rígidas que aquilo erigido por seus antagonistas favoritos. [...] De modo semelhante, embora predestinação fosse uma doutrina que Blake detestava, ele não a ataca em Agostinho ou Calvino; ele ataca essa tendência em seu mestre, Swedenborg. Ademais, a crença deísta de que uma ideia de Deus é inata no homem é de certo modo mais próxima de Blake do que de Locke, que a nega; e certamente mais próxima do que o ateísmo. Mas Blake via no deísmo, e não no ateísmo, o inimigo pernicioso do cristianismo.[15]

Qualquer identificação de Blake com o gnosticismo tem de levar em conta seu efetivo conhecimento dessa doutrina, por meio da bibliografia então disponível. Isso foi atestado por seu interlocutor Crabb Robinson.

> Ao obter dele a declaração de que a Bíblia era a obra de Deus, referi-me ao começo de Gênesis — "No começo Deus criou o Céu e a Terra". Mas nada ganhei com isso, pois, triunfantemente, disse-me que esse Deus não era Jeová, mas Elohim, & a doutrina dos gnósticos foi repetida com suficiente consistência para silenciar alguém tão desconhecedor do assunto como eu.[16]

---

[15] Northrop Frye, *Fearful Symmetry*, Princeton, Princeton University Press, 1969, p. 188.
[16] O testemunho de Crabb Robinson sobre William Blake em Alfred Kazin (org.), *The Portable Blake,* Nova York, The Viking Press, 1974; citado por Roelof van den Bruek e Wonter J. Hanegraaff (orgs.), *op. cit.*

Associar Blake ao gnosticismo é fortalecido pelo tema da queda cósmica em seus poemas. O comentário de Cazamian sobre *As canções da experiência* vale para o conjunto da sua obra, "sob o signo da queda; mas o poeta não a entende no sentido tradicional e teológico; essa queda não é devida à desobediência do homem; é a desgraça do universo que, inteiro, misteriosamente desabou; o criador é um tirano vingador que faz reinar a repressão e propaga o mal".[17]

Para relatar a queda e profetizar sua reversão, preencheu o universo de entidades. Em *Milton*, reproduziu mitologia gnóstica de modo literal: "Tudo tem seu Guardião, cada Momento, Minuto, Hora, Dia, Mês & Ano. [...] Os Guardiões são Anjos da Providência em perpétua Vigília."[18]

Os demiurgos e arcontes de Blake servem, de modo evidente, à crítica ao racionalismo, à religião patriarcal, ao absolutismo. Um deles é Nobodaddy, o Pai-Ninguém, chamado, em um de seus fragmentos, de "Pai do ciúme", que se esconde entre as nuvens e cujas leis, interditando o fruto proibido, são "escuridão e obscuridade".[19]

Nobodaddy é um dos apelidos de Urizen, demiurgo blakiano por excelência, homófono de *Your reason* ou *Our reason* e de *Horizon*: pode ser o Horos dos gnósticos valentinianos, o eon que impõe limites a Sophia. Em *O Livro de Urizen*, é o "Demônio" que engendrou "pérfidos horrores" e "a voraz treva" que irrompe em uma "Eternidade" descrita como "Estranha, estéril, escura e execrável." É como se houvesse uma combinação de apócrifos nas descrições dos embates de Urizen com outros princípios criadores: o Eterno Profeta e Los, também divindade caída, mas não sem antes gerar Orc, ser humano cósmico, arquetípico, versão blakiana do Antropos, a partir de Enitharmon. Urizen, por sua vez, engendra Thirel, Utha, Godna, Fuzon. Impõe o absolutismo: "Somente uma ordem, um mérito, um desejo/Uma maldição, um peso, uma medida/Um Rei, um Deus e uma Lei!" Do pranto de Urizen nasce a "Rede da Religião" que produz o esquecimento, equivalente à separação entre a esfera humana e a divina. O mundo de *O Primeiro Livro de Urizen* é terrível: "A vida transcorre sob a égide da morte:/O Boi geme no matadouro/O cão no frio umbral."

---

[17] William Blake, *Poèmes choisis*, p. 49.
[18] Idem, *O casamento do céu e do inferno e outros escritos*, p. 78.
[19] Idem, *Complete Writings*, p. 171

Já se podem observar semelhanças e também diferenças entre Urizen e o Ialdabaoth gnóstico: esse criou o mundo material; aquele, a abstração, os dogmas e a religião patriarcal. Poderia ser feito um paralelo com Valentino, para quem o mundo material, identificado com o mal, é uma ilusão; mas o gnosticismo valentiniano é intelectualizado; expressa-se por meio de categorias abstratas, em vez de personalizá-las, como o fizeram gnósticos clássicos e Blake.

Urizen reaparece em outros poemas. Em *Visions of the Daughters of Albion*, de 1793, é apostrofado: "Ó Urizen! Criador dos homens! equivocado Demônio do céu!" E também neste adendo a *The Four Zoas*: "Urizen sentado em sua rede de religião enganadora era atormentado."[20] Em *Milton*, é Satã: "Então Los e Enitharmon souberam que Satã é Urizen,/Trazido por Orc e a Fêmea Sombria à Geração."

Personagens que equivalem aos arcontes do gnosticismo também povoam os poemas proféticos, como *América*, *The French Revolution* e *Europe, a Prophecy*, e as epopeias mais extensas e complexas, *Vala or the Four Zoas, Milton* e *Jerusalem*. Servem à crítica dirigida às religiões patriarcais e ao racionalismo cientificista; e aos próprios cientistas e racionalistas. Há confusão proposital entre histórico e cosmológico, típica de Blake. Assim, em "The Song of Los", não só critica o empirismo e a ciência positiva, mas transforma seus representantes em personagens de um mito. São mensageiros de Urizen: "Assim a terrível raça de Los e Enitharmon deu/Leis & Religiões aos filhos do Har, amarrando-os mais/E mais à Terra, fechando e restringindo/Até que uma Filosofia dos Cinco Sentidos estivesse completa./Urizen chorou e a entregou às mãos de Newton & Locke."[21] A mesma fusão do histórico e do cósmico está em *Milton*. O autor de *Paraíso perdido*, personagem e símbolo, "caminha pela eternidade": é o guia, poeta exemplar, como Virgílio com relação a Dante.

Blake não foi o único poeta a integrar mitologia e história. É um procedimento da epopeia clássica. E Victor Hugo fez o mesmo em *La légende des siècles*, na qual a Queda da Bastilha é evento decisivo em um enredo cósmico. Mas a comparação entre suas obras mostra o quanto Hugo é racional, até didático, em sua tentativa de dar sentido à história; ou, correlatamente, o quanto Blake é complexo e ousado.

---

[20] *Idem, ibidem*, p. 382 e p. 490 a citação seguinte.
[21] *Idem, ibidem*, p. 246.

UM OBSCURO ENCANTO: GNOSE, GNOSTICISMO E POESIA MODERNA

Contudo, Blake acrescentou a suas visões de um mundo regido por Urizen outras incompatíveis com o dualismo. O limite para a associação da gnose pessimista e dualista com Blake é traçado por suas obras de maior difusão e influência: *O casamento do céu e do inferno* e as *Canções da inocência*. E por *All Religions are One*, de 1788, na qual se declarou monista: "o Corpo ou Forma Exterior do Homem é derivado do Gênio Poético". Isso não era admissível para os gnósticos, que viam o corpo, obra do demiurgo, como antagônico com relação à centelha divina, por sua vez equivalente ao "Gênio Poético" de Blake.

Em *O casamento do céu e do inferno*, contrariou a sinistra visão de mundo de *Urizen* e proclamou a alegria de viver. Expressou a crença em uma síntese — o casamento do céu e do inferno, a reconciliação de Deus e Satanás — através da experiência poética e visionária. Logo na abertura, argumentou na direção contrária à negação gnóstica do corpo em passagens famosas, futuros pilares da contracultura:

> 1. O Homem não tem um Corpo distinto da Alma, pois aquilo que denominamos Corpo não passa de uma parte da Alma discernida pelos cinco sentidos, seus princípios umbrais nestes tempos.
> 2. Energia é a única força vital e emana do Corpo. A Razão é a fronteira ou o perímetro circunférico da Energia.
> 3. Energia é a Eterna Delícia.[22]

Há, nesse trecho, um ataque ao pensamento cartesiano, segundo o qual a razão é central. E uma inversão do platonismo: é expressa a ideia de um centro e de uma periferia, mas ao contrário, pois a energia vai ocupar a posição reservada pelo filósofo ao *logos*. Isso permite enxergar Blake como precursor de Freud. E, nos trechos em que associa a repressão à doença — "Espere veneno da água estagnada" e "Aquele que deseja e não age engendra a peste" — de Wilhelm Reich, lembrando que a ideia da peste, *plague*, como resultado da repressão é central no autor de *A função do orgasmo*. Principalmente, *O casamento do céu e do inferno* permite ver Blake como adepto destacado do "misticismo do corpo", como o designou Norman O. Brown em *Life against Death*. E como

---

[22] Idem, *O casamento do céu e do inferno e outros escritos*, p. 19-29, assim como todas as demais citações dessa obra.

anarquista, neste outro trecho: "As masmorras são erguidas com as pedras da Lei; os bordéis, com os tijolos da Religião."

Blake foi pioneiro na sacralização da energia vital: misticismo do corpo, declarado abertamente, era novidade. Desse modo explícito, está presente em cultos e doutrinas não cristãs. Antes de Blake, suas manifestações em nossa cultura podem ser localizadas nas entrelinhas do misticismo de Böhme ou em imagens na pintura de Hieronymus Bosch (como o faz Brown); e também em intensos lampejos líricos, desde o *Cântico dos cânticos* bíblico até o "Poema do êxtase" de John Donne; mas não como doutrina, uma cosmovisão formulada com tamanha clareza. Havia, no final de século XVIII, bastante literatura licenciosa: mas essa literatura não promovia a sacralização do corpo.

Nos "Provérbios do Inferno" de *O casamento do céu e do inferno*, o mundo material é coisa sagrada, e não a criação equivocada de um demiurgo: "A altivez do pavão é a glória de Deus./A lascívia do bode é a dádiva de Deus./A fúria do leão é a sabedoria de Deus./A nudez da mulher é a obra de Deus." São afirmações sobre o macrocosmo presente no microcosmo e sobre o caráter sublime do mundo natural, completadas por esta: "O rugir dos leões, o uivo dos lobos, a ira do mar revolto e a espada devastadora são porções de eternidade demasiado grandes para o olho humano." Em acréscimo, tomou o partido das paixões contra o conhecimento sistemático: "Os tigres da ira sabem mais do que os camelos da cultura." Não apenas suprimiu a distinção entre Deus como princípio primeiro e o demiurgo, porém entre Deus e o mundo. Seu lema foi: "Porque tudo o que vive é Sagrado." Ou melhor, tudo o que fosse espontâneo, livre do controle pela razão. Daí outra máxima famosa: "O caminho do excesso leva ao palácio da sabedoria." Proclamou a inocência da humanidade e da natureza; e a regência do mundo e da própria religião pelo Gênio Poético, equivalente ao *pneuma*, à energia vital, que deixa de ser distinta do *soma*.

Como observa Jos van Meurs, "Blake afirma a regra hermética de que 'assim como embaixo, no alto' em seu dito 'Deus está nos efeitos mais baixos, assim como nas causas mais elevadas'".[23] Mas não se trata apenas da herança hermética, do pensamento analógico e da teoria das assinaturas divinas de Böhme e Paracelso. No pavão, no bode, no leão,

---

[23] Roelof von den Broeck e Wouter J. Hanegraaff (orgs.), *op. cit.*, p. 277.

na mulher, no rugir dos leões ou no uivo dos lobos, na ira do mar revolto e até na espada devastadora, não há apenas assinaturas de Deus: eles são Deus; seus atributos são aqueles da divindade. Não se limita a dizer que o mundo e a esfera divina se comunicam: afirma que são a mesma coisa. Reviveu aquilo que, para Scholem, sendo "alheio ao espírito do misticismo", corresponde a "um primeiro estágio", a "época mítica" característica "da infância da humanidade", que reaparece no misticismo como revanche do mítico. Naquele estágio inicial, diz Scholem, "a Natureza é o cenário da relação entre o homem e Deus". Expressa "A imediata consciência da inter-relação e da interdependência das coisas, de sua unidade essencial, que precede a dualidade e nada sabe da separação, o universo verdadeiramente monístico da era mítica do homem."[24]

Essa ideia de unidade essencial das coisas é reiterada em outro poema muito difundido de Blake, de seu caderno de manuscritos: "Num grão de areia ver um mundo/Na flor silvestre a celeste amplidão/Segura o infinito em sua mão/E a eternidade num segundo."[25] Em uma condensação, proclamaria, em *O casamento do céu e do inferno*, que "Um pensamento abarca a imensidão". A frase equivale a outra, que se tornou uma epígrafe dos *beats* e de experiências com alucinógenos depois de inspirar o título do livro de Aldous Huxley, *As portas da percepção*: "Se as portas da percepção se desvelassem, cada coisa apareceria ao homem como é, infinita. Pois o homem se enclausurou a tal ponto que apenas consegue enxergar através das estreitas frestas de sua gruta."

Repare-se na menção ao mito da caverna de Platão: a "gruta" do homem. No entanto, a visão de sombras projetadas nessa caverna, e não de realidades numinosas, não decorre da situação do ser humano na ordem do universo, mas da atitude de cada indivíduo; da sua capacidade de perceber. E Blake, ao referir-se a "cada coisa" percebida, suprime a distinção platônica entre formas inteligíveis e coisas sensíveis. É como se unisse nem tanto o céu e o inferno, mas Platão e Heráclito.

---

[24] Gershom G. Scholem, *As grandes correntes da mística judaica*, tradução de Jacó Guinsburg e outros, São Paulo, Perspectiva, 1995, p. 9.
[25] William Blake, *Escritos de William Blake*, tradução de Alberto Marsicano e Regina de Barros Carvalho, Porto Alegre, L&PM, 1984, p. 79.

WILLIAM BLAKE: ROMANTISMO E GNOSTICISMO LIBERTÁRIO

Os trechos aqui citados de *O casamento do céu e do inferno* podem contribuir para a interpretação de outro poema dos mais conhecidos de Blake, aquele sobre o tigre em *Canções da experiência* — "canônico", segundo Bloom,[26] *pièce de résistance* de tantos tradutores, além de fornecer o título do ensaio de Frye sobre Blake, com a imagem da "temível simetria":

O Tygre

Tygre, Tygre, fogo ativo,
Nas florestas da noite vivo;
Que olho imortal tramaria
Tua temível simetria?

Que profundezas, que céus
Acendem os olhos teus?
Aspirar quais asas ousa?
Qual mão em tuas chamas pousa?

Porque braço & que arte é feito
Cada nervo do teu peito?
E teu peito ao palpitar,
Que horríveis mãos? & pés sem par?

Que martelo? Que elo? Tua mente
Vem de qual fornalha ardente?
Qual bigorna? Que mão forte
Prende o teu terror de morte?

Quando em lanças as estrelas
Choraram ao céu, ao vê-las:
Ele sorriu da obra que fez?
Quem fez o cordeiro te fez?

---

[26] Harold Bloom, *Poesia e repressão — O revisionismo de Blake a Stevens*, tradução de Cillu Maria, Rio de Janeiro, Imago, 1994.

Tygre, Tygre, fogo ativo,
Nas florestas da noite, vivo,
Que mão imortal armaria
Tua terrível simetria?[27]

Bataille transcreve "The Tyger" em *A literatura e o mal* para ilustrar o compromisso do poeta com o mal. Smith o cita para reforçar seus argumentos sobre o gnosticismo em Blake: "O criador maligno pintado por Blake em seus últimos poemas ajuda a remover algo da ambiguidade da questão que ele formulou em "The Tyger": [...] Como os gnósticos, ele separa o verdadeiro Deus da natureza e encara o criador do universo natural como maligno."[28] Bloom, em uma interpretação assemelhada, equipara o tigre às abominações bíblicas: "Os precursores do 'Tigre' de Blake foram o Leviatã e o Behemoth de Jó, duas bestas horrendas que representam a tirania, ordenada por Deus, da Natureza sobre o homem; duas feras cujo nome definitivo é a morte humana, porque para Blake a natureza é a morte humana."[29]

É possível, contudo, lançar dúvidas sobre as interpretações dualistas de "O tygre" por Bloom, Bataille e Smith. Estetização do mal é algo muito presente no romantismo, porém ausente do gnosticismo. E Blake retratou um tigre romântico: sua ferocidade é temível, mas fascinante pela beleza. Pode-se entender "The Tyger" como percepção, não do mal, mas do belo e da liberdade. É a interpretação de Alfred Kazin em *The Portable Blake*: "O tigre é a face da criação, maravilhoso e ambíguo; ele não é o mal. [...] é um poema de consciência humana triunfante; é um hino ao puro ser."[30]

Tal leitura é reforçada por meio do paralelo com as passagens de *O casamento do céu e do inferno* sobre a luxúria do bode, a altivez do pavão, a fúria do leão, a nudez da mulher: a ferocidade do tigre completa a série, se lembrados seus "tigres da ira", associados à vitalidade: tudo

---

[27] William Blake, *Canções da inocência e da experiência*, tradução, prefácio e notas de Mário Alves Coutinho e Leonardo Gonçalves, Belo Horizonte, Crisálida, 2005, p. 101. Há outras traduções de *"The Tyger"*, como as de José Paulo Paes, Augusto de Campos, Paulo Vizioli e mais recentemente de Alberto Marsicano.
[28] Richard Smith, "The Modern Relevance of Gnosticism", em James M. Robinson (org.), *op. cit.*, p. 535.
[29] Harold Bloom, *op. cit.*, p. 54.
[30] Alfred Kazin (org.), *op. cit.*, p. 42.

isso, manifestações que ultrapassam a polaridade entre bem e mal. E pela atenção a qualidades literárias de "O tygre", ao recurso às antinomias, pares de opostos: o tigre e o cordeiro; as profundezas e os céus; a temível simetria; as estrelas do céu junto à bigorna e ao martelo. Na literatura místico-religiosa, antinomias são para referir-se ao Princípio Primeiro, mas não ao demiurgo. Esse não ganha tratamento poético em texto gnóstico algum: Ialdabaoth é monológico e Deus é polifônico. As imagens sugerem o caráter sublime do tigre; seu valor como símbolo da unidade, e não da separação e da queda.

Se fosse para enquadrar Blake em alguma doutrina dualista ou monista, todas essas passagens levariam a vê-lo como monista e vitalista, sacralizando a *hylé* e associando-a ao *pneuma*, a energia vital. E não, como quer Bloom, identificando a natureza à morte: sua expressão "mundo vegetal" tem antes o sentido da vida vegetativa, pautada pelo conformismo, no mundo em que vivemos, aquele do "sono de Ulro". Para tornar aceitável a equivalência de natureza e morte, seria preciso excluir da obra de Blake *O casamento do céu e do inferno* e *Canções da inocência e da experiência*. Nessas, o mal não é natural, porém social.

O modo de interpretar Blake varia, portanto, conforme o lugar, mais ou menos central, de *O casamento do céu e do inferno* e *Canções da inocência e da experiência*. Críticos qualificados situam *O casamento do céu e do inferno* algo à margem. Para Cazamian, trata-se de paródia de Swedenborg. Ver ironia e paródia nessa obra[31] justifica-se pelo modo como critica Swedenborg, que "[...] jamais escreveu uma nova verdade. Reescreveu apenas velhas falsidades. E qual seria a razão disto?: Ele conversava com Anjos, que são todos religiosos & jamais com Demônios — que detestam a religião — pois seu preconceito o impediu".[32] Em outras palavras, Swedenborg foi demasiado devoto para Blake.

Frye interpreta *O casamento do céu e do inferno* como sátira na tradição de Johnatan Swift e Laurence Sterne: "*O casamento do céu e do inferno* pertence à tradição da grande sátira."[33] Por isso, "nada tem a ver com a simples inversão do bem moral e do mal, que é conhecida como sadismo e que forma um aspecto importante da cultura romântica". Há

---

[31] Como o faz também Geoffrey Keynes, organizador de William Blake, *Complete Writings*, p. 992.
[32] William Blake, *O casamento do céu e do inferno e outros escritos*, p. 41.
[33] Northrop Frye, *op. cit.*, p. 200.

confusão, nessa passagem, entre visões de mundo distintas. Uma delas é o sadismo, entendido como as ideias expressas pela obra do Marquês de Sade: essas consistem em uma crítica imanentista da religião e na afirmação de uma filosofia materialista, segundo a qual a crueldade rege o mundo. Outra coisa é o satanismo romântico do Lúcifer arquétipo da sabedoria e da rebelião. Trata-se de crítica religiosa, e não só de crítica à religião. Validam a associação de *O casamento do céu e do inferno* ao satanismo romântico os comentários equivalentes de Blake e Baudelaire sobre a estetização do demônio em Milton (como observado no Capítulo 5). Por isso, Praz, em seu ensaio sobre satanismo romântico, os coloca lado a lado, na companhia de outras declarações de simpatia pelo demônio, como a de Shelley.

Já Octavio Paz toma *O casamento do céu e do inferno* como obra central, ao apresentar Blake como representante destacado da rebelião romântica:

> A figura de William Blake condensa as contradições da primeira geração romântica. Condensa e as faz arrebentar em uma explosão que vai além do romantismo. Foi um verdadeiro romântico? O culto da natureza, que é um dos rasgos da poesia romântica, não aparece em sua obra. Acreditava que "o mundo da imaginação é o mundo da eternidade, enquanto o mundo da geração é finito e temporal". Essa ideia o aproxima dos gnósticos e dos iluminados, mas seu amor ao corpo e sua exaltação do desejo erótico e do prazer — "aquele que deseja e não satisfaz seu desejo engendra pestilência" — o colocam contra a tradição neoplatônica. Embora se chamasse "adorador de Cristo", foi cristão? Seu Cristo não é o Cristo dos cristãos: é um titã nu, que se banha no mar radioso da energia erótica. Um demiurgo, para quem imaginar e agir, desejar e satisfazer o desejo são uma única e a mesma coisa. Seu Cristo lembra mais o Satã de *The Marriage of Heaven and Hell* (1793): seu corpo é como uma gigantesca nuvem iluminada por relâmpagos incessantes: a escritura chamejante dos provérbios do inferno.[34]

Paz reconheceu a importância de *O casamento do céu e do inferno* em sua própria formação. Em *Os filhos do barro*, faz afirmações que corres-

---

[34] Octavio Paz, *Os filhos do barro*, tradução de Olga Savary, Rio de Janeiro, Nova Fronteira, p. 76.

pondem àquelas de Blake: "Sem a imaginação poética não haveria nem mitos nem sagradas escrituras; simultaneamente, desde os primeiros tempos, a religião confisca para seus fins a imaginação poética." O trecho é paráfrase de "All Religions are One": "As religiões de todas as Nações são derivadas da diferente recepção em cada Nação do Gênio Poético, que, em todo lugar, é chamado de Espírito da Profecia."[35]

Diante disso, desse grau de atenção, maior ou menor conforme o crítico, ao Blake anarquista e panteísta, torna-se possível discernir modos de lê-lo: um deles, exemplificado pelos trechos de Paz ou pelo culto *beat* a Blake; outro, dos racionalistas (do tipo religioso ou literário) e formalistas (a exemplo do que Eliot escreveu sobre ele, de modo bem equivocado ao tê-lo por ingênuo).[36]

O contraste em Blake, parecendo oscilar entre visões de mundo distintas, monistas ou dualistas, mais afins ou mais antagônicas com relação ao gnosticismo e neoplatonismo, também é observado por Frye. Vale-se, porém, de categorias distintas: vê o poeta transitar "de um otimismo milenarista revolucionário a um pessimismo cíclico spengleriano".[37]

A datação das obras de Blake interessa, pelo seguinte: vê-se, entre 1789 e 1800, uma intensificação da sua criatividade, em um período no qual se expressa em diferentes registros: um deles "simbólico", outro mais literal. É quando escreve as *Canções da inocência e da experiência*, *O casamento do céu e do inferno*, os painéis apocalípticos de *America* e *The French Revolution*, outro de seus poemas proféticos, *Europe*, mais os livros de Urizen, Los e Anahia e o extenso *Vala or the Four Zoas*. Portanto, um Blake apocalíptico e outro panteísta manifestaram-se de modo paralelo. A celebração panteísta de *O casamento do céu e do inferno* e o dualismo de *O Livro de Urizen* são concomitantes: ambos vieram à luz entre 1793 e 1794.

Não obstante, Bloom contextualiza o crescimento da complexidade e da obscuridade ao longo de sua obra: "As medidas de Pitt contra os que protestavam silenciaram Blake. Não querendo ser embarcado para a Austrália, ou para uma prisão inglesa, confinou-se a expressar sua fúria em seus cadernos de anotações e em suas profecias."[38] De fato, parte de sua

---

[35] William Blake, *Complete Writings*, p. 98.
[36] Em *The Sacred Wood*, traduzido em William Blake, *Escritos de William Blake*.
[37] Northrop Frye, *op. cit.*, p. 219.
[38] Harold Bloom, *Genius*, p. 699.

obra foi criada durante uma espécie de brecha entre o colapso dos absolutismos e a consolidação de uma opressão burguesa: entre a Queda da Bastilha e Waterloo. Pode-se acrescentar a essa contextualização as crescentes dificuldades, econômicas inclusive, que enfrentou, os incidentes quando morou fora de Londres, de 1800 a 1804, e sua crescente reputação de louco e seu isolamento. Mas seu ideário nunca mudou. Expressou-se em favor da liberdade e contra todas as modalidades de opressão, sempre apontando o racionalismo e as religiões normativas como suas fontes, ao longo de toda a sua obra. Não é possível atribuir-lhe um otimismo revolucionário da juventude contraposto ao pessimismo reacionário da maturidade, a exemplo do que ocorreu com Wordsworth e outros românticos entusiasmados com a Revolução Francesa e a seguir decepcionados com o Terror e a restauração imperial; ou do Baudelaire revolucionário em 1848 e reacionário depois.

Estudiosos procuraram esclarecer essa oscilação entre Lúcifer idealizado e Urizen apostrofado, panteísmo otimista e gnosticismo pessimista, milenarismo e crença no tempo cíclico, pela interpretação política do que escreveu. Entre outros, os tradutores da recente edição brasileira das *Canções da inocência e da experiência,* Mário Alves Coutinho e Leonardo Gonçalves, observam sua crítica precursora ao capitalismo: "Blake foi um observador (talvez um repórter) extremamente realista, testemunhando e anotando as consequências e práticas da Revolução Industrial, um narrador extremamente confiável dos horrores da implantação do capitalismo no primeiro país capitalista, a Inglaterra."[39] Faltando-lhe um vocabulário propriamente político, de doutrinas que viriam a ser formuladas ou estavam em preparação, teria utilizado categorias religiosas para fazer crítica social. Sua mitologia pessoal seria um sistema de metáforas para referir-se à opressão e à desigualdade. O reverso da moeda, seu monismo panteísta, também seria metáfora, porém da superação do *status quo* e da realização da utopia. Corroboram essa interpretação as frases em tom triunfal de *Uma canção de liberdade,* epílogo de *O casamento do céu e do inferno*: "O IMPÉRIO CAIU! E AGORA O LEÃO & O LOBO TERÃO FIM!"[40] E seu notório envolvimento com acontecimentos de seu

---

[39] William Blake, *Canções da inocência e da experiência,* p. 19.
[40] William Blake, *O matrimônio do céu e do inferno, O livro de Thel,* tradução de José Antônio Arantes, São Paulo, Iluminuras, 1987, p. 35.

tempo, evidente em poemas como "The French Revolution" e "América". Durante a Revolução Francesa, provocador, ostentava o barrete vermelho dos revolucionários.

Mas não basta interpretá-lo como crítico que usava categorias teológicas na falta daquelas propriamente políticas. Conhecia o repertório político corrente em sua época. Frequentou William Godwin, sogro de Shelley e o primeiro, cronologicamente, na lista dos socialistas utópicos e precursores do anarquismo. As estranhas divindades e cosmogonias não estão em sua poesia apenas pelo valor como alegorias. Correspondem a uma visão de mundo. Expunha mitos como tais, como realidades reveladas. É o que fica claro por meio de uma passagem como esta, de *A Vision of the Last Judgement*:

> O Juízo Final não é Fábula ou Alegoria, porém Visão. Fábula ou Alegoria são uma modalidade totalmente distinta e inferior de Poesia. Visão ou Imaginação é uma Representação do que Eternamente Existe, Real e Insubstituível. [...] Fábula é alegoria, mas o que os Críticos chamam de A Fábula é a própria visão. A Bíblia Hebraica e o Evangelho de Jesus não são Alegoria, porém Eterna Visão ou Imaginação de Tudo que Existe.[41]

Poetas preferem ser tomados por seu valor de face. Aquilo de que Blake falou — Vala, Orc, Zoas, Golgonooza, Palamobrom — era dado como real. Exigiu que o levassem a sério e o lessem como profeta, e não como pensador abstrato.

Em Blake, são encontradas divindades e entidades pertencentes ao âmbito de religiões e mitologias historicamente existentes: Jesus Cristo, Jeová, Lúcifer. Vêm em companhia de personagens históricos: Milton, Swedenborg, Newton, Locke, Jefferson. Mas predominam entidades não existentes, no sentido de serem inéditas antes de o poeta criá-las. Nas quatro páginas de "The Song of Los"[42] são mencionados os bíblicos Adão, Noé, Abraão e Moisés; os extrabíblicos Brahma e Trimegisto; os historicamente reais Maomé, Newton, Locke, Rousseau, Voltaire; e os blakeanos Los, Urizen, Rintrah, Palamobrom, Har, Oothoon, Theotormon, Anthamon, Leutha, Enitharmon e Orc. Entidades e pessoas reais passam à

---

[41] William Blake, *Complete Writings*, p. 608; também em Northrop Frye, *op. cit.*, p. 116.
[42] William Blake, *op. cit.*, p. 245-248.

UM OBSCURO ENCANTO: GNOSE, GNOSTICISMO E POESIA MODERNA

condição de protagonistas ou figurantes do novo mito, em um sincretismo tipicamente romântico (a coexistência de personagens reais, mitológicos e literários reaparece no Victor Hugo de *La légende des siècles*). No relato mítico de "The Song of Los", Urizen e Rintrah são demiurgos que impõem as leis e a "Filosofia Abstrata" às Nações; e Orc, "serpente de vigorosas chamas", veio para destruir a abstração e restaurar a vida. É um enredo recorrente: cresce em complexidade na proporção das quatro páginas de "The Song of Los" e das 120 páginas de *Vala or the Four Zoas* e *Jerusalém*.

Interpretar Blake através de Blake foi o que empreendeu Frye em *Fearful Symmetry*. E foi mais longe, ao propor Blake como paradigma, um vade-mécum para se entender "simbolismo arquetípico" na poesia em geral: conhecê-lo resultaria em melhores condições para ler Shakespeare ou Keats.[43] Tal procedimento pode mostrar alguns dos sentidos do seu entusiasmo diante da Revolução Francesa e da independência americana. Não se tratava apenas de vitórias políticas, como o foram para outros dos românticos. Não se limitou a celebrar revoluções: profetizou o fim do mundo. Eram indícios de uma catástrofe semelhante àquela do mito da Atlântida, submergindo para que emergisse a nova Jerusalém, como fica claro nestes versos de "América":

> Washington, Franklin, Paine & Warren, Allen, Gates & Lee,
> Envoltos pelas ardentes flamas vislumbraram as terríveis hordas que dos céus surgiam.
> Escutaram o brado retroante do Anjo de Albion;
> E a peste sob as suas ordens emergiu das nuvens,
> Precipitando-se sobre a América como uma tenebrosa tormenta. [...]
> A Fúria! A Ira! A Loucura, como um furacão assolaram a América.
> E as rubras flamas de Orc rugiram feéricas entre as rochas.[44]

Torna-se inevitável projetar na leitura de Blake sua teoria de opostos, a afirmação de que os contrários movem o mundo: portanto, movem a criação poética. E juízos de valor como este, de *O casamento do céu e do inferno*: "O homem que jamais muda sua opinião é como água estagnada

---

[43] Northrop Frye, *op. cit.*, p. 427.
[44] William Blake, *O casamento do céu e do inferno e outros escritos*, p. 72.

& engendra os répteis da mente." Entender e aceitar seus desafios ao princípio lógico da identidade e da não contradição possibilita examiná-lo como místico, visionário; e como sonhador e poeta do sonho.

Há divergências na classificação de Blake como místico. Kazin a recusa, entendendo misticismo como submissão a uma religião.[45] Frye inicia a nota final de *Fearful Symmetry* com uma advertência: "A palavra 'místico' nunca trouxe nada senão confusão para o estudo de Blake." Mas termina esclarecendo:

> Se misticismo significa em primeira instância um quietismo contemplativo, misticismo é algo execrável para Blake, uma comunhão de si-mesmo em Ulro; se significa em primeira instância uma iluminação espiritual a expressar-se em uma piedade prática e (a despeito de sua sutileza psicológica) não especulativa, como a encontramos no monasticismo militante da Contrarreforma, a palavra continua a não se ajustar a ele. Mas se misticismo significar em primeira instância a visão da metamorfose prodigiosa e inconcebível da mente humana que acaba de ser descrita, então Blake é um dos místicos.[46]

Classificar Blake como místico dependeria então do que se entende por misticismo. Já Scholem deu uma resposta inequívoca: Blake representou o misticismo "sem laços com qualquer autoridade religiosa", em companhia de Rimbaud e Whitman, também "heréticos luciferianos"; pois sua imaginação era "estimulada por imagens tradicionais, ou da igreja católica oficial (Rimbaud) ou de origem hermética e espiritualista, subterrânea e esotérica (Blake)".[47] Scholem ainda distingue — a propósito de Blake, Rimbaud e Whitman — duas atitudes dos místicos, uma conservadora e outra revolucionária: "uma atitude revolucionária é inevitável uma vez que o místico invalida o sentido literal das escrituras sagradas". Entender misticismo como retorno ao mito, ou ao mundo mítico, como Scholem o faz, torna inevitável classificar Blake como místico.

Vê-lo como místico encontra respaldo em outros estudiosos de Blake, como Paulo Vizioli: "Blake, na verdade, sempre foi um místico. [...] Já

---

[45] Alfred Kazin (org.), *op. cit.*, especialmente p. 5.
[46] Northrop Frye, *op. cit.*, p. 432.
[47] Gershom G. Scholem, *On the Kabbalah and its Symbolism*, Nova York, Schockem Books, 1965, p. 16.

aos quatro anos afirmava ter visto Deus ao olhar pela janela do quarto. Depois, menino e adolescente, dizia avistar-se com os profetas bíblicos em seus passeios pelos campos nos arredores de Londres."[48] E no próprio Blake, nesta passagem de *O casamento do céu e do inferno*:

> Os profetas Isaías e Ezequiel jantavam comigo. Perguntei-lhes como se atreviam a afirmar que Deus falava com eles; e se não achavam que isto os tornava malditos & passíveis de perseguição. Isaías respondeu: "Jamais pude ver ou ouvir Deus dentro de uma percepção orgânica e finita; Meus sentidos descobriam o infinito em cada coisa e, como desde então estivesse convicto & recebesse o sinal que a voz da indignação sincera é a voz de Deus, alheio às consequências, escrevi."[49]

Logo a seguir, outra frase reveladora, em um dito atribuído a Ezequiel: "A filosofia do Oriente ensinou os princípios básicos da percepção humana."

Que percepção e que visões e audições são essas? Fica evidente pelo trecho citado que, para Blake, equivaliam-se a percepção como experiência subjetiva ou como fato objetivo, exterior ao sujeito. Podem contribuir para a compreensão das visões e da poética visionária de Blake algumas observações de Breton publicadas em "Le méssage automatique". Neste texto de 1933, deixando de associar a escrita automática apenas ao inconsciente freudiano, o surrealista citou David Myers, o psicólogo experimentalista que pesquisou imagens eidéticas como os pós-efeitos visuais (quando olhamos fixamente para uma fonte de luz e essa, alterada, permanece ao fecharmos os olhos). E concluiu com uma afirmação ousada:

> Toda a experimentação em curso seria de natureza a demonstrar que a percepção e a representação — que para o adulto ordinário parecem opor-se de uma maneira tão radical — não devem ser tidas senão como produtos da dissociação de uma faculdade única, original, da qual a imagem eidética dá conta e da qual se reencontram traços entre os primitivos e as crianças.[50]

---

[48] William Blake, *Poesia e prosa selecionadas*, tradução de Paulo Vizioli, São Paulo, J. C. Ismael Editor, 1986, p. 4.
[49] William Blake, *O casamento do céu e do inferno e outros escritos*, p. 28.
[50] André Breton, *Point du jour*, Paris, Gallimard Folio-Essais, 1970, p. 121.

Aceita essa argumentação, visões e alucinações ganham o estatuto de percepções plenas: o visionário alucinado efetivamente vê; ou, no automatismo verbal, de fato ouve. Breton exemplificou com Santa Tereza d'Ávila, ao ver sua cruz de madeira transformar-se em crucifixo de pedras preciosas e considerar essa visão ao mesmo tempo imaginada e sensorial. O exemplo o levou a uma tirada irônica: "Tereza d'Ávila pode passar como alguém que comanda essa linha na qual se situam os médiuns e os poetas. Infelizmente, ainda não passa de uma santa."

Felizmente — adotando os critérios de Breton — Blake não foi apenas um santo, porém um poeta. E alguém que teria endossado a afirmação bretoniana de que percepção e representação são a mesma coisa, com o mesmo estatuto de realidade. Suas visões dos profetas, do irmão falecido e do restante correspondiam à "faculdade única, original" a que se referiria Breton: a superação da dicotomia entre o mundo subjetivo e objetivo, comum aos "médiuns e os poetas" e aos místicos. E coerente, se interpretada desse modo, com o monismo de Breton e com o Blake monista: não era o outro lado que se enxergava, pois a separação entre natural e sobrenatural fora superada.

Ao sustentar a realidade de suas visões, Blake formulou uma poética do delírio. Considerá-lo louco equivale a depreciá-lo e seria injusto, por ignorar que Blake concluiu *Jerusalém* e "The Everlasting Gospel" no mesmo ano de 1820: um poema exorbitante em matéria de simbolismo, que pode ser classificado como delirante, e outro bem linear, pura argumentação, sem nenhum personagem de sua mitologia particular. Mas a recíproca, normalizar Blake, também é redutora. Loucura e criação não são incompatíveis: Friedrich Hölderlin escreveu poemas importantes depois de enlouquecer; e Nerval teve crises e surtos que resultaram não só nas experiências de "efusão do sonho na vida real" relatadas em *Aurélia*, mas em sonetos de *As quimeras*. O romântico francês comentou, ironicamente: "Recobrando o que os homens chamam de razão, não deveria eu lamentar tê-la perdido?"[51]

Nerval voltará a ser examinado, logo adiante. Interessa, por ora, sua noção de "efusão" ou transbordamento do sonho, tomando conta da realidade. Evidentemente, uma coisa é a transcrição de um sonho ou o

---

[51] Gerard de Nerval, *Aurélia*, tradução e prefácio de Contador Borges, São Paulo, Iluminuras, 1991, p. 28 e 35.

relato de um delírio e outra sua efusão, que pode resultar em uma epopeia como *Vala or The Four Zoas*, com suas 120 páginas na edição Keynes, à qual Blake deu o seguinte subtítulo: *um SONHO de Nove Noites*, intitulando ainda cada uma das suas nove partes como "Noite a primeira", "Noite a segunda" etc. — remetendo às *Noites* de Young, mas também reproduzindo em um modo extremo a valorização romântica do sonho, tão precursora do surrealismo.

Blake não gravou ou editou *Vala or The Four Zoas* e alguns de seus trechos se perderam. Mas não só essa epopeia como os demais poemas extensos de Blake, quando não o conjunto de sua obra, requerem leitura e interpretação através do que se sabe sobre a "lógica" do sonho. Especialmente sobre um dos mecanismos da formação de símbolos, o deslocamento. No sonho, é possível um enredo no qual Jesus Cristo comparece em sua condição de salvador, para tornar-se Lúcifer e esse transformar-se em Jeová, que por sua vez é alguém que conhecemos, e logo é um autor que lemos, enquanto também vão mudando a cena e as situações nas quais isso ocorre. Há instabilidade: o mesmo símbolo pode significar muitas coisas, assim como vários símbolos significam a mesma coisa; seu sentido é múltiplo. A instabilidade não é "ilógica": tanto é que Frye foi capaz de construir um diagrama, em forma de matriz, dando conta dessas mutações em *Vala or The Four Zoas*. Mas isso não permite dizer que esse poema não fosse delirante: delírios têm lógica; mas é uma lógica própria.

Em *Vala or The Four Zoas* e em outras das obras de Blake há não só polissemia, mas um universo multidimensional que desconhece os princípios lógicos da identidade e da não contradição. Assim como no sonho, os símbolos flutuam em sua relação com o que significam. É seu "infinito", visto "em cada coisa" quando as "portas da percepção" estão abertas, relatado deste modo em *Milton*:

> Esta é a Natureza do infinito:
> Todas as coisas possuem seus próprios Vórtices, e quando um navegante da Eternidade
> Passa este Vórtice, percebe que ele turbilhonante gira para trás
> E penetra numa esfera que se engloba a si mesma como o sol, a lua, ou como um firmamento de constelada magnitude
> Entretanto prossegue em sua maravilhosa trajetória pela terra,

> Ou como forma humana, um amigo com o qual pode-se compactuar
> luminosamente a existência.
> O olho humano, seu Vórtice abarcando, vislumbra o leste & o oeste
> O norte & o sul, com suas vastas legiões de estrelas
> O sol surgente e a lua no fulcro do horizonte
> Os seus milharais e vales de quinhentos alqueires
> A terra é uma planura infindável, e não como aparece
> Ao ignóbil transeunte confinado às sombras da lua.
> O céu é um Vórtice já há muito transpassado;
> A terra, um Vórtice ainda intocado pelos navegantes da Eternidade.[52]

Através da imaginação, afirmou Blake, podem-se atravessar os vórtices, viajando por regiões que não correspondem mais ao que captam os cinco sentidos. Deixa de haver diferença entre subjetividade e objetividade; a terra é redonda, plana e infinita ao mesmo tempo; o céu e a terra, o alto e o baixo podem ser trocados; e o corpo humano contém o universo, assim como, reciprocamente, o universo tem forma de corpo humano. São levados a extremos o pensamento analógico, as correspondências entre macrocosmo e microcosmo. E mais: a substância é abolida, substituída pela relação. Blake o representou por meio do desenho, que faz parte de *Milton*, de uma topologia, o mapa do cosmo revelado a Milton, no qual entidades míticas, Adão, Satã, Luvah, Tharmas, Urthona e Urizen, são regiões; mas, ao mesmo tempo, são estados e se sobrepõem. Assim, a mesma região, central, é Adão quando sobreposta a Urthona, um estado primordial, e é Satã, quando sobreposta a Urizen, a razão fantasmagórica.

Vê-se que, para Blake, já não bastavam as correspondências entre duas esferas, entre o alto e o baixo, como no hermetismo: o real é feito de relações múltiplas, em uma colossal combinatória do particular e do universal, do transcendente e do imanente, do humano e do cósmico. É o que expôs nestes trechos vertiginosos de *Milton*:

> Toda fração de Tempo menor que um pulsar de artéria
> Equivale a Seis Mil Anos.
> Pois neste Ciclo é criada a obra do Poeta, e nele os Grandes Eventos do

---

[52] William Blake, *op. cit.*, assim como a citação seguinte.

tempo se iniciam e são concebidos
No fulcro de um instante, Pulsação arterial. [...]
Tal é o espaço denominado Terra & tal sua dimensão
Enquanto essa falsa aparência que se apresenta ao racionalista
Como um Globo rolando através da Vacuidade, é uma decepção de Ulro.
E disso nem desconfiam o Telescópio ou o Microscópio;
Alteram os parâmetros dos Órgãos do Espectador, deixando intocados os objetos;
Pois cada Espaço maior que um Glóbulo vermelho de sangue Humano
É visionário e foi pelo martelo de Los criado.
E cada espaço menor que um Glóbulo de sangue estende-se
Às larguras da Eternidade, da qual esta terra
Vegetal não é senão a mera imagem.
O Glóbulo vermelho é o insondável Sol por Los criado,
Para mensurar o Tempo & o Espaço aos Mortais a cada manhã.

Tais passagens (e o restante de *Milton*, é claro) estão além de um relato de sonhos, a exemplo daqueles de Jean-Paul Richter, ou de narrativas fantásticas e oníricas como as de E. T. A. Hoffmann. Se o que lembramos e relatamos como sonhado é o resultado da seleção e elaboração por meio do pré-consciente, então poemas mais extensos e complexos de Blake correspondem ao sonho originário, o *urgrund* do onírico, anterior à elaboração. É a simbolização do inconsciente desnudada.

Ninguém sonha no vazio: assim como toda escrita é intertextual, relacionada a alguma leitura, o sonho incorpora e elabora a experiência, o que Freud chamou de "restos do cotidiano". Se o sonhador for um leitor, incorpora e elabora suas leituras. Sonhos preservam estilos literários: os sonhos que Breton transcreveu são surrealistas; os que foram publicados de Kerouac e Ginsberg são *beat*; Richter e Hoffmann tiveram sonhos românticos. E o que Blake conhecia em matéria de religião e mitologia está, elaborado, em sua poesia.

Em especial, reaparece sua representação do tempo, na qual convergem distintas concepções da temporalidade. Foram examinados, no Capítulo 7, os dois grandes modos de perceber o tempo, um deles circular, outro linear. Blake os sintetizou em uma sucessão de ciclos que também é movimento progressivo. O modelo mais afim a essa série de ciclos seria, como observado por Frye, aquele das grandes epopeias do hinduísmo tardio, com seus ciclos cósmicos; e, na tradição ocidental, a série de eras precedendo um mundo melhor, conforme o místico Joachim de Fiore, do século XII.

No entanto, há uma diferença com relação às representações do universo como regido por ciclos. Blake não fala de períodos, mas de extensões temporais que também são espaciais e, além disso, estados ou condições: são os eons do misticismo judaico, influenciado pelo helenismo, e do gnosticismo. Apenas a imaginação seria estável. Matriz da criação, equivale à existência do Adam Cadmon, o homem pleno. Conforme a fala dos Sete Anjos a Satã, em *Milton*: "A Imaginação não é um Estado: é a própria Existência Humana."[53]

Nada a estranhar nos vórtices, na extensão temporal contida em um glóbulo de sangue, nos patamares de tempo e espaço de *Milton*: trata-se de um detalhamento, de esclarecimentos, por alguém que acreditava "Num grão de areia ver um mundo" e segurar "o infinito em sua mão"; e para quem a eternidade podia "caber em um segundo". Em *Milton* e *Jerusalém*, Blake relatou como são o infinito e a eternidade.

Aquele final do século XVIII e início do século XIX já conhecia Leibnitz, com sua representação do universo em mônadas, seu débito para com os eons do misticismo judaico-helenista e sua invenção do cálculo infinitesimal. Böhme exercia influência em meios cultos. E as representações de um cosmo multidimensional, relativizando espaço e tempo, sujeito e objeto, eram formuladas sincronicamente no âmbito da primeira geração do romantismo alemão, como se vê por esta passagem de Novalis:

> Tempo e espaço vêm a estar juntos e daí provavelmente serem um, como sujeito e objeto. Espaço é tempo duradouro — tempo é espaço fluido, variável. Espaço — a base de tudo que é duradouro — tempo — a base de tudo que é mutável. Espaço é o esquema — tempo o conceito — a ação (gênese) desse esquema.[54]

Apesar dessa especulação avançada, o mundo, para contemporâneos mais cultos de Blake, correspondia às informações recebidas através dos

---

[53] Idem, *Complete Writings*, p. 522.
[54] Novalis, *Philosophical Writings*, tradução e organização de Margaret Mahony Stoljar, Albany, State University of New York Press, 1997, p. 134.

UM OBSCURO ENCANTO: GNOSE, GNOSTICISMO E POESIA MODERNA

sentidos. Podia ser descrito pela geometria euclidiana e pela física newtoniana. Imagine-se a perplexidade diante de obras cuja interpretação requer paradigmas que só se tornariam correntes no século XX.

Em especial, pode-se interpretar a poesia de Blake como resposta a um debate filosófico de enormes consequências: o confronto de empirismo e idealismo; a crença no "real" imediato ou sua crítica; de Locke, a quem Blake execrava, e Berkeley, por quem manifestou admiração.

Poetas podem ser mais complexos do que profetas e reformadores religiosos. Blake o comprova. Pode-se vê-lo como metagnóstico ou hipergnóstico: o criador de representações do universo das quais aquela do gnosticismo seria caso particular, uma das dimensões ou possibilidades. O mundo imerso no "sono de Ulro", regido pelo demiurgo e por arcontes, com a separação de bem e mal, luz e sombra, é um dos estados do universo blakeano. Esse estágio ou condição apresenta afinidade com aquilo que é descrito e expresso pelo gnosticismo. Mas a obra de Blake não é apenas afim ao gnosticismo, porém ao restante: ao conjunto de obras visionárias do qual doutrinas gnósticas fazem parte, incluindo o que as precede, mitologias arcaicas e antigas doutrinas de salvação, e aquilo que as antecede diretamente, a especulação religiosa da Antiguidade tardia; e o que lhe é paralelo: doutrinas e mitologias da Índia.

Isso não impede que se apontem diferenças importantes entre Blake e o gnosticismo. Uma delas, nunca haver adotado a separação entre eleitos, semeadura de Set, e o restante da humanidade. Em seu universalismo místico e poético, "Todos os homens são iguais, embora infinitamente vários. Assim (e com a mesma infinita variedade) todos são iguais no Gênio poético".[55] Por isso, não poderia haver predestinação, nem seria admissível a doutrina protestante da Graça, tão seletiva.

Blake também difere dos gnósticos no tratamento dado à mulher. Não se vê, em sua obra e em sua vida, musas românticas idealizadas. Enitharmon, parceira de Los na criação do mundo, é secundária, e não central, como Ennoia e Sophia. Há passagens que permitem vê-lo como misógino; em um eco bíblico, sobressaem invectivas usando a palavra meretriz, *harlot*, como no final de *Vala or the Four Zoas*: "Rahab/Que é Mistério, Babilônia a Grande, Mãe das Meretrizes."[56] Correlatamente,

---

[55] William Blake, *op. cit.*, p. 98.
[56] *Idem, ibidem*, p. 382.

desprezava a androginia: "Adoradores hermafrodíticos de um Deus de crueldade e lei/A seus Escravos & Cativos vocês compelem a adorar um Deus de Misericórdia! Tais são as Demonstrações de Los e as batidas de meu poderoso Martelo."[57]

Não só o andrógino primordial, mas, em um paradoxo que pode surpreender, o próprio Deus está pouco presente na poesia "simbólica" de Blake. Há deuses, e Jeová é um deles — com uma dupla significação, como Deus eterno e como Jeová Elohim, o deus do mundo, como observa van Meurs.[58] Jesus Cristo é especialmente importante, como divindade libertadora. Satanás comparece, como personagem e adjetivo. Demiurgos e arcontes não faltam — mas Blake não parece interessar-se pelo En-Sof, o Logos, o Princípio Primeiro, a esfera onipresente do Pseudo-Dionísio Areopagita e de tantos outros místicos. Isso foi observado por Kazin: "Em suma, Blake não estava procurando Deus."[59]

Onde mais fala em Deus é nos textos panteístas, como O casamento do céu e do inferno: mas é o Deus que se confunde com o mundo, ao mesmo tempo *logos*, *pneuma* e *soma*. No centro do seu universo, no lugar de Deus está o homem. Não o homem mundano, porém o Antropos, equivalente ao universo. Suas epopeias são relatos da perda e reconquista da plenitude. "Escrituras" gnósticas também o são: Blake é mais complexo por ser um poeta do final do século XVIII, atento aos debates de seu tempo. Dispunha de outro repertório, mais refinado do que aquele dos profetas da Antiguidade. Por isso, não aspirava à salvação, porém à liberdade; confundia salvação e liberdade, entendendo-a como liberdade de criar, e não só como libertação do mundo, como reafirmou em *Jerusalém*:

> Não sei de nenhuma outra Cristandade e de nenhum outro Evangelho a não ser a liberdade de ambos, corpo & mente, para exercer as Divinas Artes da Imaginação, Imaginação, o Mundo real & eterno do qual este Universo Vegetal não passa de uma sombra fugidia, & no qual viveremos em nossos Corpos Eternos ou Imaginativos quando estes Corpos Mortais Vegetais não mais existirem. Os Apóstolos não conheciam nenhum outro Evangelho.[60]

---

[57] *Idem, ibidem*, p. 737.
[58] Roelof von den Broek e Wosuter J. Hanegraaff (orgs.), *op. cit.*, p. 307.
[59] Alfred Kazin (org.), *op. cit.*, p. 25.
[60] William Blake, *op. cit.*, p. 716.

UM OBSCURO ENCANTO: GNOSE, GNOSTICISMO E POESIA MODERNA

Há uma evidente resposta ao dualismo nessa passagem: a liberdade é de "ambos, corpo & mente". Talvez se referisse a doutrinas platônicas ao falar em "sombra fugidia" neste "Universo Vegetal", caído. Mas no centro não está mais o *logos* impessoal, porém a imaginação, entendida do mesmo modo como a celebravam Coleridge, Wordsworth, Novalis e Baudelaire, que a chamou de "rainha das faculdades": uma faculdade evidentemente humana e também divina; ou então correspondente ao divino no humano, que em Blake é o plenamente humano. Para um gnóstico da Antiguidade tardia, o conhecimento era intransitivo, absoluto; mas a liberdade era transitiva: liberdade para sair do mundo e deixar de existir como indivíduo. Para Blake, o conhecimento era intransitivo, total, e também o era a liberdade.

Passagens como essa aqui citada, do final de *Jerusalém*, sugerem um caminho para interpretar sua aparente duplicidade de visões de mundo, opondo o panteísmo de *O casamento do céu e do inferno* ao dualismo gnóstico em outros poemas: o tigre é divino, assim como o rugir dos leões e a nudez da mulher; tudo isso faz parte do mundo; porém iluminado e transfigurado pela imaginação. O Paraíso é aqui; está no grão de areia: só os homens livres saberão enxergá-lo.

Insurgiu-se contra o estado vegetativo, o "sono de Ulro" e a perda no "mundo vegetal" por corresponderem à queda da vitalidade, e não, como entre os gnósticos, à sua manifestação exacerbada. Daí resulta uma doutrina da salvação que nunca poderia corresponder ao desaparecimento do indivíduo, à fusão no estado indiferenciado. A salvação não é a saída do mundo, mas sua restauração: o novo mundo, como é dito no final de *Vala or The Four Zoas*, onde "a doce Ciência reina".

Tais diferenças desvinculam Blake do gnosticismo? Não, se for levado em conta que ele prossegue e amplia a especulação visionária da qual o gnosticismo foi uma manifestação típica. Entendendo-se o gnosticismo como misticismo rebelde, ao promover a reversão do *logos* ao mito, então Blake avançou pelo mesmo caminho.

Afinidades gnósticas de Blake também podem ser localizadas atendendo a outros parâmetros. Reproduziu um estilo gnóstico: algo como uma estética gnóstica. Foi gnóstico no exagero. Cabe lembrar as observações de Hutin citadas no Capítulo 1, sobre os motivos pelos quais gnosticismo esteve à margem por ser visto como "um monumento de sonhos e devaneios bizarros, de incoerências, de mitos estranhos, de fantasmagorias desprovidas de todo interesse filosófico" e "um ramo particularmente degenerado do inquietante sincretismo religioso". Os mesmos julgamentos acarretaram a valorização tardia de Blake.

Seu sincretismo não apenas o aproxima do gnosticismo, mas o identifica ao romantismo: um sincretismo criativo, resultando não só na fusão de doutrinas e mitologias, mas na criação de novas entidades e categorias. É um hipersincretismo, no qual mitos passavam a interagir com personagens históricos. Confusão dos dois planos, com a reinterpretação mitológica do histórico, é algo tão antigo quanto a Bíblia e a epopeia, passando por Dante e Camões. Mas em Blake a inclusão de eventos e personagens históricos representa um espírito romântico; de uma época na qual a história parecia bater à porta dos poetas, convocando-os imperiosamente. O modo como, para atender a essa convocação, converteram interpretações de acontecimentos políticos em teodiceias compõe um ciclo que vai do Blake de *Jerusalém* ao Victor Hugo de *La légende des siècles*. Por isso, não é coincidência um período especialmente produtivo de Blake corresponder aos anos que medeiam entre a Queda da Bastilha e o Diretório. Algo de novo acontecia na esfera política. Para os profetas dos primórdios da era cristã, a sensação de urgência de um apocalipse decorria de uma intolerável repetição. Entre os poetas do fim do século XVIII a mesma sensação era provocada pela impressão de que o milênio se completara e o apocalipse estava acontecendo nas ruas parisienses.

Blake foi um dos mais gnósticos dentre os românticos por ter sido religioso: para ele, religião era manifestação do gênio poético. Também nisso coincidiu com Novalis e seus companheiros do círculo de Jena: queriam, mais do que uma poesia religiosa, uma religião da poesia. Foi o que Novalis proclamou com clareza: "Mas o verdadeiro poeta sempre permaneceu um sacerdote, assim como o verdadeiro sacerdote sempre permaneceu um poeta — e não deveria o futuro nos trazer de volta esse antigo estado de coisas?"[61] — E, reiterando: "No mundo antigo, religião já era até um certo ponto o que se tornará para nós — poesia prática." Proclamações românticas, cujo eco chega até o Ginsberg de "Morte à orelha de Van Gogh", iniciado com esta frase: "Poeta é sacerdote."

---

[61] Novalis, *op. cit.*, p. 36 e 57.

CAPÍTULO 12   Novalis e a gnose de Jena

Boa parte do que Novalis deixou é obscuro por ser não apenas complexo, mas fragmentário e inconcluso. Morto pouco antes de completar 29 anos, em 1801, a obra literária que efetivamente terminou foi *Hinos à noite*. A maior parte de seus escritos filosóficos é feita de fragmentos: "sementes literárias", em suas palavras. A forma pela qual apresentou suas reflexões foi tipicamente romântica; e também precursora de Friedrich Nietzsche, como observa Margareth Stoljar no prefácio de *Philosophical Writings*. Octavio Paz os designou como "os impressionantes *Fragmentos* — cada um como um pedaço de pedra estelar, na qual estivessem gravados os signos da analogia universal e das correspondências que enlaçam o homem com o cosmos".[1]

Muitos desses fragmentos foram, porém, anotações e esboços de obras futuras, a exemplo daqueles que comporiam uma nova enciclopédia. A forma como terminariam suas duas narrativas poéticas, *Heinrich von Ofterdingen* e *Die Lëhrlinge von Sais*, talvez definisse o seu sentido. O ensaio *Cristandade ou Europa* poderia ter sido um ponto de partida; ou uma antecipação de sua conversão ao catolicismo ou da transformação em mais um ideólogo da Santa Aliança e de um futuro Estado alemão, como veio a tornar-se Friedrich Schlegel. Propôs, nesse ensaio e também em seu texto em homenagem ao rei e à rainha,[2] uma reforma política que conciliasse república e monarquia, modernidade pós-revolucionária e Idade Média, universalismo e nacionalismo germânico, e que ainda promovesse a fusão ou síntese do histórico e do poético. Do modo como foi apresentada, poderia justificar e antecipar monarquias parla-

---

[1] Octavio Paz, *Signos em rotação*, tradução de Sebatião Uchoa Leite, São Paulo, Perspectiva, p. 81.
[2] Novalis, "Faith and Love or The King and Queen", em *Philosophical Writings*, tradução e organização de Margaret Mahony Stoljar, Albany, State University of New York, 1997, p. 85-100.

mentares modernas, a União Europeia ou algo bem pior, resumido por Paz: "O sonho de Novalis é um inquietante anúncio de outras e mais ferozes ideologias."[3]

Ainda assim, mesmo deixando uma obra em andamento, como Novalis é legível; como parece claro, depois de se passar por Blake. Isso por dois motivos estreitamente relacionados. Um deles, sua formação sistemática, científica e principalmente filosófica. Enquanto Blake, exacerbadamente individualista e idiossincrático, foi um autodidata, um francoatirador da poesia, das religiões e das artes, Novalis foi um *scholar*: estudou em universidades — Jena, Freiberg, Wittemberg, Leipzig — onde cursou desde filosofia até mineralogia, passando pela química, pela matemática e pelo direito. Além disso, se em Blake houve influência paterna na formação swedenborguiana, o ambiente familiar de Novalis foi de adeptos da irmandade moraviana dos Herrnhutt: a diferença entre ambos equivale à distância entre o misticismo sem fronteiras de Swedenborg e a valorização da introspecção e reflexão pelos regrados pietistas.

Conforme observado, em Blake identifica-se um estilo gnóstico pelo que tem de extravagante e desmedido. Novalis formulou uma poética do misticismo em fragmentos e ensaios. Teve experiências místicas e as traduziu em narrativas e nos *Hinos à noite*. Expressava-se, contudo, como pensador, e não como profeta. Assim como Blake foi um poeta visionário, Novalis foi um poeta-filósofo: tanto pode ser estudado em capítulos dedicados à poesia quanto à filosofia. Isso possibilita caracterizá-lo como um romântico alemão típico. Como observou Gerd Bornheim, "o romantismo alemão é o único que se estrutura como movimento, conscientemente, a partir de uma posição filosófica, o que vai garantir à filosofia um destaque singular dentro do panorama romântico geral".[4]

Deixar de levar em conta a especificidade de Novalis justificaria críticas, a exemplo daquela de um de seus estudiosos brasileiros, Rubens Rodrigues Torres Filho, "a um longo processo de desfiguramento, não só da obra, mas da própria pessoa histórica do autor",[5] por isso reivindicando,

---

[3] Octavio Paz, *op. cit.*, p. 82.
[4] Gerd Bornheim, "Filosofia do Romantismo", em Jacó Guinsburg (org.), *O Romantismo*, São Paulo, Perspectiva, 1978, p. 77.
[5] Novalis, *Pólen*, tradução, apresentação e notas de Rubens Rodrigues Torres Filho, São Paulo, Iluminuras, 2001, p. 16.

para ele e para a "filosofia dos românticos", um lugar como "capítulo especial" na "História da Filosofia Moderna".

Como se vê, há divergências quanto ao modo de focalizar Novalis, decorrente da ênfase em seu misticismo ou em sua contribuição à filosofia. Isso se torna evidente ao cotejar um ensaio como *Novalis et la pensée mystique*, de Maurice Besset (que, conforme o título, o examina como místico), e o prefácio de Eustaquio Barjau para uma edição espanhola (que o examina como filósofo e questiona sua caracterização como místico).[6] Trata-se, contudo, de falsa questão: afinal, místicos, a exemplo de Böhme, produziram filosofia e influenciaram filósofos. Importa que Novalis, em seus *Fragmentos logológicos*, afirmou que "sem filosofia, um poeta é incompleto".[7] E ainda: "A poesia transcendental é uma mistura de filosofia e poesia";[8] na mesma medida, "A filosofia é a teoria da poesia".[9] Em um dos fragmentos mais conhecidos, "Poesia é o real verdadeiramente absoluto. Esse é o cerne da minha filosofia. Quanto mais poético, tanto mais verdadeiro".[10] Fala da poesia, mas refere-se a "minha filosofia"; manifesta-se como filósofo para tratar da poesia.

Blake reinterpretou mitologias e apresentou novos mitos, mas não se encontra em sua obra uma reflexão sistemática sobre o mito; proclamou a imaginação como fonte do conhecimento, mas não desenvolveu uma psicologia ou epistemologia, expondo o lugar da imaginação em relação às demais faculdades. Metalinguagem não estava entre suas predileções. Tomá-lo como vade-mécum para a leitura de poesia visionária é uma interpretação de Frye: o próprio Blake se limitou às advertências quanto aos modos pelos quais não deveria ser interpretado. Já em Novalis encontra-se tudo isso: a adoção de uma teoria do mito, aquela de Schelling e Schlegel, identificada com a simbolização, com a própria origem da linguagem; uma teoria do "eu" que inclui uma psicologia da subjetividade e da intuição; uma epistemologia, fundamentada em descobertas e

---

[6] Novalis, *Himnos a la noche. Enrique de Ofterdingen*, Eustaquio Barjau (org.), Madri, Cátedra, 2004.
[7] Novalis, *Pólen*, p. 117; ou Novalis, *Philosophical Writings*, p. 54; em que pese a importância da tradução de Torres Filho, a seguir as citações dos fragmentos serão de *Philosophical Writings*, pela quantidade bem maior de textos de Novalis.
[8] *Idem, ibidem, op. cit.*, p. 54 e 56.
[9] *Idem, ibidem*, p. 79.
[10] *Idem, ibidem*, p. 117.

teorias científicas suas contemporâneas. E bastante metalinguagem, por ele vista como integração dos campos do conhecimento, a exemplo do que chamou de "logologia", uma filosofia da filosofia que também seria "poesia transcendental". Daí as diferenças de estilo: Blake inventou seres transcendentais; Novalis operou com categorias filosóficas.

Outro motivo, correlato, de Blake e Novalis serem tão distintos foi a interlocução de que cada um dispôs. Novalis não foi um *outsider*. Aristocrata, embora de uma aristocracia empobrecida, Barão von Hardemberg, fez parte de uma elite cultural. Dispunha de um repertório comum, aquele do círculo de Jena dos irmãos Schlegel, Tiek e Schleiermacher, veiculado na revista *Athaenëum*. Aquela comunidade de pensadores partilhou influências: estudaram Kant, foram alunos de Johann Fichte, eram ligados a Schelling, falavam com Friedrich Schiller, aconselhavam-se com Goethe. Novalis reconheceu o valor da interlocução: "A verdadeira colaboração em filosofia é, então, um movimento rumo a um mundo amado."[11] Não se limitou a valorizá-la, mas a poetizou em *Heinrich von Ofterdingen* e *Die Lërhlinge von Saïs*. Os cavaleiros medievais em uma dessas narrativas, a confraria de iniciados na outra, empenhados em alcançar a pedra filosofal da qual a Flor Azul sonhada por Ofterdingen é um dos equivalentes, são idealizações e metáforas do que ocorria no âmbito do grupo de Jena. Promoveu a colaboração, o diálogo e a comunhão e deu-lhes peso ao mesmo tempo político e metafísico. Como observou Paz, "a comunhão de Novalis é uma ceia mística e heroica na qual os comensais são cavaleiros que também são poetas".[12]

Em comum, entre os autores do círculo de Jena e também com Blake, a reação ao empirismo de Locke e ao racionalismo de Voltaire; e a consequente defesa da intuição, do sentimento e da subjetividade. Mas em Novalis essa discussão também foi promovida no âmbito da teoria da ciência. Em oposição ao modelo mecanicista de mundo, buscou alternativas na pesquisa e na especulação científica de seu tempo. Daí seu interesse por teorias e hipóteses que, embora partissem de observações e experimentações, acabaram por fazer parte do capítulo das "ciências estranhas", aquilo que Wilhelm Dilthey, em seu ensaio sobre o poeta, classificou como "doentias fantasias científicas [que] ocupam seu espírito

---

[11] *Idem, ibidem,* p. 54.
[12] Octavio Paz, *op. cit.,* p. 83.

durante esse tempo".¹³ Uma delas, a extensão e extrapolação dos descobrimentos de Galvani e Volta, estudados e descobertos paralelamente na Alemanha por Johann Ritter, com quem Novalis fez amizade. Físico e, como observou Breton em seu ensaio sobre Achin von Arnim, "também cabalista, teósofo e poeta", além de praticante da escrita automática, Ritter foi por isso "a figura mais atraente do momento"¹⁴ e um surrealista *avant la lettre*.

O impacto das pesquisas de eletromagnetismo e "magnetismo animal" foi por corresponderem aos efeitos de uma energia invisível ou apenas indiretamente visível: algo mais sutil do que os fenômenos estudados pela mecânica. Pareciam explicar fenômenos igualmente invisíveis, além de justificar suposições sobre uma energia universal, a "alma do mundo" à qual se referiria Novalis em *Hinos à noite*. Como observou Dilthey:

> Nenhum fato científico provou conclusões mais audazes nem sonhos mais fantásticos que essa descoberta e outra a ela relacionada, o sonho magnético. [...] Nesse sentido, Novalis explicava o pensamento como um processo de galvanização. Nele se operava um contato de nosso espírito com uma força misteriosa. O comércio do espírito, do amor, da religião: tudo se converteu para ele em uma espécie de magia.¹⁵

As "conclusões audazes" e os "sonhos fantásticos" comentados ironicamente por Dilthey perdurariam, resistiriam ao tempo: alguns, corriqueiramente incorporados à neurofisiologia; outros, como explicações do sobrenatural pela ação de uma energia ou vibração sutil por ocultistas e, até hoje, para toda uma gama de estudiosos e cultores do espiritismo, da parafísica e da parapsicologia. Mas nenhum deles, nem mesmo o espírita praticante Victor Hugo, iria extrair deles consequências tão audaciosas quanto Novalis.

Também estimularam sua imaginação a crença no flogístico, fluido universal; a hipótese de John Brown (o descobridor do movimento browniano das partículas) de irritabilidade ou excitabilidade dos corpos; e as teses do geólogo Abraham Werner, com quem Novalis estudou em Frei-

---

¹³ Publicado como prefácio da edição brasileira de Novalis, *Hinos à noite*; Mairiporã, A Esfinge Editorial, 1987, p. 22.
¹⁴ André Breton, *Point du jour*, Paris, Gallimard, 1970, p. 117.
¹⁵ Novalis, *op. cit.*, p. 23.

berg, e de Franz von Baader, sobre um oceano primitivo a partir do qual se teria formado a Terra; e, por decorrência, da água como matriz universal,[16] conforme exposto em *Die Lërhlinge von Saïs*:

> A água, esta filha primordial da fusão aérea, não pode renegar sua origem voluptuosa; e sobre a terra, ela se mostra com um todo-poder celestial como o elemento do amor e da união. Não é falsamente que os sábios antigos buscaram nela uma origem das coisas; e, se falaram de uma água mais sublime que a água do mar e a água das fontes, é verdadeiramente.[17]

Daí que, em *Hinos à noite*, "O oceano, sua verde e negra profundeza, era o seio da deusa".[18]

O interesse de Novalis por ciência e paraciência evidencia sua dupla relação com o enciclopedismo, de antagonismo e continuidade. Conforme Margaret Stoljar:

> Seu perfil intelectual se assemelha àquele de um polímata do século XVIII como Diderot ou d'Alembert, que escreveram de modo competente sobre uma miríade de assuntos científicos e culturais. De fato, o projeto inacabado do próprio Novalis de uma obra enciclopédica, seu Esboço Geral, demonstra sua afinidade com os *philosophes* a quem admirava, mesmo ao rejeitar seu materialismo.[19]

Em um momento da sua especulação, chega a dar a impressão de que iria ser um precursor dos formalistas, os positivistas lógico-matemáticos da Escola de Viena, ao fazer esta afirmação: "É preciso que todas as ciências se tornem matemáticas." Mas, atraído pela atribuição pitagórica de valor simbólico e mágico aos números, logo indagaria sobre "forças numéricas".[20] Reinterpretaria o conhecimento matemático de seu tempo

---

[16] Maurice Besset, *Novalis et la pensée mystique*, Paris, Aubier Montaigne, 1947, especialmente p. 176-177, sobre Werner e Baader; Brown é mencionado em Novalis, *Philosophical Writings*.
[17] Novalis, *Les disciples à Saïs, Hymnes à la nuit, Chants religieux*, prefácio e tradução de Armel Guerne, Paris, Gallimard, 1975, p. 74.
[18] Novalis, *Hinos à noite*, p. 45.
[19] *Idem, Philosophical Writings*, p. 1.
[20] A passagem dos números à numerologia em Maurice Besset, *op. cit.*, p. 104.

à luz de seu quadro de referências, o idealismo mágico. Faria o mesmo com o conhecimento então disponível no campo das ciências naturais, reinterpretado como filosofia da natureza e, em um passo adiante, como religião da natureza.

Tratava-se, em Novalis, de um hiperiluminismo, partindo da mesma premissa, de que o crescimento e a difusão do conhecimento equivaleriam ao progresso; ou da conciliação de dois iluminismos, dos enciclopedistas e dos iluminados, teosofistas e esoteristas. Por isso, tal conhecimento não poderia ser apenas aquele tido como científico pelos cientistas experimentais, como observou em *Die Lërhlinge von Saïs*: "Que estranho que estejam justamente entre as mãos de homens tão mortos como os químicos, e a seus cuidados, os fenômenos mais sagrados e mais encantadores da natureza!"[21] Teria que ser total, "transcendental" e, portanto, poético: "Só os poetas deveriam se ocupar dos líquidos, e só através deles que a ardente juventude deveria ouvir falar disso; os laboratórios seriam templo e os homens honrariam com um novo amor suas chamas e suas águas, e se glorificariam com isso."

Às vésperas de sua morte, Novalis ainda redigia anotações para sua enciclopédia: a resposta romântica ao enciclopedismo, em uma síntese de saberes pela qual laboratórios da ciência poderiam ser templos. Assim resolveria a separação entre ciência e religião e também entre razão e emoção, reflexão e intuição.

Mais do que gnosticismo, houve uma gnose de Jena. Aqueles poetas-pensadores foram holistas: queriam o conhecimento total; e mais, queriam projetar esse conhecimento no mundo, transformando-o. É o que se vê nesta sinopse do programa do *Athaeneum* por Friedrich Schlegel:

> A poesia romântica não é só uma filosofia universal, progressista. Seu fim não consiste apenas em reunir todas as formas de poesia e restabelecer a comunicação entre poesia, filosofia e retórica. Também deve misturar e fundir poesia e prosa, inspiração e crítica, poesia natural e poesia artificial, vivificar e socializar a poesia, tornar poética a vida e a sociedade, poetizar o espírito, encher e saturar as formas artísticas de uma substância própria e diversa e animar o todo com a ironia.[22]

---

[21] Novalis, *Les disciples à Saïs, Hymnes à la nuit, Chants religieux*, p. 75, assim como a citação seguinte.
[22] Citado por Octavio Paz *op. cit.*, p. 81.

O holismo do grupo do *Athaenëum* não foi apenas uma ambiciosa busca de síntese de disciplinas, porém de modos de pensar, conforme evidenciado nos *Fragmentos logológicos*: "Nosso pensamento era, até aqui, puramente mecânico — discursivo — atomístico — ou puramente intuitivo — dinâmico. Será que o tempo da união finalmente chegou?"[23] O trecho é seguido pela rejeição categórica da lógica do discurso: "O pensador cru, discursivo, é o escolástico." Há, nessa filosofia poética, a ideia de transcendência ou superação: visão ou intuição e lógica do discurso poderiam integrar-se em um novo patamar do conhecimento, equivalente à "poesia superior" e à "filosofia da filosofia". Alcançá-lo seria a missão, não mais do místico contemplativo, mas do artista: "Ascender ao terceiro estágio é realizado pelo artista, que ao mesmo tempo é ferramenta e gênio";[24] e, especialmente, pelo poeta: "A forma perfeita dos diferentes ramos do conhecimento deve ser poética."[25] Sua expressão ou manifestação, uma poesia ainda a ser escrita: "A poesia transcendental do futuro pode ser chamada de orgânica." E que seria, ao mesmo tempo, conhecimento total e magia: "Poesia é a grande arte da construção da saúde transcendental. Assim, o poeta é o médico transcendental."

Fica claro, por meio dessas citações, o significado de "transcendência" e "transcendental" para Novalis: não como passagem para o além, mas como categoria filosófica, significando mudança qualitativa. Exceto em *Hinos à noite*, o poema no qual a transcendência equivale à partida para outro plano, aquele da "Noite eterna/O símbolo grave de um poder longínquo", na qual "a Morte anuncia eterna vida."[26]

É possível mostrar uma agenda de temas gnósticos daqueles poetas-filósofos e filósofos da poesia, por meio de seu intérprete mais categorizado na opinião de Paz: "As tendências do grupo de Jena encontram em Novalis a voz mais clara e o pensamento mais reto e audaz, unidos à autenticidade do grande poeta."[27]

Em primeiro lugar, o culto ao arquétipo feminino, representado por Sophie von Kühn. Relação paradigmática, correspondeu ao amor român-

---

[23] Novalis, *op. cit.*, p. 48; Maurice Besset, *op. cit.*, p. 87.
[24] Novalis, *op. cit.*, p. 50.
[25] *Idem, ibidem*, p. 56, assim como as citações seguintes.
[26] *Idem, Hinos à noite, op. cit.*, p. 47 e 49.
[27] Octavio Paz, *op. cit.*, p. 81.

tico por excelência. Novalis conheceu Sophie quando essa tinha 13 anos; apaixonou-se imediatamente, logo noivaram, mas ela morreria aos 15 anos. Daí em diante, santificou-a: teve experiências místicas junto a seu túmulo; visitava-o regularmente para rezar, não por ela, mas para ela. Tais experiências o levariam à decisão de morrer para reunir-se à amada no reino da Noite, do qual o sono seria uma antecipação, como expôs em seu diário e nas cartas[28] e como poetizou em *Hinos à noite*.

Se Novalis foi monista em sua especulação filosófica, foi dualista em seu poema mais importante. Como se resolveria essa duplicidade? Possivelmente, a questão se esclareceria se Novalis houvesse terminado suas duas narrativas, descrevendo o lugar da chegada da peregrinação de Von Ofterdingen e da investigação dos discípulos de Sais.

Talvez caiba o biografismo: esse dualismo todo e essa proclamação da saída do mundo em *Hinos à noite* corresponderam ao abalo pelas mortes de Sophie e, logo em seguida, um mês depois, de seu irmão mais novo, Erasmus. A contextualização é feita por Maurice Besset; mas outros estudiosos de Novalis a põem em dúvida: os *Hinos à noite* foram escritos três anos depois da morte de Sophie.[29] Ademais, mesmo prosseguindo no culto a Sophie, cada vez mais sublimado, identificando-a a um arquétipo feminino, Novalis voltaria a noivar (com Julie Charpentier) e prosseguiria em sua vida profissional como inspetor de minas, além de dar andamento a seu projeto, necessariamente de longo prazo, de escrever uma enciclopédia.

Assim como Sophie não foi Jenny Colon, Novalis não foi Nerval; as visões do romântico alemão não foram surtos, e a tuberculose que o atingiu não foi um suicídio. Mas, em ambos, a amada desaparecida tornou-se divindade sincrética; em Novalis, a divindade feminina máxima, plena: a Virgem Maria. Por isso, em *Hinos à noite* dirige-se a ela por meio de um oxímoro: é a "terna Amada — adorado Sol da Noite",[30] o encontro e a solução dos contrastes e das antinomias.

Outro tema gnóstico presente em Novalis e seus pares é a crença no "eu" transcendental. Mas com diferenças importantes com relação ao gnosticismo: nesse, o "eu" verdadeiro é uma semente ou centelha que corresponde ao que, em nós, é partilhado com Deus. O centro é, portan-

---

[28] Conforme relatado em Maurice Besset, *op. cit.*
[29] Novalis, *Himnos a la noche, Cánticos espirituales,* tradução e prólogo de Américo Ferrari, Valencia, Pre-Textos, 2001.
[30] *Idem, Hinos à noite*, p. 35.

to, Deus, o Princípio Primeiro, e a centelha é a parcela do ser humano que se unirá à divindade, ao Absoluto. Em Fichte, Schelling e Novalis, é como se a relação entre as partes e o todo mudasse e um dos termos, Deus, integrasse o "eu" absoluto. Em Novalis, em vez do "eu" superior se unir à divindade e o "eu" inferior desaparecer, esse é que se une ao superior. O resultado é a transformação do mundo, e não sua desaparição, como na escatologia maniqueísta. É o que fica claro neste trecho programático dos *Fragmentos logológicos*:

> O mundo deve ser tornado Romântico. Desse modo, pode-se encontrar novamente o sentido original. Tornar Romântico nada mais é que uma ascensão qualitativa a um poder superior. Nessa operação o "eu" inferior se tornará um com um "eu" melhor. Assim como nós mesmos somos uma tal série qualitativa exponencial.[31]

São duas sínteses, duas transformações qualitativas: da alma adventícia em centelha divina e do mundo, que se torna romântico. Ambas estranhas ao dualismo gnóstico, no qual uma instância sempre anula a outra, e de duas uma: ou o "eu" adventício ou aquele superior; ou o mundo ou Deus.

Mais do que crença religiosa, o "eu" absoluto é categoria filosófica. E uma justificativa do individualismo romântico: "Só o individual é interessante. Consequentemente, tudo o que é clássico não é individual."[32]

A consequência dessa teoria do sujeito é o "idealismo mágico": um monismo. Cabe a dúvida: como conciliaria tamanho idealismo com a incorporação e a sistematização do conhecimento científico então disponível? A resposta provavelmente estaria em sua enciclopédia: os fragmentos que deixou mostram que, mesmo organizada em entradas, seria um tratado filosófico, mais do que um arrolamento de tópicos. Mas é certo que aspirava a uma vertiginosa síntese: a nada menos do que a superação da contradição entre o sujeito e o objeto, de tal modo que o conhecimento do sujeito também fosse conhecimento do mundo, e vice-versa.

Dissolução do real e valorização da introspecção: isso permite aproximações, dentre os gnosticismos, àquele de Valentino. O mais filosófico dos gnósticos é o que mais se aproxima da gnose filosófica dos românticos. Um

---

[31] Idem, *Philosophical Writings*, p. 60.
[32] Idem, ibidem, p. 32.

dos fragmentos de Novalis parece uma versão de "Colheita de verão" de Valentino (citado no Capítulo 2): "Tudo o que é visível adere ao invisível. O que pode ser ouvido ao que não pode — o que pode ser sentido àquilo que não pode. Talvez, o pensável ao impensável."[33] No poema de Valentino, a parte pende do todo: "Carne pendente da alma/Alma aderindo ao ar/ Ar pendente da atmosfera superior";[34] em Novalis, o visível adere ao invisível, e o sensível, ao suprassensível. Relataram a mesma visão.

O "idealismo mágico" seria, mais do que doutrina filosófica, o estágio final da filosofia. Em um de seus fragmentos, Novalis traçou um percurso do empirismo de Voltaire aos "dogmáticos", daí aos "entusiastas ou dogmatistas transcendentais", em seguida a Kant, a Fichte e, finalmente, ao "idealismo mágico".[35] Ou, antes, seria a transformação em filosofia da doutrina das correspondências do hermetismo: "[...] o universo é um completo análogo do ser humano em corpo, mente e espírito. Este é a abreviação, aquele o alongamento da mesma substância". Em um dos verbetes de seu esboço de enciclopédia, mostrou que pretendia incorporar a herança hermética à filosofia:

> Magia. (Teoria mística da linguagem)
> "Simpatia" do signo com o significado. Uma das ideias básicas do cabalismo.
> Magia é bem diferente da filosofia etc. e forma um "mundo" — um ramo do conhecimento — uma "arte" autônoma.
> Astronomia, gramática, filosofia, religião, química etc, mágicas.
> Teoria da representação mútua do universo. Teoria da emanação. (Emanações personificadas).

De onde vinha esse hermetismo? Por que vias teria chegado a Novalis? Teria sido um leitor do *Corpus Hermeticum*? Böhme, sabe-se que ele o leu, mas só dois anos antes de morrer. Mas não faltaram outras fontes: a copiosa produção dos martinistas, talvez aquela de Fabre d'Olivet e outros esoteristas do mesmo calibre.

---

[33] *Idem, ibidem*, p. 118.
[34] Bentley Layton (org.), *As escrituras gnósticas*, São Paulo, Loyola, 2002, p. 291.
[35] Novalis, *op. cit.*, p. 107, assim como as citações seguintes, p. 118, 125, 76, 104, 76, 5, 123.

UM OBSCURO ENCANTO: GNOSE, GNOSTICISMO E POESIA MODERNA

Assim como em Valentino e em *O evangelho de Filipe,* o idealismo mágico identifica a gnose com o autoconhecimento. Se o "eu" é absoluto, então o universo está em nós: "O que é a natureza? Um índice enciclopédico sistemático ou plano do nosso espírito." E, ainda: "O mundo é um tropo universal do espírito — seu retrato simbólico." Conhecer o "eu" transcendental é conhecer o universo: "Uma pessoa conseguiu — levantou o véu da deusa de Saïs — Mas o que viu? Viu — milagre dos milagres — a si mesmo." Daí a observação de Stoljar sobre a "rejeição de uma noção de verdade extrínseca", exterior ao sujeito, por Novalis, que, por isso, "propõe um modelo autorreferente para a filosofia, que não procura explicar o mundo, porém, antes, explicar-se a si mesma".

Para essa teoria do conhecimento não resultar em um solipsismo, uma relação especular do sujeito consigo mesmo, seria preciso aceitar sua dimensão mágica. A ampliação do sujeito resulta em uma objetivação; por meio dessa, a transformação do mundo, dando-lhe estatura divina, um sentido "moral": "A natureza deve tornar-se moral. Somos seus professores — suas tangentes morais — seus estímulos morais." E a moralidade pode ser "objetivada e organizada. Moralidade visível".

Aí está uma diferença relevante do pensamento de Novalis com relação ao gnosticismo: o conhecimento transcendental se projeta no mundo e na diacronia. Como observa Paz:

> A concepção de Novalis apresenta-se como uma tentativa de inserir a poesia no centro da história. A sociedade se converteria em comunidade poética e, mais precisamente, em poema vivente. A forma de relação entre os homens deixará de ser a de senhor e servo, patrão e criado, para converter-se em comunhão poética.[36]

Sua comunidade idealizada iria realizar-se na história. Seria o mundo "moral": sua moralidade, trazendo como consequência a liberdade no mundo (que se uniria ao além-mundo, em uma síntese até mesmo de vida e morte) não é aquela do gnosticismo nem das grandes religiões monoteístas.

As correspondências em Novalis não são apenas espaciais, entre coisas diferentes e planos distintos, mas temporais, pois passado, presente e

---

[36] Octavio Paz, *op. cit.*, p. 82.

futuro se comunicam. Refletindo um *Zeitgeist* afetado pela revolução francesa, e ao mesmo tempo remontando às origens do pensamento utópico, de Tommaso Campanella, Thomas Morus e dos rosa-cruzes, em um dos poemas de *Heinrich von Ofterdingen* é anunciado "um futuro de um esplendor prodigioso" que será "o reino do amor"; uma transfiguração na qual:

> [...] todo o banal com o habitual
> Doravante se mostra estranho e maravilhoso.
> Em todas as coisas o Um, e no Um todas as coisas,
> Ver a imagem de Deus sobre uma erva, um seixo,
> O espírito de Deus no homem e nos animais,
> Lá está o que se deve ter no fundo do coração.
> Mais nada é comandado pelo tempo e pelo espaço,
> O futuro está aqui presente no passado.[37]

Ver Deus na relva, no pedregulho: o mesmo panteísmo de Blake, com seu "infinito" no "grão de areia".

Assim, uma diferença decisiva do pensamento utópico de Novalis com relação ao gnosticismo clássico está em sua percepção do tempo, com a possibilidade de síntese e conciliação do passado, presente e futuro, resultando em um mundo melhor, mais harmônico, no futuro. Correlatamente, a ausência, em toda a obra de Novalis, de uma teoria ou descrição da Queda, por efeito do pecado original, dos erros de Sophia, da intervenção do demiurgo. Não se vê, até onde Novalis chegou, interesse na invenção de cosmogonias, teogonias e teofanias. Apenas em *Hinos à noite* há entidades que poderiam ser titãs, arcontes ou demiurgos:

> Um gigante antiquíssimo sustentava em seus ombros o júbilo do mundo. Encerrados sob o peso das montanhas azuis jaziam os filhos primitivos da Mãe-Terra, impotentes em sua cólera destrutiva contra a nova e esplêndida geração dos deuses e sua afortunada descendência, a mortal humanidade.[38]

---

[37] Novalis, *Les disciples à Saïs, Hymnes à la nuit, Chants religieux*, p. 100-101.
[38] Novalis, *Hinos à noite*, p. 45.

Mas seu colapso dos titãs pode ser interpretado como acontecimento histórico: corresponderia ao fim do paganismo, à saída de cena da religião da natureza; e essa viria a ser resgatada por Jesus Cristo. Aí está uma doutrina paradoxal, pois Jesus Cristo e o cristianismo, historicamente, vieram para selar o destino das religiões da natureza, e não para resgatá-las. Mas não na perspectiva de Novalis: é uma religião futura.

Quanto a mitos de origem, parecia bastar-lhe aquele da origem aquática do universo. De intervenções divinas, era-lhe suficiente o Jesus Cristo avatar e mensageiro do amor universal louvado em seus hinos religiosos, os *Geistliche Lieder* — uma representação de Cristo bem conforme àquela do "The Everlasting Gospel" de Blake.

Por seu modo de projetar o idealismo mágico e o conhecimento transcendental na história, Novalis dá a impressão de ser, mais do que revolucionário ou rebelde, um reformista. Algo de seus fragmentos mais políticos (e menos poéticos) se aproxima de um programa social-democrata: revoluções, não sendo apoiadas por ele, são vistas como etapa necessária, crises de adolescência; monarquia e república podem coexistir e integrar-se em um só Estado; a Idade Média retornará, mas incorporando o progresso científico e os avanços políticos; a religiosidade será restaurada, mas no modo fraterno, e não naquele repressivo (por mais que *Cristandade ou a Europa* pudesse justificar o integrismo). Manifestando o desprezo romântico pela burguesia, pelos "filisteus", e expressando a contradição ou antagonismo entre o poeta e a sociedade, reservou ao Estado (evidentemente, o Estado no regime de conciliação por ele antecipado) a função de instrumento para a elevação de nível da sociedade e sua transformação em "comunidade poética". Trata-se de diferença de fundo com relação, por exemplo, a Blake, um anarquista: em *Jerusalém*, não formulou ou propôs um sistema de governo.

Novalis ainda difere do gnosticismo em seu modo romântico de entender o amor como categoria universal: "O amor é o propósito final da história do mundo — o *unum* do universo."[39] Distanciando-se da rejeição gnóstica do corpo (e permitindo associá-lo ao "misticismo do corpo" de Norman Brown), não há em sua filosofia, nem em sua poesia, separa-

---

[39] Novalis, *Philosophical Writings*, p. 122, assim como as citações seguintes, p. 104, 125, 118, 158, 61.

ção entre o amor pela mulher, quer fosse físico ou sublimado, e o amor divino. Seriam modos do amor cósmico:

> Com as mulheres o amor veio a ser, e com o amor as mulheres — e por isso não se pode entender um sem o outro. Quem quiser encontrar mulheres sem amor e amor sem mulheres é como os filósofos que examinaram o instinto sem o objeto e o objeto sem instinto — e não viram ambos simultaneamente no conceito de ação.

Daí outra de suas passagens mais conhecidas: "Assim como a mulher é o mais elevado alimento visível que faz a transição do corpo à alma — assim também os órgãos sexuais são os órgãos externos mais elevados que fazem a transição dos órgãos visíveis aos invisíveis."
Essa ligação do sexo à esfera invisível, não abriria ela as portas a um tantrismo, a alguma outra modalidade de sacralização do sexo? Mais uma das questões cuja resposta seria possível se Novalis tivesse podido avançar em sua especulação. O que se vê, de imediato, é que o poeta extraiu consequências da ideia hermética e gnóstica da consubstancialidade, da participação de tudo no Todo: se tudo se relaciona e tende ao sagrado, o sexo é via para a transcendência. Por isso, "Alma e corpo *tocam*-se no ato sexual — *quimicamente* — ou galvanicamente — ou eletricamente — ou *como fogo*. A alma come o corpo (e o digere?) *instantaneamente* — o corpo concebe a alma (e a dá à luz?) instantaneamente."

Examinando-o prospectivamente, por suas consequências e sucessores, vê-se o quanto Novalis foi precursor. Um exemplo é seu elogio à imaginação:

> A imaginação é o sentido maravilhoso que pode substituir para nós todos os sentidos — e que já é tão dirigido por nossa vontade. Se os sentidos externos parecem ser inteiramente governados por leis mecânicas — então a imaginação obviamente não é subordinada ao presente e ao contato com estímulos.

A imaginação: bandeira romântica por excelência, associada à recusa do empirismo e dos naturalismos e realismos literários, que seria erguida, entre outros, por Wordsworth, Coleridge e Baudelaire; e, mais tarde, por

Breton. E não foi só pelo elogio à imaginação que Novalis antecipou o surrealismo: também em seu modo de ver o amor, que pode ser associado a tudo o que surrealistas escreveriam sobre amor louco, amor sublime e amor absoluto. E também ao propor o idealismo mágico, do qual o "acaso objetivo" bretoniano (quando desejo e necessidade se encontram e o simbólico interfere no real) pode ser uma consequência. E, ainda, na valorização do sonho e dos estados alterados da consciência: "Um mágico é um artista da loucura." E neste trecho particularmente visionário dos *Fragmentos logológicos*:

> A loucura comunal deixa de ser loucura e torna-se mágica. Loucura governada por leis e em plena consciência.
> Todas as artes e ciências repousam em harmonias parciais.
> Poetas, loucos, santos, profetas.

A relação do surrealista com o romântico alemão é notória: Novalis é citado na proclamação da necessidade de um novo mito e no anúncio dos "grandes transparentes", em *Prolegômenos a um Terceiro Manifesto do Surrealismo ou Não*. As afinidades vão além. Em Breton há citações de Novalis não declaradas, embora evidentes. Por exemplo, em *Nadja*:

> É possível que a vida peça para ser decifrada como um criptograma. Escadas secretas, molduras de onde os quadros deslizam rapidamente e desaparecem para dar lugar a um arcanjo de espada em riste ou para dar passagem aos que devem avançar para sempre, botões que são premidos muito indiretamente e provocam o deslocamento em altura e comprimento de toda uma sala com a mais rápida mudança de ambiente: pode-se conceber a grande aventura do espírito como uma viagem desse gênero ao paraíso dos ardis.[40]

Pode ser um comentário desta passagem, também de prosa poética, de Novalis:

> Diversos são os caminhos do homem. Quando são seguidos e comparados, vê-se formarem estranhas figuras, que parecem fazer parte desse

---

[40] André Breton, *Nadja*, tradução de Ivo Barroso, Rio de Janeiro, Imago, 1999, p. 107.

grande criptograma que se entrevê em todo lugar: sobre as asas dos pássaros, sobre as cascas do ovo, nas nuvens, nos cristais e nas petrificações, à superfície das águas que se congelam, no interior e no exterior das montanhas, das plantas e dos animais, nas constelações do céu, sobre as placas de vidro ou de piche que se fazem vibrar batendo nelas ou acariciando-as com um arco, na limalha que se ordena ao redor do ímã e nas estranhas conjunturas do acaso.[41]

Vê-se, no trecho citado, o adepto do hermetismo e das assinaturas divinas: os fenômenos naturais são sinais em sua relação com algo transcendental e universal. Ao mesmo tempo, manifesta-se o cientista, o observador dos fenômenos naturais (na versão de Novalis, mas não em Breton: os objetos e cenas que esse convoca poderiam integrar um quadro ou filme surrealista, mas não uma observação da física ou das ciências naturais). Os cristais são aqueles vistos por um estudioso de mineralogia; as águas congeladas, por um seguidor das teorias de Werner e von Baader sobre a origem aquática do mundo; as limalhas de ferro, por um conhecedor do eletromagnetismo e do movimento browniano.

Isso permite caracterizar a diferença da gnose de Jena com relação ao gnosticismo: esse, dualista, não se detinha na observação e decifração do lado de cá, dos fenômenos. O mundo natural não foi descrito nem levado em conta nos textos gnósticos, cujos autores voltavam-se exclusivamente para a esfera supracelestial.

Se, como foi observado a propósito de Blake, acontecimentos históricos batiam à porta dos poetas naquele fim de século XVIII, isso acontecia de modo atenuado com Novalis. A revolução francesa não afetou diretamente a vida pacata em Jena ou Freiburg: o abalo mais forte viria com a chegada de Napoleão. Já os avanços da ciência e suas consequências tecnológicas se faziam presentes, requerendo sua incorporação não só à filosofia, mas à gnose. Novalis e seus pares românticos talvez preferissem ser renascentistas, para conviver com uma possibilidade de conhecimento total tão palpável quanto as relações entre cabala e matemática para John Dee, entre a nova física e a tradicional alquimia em Newton, entre medicina e magia para van Helmont.

---

[41] Maurice Besset, *op. cit.*, p. 86.

CAPÍTULO 13   Gnoses otimistas e antignoses: Goethe e Victor Hugo

Pela extensão de sua obra e pela duração de sua vida, Goethe foi ao mesmo tempo um pré-romântico e um pós-romântico, além de neoclássico, iluminista e barroco tardio. E um renascentista deslocado no tempo; a comprovação de que era possível alguém ser renascentista no final do século XVIII e no começo do século XIX; ou, ao menos, partilhar com sábios do Renascimento a capacidade de representar todo o conhecimento da sua época. Restaria discutir a que tipo de humanista do Renascimento correspondeu Goethe: ao dos latinistas clássicos, aristotélicos, ou dos místicos neoplatônicos.[1]

Seu holismo incluiu, como se sabe, contribuições científicas, como sua teoria das cores e sua botânica; e, ao mesmo tempo, o diálogo com místicos, pietistas e toda a gama de esoteristas. Se o projeto romântico procurou sintetizar ciência e magia, mitologia e razão, então Goethe foi um romântico. Novalis chegou a afirmar que "Goethe é agora o verdadeiro representante do espírito poético na Terra".[2] E seu trecho famoso sobre o poético como o verdadeiramente real faz parte de uma série de observações sobre Goethe. Mas essa relação de Novalis com Goethe foi ambivalente. *Wilhelm Meister*, o romance de formação, tinha uma conclusão inadmissível para Novalis, pois seu resultado seria a reintegração na burguesia. Daí ter sido criticado em seus derradeiros fragmentos, como obra prosaica, "livro pretensioso e piedoso — não poético no mais alto grau", e mais, "um *Candido* dirigido contra a poesia".[3]

---

[1] A distinção entre os dois tipos, representados por Erasmo e por Ficino, é de Frances Yates em *Giordano Bruno e a tradição hermética*, tradução de Yolanda Heidel de Toledo, São Paulo, Cultrix, 1955.
[2] Novalis, *Philosophical Writings*, traduzido e organizado por Margaret Mahony Stoljar, Albany, State University of New York Press, 1977, p. 44.
[3] *Idem, ibidem*, p. 158-159.

UM OBSCURO ENCANTO: GNOSE, GNOSTICISMO E POESIA MODERNA

Na imensidão da obra de Goethe, podem-se selecionar duas de suas contribuições, para o exame da sua relação com o gnosticismo. Uma delas, não propriamente suas hipóteses e teorias científicas, aquelas que resultaram em seus estudos sobre as cores e sobre as plantas, mas sobre a própria ciência e, por decorrência, sobre o conhecimento: sua epistemologia. Não resta dúvida quanto à possibilidade de se falar de holismo em Goethe, na mesma medida que em Jena. Resta saber se as premissas e os pontos de partida eram os mesmos. Por exemplo, a da correspondência entre macrocosmo e microcosmo, aparentemente aplicada à ciência:

> [...] pois isto é o que há de grande na natureza, de ela ser tão simples, e de suas maiores manifestações sempre se repetirem no menor. A mesma lei pela qual o céu é azul, vê-se igualmente na parte inferior da chama de uma vela, no álcool que queima, e na fumaça que sobe de um povoado, contra o fundo de montanhas escuras.[4]

Essa explanação de Goethe a Eckermann é equivocada: as explicações científicas de cada uma dessas percepções do azul são diferentes. Mas os exemplos serviam à argumentação, desenvolvida na sequência, de que a percepção (e por extensão o conhecimento) é resultante de uma relação entre o sujeito e seu objeto; e de que ambos, sujeito e objeto, são parte de um grande mistério cósmico. Contudo, essa e outras passagens poderiam ter sido enunciadas também por um cientificista, um adepto incondicional da ciência positiva: em comum aos fenômenos molares ou moleculares, não a correspondência, porém o fato de obedecerem a leis gerais.

A outra questão é sobre a relação do *Fausto* com o gnosticismo. Já foi visto que a lenda do pactário, do sábio que negociou sua alma com o diabo, é uma transformação da lenda do próprio Simão, o Mago, o gnóstico arquetípico. É até possível explicar como se deu essa transformação: em comum a Simão e Fausto, há uma negociação malsucedida, uma tentativa de compra de poderes seguida de punição. Simão tentou comprar o poder de fazer milagres de Jesus Cristo; Fausto transformou sua alma em mercadoria para comprar a juventude, o domínio sobre o tempo.

---

[4] Johann Peter Eckerman, *Gespräche mit Goethe*, Berlin und Darmstad, Detsche Buch Gemainschaft, 1958.

GNOSES OTIMISTAS E ANTIGNOSES: GOETHE E VICTOR HUGO

Mas o que interessa é saber se no poema dramático de Goethe há uma cosmovisão dualista; e de que dualismo se trata. Chama a atenção o tom satírico, de farsa, que atravessa a obra toda. Por isso, Haroldo de Campos, em seu ensaio sobre o *Fausto*, chamou a atenção para a "'carnavalização' do Inferno", o "deboche" por meio da "'familiarização' aviltadora" na cena da poção mágica, o "processo 'degradatório'" da bebedeira no covil das bruxas, como exemplos da presença "de moduladores irônicos do *tonus* do poema goethiano (do sarcasmo demoníaco ao quixotismo docemente mistificador)", além das caricaturas de contemporâneos de Goethe.[5]

Humor, tratamento jocoso dos confrontos entre o bem e o mal: isso é algo que não se encontra em nenhuma das escrituras gnósticas, nem de qualquer outra religião. É o tratamento literário do tema, marcando claramente sua diferença com relação ao tratamento religioso. Ou melhor, um dos tratamentos literários: Novalis não brincava, ao escrever sobre a passagem da alma de um plano para o outro, em *Hinos à noite*; nem Hugo, ao propor o novo mito ou a revisão dos mitos em *La légende des siècles*.

Qual o sentido de toda essa ironia no tratamento do drama da perda e salvação da alma? Entre outras interpretações, pode-se mostrar que a relação entre Mefistófeles e Fausto, o homem e o diabo, é um jogo: há uma teoria de opostos, uma dialética que rege essa relação; daí a "rotatividade tipológica" observada por Campos. Mefistófeles é um diabo dialético: "Sou o espírito que nega"; e também o regente do mundo.

Mas Goethe anula o mal, ou ao menos sua existência real, ao tratá-lo satiricamente e de modo irônico e ao terminar o *Fausto* com uma síntese cristã, na qual seu protagonista alcança a salvação através da fé, e não do conhecimento proporcionado por Mefistófeles. Se o Fausto tem mesmo relação com Simão, o Mago, então Goethe o converteu ao cristianismo. E não só o fez arrepender-se, mas renegar seus fundamentos, inclusive a sacralização da mulher: Helena de Troia não passa de um fantasma, objeto de uma relação ilusória, assim como a paixão por Margarida não podia deixar de terminar em destruição e tragédia. Uma recíproca da destruição de Werther: em Goethe, paixões românticas sempre acabam mal.

---

[5] Haroldo de Campos, *Deus e o diabo no* Fausto *de Goethe*, São Paulo, Perspectiva, 1981, p. 94-95.

E o *Fausto* também anula a cultura hermética pela qual tanto se interessara: o modo como a alquimia é apresentada, como uma das inúteis buscas do conhecimento de seu protagonista, a reduz ao ilusório; por exemplo, ao referir-se ao laboratório do alquimista como "cozinha tenebrosa". Alquimia, bruxaria, gnose: tudo isso se dissolve diante da esplendorosa revelação divina, alcançada por meio da fé e da contrição. Aliás, no "Conto da serpente verde[6] também pode ser observada essa atitude com relação ao conhecimento oculto: Goethe promoveu uma verdadeira festa com a simbologia alquímica, através do tratamento satírico e paródico: o conto revela seu domínio da matéria; mas não a adesão a seus fundamentos.

A comparação de profetas da Antiguidade tardia com poetas românticos mostra a mudança de lugar do sincretismo ou do perfil dos seus porta-vozes.

Naqueles tempos, na Antiguidade tardia, ortodoxos judeus e cristãos abominavam o sincretismo: fusões de diferentes mitologias e religiões ficavam por conta dos heréticos, os formuladores de doutrinas alternativas da estirpe de Simão, o Mago. O alegorismo alexandrino e medieval não foi, nessa perspectiva, um sincretismo: mitos da Antiguidade eram justificados por expressarem, a seu modo, a verdade cristã.

Já nos séculos XVIII e XIX, promover sincretismos passou a ser tarefa não só de iluminados, mas também de poetas. É o que se vê em um poeta marginal como Blake e nos dois olímpicos por excelência: Goethe e Victor Hugo. Uma das conquistas do iluminismo, com seu apreço pela liberdade individual, foi esta: passava a ser lícito, sem o risco de enfrentar o destino reservado aos hereges, ir juntando, como em *La légende des siècles*, de Hugo, colossal fusão de teodiceia e painel histórico, os testamentos bíblicos aos mitos clássicos gregos, a relatos védicos e iranianos e às lendas nórdicas, resultando em passagens como esta, de *La fin de Satan* (em tradução livre):

> Aborto da cifra e da palavra! trabalho em vão
> Da voz para nomear o prodígio divino!
> Trimuti! Trindade! Tríade! Tripla Hécate!

---

[6] Yvete K. Centeno, *A simbologia alquímica no "Conto da serpente verde" de Goethe*, Lisboa, Universidade Nova de Lisboa, 1976.

Brahma é Abraão; em Adonis esplende
Adonai; Jovis jorra de Jeová.[7]

O trecho é para argumentar, pela voz de uma sibila, que nenhum desses nomes é resposta aos grandes mistérios; que Deus permanecerá desconhecido.

No âmbito da criação mitológica sincrética, era possível, também, o espantoso sátiro de *La légende des siècles*, que vai crescendo, crescendo, extrapolando os limites da mitologia grega, até tornar-se entidade cósmica, um Antropos com pés de bode.[8]

Não só era lícito o sincretismo, mas o ecletismo, conforme também demonstrado por Hugo, ao mesmo tempo cristão anticlerical, praticante do espiritismo e fascinado pelo ocultismo.

É possível um poeta ser literariamente desmedido e politicamente moderado? A leitura de Blake pode indicar que não; a leitura de Victor Hugo mostra que sim. Moderação, equilíbrio, conciliação: palavras-chave no repertório do autor de *Os miseráveis*. "Satan pardonné", trecho de *La fin de Satan*, com a reintegração de Lúcifer e o estabelecimento da harmonia universal, é uma metáfora de seu projeto político, assim como todo o *La légende des siècles*, já denominado de expressão de um "esoterismo social". É o que observa Paul Zumthor, a propósito da "filosofia social" de Hugo, "frequentemente depreciada". Foi um "poeta da burguesia", ressalvando, porém, que o foi "na época em que ela [a burguesia] tinha uma alma". É o "burguês heroico". E movido pelo desejo "de descobrir as leis do desenvolvimento da história": Zumthor vê em Hugo o intérprete de um ambiente cultural influenciado por Hegel, entre outros pensadores.[9]

O mesmo autor que, em 1854, criava o poema da conciliação universal, cósmica, em 1871 advertia os combatentes da Comuna de Paris, argumentando, mesmo simpático à sua causa e considerando jus-

---

[7] Victor Hugo, *La légende des siècles, La Fin de Satan, Dieu*, Paris, Gallimard, 1950, p. 828.
[8] Victor Hugo, *Sátiro e outros poemas*, traduções de Anderson Braga Horta, Fernando Mendes Viana e José Jeronymo Rivera, estudo introdutório de Fernando Mendes Viana, Rio de Janeiro, Galo Branco, 2002.
[9] Paul Zumthor, *Victor Hugo, poète de Satan*, Genebra, Slatkine Reprints, 1973, p. 70-75.

tos seus motivos, que seu ímpeto revolucionário os levaria à destruição.[10] Em 1830, quando, em suas palavras, "era monarquista em política e revolucionário na literatura",[11] Hugo protagonizou uma rebelião formal, que resultou na "Batalha de Hernani", com adeptos do romantismo e do classicismo estapeando-se nas ruas de Paris. Em 1871, com 69 anos, alertava sobre as desastrosas consequências de uma revolução real:

> Todo o meu pensamento oscila entre dois polos: Civilização e Revolução. Quando a liberdade está em perigo, eu digo: Civilização, mas com Revolução; quando é a ordem que está em perigo, eu digo: Revolução, mas com Civilização. [...] Na medida do possível, conciliemos as ideias e reconciliemos os homens.

No prefácio de uma edição brasileira recente de poemas de Victor Hugo reaparecem termos frequentemente associados a ele: "humanismo utópico" e "civismo panfletário" do "poeta-profeta", com "a declaração enfática do importantíssimo lugar do poeta como porta-voz público"[12] — tudo o que inspirou nossos condoreiros do século XIX. Outra palavra-chave a ser aplicada a esse "solitário, solidário", como se intitulava, é reconciliação: essa seria política e cósmica. Os princípios que regem a cosmovisão do ciclópico *La légende des siècles* são os mesmos enunciados em sua interpretação dos trágicos acontecimentos de 1871. Foram manifestações da "fé", como observa Zumthor, de "que a história humana, no conjunto de suas realizações temporais, não pode ser um fracasso".[13] Se, no plano político, a síntese seria social-democrata (através de um projeto e de propostas claramente formuladas nos documentos publicados no aqui citado *Crônicas da Comuna*), no plano cósmico seria cristã, porém incorporando todas as mitologias e crenças arcaicas e pagãs, superando antinomias, transpondo "o abismo entre o homem e Deus posto pelo cristianismo",

---

[10] Conforme cartas e trechos de seu diário que traduzi em Victor Hugo, Flaubert, Jules Vallés, Verlaine, Zola e outros, *Crônicas da Comuna*, coletânea sobre a Comuna de Paris, São Paulo, Ensaio, 1992.
[11] *Idem, ibidem*, p. 73-75.
[12] Victor Hugo, *Sátiro e outros poemas*, p. 19 e 29.
[13] Paul Zumthor, *op. cit.*, p. 85.

resgatando o panteísmo e reconciliando Deus e Satã, para que da sua união nascesse a liberdade.

Autores da família dos céticos e dos pessimistas (Borges, Pessoa, entre tantos outros) criticaram a ideia de um sentido da história rumo a um futuro melhor: identificaram a ideologia do progresso com a ilusão e o mito. Hugo fez o contrário: formulou a mitologia do progresso. No plano da realização literária, do estilo, em seus grandes poemas cósmicos pode ser considerado um gnóstico pela obsessão mitológica, pelo sincretismo e pela escrita inigualavelmente torrencial; mas sua cosmovisão é oposta àquela sustentada pelos gnósticos. Interessa aqui por duas razões: como alto representante dos poetas da mitologia; e como pano de fundo, por seu prestígio e sua influência, para se entender melhor Nerval, Baudelaire, Rimbaud e Lautréamont. A ideologia do poeta olímpico contribui para esclarecer os poetas malditos.

Foi Victor Hugo um místico? É possível um senador místico, um líder de resistência política místico? A resposta é afirmativa ao se pensar em Yeats, o ocultista que ao mesmo tempo foi um expoente do movimento republicano irlandês, um ativo dirigente cultural e um senador da República da Irlanda (além de ganhador do Nobel). Mas no caso de Victor Hugo podem-se lançar dúvidas: receber médiuns espíritas e receber ele mesmo mensagens mediúnicas não são necessariamente experiências místicas. Foi, é certo, um visionário; talvez um vidente; e o criador, em sua poesia, de uma mística social, articulada a uma cosmovisão. Blake e Novalis também formularam místicas sociais: essa foi uma novidade dos séculos XVIII e XIX, com relação ao misticismo individual e individualista de antigos gnósticos, hermetistas e neoplatônicos da Antiguidade tardia. Já em Nerval e Baudelaire, o misticismo reflui ao plano da experiência individual: ambos recusaram-se a formular uma doutrina da salvação imanente, histórica.

CAPÍTULO 14 O gnosticismo trágico de Nerval

Cronologicamente, Gérard de Nerval corresponde a um final e a um início. Ao fim de um ciclo: nascido em 1808, seis anos mais novo do que Victor Hugo e 13 anos mais velho do que Baudelaire, faz parte da última geração romântica francesa, aquela dos "Jeune France" liderados por Petrus Borel, frequentadores do Petit Cénacle,[1] que participaram da "Batalha de Hernani" em 1830. E a um início: aquele do verdadeiro romantismo francês, não só pela tradução, aos 19 anos, do *Fausto* (elogiada pelo próprio Goethe). Foi o tradutor e difusor na França de românticos alemães, reunidos na coletânea *Poésies allemandes*; e, em especial, um leitor da vertente onírica e fantástica de Hoffmann e Jean-Paul.

A tese de um romantismo francês verdadeiro e tardio, em oposição a outro, cronologicamente ajustado, porém falso, é de Paz em *Os filhos do barro*. Focalizando a "unidade negativa" da "revolução romântica", distingue o "romantismo oficial" do "verdadeiro romantismo francês."[2] O "oficial", composto "por uma série de obras eloquentes, sentimentais e discursivas, que ilustram os nomes de Musset e Lamartine". O "verdadeiro", "por um número muito reduzido de obras e de autores: Nerval, Nodier, o Hugo do período final e os chamados 'pequenos românticos'". O simbolismo da segunda metade do século XIX seria herdeiro e metáfora do "verdadeiro romantismo francês".

A identificação do "verdadeiro romantismo" com a "tradição da ruptura" e de uma continuidade entre romantismo e simbolismo não é exclu-

---

[1] Para essas e outras informações sobre Nerval, *Oeuvres complètes*, Jean Guillaume, Claude Pichois e outros (orgs.), 3 v., Paris, Gallimard, 1984 (v. I), 1989 (v. II) e 1983 (v. III).

[2] Octavio Paz, *Os filhos do barro*, tradução de Olga Savary, Rio de Janeiro, Nova Fronteira, 1984, p. 138 e seguintes; comento e cito essa interpretação do romantismo por Paz, entre outros lugares, no ensaio "Octavio Paz e a literatura comparada", em Vima Lia Martin (org.), *Diálogos críticos: literatura e sociedade nos países de língua portuguesa*, n. 8 São Paulo, Arte e Ciência, 2005 (Coleção Via Atlântica).

siva de Paz. No *Segundo Manifesto do Surrealismo*, em 1930, Breton já se declarava continuador do romantismo. E, um quarto de século antes de *Os filhos do barro*, Béguin, em seu livro sobre romantismo e sonhos, tratando da "tradição do romantismo interior", afirmava que esse

> [...] só chegará a sua plena expansão nas iluminações de Nerval lutando contra a demência e a morte, de Hugo idoso debruçado sobre o abismo, de Baudelaire perseguindo a possessão da eternidade, de Rimbaud adolescente invadido pela visão e finalmente dos surrealistas em busca de um método poético.[3]

Richer, intérprete de Nerval à luz do esoterismo, também o destaca como precursor: "Ele se situa histórica e psicologicamente entre Hugo e Baudelaire"; mas "a geração que segue Nerval se banha na atmosfera que ele criou."[4]

Representante do "romantismo interior" examinado por Béguin, do subjetivismo herdeiro dos românticos alemães, Nerval também representou a continuidade romântica entre arte e vida. Ninguém confundiu a tal ponto a esfera simbólica e aquela dos acontecimentos biográficos. Foi um personagem de si mesmo. Sua biografia traz um fascínio adicional à leitura da obra: inclui a agitação boêmia em companhia de outros românticos, como Gautier, Borel e Houssaye; as viagens, algumas delas parecendo de um *beatnik* precursor; a paixão pela atriz Jenny Colon, a quem conheceu em 1836 e que morreria em 1843 (o que não o impediu de ter outras relações com mulheres); a dilapidação de praxe de uma herança (para patrocinar uma revista teatral por meio da qual cultuava sua amada); as crises, os surtos e as internações a partir de 1841 (ou antes, conforme sugerido nas notícias biográficas das *Oeuvres complètes*), culminando com o suicídio em 1855 — crises e surtos que não o impediram de escrever o equivalente a duas mil páginas (em formato Pléiade) de 1850 até sua morte.

Consequentemente, foi e pôde ser, de pleno direito, autorreferente, a pronunciar-se na primeira pessoa de diferentes modos: nos relatos e crô-

---

[3] Albert Béguin, *L'âme romantique et le rêve, essai sur le romantisme allemand et la poésie française*, Paris, Librairie José Corti, 1991, p. 445.
[4] Jean Richer, *Gérard de Nerval et les doctrines ésotériques*, Paris, Editions du Griffon d'Or, 1947, p. 188-189.

nicas de viagens reais, nos quais, no entanto, introduziu bastante ficção, especialmente em *Voyage en Orient*; em ficções, a exemplo de "Pandora" e das narrativas de *Les filles du feu*, apresentadas na primeira pessoa, além de incorporar acontecimentos reais. De modo recíproco, projetou-se em personagens, como na história de Raoul Spifâme, o louco que acreditava ser outro, em "Le roi de Bicêtre" de *Les illuminés*. Segundo Max Milner, no início do extenso trecho sobre Restif de la Bretonne, em *Les Illuminés* é relatado o encontro do autor de *Noites parisienses* com uma atriz; na verdade, seria o encontro do próprio Nerval com Jenny Colon. E, finalmente, Nerval foi personagem de si mesmo em *Aurélia*. Por isso, o comentário de Steinmetz sobre *Petits châteaux de Bohême* vale para o conjunto da sua obra: "Somos constantemente convidados a passar de um regime de leitura a um outro, do domínio fictício ao domínio vivido: de toda evidência, através de referências dadas e como que impostas, uma outra realidade tende a vir à luz."[5]

Fazem parte de uma cultura romântica, igualmente, as ligações de Nerval com o esoterismo. Como relatou na abertura de *Les illuminés*[6] e comentou em *Aurélia*, com a mãe morta quando acabara de completar 2 anos de idade e o pai, médico militar, em campanha, foi criado por um tio-avô, colecionador de livros de cabala, alquimia e magia. Teria aprendido a ler por meio dessas obras. Faz parte da continuidade nervaliana entre arte e vida o protagonista de seus relatos ficcionais, a exemplo de "Angélique", ser um pesquisador em acervos dos quais a biblioteca do seu tio-avô foi o modelo.

Nerval prosseguiria e ampliaria essa pesquisa ao longo de toda a sua vida, orientado por um propósito místico resumido neste comentário de Richer: "A obra de Nerval é, pois, um perpétuo esforço de reintegração."[7] Pode-se, por isso, conferir-lhe a condição não só de interessado em doutrinas esotéricas e fascinado por elas, mas de conhecedor. É ilustrativo este comentário do cronista Anguste de Belloy, transcrito por Richer:

> Sambocer, o preceptor de Adão, figurava com frequência em suas conversas como um personagem real... Ele não se consolava da perda do livro

---

[5] Gérard de Nerval, *op. cit.*, p. 1.147.
[6] Jean Richer, *Gérard de Nerval*, Paris, Pierre Seghers, 1972, p. 9, (Poètes d'aujourd'hui).
[7] *Idem*, *Gérard de Nerval et les doctrines ésotériques*, p. 139-140.

dos livros, o famoso *Abistek*, recebido diretamente do céu por Abraão... Ele ficava sabendo com espanto que você nunca havia lido Orígenes nem Apolônio de Tiana, que não estava em condições de distinguir entre Hilel, o Antigo e Hilel, o Santo, que ignorava até mesmo o nome de Asclepiodoto ou de Wigbode. As seguintes fórmulas não se calavam em sua boca: "O senhor leu em Maimônides... Recorda-se dessa passagem de Bhavabouti... É preciso nunca ter lido os Pré-adamitas de Lapeyruière" etc. etc...[8]

A impressão que se tem é que Nerval leu tudo, todos os textos disponíveis sobre tais assuntos, desde aqueles da Antiguidade encontráveis no século XIX até os contemporâneos. Assistemático, embaralhava fontes ou deixava de citá-las, mas, sem dúvida, sabia claramente o que era gnosticismo, como se vê por esta caracterização do martinismo em *Les iluminnés*, como doutrina que "renovava simplesmente a instituição dos ritos cabalísticos do século XI, último eco da fórmula dos gnósticos, onde algo da metafísica judaica se mistura às teorias obscuras dos filósofos alexandrinos".[9]

No volume de informação esotérica absorvido por Nerval, sobressai a ligação com a doutrina de Martines de Pasqually, líder dos "eleitos Cohen"; uma atualização do gnosticismo, como mostra Richer: "O *Tratado da Reintegração* [obra de Martines de Pasqually] reúne em uma síntese e uma transposição moderna as crenças dos antigos ofitas ou adoradores da serpente, aquela dos cainitas, dos setianos e outros gnósticos, e também o maniqueísmo e a doutrina dos cátaros."[10] Daí seu vínculo com a doutrina:

> Nerval sofreu a influência do gnosticismo através de Martines de Pasqually. Ele [Nerval] nos parece em alguns momentos maniqueísta, gnóstico, cainita, adepto da Mãe. [...] imitando os antigos dualistas, Gérard invoca como autoridades os escritos de Adão, de Set e de Enoch. [...] Conformando-se a esse ensinamento, Nerval queria fazer de Jeová um

---

[8] *Idem, ibidem*, p. 137.
[9] *Idem, ibidem*, p. 82.
[10] *Idem, ibidem*, p. 90.

O GNOSTICISMO TRÁGICO DE NERVAL

Deus ciumento e mau, e da raça de Caim, à qual acreditava pertencer, uma raça eleita.[11]

Se, para Richer, Nerval "parece" gnóstico "em alguns momentos", para Steinmetz, nas notas das *Oeuvres complètes*, foi um "quase gnóstico":

> Nerval, quando do seu delírio de 1841, edificou — pelo que seus textos e suas cartas nos permitem perceber —, sob a invasão das imagens de seu inconsciente, um mundo quase gnóstico paralelo ao nosso. Seu sincretismo daquele tempo não correspondia — embora pudesse parecê-lo — a um princípio de confusão, mas tendia a construir um sistema intuitivamente justificativo das anomalias da sua vida, das dores que o haviam dilacerado, dos erros que ele havia perpetuado.[12]

Gnosticismo pessoal; mas seu ponto de partida foi o conhecimento então disponível do gnosticismo histórico.

Tomando o sincretismo como atributo fundamental do gnosticismo, bem como do romantismo, então Nerval foi hipergnóstico e hiper-romântico. Isso foi observado, entre outros, por Jean Guillaume em uma das notas das *Oeuvres complètes*:

> Se a palavra "romantismo" tem um sentido, ela designa a busca da unidade perdida desde a instauração da ciência moderna, e sempre frágil, sempre ameaçada, quando é reencontrada. [...] Aquilo que é chamado de sincretismo de Nerval é, na verdade, o profundo romantismo, o qual o delírio lhe permite alcançar. O homem razoável aceita a distinção, a divisão, por via de consequência a mutilação; ele diz: o sonho "ou" a vida. Nerval: o sonho e a vida. Ele [o "homem razoável"] diz Vênus ou Ísis ou a Virgem; Nerval as confunde.[13]

Além de sincrético, Nerval foi de um ecletismo comentado por Richer: "Sabe-se que ele pretendia ter dezessete religiões e mostrava

---

[11] Idem, ibidem, p. 93-95.
[12] Gérard de Nerval, *Oeuvres complètes*, v. III, p. 1.274.
[13] Idem, ibidem, p. 1.330.

respeito por todas elas."¹⁴ A pan-religiosidade o levou, especialmente em *Voyage en Orient*, sua narrativa de viagem mais complexa, a fazer estudos comparativos de símbolos, mitos e religiões, procurando demonstrar sua universalidade. Um exemplo é a nota de rodapé do relato da lenda de Suleiman (Salomão), Adoniran e a Rainha de Sabá, ao observar que Salomão acabou sendo destruído por um inseto minúsculo:

> Será observada a relação que se encontra entre o ácaro triunfante sobre as combinações ambiciosas de Salomão e a lenda de Edda, que se relaciona a Balder. Odin e Freya haviam igualmente conjurado todos os seres, a fim de que respeitassem a vida de Balder, seu filho. Esqueceram o visgo do carvalho, e essa humilde planta foi a causa da morte do filho dos deuses. É por isso que o visgo era sagrado na religião druídica, posterior àquela dos escandinavos.¹⁵

Todo o *Voyage en Orient* é assim: no Egito do século XIX, viu Alexandria dos hermetistas e o Egito dos faraós; das lendas árabes e do Alcorão, foi às fontes bíblicas e daí seguiu aos apócrifos. Uma lenda leva a outra, um mito é todos os mitos, um símbolo remete a outro símbolo, sempre anterior: por isso, na lógica dos hermetistas, mais verdadeiro por estar mais próximo da origem.

Uma característica importante de Nerval é sua duplicidade, comentada por estudiosos. Em *Aurélia* e *As quimeras*, foi esoterista a sério. Em outros escritos, tratou das disciplinas herméticas e de suas ramificações a distância, ironicamente, como um cronista, e não como adepto. No prefácio de *Les illuminés*, sobre a biblioteca de seu tio-avô, comentou: "Bem jovem, absorvi muito dessa alimentação indigesta ou insalubre para a alma; e, mesmo mais tarde, meu julgamento teve se defender dessas impressões primitivas.¹⁶ Também em "Angélique", primeira narrativa de *Les filles du feu*, os "encontros de iluminados que preparavam silenciosamente o futuro" no castelo de Ermenonville — Saint-Germain, Mesmer, Cagliostro e mais tarde Sénancour, o "filósofo desconhecido", Saint-Martin,

---

¹⁴ Jean Richer, *Gérard de Nerval*, p. 81.
¹⁵ Gérard de Nerval, *op. cit.*, v. III, p. 771.
¹⁶ *Idem, op. cit.*, v. II, p. 886.

Dupont de Nempours, Cazotte — resultariam de "ideias bizarras"; as aparições que os visitavam foram tratadas como "infantilidade". E sua primeira coletânea de contos fantásticos, que incluiu o simbolicamente tão rico "A mão encantada", foi intitulada *Contes et facécies* — facécias, brincadeiras.

Portanto, parecia oscilar entre fé e ceticismo, adesão e crítica. Poeta desesperado e, em momentos importantes, delirante, e autor de relatos históricos e crônicas de viagem como jornalista, além de autor ou coautor de peças teatrais que visavam ao entretenimento, como *Piquillo*, é como se houvesse dois Nerval — ou o mesmo, porém movido por estados de espírito e inclinações distintas. Daí Richer mencionar suas "múltiplas máscaras, umas sorridentes, outras inquietantes",[17] e observar que nele coexistiram um precursor do surrealismo e outro de Anatole France. Jean Guilllaume, outro estudioso importante de Nerval, também publicou um ensaio sobre suas múltiplas máscaras.

É claro que a duplicidade de Nerval se relaciona com ele viver do que escrevia, não só como autor de livros, mas como jornalista e dramaturgo. Tal dualidade — escrita para o mercado e para os iniciados — não se apresentava, por exemplo, para Novalis e seus pares, *scholars* em sua maioria, além de que Tennstad, Freiberg e Jena não eram Paris. A divisão também não parecia existir para românticos franceses que precederam Nerval: Musset e Lamartine foram poetas angustiados, mas não malditos. Já em Baudelaire, observa-se a recusa total do mercado, com a associação do gênio criador à condição de maldito em seu prefácio a Poe.

Mas há outras interpretações possíveis dessa duplicidade. Uma delas não como negação do esoterismo, mas como insatisfação, desejo de superação: "Nerval se perfilava entre aqueles a quem não bastavam as certezas e as consolações da religião esotérica", comenta Richer.[18] Ver "ideias bizarras" e "infantilidade" em ocultistas seria querer ir além; e seus motivos se assemelhariam aos que levaram Blake a satirizar Swedenborg.

---

[17] Jean Richer, *Gérard de Nerval*, p. 7.
[18] *Idem, ibidem*, p. 75.

UM OBSCURO ENCANTO: GNOSE, GNOSTICISMO E POESIA MODERNA

Sua ambivalência também pode corresponder à oscilação entre os dois polos do romantismo, analogia e ironia, comentados por Paz em *Os filhos do barro*. Polos opostos, porém complementares, ambas, ironia e analogia, atacam a relação de significação, a ideia de que a cada termo ou enunciado corresponde um referente. O pensamento analógico supõe que uma coisa sempre pode ser outra. A ironia, por sua vez, mostra o sem-sentido do que aparenta ter sentido. Como observa Paz:

> A primeira [a ironia] é a filha do tempo linear, sucessivo e irrepetível; a segunda [a analogia] é a filha do tempo cíclico: o futuro está no passado e ambos estão no presente. A analogia se insere no tempo do mito e, mais ainda: é seu fundamento; a ironia pertence ao tempo histórico, é a consequência (e a consciência) da história. A analogia converte a ironia em mais uma variação do leque de semelhanças, porém a ironia rasga o leque. A ironia é a ferida pela qual sangra a analogia; é a exceção, ao acidente fatal, no duplo sentido do termo: o necessário e o infausto. [...] O universo, diz a ironia, não é uma escrita; se fosse, seus signos seriam incompreensíveis para o homem, porque nela não figura a palavra morte e o homem é mortal.[19]

Dois estilos, dois modos de expressar-se que também são duas visões de mundo e, principalmente, do tempo: uma delas trágica, do tempo como fatalidade, contraposta a outra otimista, à crença na renovação.

Dualidade é o que se observa também, não só entre obras, mas internamente, no modo como são estruturadas. Em narrativas de viagens, como *Voyage en Orient* e *Lorely*, alternam-se os relatos de acontecimentos reais, de como eram os lugares visitados, com textos puramente ficcionais, de aventuras inventadas, além de transcrições e adaptações de lendas e fábulas. Essa alternância confundiu leitores, chegando a gerar lendas como a do seu casamento egípcio.[20] Descrições de lugares onde nunca havia estado justificam, nas *Oeuvres complètes*, a publicação de dois mapas, um deles com os trajetos fisicamente reais, outro com aqueles da narrativa.

---

[19] Octavio Paz, *op. cit.*
[20] Cf. Fernando Sabino no prefácio de Gérard de Nerval, *Sílvia*, tradução de Luís de Lima, Rio de Janeiro, Rocco, 1986.

O GNOSTICISMO TRÁGICO DE NERVAL

Estudiosos se referem a seu "desdobramento" ou "duplicação", a uma "consciência da alteridade" nessas narrativas de viagem.[21] A estruturação binária, em planos que se confundem, é mais complexa ainda em narrativas ficcionais como "Sylvie", que integra *Les filles du feu*. É tida como a obra-prima de Nerval; de modo superlativo, por Umberto Eco,[22] como "um dos maiores livros já escritos", em acréscimo aos elogios de Proust a essa novela em *Contre Sainte-Beuve*. Nela, dois tempos se alternam, o presente do narrador e seu passado, e dois espaços que também são planos de realidade, de Paris e da província, por sua vez associados a três personagens femininas: Sylvie, a quem o protagonista quer reencontrar; Adrienne, rememorada; e Aurélia, a musa perdida. Mas essas alternâncias de espaço e tempo, ao se sucederem, também se multiplicam, pois o tempo de um capítulo recorda o tempo de outro, e esse de outro, e assim por diante. Resulta, como o demonstrou Eco, em uma narrativa impossível, mesmo com a forma do relato realista. São impossibilidades temporais e também, em outros de seus textos, espaciais: roteiros implausíveis de idas e vindas entre diferentes localidades, como em "Angélique".

"Sylvie" é caso particular do que Bony denomina, a propósito das crônicas de *La Bohême galante*, de "felicidade na regressão" em Nerval.[23] Relações de reflexão ou em eco, no interior da obra ou na relação entre várias obras, fazem com que uma, sendo autônoma, também seja um comentário de outra. Em "Angélique", primeira das narrativas de *Les filles du feu*, publicado em 1854,[24] entrecruzam-se dois enredos: um deles na primeira pessoa, de um pesquisador que busca reconstituir a história do Abade de Bucquoy e descobre aquela de Angélique de Longeval; outro, a história reconstituída da própria Angélique. Mas a busca de informação sobre o Abade de Bucquoy já havia sido o tema de *Les faux saulniers*, de 1850 (*saulniers* são trabalhadores em salinas); e os resultados da pesquisa acabariam dando em "Histoire de l'Abbé de Bucquoy", de 1852, que integra *Les illuminés*; de quebra, relatos de viagem em *Les faux saulniers*

---

[21] Por exemplo, Lieven d'Hulst, nas notas para Gérard de Nerval, *Lorely*, *op. cit.*, v. III, p. 942.
[22] Umberto Eco, *Seis passeios pelos bosques da ficção*, tradução de Hildegarde Feist, São Paulo, Companhia das Letras, 1994, p. 18.
[23] Gérard de Nerval, *op. cit.*, v. III, p. 1.081.
[24] Essa e as demais datas de publicação, conforme as respectivas notas da edição das *Oeuvres complètes* de Nerval.

seriam recortados e publicados em *La Bohême galante*, também em 1852.

Há muito mais dessas manifestações de desprezo pela unidade da obra em Nerval, tornando-o mestre da interpolação, de encadeamentos narrativos que justificam ele apontar Lawrence Sterne, o autor de *Tristan Shandy*, como uma de suas leituras. Tais ecos e abismos, dentro das narrativas e também entre elas, tornam Nerval, um autor moderno, ao mesmo tempo que tão tradicionalista em sua busca de dois passados ou tempos perdidos, aquele da sua própria vida e outro arcaico. A dualidade e a duplicidade podem, é claro, ser interpretadas psicologicamente: quando criou essas obras, já estava louco, pois vinha tendo crises desde 1841. Mas, ao mesmo tempo, é consistentemente hermético: são sempre as correspondências, as relações analógicas entre diferentes planos de realidade e esferas simbólicas, que valem.

Esta observação de Steinmetz sobre *As quimeras* serve para o conjunto da sua obra: "[...] somos mergulhados em um universo semântico da repetição, da reduplicação, da obsessão".[25] Uma das consequências foi seu abandono pela crítica, observado por Jean Guillaume e Claude Pichois no prefácio da edição de 1989 das *Oeuvres complètes*, cuja organização é por eles tachada de "infernal": "Gérard de Nerval não teve a chance de seus contemporâneos que encontraram, no fim do século XIX, exegetas tão dedicados quanto competentes. Sua obra foi como que deixada ao abandono."

A dualidade foi vivida por Nerval. Daí a sensação de ser dois, um e outro, atestada pela escolha do pseudônimo ao designar-se a partir de 1838 como Nerval, e não mais como Labrunie, seu nome de batismo, e documentada na foto (que seria interpretada de modo cabalístico por Breton em *Arcano 17*) em que anotou: "Eu sou um outro", publicada por Richer em *Gérard de Nerval et les doctrines ésotériques*. Dela resultaram as dramáticas passagens de *Aurélia* em que se defronta com o duplo: seu perseguidor. Ou a epígrafe de "Pandora", tirada do *Fausto* de Goethe: "Duas almas, ai de mim! Repartiam meu seio, e cada uma delas quer separar-se da outra: uma, ardente de amor, se apega ao mundo por meio

---

[25] *Idem, ibidem*, v. III, p. 1.272.

dos órgãos do corpo; um movimento sobrenatural arrasta a outra para longe das trevas, rumo às elevadas moradas de nossos ancestrais."[26]

O inventário dos temas gnósticos em Nerval começa, portanto, por sua obsessão pelo duplo. E pelas viagens, que podem ser entendidas como metáforas da verdadeira viagem, aquela iniciática dos gnósticos para reencontrar a unidade, o "eu" verdadeiro: declaradamente, aquela à Alemanha em 1850 foi uma tentativa de cura.

É gnóstico, também, seu culto à mulher, ou, antes, a um princípio feminino, correspondente à amada perdida e à mãe que não tivera, por sua vez equivalentes a Ísis, a todas as demais deusas e arquétipos, inclusive a Virgem e santas cristãs, e às mulheres que realmente conheceu. É na comparação com o modo de Nerval relacionar-se com mulheres e entidades femininas que Blake parece misógino e Novalis tão contido e sublimado. Mas a multiplicidade de figuras femininas é uma aplicação coerente do princípio das correspondências universais. Se tudo se corresponde, então se equivalem as divindades desse conjunto e suas contrapartidas terrestres: Jenny Colon, as demais mulheres de sua vida, as personagens de ficção: Aurélia, Pandora, as "filhas do fogo" Sílvia, Angélica, Jemmy, Otávia, Emília etc.; e as mulheres lendárias, Melusina, Pandora, Lorely.

Aurélia é tido como o documento da loucura de Nerval, sua obra delirante. Mas Steinmetz observa que Nerval também estava louco ao escrever *As quimeras*: "Até onde se sabe, a maior parte dos manuscritos de *As quimeras* coincide com momentos de loucura."[27] Sonetos tão perfeitos, representando um polo da condensação, coincidirem com surtos inspira reflexões sobre as relações entre loucura e criação poética.

As quimeras é poesia na primeira pessoa. Nerval não se duplicou; apresentou-se como um só: ele mesmo, em tom confessional. Mas esse "um" que se manifesta através dos poemas é ao mesmo tempo tudo: chama a atenção como nos 12 sonetos (ou 20, conforme a edição) foi capaz de evocar tamanha diversidade de símbolos, entidades mitológicas, personagens históricos, lugares, referências literárias.

Mas não são as mesmas crenças, o mesmo esoterismo e a mesma visão de mundo que se expressam por meio dos principais poemas de

---

[26] *Idem, ibidem*, p. 653.
[27] *Idem, ibidem*, v. III, p. 1.268.

As Quimeras. "El desdichado" é uma antevisão de sua destruição; "O Cristo no Horto das Oliveiras" é afirmação do mito gnóstico do deus caído; "Anteros" é uma proclamação da rebelião; e "Versos dourados" expressa a visão do universo animado dos hermetistas, do qual o homem é parte.

"El desdichado" abre *As quimeras*. É o autor a apresentar-se, declarando-se um exilado no mundo:

> Sou o tenebroso — o viúvo — o inconsolado,
> O príncipe na torre abolida de Aquitânia;
> Morta minh'única *estrela* — meu alaúde constelado
> Porta o *Sol negro* da *Melancolia*.[28]

O restante do poema é invocação da amada, "tu que me consolaste", terminando com a declaração de que, Orfeu reencarnado, foi procurá-la no reino dos mortos:

> Na noite tumular, tu que me consolaste,
> Traga-me o Pausílipo e o mar d'Itália,
> A *flor* que agradava tanto ao meu coração triste,
> E o parreiral onde o pâmpano à rosa se alia.
>
> Serei Amor ou Febo?... Lusignam ou Byron?[29]
> Minha fronte está rubra, ainda, dos beijos da que reina;
> Sonhei na gruta em que nada a sirena,
>
> E por duas vezes, vencedor, atravessei o Aqueron:
> Modulando alternadamente na lira Orfeica,
> Os suspiros da santa e os gritos feéricos.

---

[28] Segui a tradução de Carlota Gomes para Julia Kristeva, *Sol negro — Depressão e melancolia*, Rio de Janeiro, Rocco, 1989, p. 133; ver também *As quimeras*, tradução de Alexei Bueno, Rio de Janeiro, Topbooks, 1996.
[29] Aqui, uma armadilha em que o tradutor caiu: no original, não é Byron, mas *Biron* — trata-se de personagens diferentes, um deles o lorde-poeta romântico inglês e o outro, o nobre francês.

"El desdichado" é tema de um capítulo em *Sol negro — Depressão e Melancolia*, de Julia Kristeva, além de proporcionar-lhe o título. Levando em conta "o interesse de Nerval pela alquimia e pelo esoterismo", lembra sua relação com ideias de expoentes da filosofia oculta, como Court de Gébelin e dom Pernety.[30] Mostra que seus primeiros versos seguem a ordem de cartas do tarô. O "tenebroso" seria o arcano 15, o diabo; a "torre abolida", desabada, o arcano 16; a "estrela", aquela do arcano 17, da esperança.

É como se o poeta jogasse para tirar a sorte e recebesse como resposta o arcano 16, da torre fulminada por um raio: o anúncio da sua destruição. Interessa a sequência das cartas no jogo do tarô: o 16, símbolo da destruição, segue aquela do diabo; portanto, o colapso da torre (do consulente) é manifestação demoníaca; mas a torre fulminada precede o arcano 17, por sua vez título de uma obra de Breton: é a estrela da manhã, símbolo de um nascimento, da esperança no futuro e do conhecimento,[31] ou seja, da gnose; para Breton, em *Arcano 17*, o emblema do triunfo de Lúcifer. A sequência do jogo divinatório — criado no século XIV,[32] sistematizado por Aliette no século XVIII e que ganharia importância entre ocultistas — contém, portanto, uma teoria dos contrários.

"El desdichado" tem mais de um sentido: anuncia uma tragédia pessoal, a destruição do próprio poeta; e proclama duas vitórias sobre a morte, associadas à conquista do conhecimento e à eternidade do amor. E dá uma boa amostra do que Nerval exige de seu leitor, pelo cruzamento de símbolos de diferentes esferas. Começa pelo título: *desdichado* é desafortunado, infeliz, em espanhol; mas o título de Nerval se refere a um personagem de *Ivanhoé*, o romance de cavalaria de Walter Scott: esse *desdichado*, segundo Scott, significaria deserdado. Como assinala Steinmetz, "Nerval seguiu o erro cometido por W. Scott";[33] e o poema não se refere apenas a alguém infeliz ou vítima da má sorte, mas a um deserdado: ao próprio Nerval.

---

[30] Julia Kristeva, *op. cit.*, p. 138, em uma extensa nota de rodapé.
[31] Sigo a interpretação de Sepharial em *Manual de ocultismo*, tradução de Luiz Horácio da Matta, Rio de Janeiro, Francisco Alves, 1991, p. 180 e seguintes.
[32] Sarane Alexandrian, *História da filosofia oculta*, *História da filosofia oculta*, tradução de Carlos Jorge de Figueiredo Jorge, Lisboa, Edições 70, s/d, p. 240.
[33] Gérard de Nerval, *op. cit.*, v. III, p. 1.277.

Para a boa interpretação de apenas um dos versos — "Serei Amor ou Febo?... Lusignam ou Biron?" — o leitor precisaria saber não só que Febo é Apolo, deus solar da inspiração poética, mas que Lusignan, um cruzado que se tornou rei de Jerusalém e Chipre no século XII, era tido como descendente da fada-serpente Melusina (também evocada por Breton em *Arcano 17*); e que Biron foi Charles de Gontaut, Duque de Biron, decapitado em 1602, e não o lorde e poeta romântico inglês.[34] Assim ficaria claro o jogo de Nerval entre mitologia e história, ao apresentar-se como descendente de uma nobreza deserdada, os Labrunie, cujo castelo desabou, e por ser da estirpe maldita dos filhos de Caim. Ainda permaneceriam dúvidas: o Pausílipo da segunda estrofe é a Baía do Posilipo, em Nápoles — mas está lá por ter sido onde o poeta teve um encontro amoroso em uma de suas viagens (como assinala Steinmetz), pelo significado mítico do lugar, como berço de Netuno (como interpreta Richer) ou por ter sido onde tentou o suicídio (como observa Kristeva)? Provavelmente pelas três razões, entre outras.

"O Cristo no Horto das Oliveiras" trata não mais de um drama pessoal, mas de uma tragédia universal. É de um pessimismo ainda mais acentuado do que "El desdichado", pois não há retorno dos infernos ou ressurreição. O Cristo crucificado exclama: "Não há Deus!" E vislumbra o universo: "Abismo! abismo! abismo!/Falta o deus a este altar onde, vítima, eu cismo.../Não há Deus! Deus não é!/E eles sempre dormindo!"[35]

Júpiter, a quem Pilatos se dirige para indagar sobre Cristo — equiparado a Ícaro e Átis — é uma divindade silenciosa: "Mas sempre se calou o oráculo invocado/Um só daria este arcano ao mundo desvendado/ Aquele que deu alma ao ser de lama fria."[36]

Tratando de "O Cristo no Horto das Oliveiras" em *Os filhos do barro*, Octavio Paz argumenta que "o tema da morte de Deus", ilustrado por esse poema, não tem lugar nem no racionalismo ateu nem no cristianismo:

---

[34] Aqui também sigo Steinmetz em Gérard de Nerval, *op. cit.*, v. III, p. 1.278.

[35] Gérard de Nerval, *As quimeras*, tradução de Alexei Bueno, Rio de Janeiro, Topbooks, 1996

[36] Esse "ao ser de lama fria" é a solução encontrada pelo tradutor para *aux enfants du limon*, "os filhos do limo", imagem que Octavio Paz utilizou como título de seu livro sobre romantismo e tradição da ruptura, *Los hijos del limo*, por sua vez aqui traduzido como *Os filhos do barro*.

O tema da morte de Deus é um tema romântico. Não é um tema filosófico, mas religioso. Para a razão, Deus existe ou não existe. No primeiro caso, não pode morrer, e no segundo, como pode morrer alguém que nunca existiu? [...] Se alguém diz "Deus morreu", anuncia um fato irrepetível: Deus morreu para sempre. Dentro da concepção do tempo como sucessão linear irreversível, a morte de Deus torna-se um acontecimento impensável.[37]

O tratamento romântico da morte de Deus suscita comparações de Paz entre "Sonho", de Jean-Paul — no qual, em versões distintas, Cristo ou Shakespeare anunciam a morte de Deus — "O Cristo no Horto das Oliveiras" de Nerval (inspirado em Jean-Paul) e "No túmulo de Cristian Rosencreutz", de Pessoa. São poemas através dos quais "o poeta desaloja o sacerdote e a poesia se transforma em uma revelação rival da escritura religiosa". Mostram que "a poesia romântica é revolucionária não com, mas diante das revoluções do século; e sua religiosidade é uma transgressão das religiões".[38]

O sonho da morte de Deus por Jean-Paul, regido pela "desordem e incoerência", contrasta com o cosmo dos filósofos da Ilustração, regido por leis. Paz ainda argumenta que Nerval transforma Jean-Paul: "O poema não é o relato de um sonho, mas de um mito." Mito ou sonho, a visão de mundo é a mesma: o "Universo sem leis, mundo à deriva, visão grotesca do cosmo" de Jean-Paul tem seu correlato nestes versos sobre o terrível mundo subcelestial em Nerval: "Um arco-íris estranho olha o poço sombrio, Umbral do velho caos de onde o nada é o feitio, Espiral, que devora os Mundos e os Dias!"[39]

"O Cristo no Horto das Oliveiras" representa a gnose em sua versão mais dualista. E supõe a equivalência de Júpiter — o deus invocado no poema — a um demiurgo gnóstico. É o "estranho sincretismo" comentado por Steinmetz:

> Com Nerval acha-se proferido, pela primeira vez antes de Nietzsche, um "Deus está morto", aliás questionado no final do poema. A angústia ontológica, com efeito, se resolve no soneto final em um estranho sincretismo

---

[37] Octavio Paz, *op. cit.*, p. 68.
[38] *Idem, ibidem*, p. 74.
[39] Gérard de Nerval, *op. cit.*, p. 35.

assimilando Jesus às grandes vítimas mitológicas punidas por terem querido ultrapassar os limites humanos.[40]

A interpretação do deus de "O Cristo no Horto das Oliveiras" como demiurgo é fortalecida pela comparação com outro dos sonetos de *As quimeras*, "Anteros", citado por Richer no tópico relativo ao gnosticismo em Nerval.[41] Nele, o poeta se declara um descendente de Caim — "Tenho por vezes de Caim o implacável rubor" — além de "surgido da raça de Anteu" e "inspirado pelo Vingador". Proclama-se, dirigindo-se a "Jeová! O último, vencido por teu gênio/Que, do fundo dos infernos, gritava: Ó tirania!/É meu avô Belus ou meu pai Dagon..."[42]

Novamente, é como se todas as religiões fossem a mesma, ou como se houvesse uma simbologia universal, da qual religiões e mitos apresentariam versões: em "O Cristo no Horto das Oliveiras" há personagens dos evangelhos que se dirigem a Júpiter, e não a Jeová; em "Anteros" são personagens de um mito grego, dos titãs (a história de Anteu, o filho de Geia, morto por Hércules), que, ao se dirigirem a Jeová, invocam os deuses fenícios Belus e Dagon, cujos cultos foram combatidos pelos judeus, em vez de se dirigirem ao Júpiter que, no mito, havia fulminado os titãs.

Portanto, no intercâmbio de mitos em "Anteros" e "O Cristo no Horto das Oliveiras" é possível observar o deslocamento, com Jeová ocupando o lugar que deveria ser de Júpiter, e vice-versa. Isso em poemas cuja característica é a condensação: dois mecanismos do sonho. Tais permutações, sendo oníricas ou delirantes, são naturais para o adepto do esoterismo: esse supõe a permutabilidade dos símbolos, manifestações aparentes ou faces visíveis dos arquétipos. É o que observa Steinmetz ao comparar *Les filles du feu* e *As quimeras*: "Nerval procede por deslocamentos, tomando exemplos no simbolismo universal, do qual sua história seria apenas uma parcela, um fragmento."

Mas o importante em "Anteros" é, conforme apontado por Richer,[43] esse poema se enquadrar na moldura gnóstica sob dois aspectos decisivos. Um deles, ao identificar Jeová-Júpiter a um deus opressor; outro, ao

---

[40] Gérard de Nerval, *Oeuvres complètes*, v. III, p. 1.164.
[41] Jean Richer, *Gérard de Nerval et les doctrines ésotériques*, p. 94.
[42] Não segui a tradução de Alexei Bueno; preferi fazê-la de modo mais literal, para que transpareça a simbologia.
[43] *Idem, ibidem*, p. 92.

declarar-se (presumindo que Anteros seja o *alter ego* do poeta) o membro de uma raça perseguida, aquela dos descendentes de Caim, eleitos gnósticos para os cainitas.

"O Cristo no Horto das Oliveiras" e "Anteros" possibilitam avançar na discussão não só do gnosticismo em Nerval, mas também da sua relação com o cristianismo. Teria sido Nerval um cristão gnóstico? Estudiosos divergem. Steinmetz parece vê-lo como rebelde antimonoteísta; portanto, anticristão:

> [...] Nenhum desses sonetos [de *As* quimeras] traz a marca da adesão ao monoteísmo. Bem ao contrário, os deuses é que são lamentados, mesmo se, para explicar o sistema do mundo, Nerval pareça admitir a realidade de um criador, aquele que nos tirou do limo. [...] O movimento de rebelião contra um poder paterno é constante — quer se trate de Kneph, "velho perverso", ou de Jeová, verdadeiro tirano.[44]

Por isso, "Nerval proclama a permanência de uma luta entre uma ordem antiga que eles [os deuses da Antiguidade] simbolizam e uma era futura referida ao monoteísmo". Nessa e em outras de suas notas para as *Oeuvres complètes*, Steinmetz politiza Nerval, e por consequência o gnosticismo, ao salientar seu antiautoritarismo, sua rebelião contra o Pai, bem como sua luta entre "uma ordem antiga" e "uma era futura".

Em um dos sonetos da série complementar de *As quimeras*, "A J-y Colona", Nerval lamenta o fim do mundo pagão: os "deuses de argila" de um "templo, de imenso peristilo", foram destruídos por "um duque normando"; porém, "sob as palmas do túmulo de Virgílio/A pálida hortênsia se une ao loureiro verde".[45] Nesse poema, condensa *As quimeras:* os sonetos são lamentações pela perda não só da amada, mas do tempo em que os mitos eram verdadeiros; subsiste, porém, a esperança em uma união ou síntese, que permitirá o reflorescimento do paganismo.

Aceita a caracterização do rebelde por Paz (examinada no fim do Capítulo 4) como aquele que procura restaurar os mitos, então Nerval, com sua "loucura teomaníaca", como a classifica Steinmetz, foi o rebelde romântico por excelência.

---

[44] Gérard de Nerval, *Oeuvres complètes*, v. III, p. 1.273.
[45] *Idem*, As quimeras.

UM OBSCURO ENCANTO: GNOSE, GNOSTICISMO E POESIA MODERNA

"Ártemis", outro dos poemas com simbologia numérica e do tarô em *As quimeras*, também é sombrio, na mesma tonalidade de "El desdichado". Desde a frase incial: "A Décima-Terceira volta... E ainda é a primeira", é sobre um fim que é um recomeço, pois o treze, no tarô, é o arcano da morte, a carta do ceifador, assim como a Ártemis do título, Diana, uma deusa tutelar da morte. Por isso, proclama-a "Rainha" e "A única que amei e que ainda me ama constante/É a Morte — ou a Morta." O amor, reunião com o arquétipo feminino, só se realiza pela morte: é mais um dos textos que anunciam seu suicídio, porém confiando em um retorno, síntese de Eros e Tânatos.

Se "O Cristo no Horto das Oliveiras", "El desdichado", "Anteros" e "Ártemis" podem ser considerados sombrios, noturnos, "Versos dourados" é solar. Expressa a religião da natureza, a visão panteísta de um mundo vivo. Desde a epígrafe atribuída a Pitágoras — "Céus! tudo é sensível" — sustenta que o ser humano é parte de um todo:

> Homem! livre pensador! serás o único que pensa
> Neste mundo onde a vida cintila em cada ente?
> De tuas forças tua liberdade dispõe naturalmente,
> Mas teus conselhos todos o universo dispensa.
>
> Honra na fera o espírito que fermenta...
> Cada flor é uma alma em Natura nascente;
> Um mistério de amor no metal reside dormente;
> "Tudo é sensível!" E poderoso em teu ser se apresenta.
>
> Receia, no muro cego, um olhar curioso:
> À própria matéria encontra-se um verbo unido...
> Não te sirvas dela para qualquer fim impiedoso!
>
> Quase sempre no ser obscuro mora um Deus escondido.
> E, como um olho novo coberto por suas pálpebras,
> Um espírito puro medra sob a crosta das pedras! [46]

---

[46] Gérard de Nerval, "Versos dourados", em *Aurélia*, tradução de Contador Borges, São Paulo, Iluminuras, 1991, p. 5.

Contador Borges o qualifica como "soneto pitagórico que anuncia o tema das 'correspondências' em Baudelaire". Propõe, ainda, uma interpretação alquímica de *Aurélia*: "Ambos ["Versos dourados" e *Aurélia*] aludem à busca do conhecimento por meio da 'pedra filosofal' da Alquimia, ambos derivam nos títulos de *aurum*". Mas, como foi visto no Capítulo 6, toda obra situável no quadro do gnosticismo e do hermetismo também o é naquele da alquimia.

Outros leitores de Nerval já comentaram "Versos dourados". Dentre eles, Breton em *Do surrealismo em suas obras vivas*, para afirmar a mesma crença hermética nas correspondências entre macrocosmo e microcosmo. Paz, no já citado "Leitura e contemplação", sobre glossolalias e o "falar em línguas", também se refere a "Versos dourados". Entende o "tudo é sensível" da epígrafe do poema como equivalente a "tudo é significativo": o universo todo, o conjunto das coisas, é linguagem, inteligível pelo iluminado capaz de ler as assinaturas divinas, as marcas do macrocosmo em cada particular. É a língua adâmica; aquela da Idade do Ouro, do tempo anterior à queda. O poeta é, portanto, quem traduz a simbologia universal. O entendimento do poeta como tradutor do universo ainda viria a ser claramente apresentado por Baudelaire; isso lembrando que ambos, Nerval e Baudelaire, foram tradutores.

"Versos dourados", ao fechar *As quimeras*, possibilitou que a série fosse de 12 poemas. O número 12 significa a completude, o fim de um ciclo: no tarô, é a carta do enforcado ou pendurado, representando um sacrifício e também um pronunciamento divino: a Lei revelada.[47] Nerval quis encerrar com o poema sobre o mundo paradisíaco anterior à queda, ao qual chegaria após a descida aos infernos, completando o percurso iniciático: o mesmo enredo de *Aurélia*.

Em *As quimeras* não apenas combinam-se acontecimentos históricos, da queda de Roma à derrota de Napoleão, às mitologias egípcia, grega, indiana e escandinava, além de referências à Bíblia, aos apócrifos judaicos e ao Alcorão. A geografia também é sincretizada: "A Madame Aguado" e "Eritreia", poemas em que descreve paradisíacas paisagens orientais, situam Benares, cidade da Índia, na africana Eritreia; em ambos repete a imagem da "neve de Cathay" (a China) que "cai no Atlântico austero",[48]

---

[47] Aqui também valho-me de Sépharial, *op. cit.*
[48] Gérard de Nerval, *As quimeras*, p. 49 e 51.

e não, como deveria ser, no Índico ou no Pacífico. Por isso, vale para *As quimeras* um comentário de Richer a propósito de *Voyage en Orient*: "Seu desprezo, ou melhor, sua ignorância soberba da história e da cronologia não passa de um aspecto desse desprezo pelo tempo que transparece em todas as suas obras."[49]

Ignorância não significa, é claro, falta de conhecimento. Há desprezo pelo tempo e pelo espaço porque os poemas são expressões do pensamento analógico. Nerval não separa ordens de realidade ou campos do saber: tudo se encadeia e corresponde. Por essa lógica, no poema "Napoleão" o imperador é um messias sacrificado e um avatar, comparado a Cristo e ao Set gnóstico.

É um inadmissível chavão classificar poetas como "difíceis". Quem quiser mensagens imediatamente inteligíveis que se valha do modo prosaico. Contudo, mesmo com essa ressalva, *As quimeras* é poesia especialmente difícil — algo que Nerval sabia, observando, na carta a Alexandre Dumas que abre *Les filles du feu*, que seus sonetos, "compostos em estado de sonho" supernaturalista, [...] "não são mais obscuros do que a metafísica de Hegel e os *Memoráveis* de Swedenborg e perderiam seu encanto ao ser explicados, se isso fosse possível".[50]

E mais: sobrepõem-se dificuldades. Uma delas, pelo simbolismo. Seria preciso saber os sentidos de todos os símbolos empregados por Nerval: aqueles esotéricos e mágicos, astrológicos, alquímicos e de outras ramificações do hermetismo; e as alusões históricas, genealógicas e literárias. Outra dificuldade é pelo embaralhamento a que procede, ampliando e multiplicando tais sentidos para além de suas matrizes ou lugares originais. É a "confusão de todos os arquétipos", em uma "corrida alucinada de todas as analogias", como observa Alexei Bueno no prefácio de *As quimeras*.

Aceita a distinção entre um simbolismo esotérico, escrita cifrada, e um simbolismo literário, que proclama a autonomia do símbolo, então Nerval foi ao mesmo tempo expoente do simbolismo esotérico e iniciador do simbolismo literário. Isso é reconhecido por Guillaume na introdução às *Oeuvres complètes*: seus primeiros poemas, as "Odelettes", "anunciam Verlaine", além dos sonetos "que, bem antes de Mallarmé,

---

[49] Jean Richer, *Gérard de Nerval, et les doctrines ésotériques*, p. 47.
[50] Gérard de Nerval, *Oeuvres complètes*, v. III, p. 458.

buscam e conseguem incorporar a si a música".[51] E por Béguin, pelo "caráter 'simbólico' e alusivo que logo definirá toda a poesia pósbaudelairiana".[52] E ainda praticou simbolismo literário com simbologia esotérica: um duplo simbolismo.

Vale para *As quimeras* e boa parte da obra nervaliana o comentário de Kristeva sobre o "eclipse do sentido" e a "multivalência de conotações" em "El desdichado":

> essas referências [aquelas simbólicas, esotéricas], que constituem a ideologia de Nerval, estão inseridas numa trama poética: desenraizadas, transpostas, elas obtêm uma multivalência de conotações, em geral, indefinidas. A polivalência do simbolismo no interior dessa nova ordem simbólica que é o poema, ligada à rigidez dos símbolos no seio das doutrinas esotéricas, confere à linguagem de Nerval um duplo privilégio: por um lado, assegurar um sentido estável tanto quanto uma comunidade secreta, onde o inconsolado é ouvido, aceito, e, em suma, consolado; por outro, abandonar esse sentido monovalente e essa própria comunidade, para chegar o mais próximo possível do objeto do pesar especificamente nervaliano, através da incerteza da nomeação.[53]

Em outras palavras: Nerval usa o vocabulário esotérico, mas se expressa como poeta. A simbologia é constitutiva do sentido do poema; mas é refeita, produzindo novos sentidos, e mais: o que está além da relação de significação.

Hermetismo e gnosticismo, não linearidade, busca alucinada da "coisa, incertezas da nomeação", desprezo por princípios da lógica e parâmetros da realidade: tudo isso reaparece de modo paroxístico em *Aurélia*. Nerval quis, expressamente, relatar "a efusão do sonho na vida real",[54] o modo como o onírico transborda, ultrapassa limites. Começa com esta frase: "O sonho é uma segunda vida." A declaração poderia ser epígrafe de um surrealista como Robert Desnos. A defesa do sonho por Breton, no

---

[51] *Idem, ibidem*, v. I, p. XXIII.
[52] Albert Béguin, *L'âme romantique et le rêve*, p. 495.
[53] Julia Kristeva, *op. cit.*, p. 139.
[54] Gérard de Nerval, *Aurélia*, p. 39.

primeiro *Manifesto do surrealismo*, é uma paráfrase do que Nerval diz em *Aurélia*:

> O sono ocupa um terço de nossas vidas. Ele é a consolação das penas de nossas jornadas ou a pena de seus prazeres; mas jamais achei que o sono fosse um repouso. Após um entorpecimento de alguns minutos, uma nova vida começa, liberta das condições do tempo e do espaço, provavelmente semelhante àquela que nos aguarda após a morte. Quem sabe não existe um elo entre essas duas existências e é possível à alma ligá-las desde agora?[55]

Nerval sabia que não estava apenas a sonhar. Seu estado era outro, de sobreposição do sonho e da vigília. Através da *rêverie*, de um estado análogo àquele em que Swedenborg viajava pelo cosmos, sonhava e estava desperto. Por ser narrativa onírica, predomina um princípio da mutação: "Tudo transformava-se ao meu redor. [...] A partir desse momento, tudo adquiria por vezes um aspecto duplo." Pretendia, nessa "nova vida" — em uma das suas alusões a Dante, indicando que *Aurélia* é uma *Divina comédia* caótica — chegar à síntese, ao conhecimento superior que possibilitaria a compreensão do mundo, de sua origem e de seu fim e do seu próprio destino no mundo. A gnose alcançada nesse estado também lhe permitiria ordenar a babel bibliográfica por meio da qual se havia formado:

> Meus livros, uma estranha pilha da ciência de todos os tempos: história, viagens, religiões, cabala, astrologia, que alegraria as sombras de Pico de la Mirandola, do sábio Meursius e de Nicolau de Cusa — a torre de Babel em duzentos volumes — deixaram-me tudo isso! Havia bastante para tornar louco um sábio; façamos com que também haja o suficiente para tornar sábio um louco.[56]

Tal síntese exigia a formulação de um mito, a exemplo dos profetas da Antiguidade. Nele, articulam-se a visão hermética e a gnóstica do mundo. Do hermetismo, é repetidamente afirmado o princípio das cor-

---

[55] Idem, ibidem, p. 92.
[56] Idem, ibidem, p. 85.

respondências: "O macrocosmo, ou grande mundo, foi construído pela arte cabalística; o microcosmo, ou pequeno mundo, é sua imagem refletida em todos os corações." Menciona a *Tábua de esmeralda*, documento-chave do hermetismo: "Eu tentara reunir as pedras da *Tábua sagrada* e representar em volta os sete primeiros Elohim que haviam repartido o mundo entre si."[57]

Da doutrina das correspondências advém que somos deuses, ou quiçá sejamos Deus, conforme o relato de um sonho por um amigo e companheiro de hospício, que poderia ser um comentário ou paráfrase de "Versos dourados":

> [...] um sonho sublime nos mais vagos espaços do infinito, uma conversa com um ser ao mesmo tempo diferente e participante dele mesmo, e a quem, dando-se por morto, ele indagava do paradeiro de Deus. "Mas Deus está em toda parte", respondeu seu espírito; "ele está em ti mesmo e em todos. Ele te julga, ouve, aconselha: somos tu e Eu que pensamos e sonhamos juntos — nós jamais nos abandonamos... e somos eternos!"[58]

Há, portanto, um trânsito do macrocosmo para o microcosmo, do infinito para o finito e vice-versa: "segundo penso, os eventos terrestres estão ligados aos do mundo invisível. Trata-se de uma dessas relações estranhas, das quais eu mesmo não me dou conta e que são mais fáceis de indicar que de definir..."[59]

Uma das consequências "dessas relações estranhas" é a consubstancialidade em sua versão mais ampla, como participação de tudo em tudo, afirmada nesta passagem: "Diz-se com propriedade: nada é indiferente no mundo, nada é impotente no universo; um átomo pode dissolver tudo, um átomo pode salvar tudo!" Não apenas os planetas regem o mundo, como na astrologia clássica; reciprocamente, o movimento humano dirige os planetas:

> Imaginei a princípio que todas as pessoas reunidas no jardim tinham alguma influência sobre os astros e que aquele que girava incessantemente no

---

[57] *Idem, ibidem*, p. 51.
[58] *Idem, ibidem*, p. 65.
[59] *Idem, ibidem*, p. 60.

mesmo círculo regrava dali a marcha do Sol. Um velho que traziam em certas horas do dia e que fazia nós consultando seu relógio era, para mim, o encarregado de constatar a marcha das horas. Atribuí a mim mesmo uma influência sobre o curso da Lua; acreditei que esse astro fora atingido por um raio do Todo-Poderoso que imprimira em sua face a forma da máscara observada por mim.[60]

A interdependência de macrocosmo e microcosmo adquire um tom dramático na cena em que encontra e logo perde de vista a mulher misteriosa em um jardim. É a mulher-mundo e seu desaparecimento equivale ao fim do mundo:

> Eu a perdia assim de vista à medida que se transfigurava, pois ela parecia esvanecer-se na própria grandeza. "Oh! Não fujas! supliquei... senão a natureza morre contigo!" [...] passando os olhos à minha volta, vi que o jardim tomara o aspecto de um cemitério. Vozes diziam: "O universo está dentro da noite!"[61]

Se o macrocosmo e o microcosmo, o ser humano e o universo, se correspondem de modo recíproco, então, nessa versão trágica do idealismo mágico de Novalis, a desaparição de uma pessoa acarreta o fim do mundo. A filosofia da natureza dos românticos, sintetizando ciência e religião, torna-se narrativa de horror:

> Os raios magnéticos emanados de mim mesmo ou dos outros atravessam sem obstáculos a cadeia das coisas criadas; uma rede translúcida cobre o mundo e seus fios soltos comunicam-se gradualmente com os planetas e as estrelas. [...] Se a eletricidade, o magnetismo dos corpos físicos, pensei, pode submeter-se a uma direção imposta por leis, tanto mais os espíritos hostis e tirânicos podem subjugar as inteligências e se servir de suas forças divididas com objetivo de dominação.[62]

Aurélia pode ser lido como o equivalente, por um poeta romântico, do culto à serpente dos ofitas e naassenos: "A serpente que envolve o

---

[60] Idem, ibidem, p. 81.
[61] Idem, ibidem, p. 49.
[62] Idem, ibidem, p. 82.

Mundo é ela própria abençoada, porque afrouxa seus anéis, e sua bocarra aspira a flor de anxoka, a flor sulfúrea — a flor brilhante do Sol!"[63] Seu mito da origem é "uma espécie de história do mundo misturada com lembranças de estudos e fragmentos de sonhos."[64] O drama cósmico do qual resultou o mundo ocorre em outro lugar: em "um planeta obscuro onde se debatiam os primeiros germes da criação".[65] A queda desse "planeta obscuro" é um movimento perpetuamente descendente: "E, com efeito, eu via, resvalando por um vão da porta numa linha de sombra, a geração descendente das raças futuras".[66] Em consequência, o futuro sempre será pior: é a visão gnóstica do tempo, oposta à crença na evolução e em uma lógica da história.

Assim como em apócrifos da Antiguidade, a origem é um erro. Ou então na origem da vida está o erro, e não o Verbo, o *logos*. Ou ainda, o *logos*, porém enunciado de modo errado: "Houve, a meu ver, um erro na combinação geral dos números; e vinham de lá todos os males da humanidade."[67] É a fórmula cabalística: se a enunciação correta do nome de Deus cria o mundo, então a enunciação errada acarreta sua destruição. Nerval deu um complemento romântico a esse princípio, ao afirmar que o poeta, mago e novo messias, enunciará as palavras corretas: "Eu parecia ter a função de restabelecer a harmonia universal pela arte cabalística e de buscar uma solução evocando as forças ocultas das diversas religiões."

Ainda registra a impotência de Deus, "o deus de Lucrécio impotente e perdido em sua imensidão".[68] Reitera "O Cristo no Horto das Oliveiras", porém, desta vez, inserindo a proclamação da morte de Deus em uma cosmogonia complexa.

Outro mito que reaparece é o da divindade feminina, a "deusa radiante." É Ísis, Vênus, a Virgem Maria: todas as deusas. E também Aurélia: à maneira de Simão, o Mago, confere estatuto divino a Jenny Colon. A reintegração é união com o princípio feminino, a esposa-mãe ausente: "Transportei-me em pensamento à eterna Ísis, mãe, e esposa

---

[63] *Idem, ibidem*, p. 90.
[64] *Idem, ibidem*, p. 51.
[65] *Idem, ibidem*, p. 50.
[66] *Idem, ibidem*, p. 86.
[67] *Idem, ibidem*, p. 81.
[68] *Idem, ibidem*, p. 63.

sagrada; todas as minhas aspirações, todas as minhas preces confundiam-se nesse nome mágico. Eu me sentia reviver nela; a deusa por vezes me aparecia na figura da antiga Vênus, outras vezes tinha as feições da Virgem dos cristãos."[69]

Mas a união falha por intervenção do outro, o duplo maligno. Há uma troca na câmara nupcial e quem se une a Aurélia-Ísis-Vênus-Maria-Jenny é a alma adventícia, e não o "eu" verdadeiro:

> Falava-se de um casamento e do noivo que, conforme diziam, devia chegar para anunciar o momento da festa. Um arrebatamento insano logo apoderou-se de mim. Imaginando tratar-se daquele que era meu Duplo, e que deveria desposar Aurélia, fiz um escândalo que pareceu consternar a assembleia.[70]

Aurélia é a história da cisão do andrógino. Para resgatar a contrapartida feminina, a exemplo de Orfeu, patrono dos poetas, terá de descer ao reino dos mortos. Por isso, a segunda parte do livro se intitula "Eurídice! Eurídice!" Paz, conforme citado acima, observou que Nerval, em "O Cristo no Horto das Oliveiras", transformou um sonho em mito. Foi mais longe, porém: transformou tudo em mito; não apenas o conjunto dos episódios de sua vida, como sua morte; suicidando-se, foi Orfeu.

A relação entre a conduta de Nerval e aquilo que escrevia foi romantismo levado a sério: o compromisso total com valores românticos. A semelhança do que é exposto em *Aurélia* com relação ao idealismo mágico de Novalis é evidente; mas é como se a mesma busca da síntese terminasse em catástrofe; como se Heinrich von Ofterdingen não chegasse a lugar algum ou a investigação dos discípulos de Saïs desembocasse em um solipsismo. Cabe lembrar a afirmação de Novalis de que o suicídio seria uma atitude filosófica. O elogio da morte nos *Hinos à noite* seguido ao pé da letra.

Richer examina o drama nervaliano sob o ponto de vista esotérico: corresponderia a uma iniciação fracassada, malsucedida; *Aurélia* seria a his-

---

[69] Idem, ibidem, p. 83.
[70] Idem, ibidem, p. 58.

tória do adepto que não conseguiu chegar lá, ao qual faltou um mestre, um orientador.

Contudo, podem-se tentar outros enfoques. Nerval transformou um drama pessoal em tragédia. Nisso reproduziu uma lógica romântica, evidente em autores tão diversos como Novalis e Victor Hugo: se o macrocosmo e o microcosmo são articulados, então dramas pessoais — a perda de Sophie e Erasmus em Novalis, as mortes dos filhos em Victor Hugo, a orfandade e a perda de Aurélia em Nerval — correspondem a acontecimentos cósmicos; e ao mesmo tempo refletem-se, pela lógica da consubstancialidade, na esfera cósmica.

Baudelaire, em um dos seus prefácios a Poe, havia designado o suicídio de Nerval como gesto de lucidez. Para Kristeva,

> A melancolia motiva a "crise de valores" que sacode o século XIX e que se exprime na proliferação esotérica. A herança do catolicismo encontra-se questionada, mas seus elementos relativos aos estados de crise psíquica são retomados e inseridos num sincretismo espiritualista polimorfo e polivalente.[71]

No entanto, isso já caracterizava a cultura da segunda metade do século XVII; termos como "proliferação esotérica" e "sincretismo espiritualista" aplicam-se tão bem a Blake e Novalis quanto a Nerval. Mas o que não se enxerga em Blake, e não se vê em uma versão tão extrema em Novalis, é a melancolia.

O intervalo temporal que separa Nerval de Novalis e Blake corresponde à perda das ilusões, ao desvanecer-se de uma visão de mundo otimista. Para a primeira geração romântica, acontecimentos como a independência norte-americana e a Revolução Francesa davam sentido à história. Justificavam esperanças em uma Europa que se reconstruía após a Guerra dos Sete Anos e poderia chegar a ser a Jerusalém ou Golgonooza de Blake, a cristandade restaurada de Novalis. A geração de Nerval presenciou o colapso de um império, uma restauração monárquica e duas revoltas derrotadas, as de 1830 e 1848.

---

[71] Julia Kristeva, *op. cit.*, p. 157.

Nerval deu valor simbólico a Napoleão Bonaparte, desde sua estreia, aos 18 anos, com "Napóleon et la France guerrière".[72] O poema "Adieux de Napóleon, à la France" é o primeiro na edição das *Oeuvres complètes*. E o fim de Napoleão é lamentado em *As quimeras*. Equiparado ao destino de tantos heróis, deuses e semideuses sacrificados, simboliza o encerramento de uma expectativa messiânica.

O futuro fechava-se para Nerval e seus pares. Não lhe oferecia muito mais do que a consolidação da sociedade burguesa naquele ambiente de reação conservadora. Guillaume e Pichois comentam, nas *Oeuvres complètes*, "os meses de incerteza e medo" em 1850, ilustrados por este comentário de Máxime Du Camp: "Literariamente falando: nada, calma platitude; em todo lugar o tédio dominante, indiferença por todas as coisas que não tocam diretamente ao interesse material; está bugremente morto o tempo dos entusiasmos."[73]

O mesmo ambiente de "calma platitude" e "tédio dominante" exasperava Baudelaire, levando-o a afirmar, no poema-abertura de *As flores do mal*, que nada podia ser pior nem mais infernal do que o tédio; e, em 1857, dois anos após a morte de Nerval, em seu texto sobre *Madame Bovary,* de Flaubert, a diagnosticar "uma sociedade absolutamente embotada — pior que embotada —, embrutecida e gulosa, que não sentia horror senão pela ficção nem amor senão pela posse".

Nerval e Baudelaire se tocam. Se desprezássemos a cronologia, Nerval poderia passar por baudelairiano. Surpreende como tiveram pouco contato. Nerval não tomou conhecimento de Baudelaire, apesar de frequentarem os mesmos lugares e terem os mesmos amigos. Baudelaire só se referiu a Nerval em duas ocasiões: a primeira, depreciativamente, e a segunda para elogiar seu suicídio.

Há outros pontos de contato: ambos foram atingidos pela censura que se acirrou no pós-1848, com o Segundo Império. Entre suas consequências, a interdição de *As flores do mal* e de textos de Nerval, levando-o a desistir de projetos teatrais. Isso, conforme registrado pelos organizadores das *Oeuvres complètes*, em meio a destituições de funcionários públicos e toda sorte de proibições; até mesmo de usarem barba (mos-

---

[72] Gérard de Nerval, *Oeuvres complètes*, p. XXIV.
[73] *Idem, ibidem*, p. IX, assim como a citação precedente.

trando que a repressão visou aos rebeldes românticos, e não só aos revolucionários socialistas, assim como, mais tarde, seriam perseguidos *hippies,* e não só militantes políticos).

Ainda há paralelos possíveis na relação de ambos com Paris. Nerval também foi *flâneur,* conforme registrou nas crônicas de *Les nuits d'octobre,* algumas delas perfeitamente compatíveis com O *spleen de Paris — Pequenos poemas em prosa.* E as reformas de Paris a partir de 1848, com a destruição que precedeu a abertura dos grandes bulevares, embora sejam um dado mais importante para a interpretação de Baudelaire, também afetaram Nerval. Tiveram um efeito mais direto: por causa delas, foi desalojado, expulso de onde morava em 1850, para nunca mais ter domicílio fixo.

O estreitamento das perspectivas de Nerval e seus contemporâneos não foi apenas político. Em meados do século XIX, saíam do horizonte as possibilidades da realização do conhecimento total, da grande integração e síntese, reconciliando religião e ciência, misticismo e racionalismo. A filosofia romântica dos Schelling e Schlegel caía em desgraça. Na razão direta da perda de prestígio dos Werner e Ritter, das doutrinas vitalistas e organicistas na ciência, o determinismo tomava conta da cena com um novo porta-voz: Auguste Comte, sistematizador e arauto do positivismo.

CAPÍTULO 15   Baudelaire: a gnose da ambivalência

Um Baudelaire dualista e pessimista se manifesta em "A tampa", poema acrescentado à terceira edição, póstuma, de 1868, de *As flores do mal*:

> Seja aonde for que vá em torno desta esfera,
> Sob um clima de fogo ou sob um sol distante,
> Servidor de Jesus ou cortesão de Citera,
> Mendigo tenebroso ou Creso rutilante,
>
> Pária, campônio, citadino e às vezes fera,
> Seja-lhe o cérebro moroso ou esfuziante,
> O homem sucumbe ante o mistério que o exaspera,
> E não eleva o olhar senão por um breve instante.
>
> No alto, o Céu! paredão que o abafa como estufa,
> Cenário ébrio de luz para uma ópera-bufa
> De cujo palco ensanguentado o histrião se serve;
>
> Terror do libertino, anseio do eremita;
> O Céu! tampa sombria da imensa marmita
> Onde indivisa a vasta Humanidade ferve.[1]

Dizer que o céu é uma tampa de marmita amplia o campo do possível, do que poderia caber no poema. Prosseguindo ousadias românticas, "A tampa" antecipa os pseudossímiles dos *Cantos de Maldoror* de

---

[1] Charles Baudelaire. "A tampa". Tradução de Ivan Junqueira. *In*: Ivo Barroso (org.), *Charles Baudelaire — Poesia e prosa*. Rio de Janeiro, Nova Aguilar, 1995.

UM OBSCURO ENCANTO: GNOSE, GNOSTICISMO E POESIA MODERNA

Lautréamont, as ousadias de Rimbaud, Laforgue, Corbière, Jarry e muito mais do que o sucedeu. É uma das respostas afirmativas à sua pergunta: "O belo sempre é extravagante?"[2]

"A tampa" não é exceção na poesia baudelairiana: da mesma série, em "O abismo", "Deus, o sábio dedo erguendo/Desenha um pesadelo multiforme e imenso". E a visão do céu como tampa já está no quarto dos poemas da série *Spleen* de *As flores do mal*: [...] "O céu plúmbeo e baixo pesa como uma tampa/sobre o espírito exposto ao tédio e aos açoites." Amostras de uma poesia que, para Erich Auerbach (em um ensaio que voltará a ser citado), "agride a noção tradicional do sublime".

Convite às comparações, "A tampa" pode ser cotejado com "O tygre", de Blake, pelo contraste. Representam percepções divergentes da relação entre Deus e o mundo. Em Blake, Deus está aqui: o poeta e a "temível simetria" do tigre, manifestação divina, parecem estar frente a frente. Em Baudelaire, Deus está longe, no "palco ensanguentado", separado do mundo pela tampa. Cronologicamente, medeia entre Blake e Baudelaire o intervalo de duas gerações que correspondem ao início e ao final de um ciclo, aquele do romantismo; na política, aos polos de um movimento pendular, da revolução triunfante à restauração absolutista, e também à presença e ao refluxo do sagrado.

A outra comparação imediata de "A tampa" é por afinidade, com o Nerval de "O Cristo no Horto das Oliveiras". O Deus separado do mundo pela tampa equivale ao Jeová-Júpiter ausente e silencioso, por quem Cristo clama. Integram não propriamente o ciclo das mortes de Deus na poesia, porém da sua omissão e saída de cena.

No capítulo precedente, foi justificada a associação de poemas de Nerval ao gnosticismo. Vale o mesmo para "A tampa"? Sim, ao levarem-se em conta outras passagens de Baudelaire, como a interrogação sobre a queda em *Meu coração a nu*: "Em que consiste a queda?/Se é a unidade feita dualidade, então foi Deus quem caiu./Ou, posto em outros termos, não será a criação a própria queda de Deus?"[3] Portanto, a queda foi acidente cósmico.

Acusações contra Deus foram retomadas na crítica de 1862 a *Os miseráveis,* de Hugo:

---

[2] *Idem, ibidem,* p. 773.
[3] *Idem, ibidem,* p. 534.

Victor Hugo é pelo Homem e contudo não é contra Deus. Tem confiança em Deus, e no entanto não é contra o homem. Repele o delírio do Ateísmo em revolta, e contudo não aprova as glutonarias sanguinárias dos Molocs e dos Teutates. Acredita que o Homem nasceu bom, e no entanto, mesmo ante os permanentes desastres dele, não acusa a ferocidade e a malícia de Deus.[4]

Por hipostasiar o mal como força que rege o mundo, Baudelaire achava inútil tentar solucionar "os abismos prodigiosos da miséria social". É a rejeição da esperança em uma conciliação final. Contudo, e para registrar a ambivalência baudelairiana, o Hugo de *La légende des siècles* — epopeia da conciliação transcendente, assim como *Os miseráveis* é a prosa da conciliação imanente — foi elogiado como poeta típico, por excelência: "Desde o princípio, Victor Hugo era o homem mais dotado, mais visivelmente eleito para exprimir através da poesia aquilo que chamarei de o mistério da vida."[5] Isso em um ensaio de 1861, contemporâneo da crítica a *Os miseráveis*.

O dualismo baudelairiano se traduz em declarações de *Meu coração a nu*: "Há em todo o indivíduo duas postulações simultâneas: uma em direção a Deus, outra a Satã." E, em um plano autobiográfico: "Desde criança que sinto em mim dois impulsos contraditórios: um de horror e outro de exaltação pela vida."

Um desses impulsos, do horror, resultou em poemas decisivos para que ganhasse reputação de excêntrico e fosse classificado como realista: "Uma carniça", "A uma mendiga ruiva", "Os sete velhos", outras de suas cenas da vida urbana, e todas as passagens em que, desde o prólogo, o poema "Ao leitor", de *As flores do mal*, é dito que inferno e mundo são equivalentes, ou que o verdadeiro inferno é este mundo em que vivemos, como reiterou em "Crepúsculo vespertino" de *O spleen de Paris — Pequenos poemas em prosa*: "[...] eu posso, quando o vento sopra lá de cima, acalentar o meu atônito pensamento com essa imitação das harmonias do inferno."

"Uma carniça" chocou leitores pela descrição da "coisa apodrecida" com suas "moscas" e "larvas" e seu "fedor repugnante", a emitir "uma

---

[4] *Idem, ibidem*, p. 622.
[5] *Idem, ibidem*, p. 595.

bulha esquisita". Em um ensaio sobre o horror sublime e o abjeto, Márcio Seligmann-Silva observa que, "falando esquematicamente, o sublime remete ao sublime espiritual — e o abjeto ao nosso corpo". Ambos, abjeto e sublime, "lidam com o inominável e sem-limites".[6] Podem alternar-se: nos versos finais de "Uma carniça", Baudelaire expressou a crença platônica na forma pura, em contraste com a horrenda manifestação terrena:

> Então, querida, dize à carne que se arruína,
> Ao verme que te beija o rosto,
> Que eu preservei a forma e a substância divina
> De meu amor já decomposto!

"Uma carniça" não descreve apenas a decomposição da carne: expõe uma visão de mundo. A mesma de *Meu coração a nu*: "As ideias são por si mesmas dotadas de uma vida imortal, como as pessoas. Toda forma criada, mesmo pelo homem, é imortal. Pois a forma é independente da matéria e não são as moléculas que constituem a forma."

Como um dos aspectos de sua complexa relação com o natural, Baudelaire trouxe o corpo para a poesia de um modo inteiramente novo. Se comparado a predecessores imediatos, inclusive os aqui examinados Blake, Novalis e Nerval, pode-se dizer que foi um poeta do corpo: passaram a ter um relevo inédito na poesia romântica seu próprio corpo e o corpo da mulher, quer fosse desejada, amada, execrada, apenas mencionada ou vista de passagem. Nerval chega a ser incorpóreo: o "eu" falso e verdadeiro, ele e o outro, são fantasmas. Em sua lírica e nos relatos protagonizados por mulheres, não se detém em seus corpos. Em Novalis há um corpo amoroso e sensual, mas como veículo para a transcendência. Em Blake, em *O casamento do céu e do inferno*, há exaltação do corpo sensual, da nudez da mulher como manifestação divina; mas não sua descrição. Já em Baudelaire o corpo foi perscrutado. Ou melhor, os corpos: um deles, degradado, equiparado à carniça do poema; outro sublime, tratado através de imagens que o equiparam a um mundo maravilhoso.

---

[6] Márcio Seligmann-Silva, *O local da diferença — Ensaios sobre memória, arte e tradução*, São Paulo, Editora 34, 2005, p. 40.

BAUDELAIRE: A GNOSE DA AMBIVALÊNCIA

 Baudelaire escreveu sobre seu próprio corpo em poemas de alto impacto como "Uma viagem a Citera". Chegando à ilha de Vênus, destino dos amantes, encontra um cadáver putrefato, pendurado a uma forca; é seu cadáver: "Vênus, em tua ilha eu vi um só despojo/Simbólico: uma forca, e nela a minha imagem.../— Ah, Senhor, dai-me a força e insuflai a coragem/De olhar meu coração e meu corpo sem nojo!"
 "Uma viagem a Citera" e "As metamorfoses do vampiro", um dos poemas censurados de *As flores do mal*, completam-se: em um, o cadáver é do poeta; no outro, o poeta é o vampiro, cadáver animado junto da companheira decomposta: "Quando após me sugar dos ossos a medula,/ Para ela me voltei já lânguido e sem gula/À procura de um beijo, uma outra eu vi então/Em cujo ventre o pus se unia à podridão!" É o corpo presente. Já em "Eu te amo como se ama a abóboda noturna", o corpo da amada está ausente; resta o seu, que se agita "Como um coro de vermes junto a uma carniça".
 A sífilis de Baudelaire e os sofrimentos dela decorrentes têm sido invocados para interpretar esses poemas, que chocaram pela morbidez. Mas eles expressam uma lógica implacável: o mundo é feito de matéria caída; a natureza e o corpo são do mundo; seu destino é a corrupção. "Uma carniça" condensa essa visão de mundo.
 Quanto maior o transcurso do tempo, maior a degradação. Por isso, o tempo é designado, no poema com esse título, como inimigo: "Ó dor! O Tempo faz da vida uma carniça/E o sombrio inimigo que nos rói as rosas/No sangue que perdemos se enraíza e viça!" É a visão gnóstica do corpo como prisão na qual a alma está encarcerada e do tempo como marcha descendente.
 No capítulo das relações entre Baudelaire, gnosticismo e corpo, tem de ser levada em conta sua variante original do culto romântico à mulher. Em passagens misóginas, invectivou-as por serem naturais: "A mulher é o oposto do Dândi. Deve pois nos causar repulsa. [...] A mulher é natural, isso é abominável. Por isso mesmo ela é sempre vulgar, ou seja, o contrário do Dândi."[7] No mesmo poema — por exemplo, em "A cabeleira" — podia cultuá-las como "oásis onde sonho", amá-las "como se ama a abóbada noturna", e chamá-las de "vil animal", execrando a "mulher impura" e o "monstro cego e surdo em cruezas fecundo".

---

[7] *Idem, op. cit.*, p. 525.

Mas o Baudelaire lírico e apaixonado se distancia do gnosticismo em poemas de exaltação do corpo feminino, identificado ao mundo: "A uma dama crioula", "Perfume exótico" e "A bela nau"; ou em seu correlato entre os poemas em prosa de *O spleen de Paris*, o "Convite à viagem". Em "A bela nau", a mulher é um mundo, uma viagem paradisíaca; em "Convite à viagem", um paraíso, o país da Cocanha, é a mulher amada.

Interessa não apenas examinar o dualismo de Baudelaire, porém mostrar como se projetou em um pensamento inovador sobre o poeta e sua relação com a sociedade.

Desde Blake, com sua associação ao "gênio poético", passando por Wordsworth e Coleridge, a imaginação transcendente é própria do "eu" verdadeiro. Em "Salão de 1859", Baudelaire endossou essa associação da "rainha das faculdades" e "aparentada com o infinito" à centelha divina, ao citar este trecho da romancista inglesa Catherine Crowe: "Assim como o homem é feito à semelhança de deus, guarda uma relação remota com esse poder sublime com o qual o Criador concebe, cria e mantém seu universo."

Mas Baudelaire elogiou a imaginação em oposição ao natural, assim projetando seu culto em uma estética: "Acho inútil e fastidioso representar aquilo que é, porque nada daquilo que existe me satisfaz. A natureza é feita, e prefiro os monstros de minha fantasia à trivialidade concreta." Assim, a visão do mundo como emanação degradada fundamentou seu elogio à imaginação, possibilidade de acesso ao não mundo, ao possível, e sua crítica não só ao natural, mas aos naturalismos: se o mundo é um horror, então o retrato realista do mundo também seria horroroso. Daí o desprezo pela escultura, expresso no título de um dos capítulos de "Salão de 1846": "Por que a escultura é enfadonha." Argumentou: "A escultura se aproxima bem mais da natureza, e é por isso que nossos próprios camponeses, aos quais alegra a visão de um pedaço de madeira ou de pedra, habilmente torneado, permanecem estupefatos diante da mais bela pintura."

Pelos mesmos motivos, rejeitou a fotografia em um extenso parágrafo de impropérios contra "a reprodução exata da natureza", sobre a qual "a sociedade imunda precipitou-se, como um único Narciso, para contemplar sua trivial imagem sobre o metal" (felizmente, sua crítica não o levou ao ponto de recusar-se a ser fotografado, resultando nas imagens por Nadar, a quem elogiou, e Carjat).

Daí o antirrealismo. Inúmeras foram suas condenações da literatura realista, como no elogio à poesia de Victor Hugo: "Ao descrever aquilo que é, o poeta se degrada e desce ao nível do professor; ao contar o possível, ele permanece fiel a sua função; é uma alma coletiva que interroga, que chora, que espera e que às vezes adivinha."

Chegou a sarcasmos como estes, do ensaio sobre Théophile Gautier:

> Onde só é preciso ver o belo, nosso público só busca o verdadeiro. Quando é preciso ser pintor, o francês se faz homem de letras. Um dia, vi no salão da exposição anual dois soldados que contemplavam perplexos um interior de cozinha: "Mas afinal, onde está Napoleão?", dizia um (o catálogo trazia um erro de número, e a cozinha estava assinalada com o algarismo legitimamente pertencente a uma batalha famosa). "Imbecil!", disse o outro, "não vê que estão preparando a sopa para quando ele voltar?" E lá se foram os dois, contentes com o pintor e contentes consigo mesmos. Assim é a França.

Tais passagens são uma defesa da autonomia da arte contra a submissão à mensagem. Ao apoiar o esteticismo de Gautier, a doutrina da "arte pela arte", em favor dos "belos raios de sol da estética", contra "a doutrina da indissolubilidade entre o Belo, o Verdadeiro e o Bem", que, para ele, não passava de "uma invenção do filosofismo moderno", investiu contra a correção política:

> Com efeito, de alguns anos para cá, um grande furor de honestidade apoderou-se do teatro, da poesia, do romance e da crítica. Deixo de lado a questão de saber que benefícios pode a hipocrisia encontrar nessa confusão de funções, que consolos pode tirar disso a impotência literária.

Há um corolário importante da rejeição do natural: se a natureza é decaída, então o artificial, ao negar o natural, é reação contra a decadência. Da valorização do artificial decorre seu modo de pensar a modernidade. Leitor e admirador do Marquês de Sade, foi um crítico da noção de progresso. E sua modernidade não é índice de progresso, pois o valor do moderno reside justamente no caráter transitório, efêmero. Antecipou esta caracterização da modernidade como mudança permanente, por Octavio Paz (entre outros):

A modernidade é uma tradição polêmica, e que desaloja a tradição imperante, qualquer que esta seja: porém desaloja-a para, um instante após, ceder lugar a outra tradição que, por sua vez, é outra manifestação momentânea da atualidade. A modernidade nunca é ela mesma: é sempre outra. [...] Tradição heterogênea ou do heterogêneo, a modernidade está condenada à pluralidade: a antiga tradição era sempre a mesma, a moderna é sempre diferente.[8]

Em "Salão de 1846" já incluiria uma seção intitulada "Do heroísmo da vida moderna". Nela, elogiou o maravilhoso urbano, em uma contradição aparente com os retratos da metrópole como inferno: "A vida parisiense é fecunda em temas poéticos e maravilhosos. O maravilhoso nos envolve e nos sacia como a atmosfera; mas não o vemos." Nesse texto antecipatório, apresentou alguns dos seus principais temas, como a ideia do poeta na multidão, que repetiria, entre outros lugares, em *Projéteis*: "Embriaguez religiosa das grandes cidades. Panteísmo. Eu sou todos: todos são eu. Vertigem." Na série "Quadros parisienses", de *As flores do mal*, é a "cidade a fervilhar, cheia de sonhos". Nela, "Flui o mistério em cada esquina, em cada fronde / Cada estreito canal do colosso possante". No ensaio famoso, Walter Benjamin mostrou como se inaugurava uma nova relação entre o poeta e a metrópole: "Pela primeira vez, com Baudelaire, Paris se torna objeto da poesia lírica."[9]

Os elogios à modernidade, à moda, à maquiagem, ao dandismo, "uma coisa moderna e que resulta de causas totalmente novas,"[10] ao maravilhoso das metrópoles, a tudo o que, além de artificial, fosse inesperado e surpreendente, prosseguiriam até um de seus últimos textos de crítica de arte, "O pintor da vida moderna", de 1863. Nele, proclamou que "A modernidade é o transitório, o efêmero, o contingente, é a metade da arte, sendo a outra metade o eterno e o imutável". E incluiu o capítulo sobre o dândi e sua "necessidade ardente de alcançar uma originalidade dentro dos limites exteriores da conveniência", por isso tornando-se "um símbolo da superioridade artística de seu espírito". Pertenceria à família dos que "participam do mesmo caráter de oposição e de revolta", expres-

---

[8] Octavio Paz, *O arco e a lira*, Rio de Janeiro, Nova Fronteira, 1982, p. 18.
[9] "A Paris do Segundo Império em Baudelaire", em *Walter Benjamin — Sociologia*, tradução e organização de Flávio R. Kothe, São Paulo, Ática 1985, p. 38.
[10] *Idem, op. cit.*, p. 730.

sando, por meio da atitude e do estilo de vida, a contradição entre arte e sociedade, e a condição de ser à parte e à margem do poeta.

Outra consequência do culto ao artificial: seu interesse e sua fascinação por lésbicas. Isso foi observado por Benjamin, por Moraes e por Olgária Matos, ao associar as lésbicas de Baudelaire à noção de modernidade: "Essa beleza clássica, amoral, é moderna"; e ao dandismo e à crítica ao natural: "Safo, a mulher-dândi, é a perfeição da *antiphisis* e da contrarreligião", que "dramatiza também o desterro do poeta no momento do capitalismo". Principalmente, "transitando do masculino ao feminino", tais lésbicas representam o próprio Baudelaire, o "duplo de Safo", que é "não dialético, pensando por antinomias e paradoxos".[11]

Por isso, um dos títulos inicialmente pensados para *As flores do mal* foi *Les lesbiènnes*. Suas lésbicas foram, algumas, históricas ou mitológicas: Safo, Hipólita e Delfina. Dedicou-lhes poemas que não escaparam à censura em 1857. "Lesbos" exalta a ilha grega e celebra o amor livre: "Lesbos, ilha onde os beijos são como cascatas!" Em outro, "Mulheres malditas — Hipólita e Delfina", sua paixão e condenação são homenageadas como heroísmo: "E quem diante do amor ousa falar do inferno?"

Já foi citado aqui, no Capítulo 4, o poema das antinomias de Baudelaire, "O heatontimoroumenos", no qual ele diz que é, simultaneamente, a faca e o talho, o rosto e a bofetada, a roda e a mão, vítima e algoz. E foi observado que ele traz para o nível da imanência, do dia a dia, a imagética dos místicos: o conhecimento não discursivo passa a ser instrumento para enxergar o real imediato, o mundo das coisas, e não só aquele das formas perfeitas. É a mesma confusão de transcendência e imanência que rege seus elogios às lésbicas, antinomias viventes, desafios ao princípio da identidade e não contradição (pelo qual um homem teria de ser homem e uma mulher, mulher). Hermafroditas terrenos, as lésbicas de Baudelaire correspondem ao andrógino, símbolo importante no gnosticismo e hermetismo, porém desprezado por Blake e ausente em Novalis e Nerval. Em seus elogios a *Madame Bovary*, invertendo o julgamento moral de Flaubert, está o da protagonista unir qualidades femininas e masculinas: "Esse bizarro andrógino manteve todas as seduções da alma viril num corpo feminino encantador."

---

[11] Olgária Matos, "Um surrealismo platônico", em Adauto Novaes (org.), *Poetas que pensaram o mundo*, São Paulo, Companhia das Letras, 2005, p. 316-319.

O capítulo das lésbicas faz parte do modo como Baudelaire identificou arte e vida. Assim como suas provocações, que tornaram fascinante sua biografia.

Um dos poemas em prosa, "O mau vidraceiro", traz elogios a "uma esplêndida coragem para executar os atos mais absurdos e, não raro, até os mais arriscados", ilustrada pelo "inofensivo sonhador" que ateou fogo a uma floresta, por outro que acendeu um charuto perto de um barril de pólvora e pelo tímido "que saltará de relance ao pescoço de um velho que caminha a seu lado". Culmina com o relato de como obrigou um vidraceiro a subir as escadas até seu sexto andar e, por ele não ter "vidros róseos, vermelhos, azuis, vidros mágicos, vidros paradisíacos", o empurrou escada abaixo; e, assim que reapareceu na calçada, jogou-lhe um vaso de flores, estilhaçando seu estoque de vidros, aos gritos de: "O lado belo da vida! O lado belo da vida!" Outro texto da mesma família e do mesmo livro é "Espanquemos os pobres!" — nele, é espancado um mendigo até que reaja e se transforme em seu igual.

O protagonista na primeira pessoa de "O mau vidraceiro" e "Espanquemos os pobres!" é o mesmo de cenas reais, ao apresentar-se como dândi e pôr em prática esta máxima: "O que há de mais atraente no mau gosto é o prazer aristocrático que sentimos em chocar os outros."[12] Do valor conferido ao dandismo vinha seu modo de apresentar-se: é o Baudelaire comentado por Breton na *Anthologie de l'humour noir*, aquele "das luvas rosa-pálido de sua juventude faustosa, da peruca verde exibida no Café Riche, até o chale de seda aveludada escarlate, vestimenta suprema de seus maus dias"; o mesmo que perguntou a um burguês que se gabava das qualidades de suas duas filhas: "E qual dessas duas jovens o senhor destina à prostituição?"[13]

Comparem-se "O mau vidraceiro" e "Espanquemos os pobres!" a um episódio biográfico, de suas conferências na Bélgica em 1863. Tal como relatado por Ivo Barroso na introdução a *Charles Baudelaire — Poesia e prosa*, após o êxito da primeira de suas conferências, a segunda teve como plateia um "grande número de normalistas e jovens aristocratas do inte-

---

[12] Charles Baudelaire, *op. cit.*, p. 512.
[13] André Breton, *Anthologie de l'humour noir*, Paris, Jean-Jacques Pauvert Éditeur, 1966, p. 135.

rior que vinham aprimorar seus estudos nos pensionatos educacionais de Bruxelas". Mas...

> A estrela má de Baudelaire, que o levava a estranhas ações de que mais tarde se arrependeria amargamente, parece no entanto que brilhava em cheio nessa noite. Ele começou por agradecer ao auditório pela boa recepção de sua primeira conferência, dizendo que estava particularmente comovido por ser aquela a primeira vez que falava em público. "Estou ainda mais comovido", continua ele, "por ter perdido aqui minha virgindade de orador, uma virgindade aliás não mais lamentável que a outra." Pode-se imaginar a estupefação que essa frase causou sobre os ouvintes. As mestras levantaram-se ultrajadas e retiraram marcialmente suas alunas em fila indiana do local. Muitas outras pessoas seguiram-lhes o exemplo e o auditório ficou praticamente vazio.[14]

Assim, por meio das provocações e dos desafios à ordem burguesa, Baudelaire encenava a contradição entre poesia e sociedade, da qual advém sua ideia do poeta como ser à parte, maldito. Sempre deu respostas afirmativas às perguntas que formulou no prefácio de sua tradução de Poe: "Existe então uma Providência diabólica que prepara a infelicidade desde o berço? Tal homem, cujo talento sombrio e desolado nos inspira medo, foi jogado com premeditação num meio que lhe era hostil. [...] Será que o pesadelo das 'Trevas' sempre envolverá essas almas de eleição?"

Reproduziu o que, para Hans Jonas, é o cerne do gnosticismo: o mito do exílio, do eleito lançado por potências superiores em um mundo que lhe é estranho. Em "Abel e Caim", repetiu o Nerval de "Anteros" ao se identificar à "raça maldita" dos rebeldes contra o Criador: "Raça de Caim, sobe ao espaço/E Deus enfim deita por terra!" Os dois poemas seguintes da mesma série, "Revolta", são as amostras de maior popularidade do satanismo baudelairiano que tanto influenciaria outros poetas: "As litanias de Satã" e "Oração". Com relação ao cristianismo, há inversão, pois Lúcifer toma o lugar de Cristo; com relação ao gnosticismo cainita e a Nerval, há deslocamento e o papel de Caim e Anteros passa a ser desempenhado por Satã, consagrado como símbolo da rebelião ro-

---

[14] *Idem, op. cit.*, p. 17.

mântica: "Pai adotivo dos que, em cólera sombria/O Deus Padre baniu do Éden terrestre um dia."

O destino dos malditos, dos rebeldes da estirpe de Caim, dos que têm Ícaro e Prometeu como arquétipos, é a queda. Variações sobre o tema estão em poemas como "O albatroz", um "príncipe das alturas" que, "exilado no chão", nem consegue andar; no poema em prosa no qual perde a aura, "Perda de auréola"; na série *Spleen* de *As flores do mal*, onde é "o rei sombrio de um país chuvoso", para quem "a terra se torna em calabouço horrendo", entre outras metáforas do degredo no mundo.

Vê-se o fio condutor unindo dandismo e demais atitudes excêntricas, os textos de provocação, a noção de "poeta maldito" e mitos gnósticos.

Assim como há uma queda no mundo, na poesia de Baudelaire há uma crença na sua reversão. É a gnose da poesia. Também nisso herdeiro da tradição romântica, identificou poesia e conhecimento na série *Spleen e Ideal*, que abre *As flores do mal*: "Pois que ela [a poesia] apenas será feita de luz pura/Arrancada à matriz dos raios primitivos/De que os olhos mortais, radiantes de ventura/Nada mais são que espelhos turvos e cativos!" No terceiro poema da série, descreve a viagem da centelha de luz em seu retorno à origem, ao ígneo centro do universo: "Para além do ígneo sol e do éter que há nos ares/Para além dos confins dos tetos estrelados." Ao término da viagem, o conhecimento "entende/a linguagem da flor e das coisas sem voz."

Daí as analogias do poeta e do mago, como esta de *Projéteis*: "A escrita e a linguagem enquanto operações mágicas, sortilégio evocatório"; e a concepção do poeta como tradutor de mistérios, reiterada no elogio a Victor Hugo, no ensaio sobre Wagner e em outras passagens. Em *Meu coração a nu*, aproximou poesia e alquimia, antecipando Rimbaud: "Há uma religião universal, feita para os Alquimistas do Espírito: uma religião que emana do homem, considerado como um memento divino." É o esteticismo místico, ou a mística do esteticismo, o culto a "um puro espelho que idealiza a realidade", como proclamou em "Hino à Beleza". Mas seu belo, feito de opostos, resultava do encontro do sublime com o horror.

Movido pelo antinaturalismo e antirrealismo, Baudelaire chegou a um gnosticismo particular: a gnose da modernidade. Essa tem sinal positivo por negar o mundo, a ordem natural das coisas. A gnose passa a equivaler ao novo, como nos quartetos finais de "A viagem", o

BAUDELAIRE: A GNOSE DA AMBIVALÊNCIA

poema adicionado como epílogo a *As flores do mal*. Extenso e complexo, não apresenta um roteiro definido, a exemplo de "Viagem a Citera": percorre o conjunto das coisas existentes. Rejeita o mundo como tedioso, assim como o fizera na abertura de *As flores do mal*: "Sabor amargo é o que se tira de uma viagem! [...] Um oásis de horror num deserto de tédio." Encerra o poema, e o livro, com esta declaração de princípios:

> Ó Morte, velho capitão, é tempo! Às velas!
> Este país enfara, ó Morte! Para frente!
> Se o mar e o céu recobre o luto das procelas,
> Em nossos corações brilha uma chama ardente!
>
> Verte-nos teu veneno, ele é que nos conforta!
> Queremos, tanto o cérebro nos arde em fogo,
> Ir ao fundo do abismo, Inferno ou Céu, que importa?
> Para encontrar no Ignoto o que ele tem de novo![15]

O novo, sendo o não natural, é o universo do possível. Assim, o arcaico dualismo gnóstico pode ser relacionado ao Baudelaire profeta das vanguardas, precursor do "é preciso ser absolutamente moderno" de Rimbaud, de sua reivindicação do "novo — em ideias e formas" e do *make it new* poundiano. É um novo — em Baudelaire e também em Rimbaud — destrutivo, dotado de valor por negar o que está aí, a ordem estabelecida.

Apesar de todos esses paralelos entre Baudelaire e gnosticismo — possibilitados pelo recorte de passagens dualistas, confrontando ou invectivando Deus, execrando o mundo, declarando-se um estranho na Terra — há aspectos decisivos da sua obra e pensamento que parecem afastar-se da visão de mundo gnóstica e dualista. É o que se vê em sua ambivalente relação com o cristianismo, no ocasional neopaganismo e, especialmente, na adoção da doutrina hermética das correspondências.

A relação de Baudelaire com o cristianismo é um palco de controvérsias. Conforme o trecho citado, corrobora a afirmação de Eliot, de que

---
[15] *Idem, op. cit.*

entrou no cristianismo pela porta dos fundos. Os poemas satânicos manifestam a crença no pecado original ou proclamam o arrependimento, porém de modo satírico; mas em trechos dos escritos íntimos parece falar de culpa e expiação a sério. E também no "Elogio da maquiagem": "A negação do pecado original contribuiu em boa parte para a cegueira geral daquela época [do século XVIII]."

O Baudelaire neopagão está em *Richard Wagner e Tannhäuser em Paris*:

> A radiosa Vênus antiga, a Afrodite nascida da branca espuma, não atravessou impunemente as horrendas trevas da Idade Média. Ela não mais habita o Olimpo, nem as margens de um arquipélago perfumado. Recolheu-se ao fundo de uma caverna magnífica, é verdade, iluminada, todavia, por luzes que não são aquelas do benevolente Febo. Ao descer sob a terra, Vênus se aproximou do inferno e irá, sem dúvida, em certas solenidades abomináveis, prestar regularmente homenagem ao Arquidemônio, príncipe da carne e senhor do pecado.

Ao prefigurar o culto simbolista ao formulador da "arte total", inverteu o sentido moral e teológico de *Tannhäuser*. Onde Wagner tomou o partido da Maria cristã contra Vênus, derrotada e expulsa ao final, Baudelaire é a favor da deusa: para ele, o inferno é a terra, e não o *Venusberg*. O comentário sobre a Vênus demonizada pelas "horrendas trevas da Idade Média" equivale à célebre frase de Nietzsche: "O cristianismo deu veneno a Eros e o transformou em pecado." Resta lamentar que o poeta não chegasse a ouvir *Tristão e Isolda* e perguntar o que diria de *Parsifal*, que Nietzsche rejeitou pelo cristianismo e que Baudelaire talvez rejeitasse ao tomar o partido da feiticeira Kundry, opondo-se à crença em uma inocência natural como condição para alcançar o Graal.

Baudelaire também difere de outros poetas afins ao gnosticismo no estilo. Foi atribuído aqui um estilo gnóstico a Blake pela escrita torrencial e pela criação de mitos nos extensos poemas simbólicos. O Nerval de *As quimeras* e o Victor Hugo de *La legende des siècles* foram poetas da mitologia. Comparar Baudelaire a Blake, Nerval e Hugo revela outro tipo de relação com os mitos. Em Nerval, personagens míticos são arquétipos de um drama cósmico que se projeta na vida real: Jenny Colon é Ísis, Nerval é Orfeu. Correspondem ao geral que ilumina o particular. Em Baudelaire, é o particular que vai ilustrar o geral: uma carniça, repugnante metonímia, mostra a visão platônica de mundo. Há um Blake da imanência e do dia a dia, das *Canções*; há um Nerval cronista parisiense de *Les nuits d'octobre*. Mas, se comparado aos predecessores românticos, Baudelaire é um poeta do particular, da vida cotidiana dos "quadros parisienses" e do *Spleen de Paris*. Não foi um crente, nem um obcecado como Nerval. Conhecia bem, é certo, a bibliografia esotérica, continuadora da tradição hermética, como resume Dal Farra em um ensaio sobre sua relação com Éliphas Lévi: "Foi possível certificar-se hoje com segurança que Baudelaire leu, além de Éliphas Lévi [...], Swedenborg, Fourier, Joseph de Maistre, Hoéné Wronski, Esquiros, Pierre Leroux, Charles Louandre."[16] Mas não aprendeu a ler na biblioteca do tio-avô de Nerval. Profetas não vinham conversar com ele, como o faziam com Blake; não era visitado por espíritos, como Victor Hugo. E os mitos, quando invocados, têm função ilustrativa, e até decorativa, em versos como estes: "Amo a recordação daqueles tempos nus/Quando Febo esculpia as estátuas na luz." Compare-se essa referência a Febo com aquela do "El desdichado" de Nerval: "Serei Amor ou Febo?... Lusignam ou Biron?". Nerval é Febo; fala do mito presente, que se confunde com a história e voltará a acontecer. Em Baudelaire, Febo faz parte "daqueles tempos"; pertence irremediavelmente ao passado.

Seu distanciamento com relação aos mitos talvez tenha relação com sua formação filosófica. Sabe-se, através de biografias como a de Pichois e Ziegler e de ensaios como o de Pommier, que os remanescentes *Jeune France*, os românticos tardios que se reuniam no ateliê da Rue Pimondan na década de 1840, não o faziam apenas para tomar vinho e fumar haxixe, mas para discutir filosofia, entre outras leituras, esotéricas inclusive. Sem haver sido poeta-filósofo, como o foi Novalis, nota-se em Baudelaire, mesmo quando não os cita expressamente, o leitor não só de Platão, de Plotino e Agostinho, mas de Kant e Hegel, e, evidentemente, da filosofia romântica de Schelling e Schlegel, possível fundamento da sacralização da poesia e do poeta. Procedeu, contudo, a uma revisão dessa filosofia, especialmente na questão do sujeito. Onde, para os românticos de primeira geração, o conhecimento do sujeito se confundia

---

[16] Maria Lúcia Dal Farra, "Anotações de uma bibliógrafa: Baudelaire e o esoterismo", em *Remate de males*, Universidade Estadual de Campinas, Instituto de Estudos da Linguagem, 1984, p. 102.

UM OBSCURO ENCANTO: GNOSE, GNOSTICISMO E POESIA MODERNA

com o conhecimento do universo, em Baudelaire a relação entre sujeito e objeto é de outra natureza. Há uma tensão entre as duas instâncias; uma contradição a ser superada pelo que chamou de "arte pura" em um texto inacabado e publicado postumamente, *A arte filosófica*: "O que é a arte pura segundo a concepção moderna? É criar a magia sugestiva que contenha ao mesmo tempo o objeto e o sujeito, o mundo exterior ao artista e o próprio artista." Comparava o artista ao mago, capaz de projetar a esfera simbólica no mundo; mas também adotou, leitor da *Estética* de Hegel, a ideia de solução da contradição entre sujeito e objeto por meio da "arte pura".

Se, como disse Octavio Paz, a crítica romântica da religião foi uma crítica religiosa,[17] então em Baudelaire há uma metacrítica. Ao mesmo tempo, foi o poeta que mais extraiu consequências da visão de mundo do hermetismo, pelo modo como a projetou em uma estética. Assim como o fundamento de seu elogio ao novo e sua teoria da modernidade foi o dualismo gnóstico, o que escreveu sobre correspondências e analogia veio do hermetismo.

Pela importância, cabe a transcrição de "Correspondências":

> A Natureza é um templo onde vivos pilares
> Deixam filtrar não raro insólitos enredos;
> O homem o cruza em meio a um bosque de segredos
> Que ali o espreitam com seus olhos familiares.
>
> Como ecos longos que a distância se matizam
> Numa vertiginosa e lúgubre unidade,
> Tão vasta quanto a noite e quanto a claridade,
> Os sons, as cores e os perfumes se harmonizam.
>
> Há aromas frescos como a carne dos infantes,
> Doces como o oboé, verdes como a campina,
> E outros, já dissolutos, ricos e triunfantes,

---

[17] Octavio Paz, *Os filhos do barro*, tradução de Olga Savary, Rio de Janeiro, Nova Fronteira, 1984.

Com a fluidez daquilo que jamais termina,
Como o almíscar, o incenso e as resinas do Oriente,
Que a glória exaltam dos sentidos e da mente.[18]

É sua *Tábua de esmeralda*. Nesse poema das sinestesias, os cheiros são cores que são sons que são lembranças e emoções. No entanto, tais correspondências nunca foram, para Baudelaire, fenômenos restritos à esfera da percepção, associações que habitam a sensibilidade do poeta. Ele as via como propriedades do "templo", o "bosque de segredos". Compunham a organização oculta da realidade, com o valor de princípios regendo o universo. A gênese dessa visão de mundo é resumida por Dal Farra: "A 'tenebrosa e profunda unidade' lhe foi revelada pelas 'correspondências', que ele tomou emprestadas à mística de Swedenborg, à qual ele foi atraído, quer seja por intermédio de Balzac, quer seja por intermédio de Éliphas Lévi."[19] Em *Charles Baudelaire*, de Pichois e Ziegler, também é identificada a gênese das correspondências e da noção baudelairiana de harmonia, "graças a leituras variadas, de Plotino a Balzac, do qual ele constitui o que Jean Pommier com justeza chamou de sua 'mística', palavra que supõe a organização e a unidade do mundo".[20]

Havia um swedenborguismo generalizado entre autores do final do século XVIII e da primeira metade do século XIX. Uma de suas manifestações está em Balzac: as descrições minuciosas de cada cena ou objeto resultavam da crença na correspondência de microcosmo e macrocosmo; ao descrever, por exemplo, a mesa de trabalho do seu protagonista de *La recherche de l'absolu*, também descrevia o universo.[21]

Mas "Correspondências" segue fielmente a doutrina hermética e swedenborguiana? Não haveria correspondências a mais no poema de Baudelaire? Sua harmonia, universal e total, rege não apenas a relação entre a esfera celestial e terrestre, entre o alto e o baixo da *Tábua de esmeralda*: vale para as relações no mundo. As harmonias entre "Os sons, as cores e os perfumes", manifestações da unidade "vertiginosa e lúgubre", e não luminosa. A originalidade do modo baudelairiano de entender corres-

---

[18] Charles Baudelaire, *op. cit*.
[19] Maria Lucia Dal Farra, *op. cit.*, p. 102.
[20] Claude Pichois e Jean Ziegler, *Charles Baudelaire*, Paris, Fayard, 1996, p. 240-241.
[21] Como demonstra Raymond Abelio no prefácio para Honoré de Balzac, *La recherche de l'absolu*, Paris, Gallimard, 1976.

pondências foi observada por estudiosos. Por exemplo, Sandra Nitrini, a propósito da "correspondência entre o céu e a terra" no soneto:

> Se o poema de Baudelaire se tivesse detido no primeiro quarteto ou se o poema tivesse simplesmente ilustrado a correspondência entre o céu e a terra no restante do poema, Baudelaire não passaria de um exímio imitador, apesar de sua perfeição. Mas o resto do poema transforma o preceito conhecido por meio de uma deformação sutil que descreve, não a correspondência entre o céu e a terra, mas a das coisas puramente corporais no mundo unicamente material, assinalando não a dualidade do universo, mas a unidade da terra e sugerindo uma orientação poética totalmente nova.[22]

Essa originalidade também é examinada por Dal Farra, ao tratar da sua relação com Éliphas Lévi, o Abade Alphonse-Louis Constant. O poeta e o mago foram companheiros na insurreição de 1848; e coautores ao colaborarem em *Les mystères galans de Paris*, de 1844. Escreviam de um modo sincrônico:

> É na altura em que são publicados os *mystères* que o Abade Constant dá à luz "La Mére de Dieu", onde se lê que "toda a natureza é um templo para nós." No ano seguinte, ele publicará *Les trois harmonies* (1845), do qual um dos melhores poemas tem por título "Les Correspondances". As coincidências são espantosas! As epígrafes que abrem "Les Correspondances" de Constant são: "o sentimento das harmonias exteriores faz os poetas — a inteligência das harmonias interiores faz os profetas". É possível que Baudelaire tenha justificado a primeira delas por meio do seu próprio "Correspondances", já que, supostamente, seu poema foi escrito entre 1845-1846, embora somente publicado em 1857.[23]

Há mais paralelos possíveis na relação Baudelaire-Lévi. E diferenças importantes:

---

[22] Sandra Nitrini, *Literatura comparada*, São Paulo, Edusp, 2000, p. 142.
[23] Maria Lúcia Dal Farra, *op. cit.*, p. 99; cita Jacques Crépet sobre *Mystères galans des thèatres de Paris*, Paris, Gallimard, 1938.

BAUDELAIRE: A GNOSE DA AMBIVALÊNCIA

Se bem que ambos os textos transpareçam a fé num simbolismo universal, a unidade que eles erigem não é, por princípio, a mesma: em Constant, a unidade — aureolada de religiosidade — é buscada entre Criador, Criação e Criatura; em Baudelaire, ela entrelaça os sons às cores e aos perfumes.

De fato, o exame de *Les trois harmonies* mostra o quanto Lévi ainda era o Abade Constant em 1845. É poesia piedosa. Foi didático e nada sintético. Uma das estrofes de "Les correspondances" (em tradução livre) proclama que:

Por uma secreta harmonia,
A terra assim responde aos céus,
E o instinto sagrado do gênio
Vê sua ligação misteriosa.
Nossa vida é um mais longo sonho,
E o que a morte nos leva
Encontra no céu sua realidade.
Ao dormir, sonhamos a vida,
Mas a vigília, ao tempo submissa,
Nada é senão um sonho da eternidade.[24]

A relação é, portanto, entre céu e terra. Outros poemas de *Les trois harmonies* lembram Baudelaire; mas estão ausentes a crueldade, a ironia, a ambivalência.

Contudo, a correspondência total, multidimensional, de Baudelaire não é estranha à tradição hermética e gnóstica. Conforme foi visto no Capítulo 6, no maniqueísmo tudo participa de tudo: a matéria e a substância divina estão irremediavelmente misturadas. Mas não no sentido que lhe é dado em poemas de exaltação do corpo e homenagem à mulher amada ou desejada, como "O perfume", em que o cheiro do incenso ou do almíscar é um "sutil e estranho encanto" que "transfigura/ em nosso agora a imagem do passado". Por isso remete ao corpo, a outros cheiros, a cabeleiras, alcovas, vestes.

---

[24] Éliphas Lévi, *Les trois harmonies — Chansons et poésies*, Paris, MM. Felens et Dufour Éditeurs, 1849, p. 298.

UM OBSCURO ENCANTO: GNOSE, GNOSTICISMO E POESIA MODERNA

Nos escritos íntimos, a partir de uma cor revela-se um mundo: "Do violeta: amor contido e misterioso, velado, cor de abadessa"; ou então, é o mundo que revela cores: "As trevas verdes nas úmidas tardes de primavera." Correspondências reaparecem em "A cabeleira", em que "o tosão que até a nuca encrespa-se em cachoeira" é "uma Ásia voluptuosa" e "uma África escaldante", um "mundo longínquo, ausente, quase morto", o "sombrio oceano", o "oásis onde sonho", o "odre abundante" e muito mais ao longo de sete estrofes. "A cabeleira" tem um complemento na prosa: "Um hemisfério numa cabeleira", com o fim no qual o encontro amoroso supera o tempo: "Quando me ponho a mordiscar ao teus cabelos elásticos e rebeldes, parece-me que estou comendo recordações."

Outro desses poemas luminosos é "A bela nau." Nele, identifica a mulher que admira com um navio; e os seios da mulher com um armário:

> Teu colo que arfa sob o traje fluido e vário,
> Teu colo vitorioso é como um belo armário,
> Cujos claros gomos convexos
> Como os broquéis capturam rútilos reflexos;
>
> Provocantes broquéis de agudas pontas rosas!
> Armários cheios de iguarias tão preciosas
> Vinhos, perfumes e licores
> que o coração e a mente inundam de torpores!

Cada coisa se converte em outra na viagem pelo mundo do corpo e dos símbolos: o poeta vai da mulher à nau, dos seios da mulher ao armário e seus estofos, daí aos broquéis, vinhos, perfumes, licores... Breton observou, em "Le merveilleux contre le mystère",[25] que "A bela nau" nega o princípio da identidade, de que algo, sendo o que é, não pode ser outro. É o pensamento analógico em operação. Toma-o, por isso, como indício de "uma orientação poética totalmente nova".

Assim como em "A cabeleira" e "Um hemisfério numa cabeleira", há complementaridade de *A bela nau* com um poema em prosa, "O convite à viagem", no qual, depois de falar das belezas do país da Cocanha, pergunta à amada: "Não ficarias, lá, emoldurada em tua analogia, e não

---

[25] André Breton, *La clé des champs*, Paris, Societé Nouvelle des Éditions Pauvert — Le Livre de Poche, 1979, p. 38.

poderias espelhar-te, para falar a linguagem dos místicos, em tua própria *correspondência*?[26] [...] Esses tesouros, esses móveis, esses luxos, essa ordem, esses perfumes, essas flores miraculosas, tudo isso és tu."

Em "A bela nau", Baudelaire vai do corpo da mulher ao mundo; em "O convite à viagem" é o percurso inverso, do país desconhecido à mulher. Nos dois poemas, atribui propriedades à amada que pertencem à natureza e às coisas. Sua lógica é a mesma do jogo do "um no outro" que os surrealistas iriam criar em 1953: baseado no princípio da analogia, consiste na descoberta de um termo oculto a partir de outro declarado.[27]

As correspondências de Baudelaire foram um pilar do que houve de inovador na criação poética que o sucedeu. Basta lembrar que os então jovens Verlaine e Mallarmé, ao se declararem seus discípulos em 1865, adotaram essa poética; que Lautréamont a refez nos "belo como"; que Rimbaud a incorporou à "Alquimia do verbo"; que foi invocada por Marinetti em seu manifesto sobre "palavras em liberdade"; e que seria o fundamento da noção de imagem poética como aproximação de realidades distantes em Reverdy e na lírica surrealista.

Essa influência não se restringe à poesia propriamente dita. A poética das correspondências é uma visão de mundo; dela decorre uma estética inovadora. Seus fundamentos já estavam em "Salão de 1846": "Encontram-se na cor a harmonia, a melodia e o contraponto." Nesse texto antecipatório, com o elogio da imaginação e da modernidade, expôs a estética das correspondências por meio de máximas:

> A harmonia é a base da teoria da cor. A melodia é a unidade na cor, ou a cor geral. [...] A maneira correta de se saber se um quadro é melodioso é olhá-lo de bem longe, de modo a não lhe compreender nem o tema nem as linhas. Se é melodioso, já tem um sentido, e já tomou seu lugar no repertório das lembranças.

A seguir, cita a *Kreisleriana*, de Hoffmann, celebrando uma analogia e "uma reunião íntima entre as cores, os sons e os perfumes": o trecho já

---

[26] O grifo é do próprio Baudelaire.
[27] Maria Lúcia Dal Farra, "Surrealismo e esoterismo: a alquimia da poesia", em *O surrealismo*, São Paulo, Perspectiva, 2008.

é a terceira estrofe de "Correspondências", com o aroma "doce como um oboé, verde como uma campina". Contribui, portanto, para a datação do soneto. A observar, ainda, o gosto de Baudelaire pelos paradoxos: recomenda que se veja o quadro bem de perto, com uma lente, desprezando o que é representado; na página seguinte, recomenda olhar o quadro de longe, também para "não lhe compreender nem o tema nem as linhas".

Em um ensaio de Octavio Paz, "Presencia y presente: Baudelaire, crítico de arte", é mostrado como Baudelaire assim antecipou a arte abstrata do século XX: "A pintura nos propõe uma contemplação — não de uma presença que as cores e as formas evocam sem jamais manifestá-la de todo: uma presença realmente invisível."[28]

Correspondências foram um paradigma, a partir do qual Baudelaire ia indicando o valor do que via. Por exemplo, ao apreciar Delacroix, seu pintor predileto, em *Exposição universal*, de 1855: "As admiráveis combinações de sua cor fazem sonhar muitas vezes com harmonia e melodia, e a impressão que se leva dos quadros é quase musical." Incluiu mais um de seus paralelos entre magia e arte: "Dir-se-ia que essa pintura — como os feiticeiros e magnetizadores — projeta seu pensamento a distância."

Também projetou o pensamento analógico na crítica musical, no entusiástico ensaio sobre Wagner, cuja concepção de arte total tinha tudo para ser vista como realização das correspondências:

> Não seria ridículo ponderar aqui *a priori*, sem análise e sem comparações, pois seria na verdade surpreendente que o som não pudesse sugerir a cor, que as cores não pudessem dar a ideia de uma melodia, e que o som e a cor fossem impróprios para traduzir ideias, sendo as coisas sempre expressas por uma analogia recíproca, desde o dia em que Deus proferiu o mundo como uma complexa e indivisível totalidade.[29]

A "complexa e indivisível totalidade" do final do trecho citado é a "vertiginosa e lúgubre unidade" de "Correspondências". Para não deixar dúvidas, transcreveu a seguir duas de suas estrofes, assim mostrando do que falava ao referir-se à "analogia recíproca". Ainda afirmou, nesse tre-

---

[28] Octavio Paz, *El signo y el garabato*, Cidade do México, Joaquim Mortiz, 1975, p. 31.
[29] Charles Baudelaire, *op. cit.*, p. 916-917.

cho, que Deus "proferiu" o mundo: a palavra produz o mundo. Nessa e em outras passagens, também comparece a expressão "tradução". O artista seria capaz de efetuar a tradução, trazendo o Verbo para o mundo. Observe-se, ainda, a complementaridade entre o trecho sobre Wagner e aquele sobre Delacroix, já citado. Em um deles, cores produzem evocação de música. No outro, a música leva às cores.

Se Baudelaire citou ou parafraseou "Correspondências" ao longo de sua contribuição como crítico literário e de artes plásticas, fez o mesmo ao escrever sob e sobre os efeitos do haxixe. Em "O Homem-Deus", relata como o espetáculo "mais natural e trivial", o primeiro objeto visto, se torna "símbolo falante": "Fourier e Swedenborg, um com as suas *analogias*, o outro com as suas *correspondências*, encarnaram-se no vegetal e no animal que surge diante de vossos olhos e, em lugar de ensinar pela voz, doutrinam-vos pela forma e pela cor." Associado ao êxtase, reaparece o paralelo entre o poeta e o mago: "A gramática, a própria árida gramática, torna-se qualquer coisa como uma feiticeira evocatória, as palavras ressuscitam revestidas de carne e de ossos."

Associar a percepção das correspondências a experiências alucinógenas, capazes de abrir "os olhos interiores", tem fundamento. Baudelaire o admitia, ao comparar o efeito das combinações de cor em Delacroix à alucinação provocada pelo ópio; e, ainda, ao "sobrenaturalismo"; ou seja, novamente precursor, ao surrealismo:

> Sem recorrer ao ópio, quem não viveu essas horas admiráveis, verdadeiras festas para o cérebro, em que os sentidos mais atentos percebem sensações mais vibrantes, em que o céu de um azul mais transparente se afunda como um abismo mais infinito, em que os sons tilintam musicalmente, em que as cores falam e os perfumes evocam mundos de ideias? Pois bem, a pintura de Delacroix me parece ser a tradução desses belos dias do espírito. Ela está revestida de intensidade e seu esplendor é privilegiado. Como a natureza percebida por nervos ultrassensíveis, ela revela o sobrenaturalismo.

Passagens como essas não induzem a ver Baudelaire saindo diretamente de uma das sessões do Clube dos Haxixins de Gautier, qual *hippie* precursor, antecipando o "desregramento dos sentidos" de Rimbaud, para apreciar os quadros expostos no Salão de 1846? A suposição é endossada por biógrafos. Mas, se Baudelaire ia às ruas parisienses e às exposições de arte intoxicado de haxixe, ópio e vinho, encontrava-se igualmente intoxicado de poesia, filosofia e hermetismo.

* * *

Como foi possível o mesmo poeta haver escrito "Correspondências" e "A tampa"? Afinal, para Baudelaire o mundo era um cárcere ou um templo? A natureza era matéria degradada ou "bosque de segredos"? É necessário levar em conta, em primeiro lugar, sua defesa de um pensamento aberto: "Um sistema é uma espécie de danação que nos conduz a uma renúncia perpétua."[30]

O que Eliade disse, como citado no Capítulo 5, sobre a concepção pessimista prevalente entre os gregos, resultado da consciência da precariedade da condição humana, mas tendo como contrapartida "a alegria de viver", a "valorização religiosa do presente", também caracterizou poetas românticos. No entanto, seria simplificador associar a expressão das duas visões de mundo apenas à felicidade e ao desespero. Ainda mais em um poeta tão pouco ingênuo como Baudelaire. Como inventariou Viviana Bosi em um ensaio sobre "os vários níveis de contradição poética em Baudelaire",[31] tais polos coexistem. "Reversibilidade" e "O heautontimoroumenos" são declarações de princípios ou poéticas, bem como as junções de termos antagônicos em seus títulos: *As flores do mal* ou "*Spleen* e Ideal".

Além disso, poesia não se resume aos temas: envolve outras dimensões, examinadas por Auerbach em "As flores do mal e o sublime".[32] Esse estudioso lembra que "o horror sem esperança tem seu lugar tradicional na literatura: é uma forma particular do sublime"; no entanto, em um dos poemas de horror de Baudelaire, o quarto dos intitulados "Spleen", "já nas primeiras estrofes encontraremos coisas que dificilmente parecerão compatíveis com a dignidade do sublime" e que seriam chocantes para os leitores da época. Uma delas, a comparação do céu a uma tampa, já citada; e imagens em "Spleen" como as dos sinos que "dobram, de

---

[30] Charles Baudelaire, *op. cit.*, p. 773.
[31] Viviana Bosi, "Contradição e unidade em Baudelaire", em *Literatura e Sociedade*, USP/FFLCH/DTLLC, nº 6, São Paulo, 2001-2002.
[32] Erich Auerbach, "As flores do mal e o sublime", em *Inimigo Rumor*, nº 8, Rio de Janeiro, maio de 2000.

repente, furibundos" e "lançam contra o céu um uivo horripilante"; o "crânio", no original *cerveau*, um termo médico. Quanto aos sinos que *hurlent*, urram ou uivam, "uma combinação dessas agride a noção tradicional do sublime"; e "setenta anos depois uma imagem assim seria chamada de surrealista". Isso também vale para sua "ênfase na sexualidade exposta, particularmente em seus aspectos terríveis, abissais".

Auerbach também comenta o metro alexandrino em "Spleen": é a forma adequada para "um poema sério, para ser recitado lenta e gravemente". E aponta para "a contradição entre o tom elevado e a indignidade tanto do tema como um todo como de seus detalhes". Baudelaire foi incômodo, dissonante, não apenas por tratar de temas "baixos"; mas por tratá-los empregando a forma apropriada ao que seria elevado. Contendor do princípio da identidade e não contradição, do "isto ou aquilo", submetido a dramáticos confrontos com o "isto é aquilo", por isso adotou o oxímoro como figura predileta. Dal Farra, no ensaio já citado, comenta seu "valor esotérico": "[...] o oximoro realiza a união dos contrários, a *coincidentia oppositorum* — princípio e fim da Grande Obra — onde, sem se conciliar verdadeiramente, as antípodas são aproximadas no pendor de exprimir justamente o *inefável*. Ora, é este o universo das correspondências e das analogias esotéricas."

Mas a afirmação radical do "isto é aquilo", do princípio da analogia, também pode ser a proclamação da supremacia do nada, do vazio, da morte. Se a analogia é universal e tudo se relaciona a tudo, em uma combinatória infinita, então não há um ponto de chegada, alguma resolução dessa colossal matriz. É o que observa Paz:

> [...] a correspondência universal significa uma perpétua metamorfose. O texto que é o mundo não é um texto único: cada página é a tradução e a metamorfose de outra e assim sucessivamente. O mundo é a metáfora de uma metáfora. O mundo perde sua realidade e se transforma em uma figura de linguagem. No centro da analogia há um buraco: a pluralidade de textos subentende que não há um texto original. Por essa cavidade precipitam-se e desaparecem, simultaneamente, a realidade do mundo e o sentido da linguagem.[33]

---

[33] Octavio Paz, *Os filhos do barro*, p. 98.

Vê-se do que Baudelaire falava ao referir-se ao "abismo". Paz recorre a Dante: "A metáfora que consiste em ver o universo como um livro é antiquíssima e figura no último canto do *Paraíso*." Há, contudo, uma diferença fundamental: "A analogia de Fourier, como a de Baudelaire e de todos os modernos, é uma operação, uma combinatória; a analogia de Dante repousa sobre uma ontologia." O poeta florentino acreditava na Trindade como "o que concilia o uno e o plural, a substância e o acidente"; tinha "o segredo da analogia, a chave para ler o livro do universo; essa chave é outro livro: as Sagradas Escrituras". Já "o poeta moderno sabe — ou pensa que sabe — precisamente o contrário: o mundo é ilegível, não há livro". Daí "a negação, a crítica, a ironia, que também são um saber, ainda que de signo oposto ao de Dante. Um saber que não consiste na contemplação da alteridade no seio da unidade, mas da visão da ruptura da unidade. Um saber abismal, irônico".[34]

Declaradamente, Paz enxerga em Baudelaire o Mallarmé do poema em prosa "Le démon de l'analogie", de *Igitur* e da crise que o levou a escrever esses textos. Mas acreditar na analogia universal, e ao mesmo tempo não acreditar em uma visão de mundo estável, assegurada pela religião ou por alguma doutrina ou sistema, é postar-se diante de um cosmo estilhaçado, caótico, no qual tudo se relaciona com tudo, mas sem uma âncora, um quadro de referências que dê sentido a essas infinitas relações; diante do caos, do absurdo, do sem-sentido universal.

Outra interpretação da alternância entre dualidade e unidade, abismo e elevação, luz e sombra é possível ao se associar a poesia de Baudelaire à alquimia. É o que argumenta Dal Farra:

> Mas o certo é que "Baudelaire é, com Nerval e antes de Rimbaud, o primeiro poeta em França a conceber a poesia como alquimia do verbo, como uma operação mágica e um ato de metamorfose que apresenta analogias com a transmutação alquímica". [...] na sua obra conhece-se a tentativa de aplicar sobre o funcionamento da linguagem poética os ensinamentos e os rituais das práticas esotéricas, quer sejam eles a lei da analogia (fundamento da "teoria das correspondências"), quer sejam

---
[34] *Idem, ibidem*, p. 102.

eles a lei do *solve et coagula*, subsídio essencial para a obtenção da Grande Obra Hermética, no sentido de suscitar a existência de um novo universo por meio da transmutação daquilo que o inventa e lhe dá vida: a linguagem.[35]

Ver o poema como equivalente à Grande Obra é justificado pelas observações de Baudelaire sobre "alquimistas do espírito" e seus paralelos entre o poeta e o mago. A inclusão do abjeto ajusta-se a essa interpretação: em "Uma carniça", o cadáver pode ser a matéria putrefata, primeira etapa da Grande Obra, para chegar à pedra filosofal. Na alquimia resolve-se o contraste entre hermetismo e gnosticismo ou entre gnose pessimista e otimista.

Mas em outros poemas, a exemplo de "Metamorfoses do vampiro", Baudelaire faz o contrário: degrada o sublime; traz o celestial para o chão. É a "Reversibilidade" do poema com esse título: o trânsito entre o alto e o baixo, o abjeto e o sublime, tem mão dupla. E os paralelos de Dal Farra entre o poema e a operação alquímica talvez se ajustem mais ao Rimbaud de "Alquimia do verbo" e "Vogais" do que ao Baudelaire mais sombrio ou ambivalente.

É interessante como Paz vê Mallarmé em Baudelaire, ao mostrar o abismo ao qual conduz o pensamento analógico sem o lastro de uma crença; e como Dal Farra vê Rimbaud em Baudelaire ao interpretá-lo como alquimista da poesia. Tais leituras não são enviesadas: decorrem de Baudelaire haver sido precursor, pensador do novo, profeta do que viria a seguir na poesia e na criação artística em geral.

Paz conclui suas observações dizendo que "Mallarmé quer resolver a oposição entre analogia e ironia";[36] sua solução seria o Livro, por sua vez resumo do universo. Mas o melhor da poesia pós-baudelairiana empreendeu a tarefa de resolver essa oposição, de diferentes modos: o Livro de Mallarmé; a alquimia do verbo de Rimbaud; as reconversões católicas de Huysmans, Bloy e tantos outros; a destruição total de um dos seus polos por Lautréamont; a sátira extrema por Jarry; o monismo surrealista.

---

[35] Maria Lúcia Dal Farra, "Anotações de uma bibliógrafa: Baudelaire e o esoterismo", p. 108.
[36] Octavio Paz, *op. cit.*, p. 103.

CAPÍTULO 16   Rimbaud, iluminações e alquimia

O ensaio de Breton aqui citado na abertura, "Flagrant délit", trata do desmascaramento de um texto falsamente atribuído a Rimbaud, "La chasse spirituelle". O episódio envolveu críticos de prestígio que haviam, inadvertidamente, endossado a falsificação.[1] A propósito, Marcelin Pleynet observa, em um ensaio recente, que "Breton foi certamente quem captou de maneira mais justa o acontecimento que constitui, no francês, o surgimento da língua de Rimbaud"; e que, "por prova, basta a atitude de Breton por ocasião da publicação, cuidadosamente orquestrada nos meios literários parisienses, de um texto de Rimbaud [...] cuja falsidade Breton foi o único a afirmar, antes que os autores da mistificação o confessassem".[2] De modo algo preconceituoso, acrescenta que "Breton, é incontestável, demonstra uma excepcional compreensão — paradoxalmente, pode-se dizer — formal da língua, da frase, do fraseado de Rimbaud". Como se, para chegar à "compreensão formal", fosse preciso ser formalista.

"Flagrant délit" inclui um dossiê de resgates surrealistas de Rimbaud: a publicação do poema militante "As mãos de Jeanne-Marie", do transgressivo "Os Stupra" e do anticlerical "Um coração sob a sotaina" (cuja publicação Paul Claudel quis impedir, denuncia Breton). E a defesa da alegada mitificação surrealista de Rimbaud, que continua a ser questionada (Pleynet fala em "socialização leiga" de Rimbaud por Breton, contraposta àquela "clerical" de Claudel, aspectos da mesma "religião poética"): a propósito de uma mostra sobre a civilização maia no Louvre, Breton argumentou que, assim como as obras dos maias expressam mitos, a de Rimbaud propõe novos mitos. Citando, de Apollinaire, "Você

---

[1] Maurice Nadeau, Maurice Saillet e Pascal Pia.
[2] Marcelin Pleynet, "A liberdade livre", em Adauto Novaes (org.), *Poetas que pensaram o mundo*, São Paulo, Companhia das Letras, 2005, p. 348.

nunca conhecerá bem/os/Maias", advertiu: "Você nunca conhecerá bem Rimbaud."

Breton ainda retoma outra discussão importante, da cronologia da obra de Rimbaud: se a criação de *Iluminações*[3] precedeu ou sucedeu a *Uma estadia no inferno*.[4] Para Roland de Réneville, organizador da edição completa de Rimbaud pela coleção Pléiade, a série *Iluminações* teria sido escrita em 1872 em Charleville, após uma das rupturas com Verlaine na Inglaterra; e *Uma estadia no inferno* seria de 1873, coincidindo com a crise final de seu relacionamento com o simbolista. Datas do próprio Rimbaud no original de *Iluminações* o confirmariam. Breton, apoiando-se nas pesquisas grafológicas por Bouillane de Lacoste, argumentou que *Iluminações* seria posterior a *Uma estadia no inferno*.[5] Haveria um "índice orgânico sobre a evolução de Rimbaud," associado ao abandono das formas fixas em favor do poema em prosa. E uma evolução em sua interlocução: a estada de Rimbaud em Londres em 1874, em companhia de Germain Nouveau, deixaria de ser um "parêntese vazio". Teve relação com o diálogo com outro poeta visionário, integrante da marginália do simbolismo.

Nessa cronologia reconstituída, é como se, em cinco anos, Rimbaud percorresse cinco décadas de história da literatura. Transitou do parnasianismo, modelo de seus primeiros poemas e do ambiente literário que frequentou, passando pelo simbolismo precursor dos poemas de 1872, até *Iluminações*, que, se publicado em 1925 sem informações sobre o autor, passaria por mais uma obra da família de *La liberté ou l'amour,* de Desnos, *Une vague de rêves,* de Éluard ou *Peixe Solúvel*, de Breton.

As duas sequências possíveis — de *Uma estadia no inferno* até *Iluminações* ou vice-versa — ainda possibilitam uma interpretação da "evolução" de Rimbaud não apenas sob o ponto de vista formal, mas filosófico-religioso. Podem ser associadas a duas visões de mundo. É católica a sequência de *Iluminações*, com a experiência visionária, seguida de *Uma*

---

[3] *Iluminações* ou *Iluminuras*: qual a melhor tradução para *Les illuminations*? Embora *Iluminuras* seja conforme à intenção de Rimbaud, fico com *Iluminações*, adotada por dois tradutores, Lêdo Ivo e Ivo Barroso, além de compatível com o universo rimbaudiano.
[4] *Uma temporada no inferno, Uma estação no inferno, Uma estadia no inferno*? Fico com *Uma estadia no inferno* da tradução de Ivo Barroso, aqui seguida.
[5] O assunto é examinado também em Arthur Rimbaud, *Prosa poética*, organização e tradução de Ivo Barroso, Rio de Janeiro, Topbooks, 1998.

estadia no inferno, a expiação e punição, concluindo com a extrema-unção e absolvição ao morrer. É gnóstica ou hermética a sequência que vai de *Uma estadia no inferno* — e de poemas anteriores, críticos e corrosivos, nos quais o inferno também equivale a este mundo — até *Iluminações*; até a gnose, o conhecimento revelado, e daí em diante o silêncio, por nada mais haver a ser dito. As transformações da escrita de Rimbaud permitiriam analogias com as iniciações em mistérios: primeiro há uma experiência da morte, a descida órfica aos infernos, e depois o êxtase ou iluminação.

Há limites para essas interpretações. A edição de *Iluminações, a posteriori*, pode incluir fragmentos anteriores a *Uma estadia no inferno*: a criação de ambos se confunde.[6] E dois trechos de *Uma estadia no inferno*, "O impossível" e "Adeus", podem ser interpretados como ponto final, despedida da Europa e da escrita, após o fracasso da tentativa de alcançar uma síntese, aquela da alquimia verbal.

O gnosticismo de Rimbaud pode ser entendido através da comparação com o Baudelaire gnóstico. Em especial, focalizando a passagem da concepção do poeta como alquimista em Baudelaire à alquimia do verbo em Rimbaud e o tema, comum a ambos, do poeta amaldiçoado, eleito gnóstico exilado no mundo.

Rimbaud dialogou com Baudelaire, ora seguindo-o, ora questionando-o. Na "Carta do vidente", reconhecendo qualidades como videntes na segunda geração romântica, a de Gautier, declarou-o seu principal precursor: "O primeiro vidente, rei dos poetas, um verdadeiro Deus."[7] Mas com uma ressalva importante: "Ele mesmo ainda vive num meio muito artista e a forma tão louvada nele ainda é mesquinha. As invenções desconhecidas reclamam novas formas." É uma paráfrase do "é preciso ser absolutamente moderno": vidência só por meio da ruptura com as formas velhas.

De modo inequívoco, rejeitou o dualismo baudelairiano. Quero ser um louco muito mau: "essa frase de *Uma estadia no inferno* poderia ser uma epígrafe geral de sua obra. Escreveu poemas da putrefação do cor-

---

[6] É o que observa, a propósito dessa polêmica, Octavio Paz em *Signos em rotação*, São Paulo, Perspectiva, 1972.
[7] Carlos Lima (org.), *Rimbaud no Brasil*, Rio de janeiro, Communicarte, 1993, p. 16.

po, assim como Baudelaire: sua "Vênus Anadiomene" tem "a bela hediondez de uma úlcera no ânus";[8] mas não a relaciona a uma "forma pura", como o fez Baudelaire em "Uma carniça"; não parece crer na Ideia e nessa Vênus como emanação degradada. Nada de visão de mundo platônica ou neoplatônica.

Em *Uma estadia no inferno*, proclamou: "É verdade; era com o Éden que eu sonhava! [...] Ó pureza! Pureza!/Esse momento de alerta foi o que me revelou a visão da pureza! — Pelo espírito se chega a Deus!/Dilacerante desgraça!"[9] Mas o título da passagem é "O impossível": o Éden e a pureza não serão alcançados. Difere de outros continuadores da tradição hermética pelo modo como dúvida da recuperação do passado idílico: o que passou não voltará. A Idade de Ouro é tratada ironicamente no poema com esse título: "Questões e toda procura/Não trazem, senão/Ebriez e loucura." É o que havia dito em um de seus primeiros poemas, "Sol e carne": "Já não há deuses! já não há! o Homem é Rei/O Homem é Deus! Porém o Amor é a grande Fé!"

Rimbaud foi inequívoco: execrou Napoleão III; nunca adotou Napoleão Bonaparte como tipo ideal; a Comuna de Paris de 1871 lhe inspirou poemas; jamais a repreendeu, como o havia feito Victor Hugo.

Verlaine, na introdução a *Les poètes maudits*, limitou-se a traçar perfis de seus escolhidos — Rimbaud, Mallarmé, Corbière, Marceline Desbordes-Valmore — e a elogiá-los como "poetas absolutos". Não se deteve no sentido da expressão "malditos". Para Pleynet, o título foi uma "má ação", criadora dos "clichês que ainda hoje dominam a obra e a biografia de Rimbaud", e mais, "comandada por uma vontade de vulgarização", por remeter a *Uma estadia no inferno*. Mas, embora proceda acusar Verlaine de má-fé, a escolha do título foi justa, por remeter a Nerval e Baudelaire.

Se o Nerval de "Anteros" e o Baudelaire de "Abel e Caim" se declararam amaldiçoados, Rimbaud deu um passo adiante. Criou o monólogo do exilado no mundo — "Por ora sou maldito, tenho horror à pátria" — que perdeu a memória — "De nada mais me lembro anterior a essa

---

[8] Arthur Rimbaud, *Poesia completa*, organização e tradução de Ivo Barroso, Rio de Janeiro, Topbooks, 1994, assim como as demais citações a seguir.

[9] Arthur Rimbaud, *Prosa poética*, assim como as demais citações de *Iluminações* e *Uma estadia no inferno*.

terra e o cristianismo" — e tem o "sangue mau". Pertence a uma "raça inferior", além de longínqua: "meus pais era escandinavos: vazavam o flanco, bebiam o próprio sangue". Identifica-se a marginais e párias: os presidiários, "o forçado intratável contra quem se encerram as grades da prisão". E aos negros: "sou um bicho, um negro"; por isso, verbera os "falsos negros". Comentaristas já associaram *Uma estadia no inferno* ao "Inferno", de Dante; Pleynet, negando que Rimbaud se colocasse na situação do "condenado", observa: "Dante apenas atravessa o inferno como observador, 'como um homem livre' [...], enquanto Rimbaud passa ali toda uma temporada." Associa seu inferno à modernidade (ao "absolutamente moderno" rimbaudiano) e enxerga, nessa temporada no inferno e em poemas de Rimbaud, "uma certa disposição contra o tempo, podendo enquanto tal ser um inferno". O inferno não é lá; é aqui, no mundo regido pelo tempo linear e progressivo.

Nessa estadia infernal, Rimbaud pergunta sobre a possibilidade da gnose: "Quero liberdade na salvação: como alcançá-la?" Mas já é um vidente: "É oráculo o que digo." Possível ou não, sua gnose é fora do cristianismo: "Nunca me vejo nos conselhos de Cristo", pois teria apenas "encantamentos profanos" diante dos cultos da Igreja.

"Não me creio a caminho de núpcias tendo Jesus Cristo como sogro": a frase pode ser interpretada como referente à união mística da alma com Cristo; seria a câmara nupcial dos gnósticos valentinianos, porém recusada. O mesmo vale para todas as menções à "outra alma" em "O esposo infernal": "Não o conseguia ver com outra alma: podemos ver o nosso anjo, jamais o anjo dos outros." Também pode ser interpretada de modo bem terra-a-terra, como recusa dos sacramentos cristãos, como já o havia proclamado em "As primeiras comunhões" ou em "Canção da torre mais alta", em que perguntou: "Mas quem rezaria/À Virgem Maria?" Ou, ainda, como alusão à relação com Verlaine. Seriam excludentes essas interpretações? Claro que não: Rimbaud, propositadamente ambíguo, não deve ser lido em uma única chave.

O mesmo vale para as declarações em "Uma estadia no inferno" de que iria viajar, incluindo o "Adeus" do fim, e, sincronicamente, em *Iluminações*: "Partir para afetos e amores novos!" — e, de modo mais enfático: "Não! não passaremos o verão neste país avaro onde seremos sempre apenas órfãos noivos." Abandonará o Ocidente: "Minha jornada chega ao fim; deixarei a Europa." São avisos das viagens que faria? Sim, evidentemente. Seriam viagens simbólicas, tomando o Ocidente como terra degradada e o Oriente como Éden, a exemplo daquela em "O hino da pérola"? Sim, igualmente.

Viajará, proclama. Mas primeiro descerá aos subterrâneos em busca dos "segredos para mudar a vida", abandonando o mundo, com a declaração que já possibilitou tantas paráfrases: "Que vida! A verdadeira vida está ausente. Não estamos neste mundo." Passa uma Noite no Inferno: "Esta agora! o relógio da vida estancou de repente. Não estou mais no mundo. — A teologia sabe o que diz, o inferno certamente está embaixo — e o céu em cima. — Êxtase, pesadelo, sono em um ninho de chamas.

É central em *Uma estadia no inferno* e no conjunto da obra de Rimbaud a passagem intitulada "Alquimia do verbo". Nela, a exacerbação das correspondências baudelairianas, através da citação do soneto "Vogais": "Inventei a cor das vogais! — A negro, E branco, I rubro, O azul, U verde. — Regulei a forma e o movimento de cada consoante, e, com ritmos instintivos, me vangloriava de inventar um verbo poético acessível, mais dia menos dia, a todos os sentidos. Eu me reservava a tradução."

"Vogais" já foi objeto de inumeráveis decalques, em boa parte incidindo no associacionismo psicológico, vendo-o como expressão das sinestesias apenas no plano da percepção, e não como expressão da crença na analogia universal. Mas as correspondências baudelairianas e alusões à Grande Obra alquímica são evidentes:

> A negro, E branco, I vermelho, U verde, O azul: vogais,
> Direi algum dia vossos nascimentos ocultos:
> A, negro espartilho peludo das moscas, tumultos
> rondando fedores cruéis demais,
>
> Golfos de sombra; E, candura de vapor e de tenda,
> Lanças de geleiras altivas, reis brancos, tremor de umbelas;
> I, púrpura, sangue cuspido, riso dos lábios belos
> Na cólera ou na embriaguez oferenda;
>
> U, ciclos, vibrações divinas do verde mar,
> Paz dos pastos semeados de animais, paz das rugas
> Que a alquimia imprime na fronte a estudar;

O, supremo clarim pleno de estranhos agudos,
Silêncios cruzados por anjos e mundos:
— Ô o ômega, raio violeta de Seus Olhos![10]

Em momento algum Rimbaud dá a entender que trata de sensações, de algo da esfera do sujeito. Fala de coisas, de "anjos e mundos", do "ômega". Quis falar da ordem universal regida pela analogia; a orquestração do "supremo Clamor".

"Vogais" está para Rimbaud assim como "Correspondências" para Baudelaire e "Versos dourados" para Nerval. Na mesma medida, o equivalente em Rimbaud ao Baudelaire de "A tampa" pode ser "O mal", o soneto no qual Deus "ri nas toalhas dos altares" enquanto milhares de soldados morrem na Terra; ou "As primeiras comunhões", no qual Cristo é "o ladrão eterno de energias". Mas nesses repúdios a Deus não há dualismo, nem lamentos pela perda da unidade ou queda.

Se fosse adotada a interpretação puramente psicológica, sensorial, para interpretar "Vogais", o A não poderia ser negro, porém branco: é um som claro; pela mesma razão, o U teria de ser negro, e não verde. O "A negro" de "Vogais" é o "nigredo", primeira etapa da Obra, e o "E branco" é o "albedo" resultante da purificação, através da calcinação, até chegar à Pedra Filosofal. Em *Rimbaud por ele mesmo*, Marsicano, reportando ao cromatismo musical e a *L'ars auriferae*, tratado alquímico de 1610, apresenta um diagrama no qual "O azul, equivalente à quintessência, ao sol, ao ouro, está no centro",[11] assim esclarecendo a aparente inversão de sequência no poema (mas não em sua citação em "Alquimia do verbo").

Conforme Idel, há uma técnica cabalística de êxtase que consiste em associar as letras do nome divino a cores: o nome não pode ser pronunciado; mas as cores podem ser visualizadas; e também há associações de

---

[10] Preferi transcrever a tradução do poema "Vogais" realizada por Daniel Fresnot em Alberto Marsicano e Daniel Fresnot, e publicada em Arthur Rimbaud, *Rimbaud por ele mesmo*, Martin Claret, São Paulo, 1996, pois preserva a referência explícita à alquimia, algo que nem Augusto de Campos, que suprime o termo, nem Ivo Barroso, que o transforma em "resfolhos alquímicos", fizeram.

[11] Alberto Marsicano e Daniel Fresnot, *Rimbaud por ele mesmo*, p. 39.

cores aos *sefirot*.¹² A documentação de tais técnicas é rara, diz o estudioso: trata-se de algo bem restrito no âmbito cabalístico. Portanto, o paralelismo com as associações a cores em "Vogais" é por sincronia; ou por cabala e alquimia serem capítulos do misticismo e da sua simbologia, na qual são frequentes as associações de cores a escalões cósmicos, modalidades de energia e influências de planetas.

A bibliografia relacionando a poesia de Rimbaud à simbologia alquímica, em especial, e esotérica, em geral, talvez seja superada em volume pelos textos negando essa relação ou então alegando que ela em nada contribui para a sua interpretação. Mas a interpretação alquímica de "Vogais" é inevitável, por causa da citação em "Alquimia do "verbo". Rimbaud nem precisava haver lido obras tratando de alquimia, hermetismo e ocultismo, inclusive na biblioteca pública de sua cidade natal, Charleville, como o comprovaram levantamentos do acervo lá disponível. Sua adesão ao princípio hermético das correspondências, do qual "Vogais" é manifestação, não veio apenas daquelas leituras, mas do que já conhecia de poesia romântica, incluindo o Nerval de "Versos dourados" e, é claro, Baudelaire.

Outros dos poemas de Rimbaud, cifrados, herméticos no duplo sentido da palavra, possibilitam interpretações simbólicas mais complexas.¹³ Mas, e aqui tocando em uma questão de metodologia, se o poema é Grande Obra; se o poeta, como o havia dito Baudelaire, é um "alquimista do espírito"; se Baudelaire, Rimbaud, Breton e demais alquimistas do verbo não trabalharam diretamente em operações alquímicas, então o poema deve ser lido como tal; e os símbolos da alquimia presentes em seus textos — alguns evidentes, como em "Realeza", de *Iluminações*, em que um homem e uma mulher que "desfaleciam, agarrados um ao outro", tornam-se "reis durante toda a manhã" (encontros de reis e rainhas, do polo masculino e do feminino, Sol e Lua, proliferam na literatura alquímica) — são metáforas da poesia e de uma poética. Lê-se poesia pela própria poesia, e não para aprender alquimia. Rimbaud não foi o protagonista de *La recherche de l'absolu,* de Balzac; o ouro que buscou era simbólico. A linguagem cifrada da alquimia foi um dos componentes da criação poética de Rimbaud: algo que enriqueceu seu reper-

---

¹² Moshe Idel, *Cabala, novas perspectivas*, São Paulo, Perspectiva, 2000, p. 155 e seguintes.
¹³ Como aquela a que procede David Guerdon em *Rimbaud, La clef alchimique*, Paris, Éditions Robert Laffont, 1980.

tório. Mas seus poemas alquímicos são, em primeira instância, poemas, e não formulários de alquimia, por mais que esses, por sua vez, tenham valor poético. E em pelo menos dois poemas, "O riacho de Cassis" e "Os corvos",[14] sentidos manifestos devem ter precedência com relação à decodificação simbólica: corvos, presentes em ambos, são coadjuvantes na obra alquímica e o riacho de Cassis é mercurial — mas os poemas são, em primeira instância, retratos bem metonímicos, focalizando o detalhe, o particular do mundo devastado: talvez por ser uma emanação degradada do *pleroma*; certamente, pela guerra franco-prussiana.

A interpretação simbólica, à luz da alquimia, deve levar em conta o que foi observado aqui a propósito de Nerval, citando o ensaio de Kristeva: há "polivalência do simbolismo"; o poeta adiciona a "incerteza da nomeação" aos símbolos tradicionais; o sentido do poema é ao mesmo tempo "estável", ancorado a uma simbologia, e "instável" pela própria natureza da linguagem poética. É o que, em outros termos, Antonio Candido diz, em "As transfusões de Rimbaud",[15] da "obra difícil, feita para despistar leitores e desanimar intérpretes" de Rimbaud: "A relação da textura vocabular com as mensagens é tão brilhantemente arbitrária, e ao mesmo tempo tão necessária, que o leitor percebe sem perceber, a não ser nos poemas mais claros, nunca tem certeza." E ainda observa "o significado por assim dizer autônomo [...] que embala a percepção e sustenta o discurso acima da necessidade de captar logicamente o sentido".

Em lugar de "Alquimia do verbo", Rimbaud poderia ter usado este título: "Autonomia do verbo". A partir de um dado momento, talvez de "O barco ébrio", passou a criar poesia onírica. O deslocamento é sua lei. O resultado é a celebração da analogia: tudo pode ser outra coisa, em uma combinatória infinita.

Mesmo assim, com todas essas ressalvas à interpretação simbólica, pode ser produtivo usar chaves esotéricas para interpretar a série dos poemas citados, transcritos ou adaptados em "Alquimia do verbo"; mas como se esse conjunto compusesse um relato das etapas de uma busca ou iniciação. Em "Lágrima", o primeiro, "Chorando, eu via o ouro — e sem poder beber": ouro alquímico, entenda-se. No seguinte, versão de "Bom augúrio matutino", "Ao sol das Hespérides" os "obreiros" (aqui

---

[14] Examinados por David Guerdon em *Rimbaud, La clef alchimique*.
[15] Publicado em Carlos Lima (org.), *op. cit*.

a alusão alquímica é evidente), porém "vassalos/ De um rei da Babilônia" (o país-labirinto de "O hino da pérola") recebem uma poção mágica, a "aguardente de cada dia", para chegar ao mar; para alcançar o outro tempo de "Canção da torre mais alta": "que venha, que venha/O tempo em que se empenha". A seguir, em "Fome", deixa de se alimentar de "pedras e terra", substituídas por "ar, rochas, carbono, ferro". No poema adjacente, equivale ao lobo que cospe as "aves de seu repasto", para, adormecendo, "chegar aos altares de Salomão", repositório da sabedoria. E alcança "a centelha de ouro da luz pura", equivalente à "Eternidade" do poema com esse título e à síntese, à união do mar e do sol. É a gnose: "Removi do céu o azul, que é negro, e vivi, centelha de ouro da luz pura." Mas, ironicamente, essa gnose é "a mais ridícula e desvairada possível". E "Alquimia do verbo" termina com a alusão a uma derrota, um fracasso: "Fora condenado pelo arco-íris": pela ligação do divino e do terrestre. É sugerida uma traição — *ad matutinum, ao Christos venit* — e, em "Ó castelo, ó sazões", um final que não chega a lugar algum: "A hora da fuga, ai de mim!/ Será a hora do fim." A última frase — "Mas isso passou. Hoje sei aclamar a beleza" — também é irônica; diz que a Grande Obra é passado, acabou.

É como se "Alquimia do verbo" relatasse uma iniciação fracassada. Mas qual a razão desse fracasso? O esoterista mais ortodoxo diria que Rimbaud não cumpriu o preceito, não fez corretamente a lição de casa. No entanto, o fracasso pode ser relacionado a uma impossibilidade filosófica: alcançar a Grande Obra por meio da sublimação só é possível se for adotado um quadro de referências dualista; para ser alquimista, é preciso ser gnóstico ou neoplatônico; há que acreditar em um alto e um baixo; o sublime e algo a ser sublimado. Tais categorias não eram aceitas por Rimbaud, materialista e monista.

Mais importante do que interpretar poemas alquímicos é examinar a poética alquímica de Rimbaud: o procedimento pelo qual chegaria às iluminações, tal como relatado em "Alquimia do verbo" e na "Carta do vidente". Levou a extremos a crença romântica no poder criador da imaginação: "Acabei achando sagrada a desordem do meu espírito." Essa desordem lhe permitia realizar a alquimia: "Escrevia silêncios, noites, anotava o inexprimível. Fixava vertigens." É o que havia proposto nas duas cartas de 1871, a George Izambart e a "Carta do vidente" a Paul Demeny, após insistir que "é preciso ser vidente", tornar-se vidente" e que "O poeta torna-se vidente através de um longo, imenso e estudado desregramento de todos os sentidos."[16]

Assim, a realização alquímica deixa de ser resultado da ascese, da disciplina. É fruto do desregramento, a provocar a alteração da consciência:

> Habituei-me às alucinações simples: via honestamente uma mesquita em lugar de uma fábrica, uma escolta de tambores formada só por anjos, diligências a rodar nas estradas do céu, um salão no fundo de um lago; os monstros, os mistérios; os letreiros de um teatro de revista despertavam assombros ante mim. Em seguida explicava meus sofismas mágicos pela alucinação das palavras!

Pleynet, no ensaio aqui citado, amplia a noção rimbaudiana do desregramento dos sentidos. Não se trata apenas dos cinco sentidos da percepção, mas de todos os sentidos: a razão, o bom-senso cartesiano (em francês sentido e senso, *sens*, são a mesma palavra), o "senso comum", o "sentido moral" e o "sentido da liberdade", até mesmo na acepção kantiana, transcendental. E, pode-se acrescentar, o sentido das palavras, a relação de significação no modo unívoco, substituído pela liberdade de significar.

O aparente elogio do banal e trivial em "Alquimia do verbo", incorporando o excluído pelo bom gosto, diz qual é a matéria-prima a ser sublimada:

> As velharias poéticas entravam em boa parte na minha alquimia do verbo. [...] Eu amava as pinturas medíocres, bandeiras de portas, cenários, telões de saltimbancos, letreiros, iluminuras populares; a literatura ultrapassada, latim de igreja, livros eróticos mal-escritos, romances dos tempos de avó, contos de fadas, almanaques infantis, velhas óperas, refrões simplórios, ritmos singelos.

Ao incluir ou citar vários de seus poemas em "Alquimia do verbo", deixou claro que as "alucinações simples" e "velharias poéticas" são o ponto de partida do processo que culmina na superação das antinomias; na Grande Obra. Contudo, sua gnose irá realizar-se não na esfera

---

[16] Na tradução de Carlos Lima em *Rimbaud no Brasil*.

supracelestial, mas na terra, através da transformação do mundo: "E à aurora, armados de ardente paciência, entraremos nas cidades esplêndidas." É o que proclama, em um tom de panfleto político, ao final de *Uma estadia no inferno*: "Quando iremos afinal, além das praias e dos montes, saudar o nascimento do trabalho novo, da nova sabedoria, a fuga dos tiranos e demônios, o fim da superstição, para adorar — os primeiros! — o Natal na terra!" A seguir, no epílogo, "Adeus", o "Sejamos absolutamente modernos" parece soar como requisito, condição para a unidade: "e então me será lícito possuir a verdade em uma alma e um corpo". Sua gnose foi não só anticristã, mas imanente. Saindo do inferno, retorna a um mundo transfigurado e transformado.

Iluminações já está dentro de *Uma estadia no inferno*: a prosa poética de um está em passagens do outro. Reitera os anúncios de viagem: "Partir para afetos e amores novos!" Reafirma-se como maldito na passagem do "tempo dos Assassinos" e como "um louco muito mau". Há uma celebração da vida, como em "Being Beauteous": "Oh! um novo corpo amoroso reveste os nossos ossos", frase que pode ser associada ao "misticismo do corpo" de Norman Brown. E em "A uma razão": "Se viras o rosto: o novo amor! Se desviras o rosto — o novo amor!" Mas quem se expressa por meio de *Iluminações* é, ao mesmo tempo, um descrente, sem ilusão de transcendência: "Não lamento minha antiga parte da alegria divina: o ar sóbrio deste campo estéril alimenta bem ativamente meu atroz ceticismo." E que já viu o bastante e está "Farto de ver. [...] Farto de ter. [...] Farto de saber"; por isso, só quer "Partir para afetos e amores novos!"

Diante de declarações como essas, cabe perguntar como é possível associar Rimbaud ao misticismo; ou que misticismo é esse. Em passagens de *Iluminações*, como "Místico", inverte a relação entre céu e terra; em vez da ascensão, o plano superior baixa no mundo: "A doçura florida das estrelas e do céu e do resto desce diante do declive, como um cesto — contra nossa face, e faz florescente e azul o abismo embaixo."

Conforme examinado aqui, para Scholem o misticismo é recuperação da visão mítica de mundo e a tentativa de transpor o abismo, aberto pelas religiões institucionais, entre Deus e o mundo. Mas em Rimbaud uma das bordas do abismo inexiste. Deus está fora de seu campo; só dialoga com o diabo. Quando emerge do mundo subterrâneo, é para voltar à superfície da Terra, e não para ascender ao céu. E os mitos arcaicos, com suas cosmogonias e teogonias, não o interessam: nesse ponto, difere dos poetas da mitologia, como Nerval, Blake e Hugo — e também dos apócrifos da Antiguidade. "Se na Grécia, verso e lira ritmam a Ação", como disse na "Carta do vidente", e se havia unidade de poesia e ação, do simbólico e do real, isso passou. Em "Sol e Carne", celebração nostálgica do mundo mítico grego, já dizia que "os mistérios morreram/Diante do Homem". Resta indagar como é possível uma coisa dessas, mesmo prefigurada em Baudelaire: o misticismo da modernidade, e não do retorno à origem. Se em Baudelaire já se observa a crise da visão de mundo fundada na sincronia do macrocosmo e microcosmo, em Rimbaud temos sua destruição. Só existe o lado de cá, feito de seres e coisas à deriva: "Depois do dilúvio" é o título que abre *Iluminações*.

Vale a pena examinar a relação de Rimbaud com o artificial — tanto o anacrônico de "Alquimia do verbo", a "velharia poética", quanto o moderno — e com o natural. Há, como mostra Antonio Candido em "As transfusões de Rimbaud", a propósito de "Flores", uma das *Iluminações*, confusão dos dois planos, "do universo factício (cuja lei é a ordenação arbitrária de componentes convencionais) com o universo natural", pois "a comparação que gera as imagens é feita como se o termo metafórico tivesse uma vida independente do termo metaforizado". Daí decorre "a inversão de funções" em um discurso "que é simultaneamente referência e não referência", com seu "mundo complexo e ambíguo, ao mesmo tempo real e inventado". Sim: inversão do real e do inventado, do natural e do artificial, do alto e do baixo, do bem e do mal, da parte e do todo.

Se Baudelaire valorizou o moderno em contraste com o natural, Rimbaud os confundiu: naturalizou o artificial e desnaturalizou o natural. Nesse mundo, ele mesmo, o próprio poeta, também perde substância: em "Cidade", é o "cidadão efêmero" na "metrópole tida por moderna", onde vê "espectros novos, [...] a Morte sem lágrimas", um "Amor desesperado [...]" e "um bonito Crime piando na lama da rua".

"Iluminações profanas": a expressão de Benjamin para referir-se ao Aragon de *O camponês de Paris* também se ajusta a Rimbaud. Lendo sua obra, ouve-se simultaneamente o rebelde e o revolucionário (no sentido dado aos termos no fim do Capítulo 4). A proposta bretoniana de tornar um só "o transformar a sociedade" de Marx e o "mudar a vida" de Rimbaud já está em Rimbaud. Queria a liberdade total, intransitiva. Aspirava à síntese de rebelião e revolução; essa, representada pela Comuna de Paris. Pela envergadura da sua concepção de liberdade, não pode ser reduzido a porta-voz de alguma militância. Mas seu silêncio pode ter sido a indicação de uma derrota política: preferiu nada mais dizer a ter de expressar seu desencantamento diante de um mundo que, desde os acontecimentos de 1871, se fechava à realização da utopia.

CAPÍTULO 17 Foi o simbolismo um gnosticismo?

O fundamento do simbolismo, em oposição ao realismo, quer fosse representado pela poesia parnasiana ou pela narrativa naturalista, é a suposição da autonomia do signo verbal, sintetizada na famosa resposta de Mallarmé: "Meu caro Degas, poesia não se faz com ideias, mas com palavras..." E, de modo menos anedótico, em sua comparação de "Um lance de dados" a uma partitura, bem como no primeiro dos títulos que Mallarmé dera a seu soneto com rimas em *yx*: "Soneto alegórico de si mesmo"; portanto, linguagem autorreferente, sem compromissos com qualquer sentido externo.

É a mesma poética metaforizada pelo narrador J.-K. Huysmans, contemporâneo e interlocutor de Mallarmé, em *Às avessas*,[1] obra tida como "breviário da decadência" ou bíblia do decadentismo. Seu protagonista, o aristocrata Des Esseintes, volta as costas à sociedade, isola-se em uma luxuosa mansão apenas em companhia de livros, obras de arte e objetos que condizem com seu gosto refinado: em um mundo particular, regido pela subjetividade, exclusivamente simbólico.

A linguagem, não sendo um reflexo das coisas, teria então uma lógica ou um ordenamento próprio. É compreensível, por isso, que simbolistas se aproximassem de ocultistas: acreditar na qualidade mágica, ativa, do símbolo supõe sua autonomia ou relação com algo transcendente, precedendo aquela com o real imediato. Por isso, a relação com ocultistas se intensificou no final do século XIX, nas décadas que, em literatura, correspondem à manifestação e vigência do simbolismo e decadentismo. Noël Arnaud, em sua biografia de Jarry,[2] faz a distinção e ao mesmo tempo aproximação entre os dois simbolismos, literário e o esotérico.

---

[1] J.-K. Huysmans, *Às avessas*, tradução e estudo crítico de José Paulo Paes, São Paulo, Companhia das Letras, 1987.
[2] Noël Arnaud, *Alfred Jarry — D'Ubu Roi au Docteur Faustroll*, Paris, Editions de la Table Ronde, 1974.

Correspondem a visões distintas, mas não antagônicas, da relação entre a esfera simbólica e a do "real": uma delas mágica, a outra literária. Relata como autores do período frequentavam os salões e as sessões conduzidas por magos de prestígio como o Sâr Péladan (também escritor prolífico) e Stanislas de Guaïta; e como a Librairie de l'Art Indépendant, editora de esoteristas, era veículo para os simbolistas-decadentistas.

No período que Roger Shattuck chamou de "o grande banquete",[3] o novo emergia em Paris através desses poetas e intelectuais, agrupados ao redor de revistas como *Mercure de France*, porta-voz dos simbolistas; também leitores e frequentadores, alguns, de esoteristas e magos. Desse ambiente cultural, que incluiu Mallarmé, Verlaine, Huysmans, Rémy de Gourmont, Alfred Jarry, Léon-Paul Fargue, Charles Cros, Saint-Pol Roux, surgiram ou receberam influência, direta ou indireta, ideias e personagens que constituiriam a modernidade, pautando o século XX em literatura e outros campos, e originando os "ismos": cubismo, futurismo, construtivismo, imagismo e formalismo de Eliot e Pound, dada, surrealismo. Conforme observei em outro lugar,[4] quem vê o surrealismo exclusivamente como apologia do delírio comete um equívoco: a loucura campeara nas décadas precedentes, nos ataques à relação de significação empreendidos por autores dos "anos do banquete".

Da ideia de uma autonomia do simbólico resultou o polo irônico, autorreflexivo, que exerceu influência no modernismo anglo-americano, como expôs Edmund Wilson em *O castelo de Axel*;[5] e o polo analógico, decisivo para a gênese do surrealismo.

No capítulo final de *O castelo de Axel*, intitulado "Axel e Rimbaud", Wilson toma como exemplo de atitude simbolista o poema dramático "Axel", de Villiers de l'Isle Adam, parábola na qual o protagonista, após uma experiência de maravilhamento, volta as costas à vida, persuadindo sua amada a suicidar-se com ele. Como parte da argumentação, a frase célebre: "Viver? Nossos criados farão isso por nós..."[6] Wilson associa "Axel" a outras obras antinaturalistas, protagonizadas pelos "heróis do

---

[3] Roger Shattuck, *Les primitifs de l'avant-garde*, Paris, Flammarion, 1974.
[4] Lautréamont, *Os cantos de Maldoror, Poesias, Cartas*, tradução, prefácio e notas de Claudio Willer, São Paulo: Illuminuras, 2005, p. 54.
[5] Edmund Wilson, *O castelo de Axel*, tradução de José Paulo Paes, São Paulo, Companhia das Letras, 2004.
[6] *Idem, ibidem*, p. 258 e seguintes.

simbolismo:" Marius, de Walter Pater, Lohengrin, de Laforgue, Igitur, de Mallarmé, e, principalmente, o Des Esseintes de *Às avessas,* de Huysmans, de 1883. Falando do "afastamento dos poetas *fin de siècle* da vida geral de seu tempo", entendeu-o como negação: "Na sociedade utilitária que fora produzida pela revolução industrial e pela ascensão da classe média, parecia não haver lugar para o poeta." Daí refugiarem-se, como metaforizado por Villiers e Huysmans, no mundo simbólico, artificial.

Tais observações permitem recuperar o sentido do termo decadentismo, associado a esses autores, ao ideário de Huysmans e Villiers, ao simbolismo e, como primeira acepção, ao deboche e à decadência pessoal desses autores — acepção reforçada pela crítica naturalista e parnasiana, retratando-os como um bando de degenerados.[7]

O sentido mais amplo do decadentismo literário é dado por Huysmans em *Às avessas* através de seus elogios aos "poetas em tempos de decadência". Começa por aqueles do final do Império Romano, nisso prosseguindo algo que Baudelaire já havia observado. Investiu contra os clássicos; e, por isso, contra o cânone, a ponto de chamar Virgílio de "um dos mais terríveis maçadores que a antiguidade jamais produziu", além de seu desgosto diante "das graças elefantinas de Horácio".[8] Capazes de despertar o interesse de Des Esseintes seriam Petrônio, com seu "frescor de estilo", e os primeiros cristãos, que "promoviam a dissolução da língua latina".

Alguns capítulos adiante, depois de relatar o êxtase do seu protagonista diante da Salomé de Gustave Moreau, encarnação da luxúria, e descrever o restante de sua pinacoteca, chega ao século XIX. Projeta a mesma escala de valores nos elogios a Baudelaire, que ganhou parágrafos de superlativos por, "em páginas magníficas", haver "sondado as chagas mais incuráveis, mais duradouras, mais profundas que são cavadas pela saciedade, pela desilusão, pelo desprezo, nas almas em ruínas a quem o presente tortura, o passado repugna e o porvir atemoriza e desespera".[9] Ainda comentou sua "linguagem musculosa e carnuda que, mais do que qualquer outra, possuía o maravilhoso poder de fixar, com uma estranha

---

[7] Críticas como a de Max Nordau são reproduzidas por Andrade Muricy em *Panorama do movimento simbolista brasileiro*, São Paulo, Perspectiva, 1987.
[8] J.-K. Huysmans, *op. cit.*, p. 58-61.
[9] *Idem, ibidem*, p. 173-175.

saúde de expressão, os estados mórbidos mais fugazes, mais tremidos, dos espíritos esgotados e das almas tristes".

Huysmans contradisse o estereótipo sobre decadência e decadentismo. Não é na poesia de Baudelaire que está a decadência, pois sua linguagem é "musculosa e carnuda", dotada de "uma estranha saúde de expressão". A decadência não é mais associada a um julgamento ético negativo, mas a um julgamento estético positivo. O decadente não é o poeta: Baudelaire tem a dimensão de um profeta que alcançou "exprimir o inexprimível".

Huysmans prosseguiu, em *Às avessas*, com o elogio a Barbey d'Aurevilly e Flaubert e chegou a seus contemporâneos, "tornados mais propícios e mais caros" a ele "pelo desprezo em que os tinha um público incapaz de compreendê-los". O primeiro da lista, Verlaine, "impregnado de Baudelaire", apreciado pelo intimismo, pela musicalidade dos versos. Em seguida, Corbière, autor "em que o estrambótico se mesclava a uma energia desordenada", e que "falava como um negro". Finalmente, Mallarmé, posto em uma categoria especial pela poesia em prosa.

Baudelaire, Mallarmé, Verlaine e Corbière, tal como examinados em *Às avessas*, não foram, eles ou suas obras, decadentes. Representavam a negação de um estado de coisas. Seu tempo é que correspondia à decadência. Havia decadência da linguagem, degradada na sociedade burguesa. Daí a insistência de Mallarmé em tornar mais puras as palavras e sua diferenciação entre poesia e mercado; em suas palavras, "comércio e metalurgia".

José Paulo Paes, no prefácio à edição brasileira de *Às avessas*, observou que Huysmans dava "acepção positiva" a um termo, decadência, até então utilizado pela crítica para depreciar autores que valorizaram o ornamental: "Huysmans estava era fazendo uma espécie de defesa e ilustração da decadência, quando mais não fosse para contestar o mito do progresso cultivado pela burguesia." Mas é possível ir mais longe nessa caracterização da decadência. Em Huysmans, é ontológica (assim como em Baudelaire, como já visto). Para o gnóstico, o mundo é, em si, algo que caiu. A passagem do tempo é distanciamento da verdade originária.

É nessa perspectiva que se deve entender *En rade*,[10] narrativa de Huysmans cronologicamente entre *Às avessas* e *Là-bas*, sua obra de maior

---

[10] J.-K. Huysmans, *En rade*, Paris, Gallimard, 1984.

repercussão, sobre missas negras e feitiçaria. *En rade* é a história do casal que, enquanto se resolve uma pendência financeira, passa uma temporada no campo: temporada de horror em um castelo arruinado, explorados por campônios. Nessa narrativa, não é a sociedade que está degradada, porém o mundo. Se, em *Às avessas* e *Là-bas*, há acerto de contas com a sociedade, em *En rade* o acerto de contas é com o mundo natural, em um ataque às idealizações românticas do natureza que Baudelaire teria subscrito. Há continuidade entre os pesadelos dos protagonistas relatados nessa narrativa e um mundo que se decompõe, do qual o castelo em ruínas é a metáfora.

E, principalmente, essa é a perspectiva de *Là-bas*, na qual Huysmans comparou e confrontou a Idade Média e a sociedade burguesa. Qualquer coisa do passado, para ele, era preferível a seu tempo. Seriam melhores do que a vida na sociedade de massas até as perversões — quer fossem aquelas que imputava aos gnósticos provençais, os cátaros, ou as variantes do satanismo, passando pelas devastações sanguinolentas promovidas por Gilles de Rais (o nobre e assassino de uma tamanha quantidade de crianças, após seviciá-las e torturá-las, que teria chegado a despovoar regiões da França), pelas histéricas de Loudun, até chegar ao cônego Docre, oficiante de missas negras seu contemporâneo, e que negavam a mediocridade pela qual se via cercado. Seu contraponto seria a santidade: da abjeção, seria possível passar à redenção e à salvação. Reproduziu a lógica do antinomismo e de místicas do desregramento. Nas páginas finais de *Là-bas*, a recitação em voz alta por seu protagonista das orações em latim ditas por Gilles de Rais ao ser executado, assim transitando da completa devassidão à santidade por meio da expiação, é encoberta pelo ruído da multidão nas ruas que comemora a vitória eleitoral de Boulanger.

Là-bas foi alçado a best seller. Impressionou, certamente, pelo tema, e pela ambivalência, o modo como a perversão transpira através de um livro paradoxal: tão moralista, indignado com o mal, porém exibindo-o de modo escancarado. E por ser *à clef*: para cada personagem, havia uma ou mais pessoas reais. André Billy, em sua crônica sobre a passagem do século XIX para o XX,[11] diz que a missa negra de *Là-bas* seria fruto da documentação reunida por Huysmans sobre episódios como a missa ne-

---

[11] André Billy, *L'époque 1900, 1885 — 1905*, Paris, Éditions Jules Tallandier, 1951.

gra de Madame de Montespan no século XVIII. Já Mallarmé, ao resenhar *Là-bas*, o tomou ao pé da letra: havia, sim, missas negras em Paris. A melhor resposta à dúvida sobre a realidade da missa negra de *Là-bas* foi dada por Fernande Zayed:[12] as duas opções são corretas, pois Huysmans se inspirou em documentos sobre o tempo de Luís XV e em magos seus contemporâneos, como Vintras e Van Haecke.

O gnosticismo licencioso permanecerá um mistério. Mas, focalizando os personagens reais de que Huysmans se apropriou para criar protagonistas de seu relato, fica-se com a certeza da sua contrapartida no final do século XIX: tocaram-se libertinagem e doutrinas religiosas, blasfêmia e devoção. E, naquele momento, em íntima associação com movimentos artísticos e com uma poética.

Os dois aspectos examinados aqui, a noção de decadência em Huysmans e a crônica da bruxaria, não bastam para dar conta de sua contribuição literária. Mereceria um capítulo em *A literatura e o mal*, de Bataille. Cruzando as leituras de *Là-bas* e *Às avessas*, chega-se a uma constatação perturbadora: as passagens sobre Gilles de Rais em *Là-bas* poderiam estar em *Às avessas*, pois são análogas aos requintes e às satisfações dos sentidos que Des Esseintes se proporcionava. Desse ângulo, o dândi esteticista, tal como adotado pelo decadentismo, representa o mal. Gilles de Rais está para *Là-bas* assim como Baudelaire está para *Às avessas*. *Là-bas* é o *Às avessas* a sério, pelo modo como radicalizou o que estava implícito no livro anterior.

Pode-se imaginar Huysmans possesso pelo mal e, como se forças cósmicas se confrontassem dentro dele, pelo bem. Viveu um combate do qual a luta entre seus dois personagens, o mago negro Docre e o mago do bem Johannés, é uma alegoria: "O Princípio do Mal e o Princípio do Bem, o Deus da Luz e o Deus das Trevas, dois Rivais, disputam entre si nossa alma." Empreendeu a politização do gnosticismo licencioso, ao confrontar o mundo do mal e o mal do mundo. Perversões — de Gilles de Rais, dos magos negros e as que imputava aos cátaros — seriam superiores ao modo de vida burguês, tanto quanto a santidade. Justificavam-se por negar o mundo que as cercava.

O próprio Huysmans encenou em vida um dos fundamentos do gnosticismo licencioso: a ideia de que é possível chegar ao conhecimento atra-

---

[12] Fernande Zayed, *Huysmans, peintre de son époque*, Paris, A. G. Nizet, 1973.

vés do mergulho no mal. Depois de encontrar o regente do mundo cultuado em missas negras, foi em busca de Deus ao isolar-se em um mosteiro trapista.

Às avessas é "Correspondências" de Baudelaire aplicado. Huysmans descreve detalhadamente o paraíso artificial construído por Des Esseintes em sua mansão de Fontenay, regido pelas sinestesias: objetos, como sua tartaruga dourada antinaturalista (real, criada por Robert de Montesquiou, dândi famoso, inspirador do Barão Charlus de Marcel Proust e de um personagem de *Les faux monayers*, de Gide), sons, cores, luzes, obras de arte, obras literárias, a "encadernação" das paredes, tudo se corresponde. É o mundo perfeito por ser harmônico; por isso, antinatural: a natureza ficou do lado de fora.

Os prazeres de Des Esseintes em Fontenay são o oposto dos sofrimentos do casal de protagonistas de *En rade*. A mansão de um e o castelo dos outros se complementam. O mundo de *En rade* é "Uma carniça" ampliado. Na mesma medida, em *Là-bas*, as páginas sobre missas negras são "A tampa" e "Litanias de Satã": o que Docre pronuncia, em sua celebração satânica é paráfrase das blasfêmias de Baudelaire.

No entanto, *Às avessas* termina com Des Esseintes doente, neurastênico, obrigado a fechar sua mansão para, prostrado, tratar-se em Paris. *Là-bas*, igualmente, não oferece saída: Durtal sabe que a Idade Média por ele idealizada não retornará. Os dois livros terminam em imprecações: "Eh! Desaba, pois, sociedade! Morre, então, velho mundo!", grita Des Esseintes. E Durtal termina exclamando que burgueses "encherão suas tripas e esvaziarão a alma pelo baixo-ventre", representantes do século que "contamina o sobrenatural e vomita o além".

Em Huysmans e Mallarmé, pode-se localizar um registro de gnoses. Em Huysmans, na criação literária: em *Às avessas*, transformou Robert de Montesquiou, personagem-símbolo do decadentismo, em gnóstico, mas de uma gnose fracassada. Já Mallarmé viveu uma gnose real, que teve consequências literárias decisivas. Mas sua gnose foi leiga e antiteísta. Corresponde-lhe o que biógrafos e estudiosos denominam de sua crise de 1866 a 1868. Dela resultou sua poética.

Mas o que foi essa crise? Para Mauron, em *Mallarmé par lui-même*, não se limitou apenas àquele biênio. Mallarmé vivia em crise permanente, assombrado pelo fantasma da impotência criativa, e a melhor prova disso seria sua poesia, com "redes associativas"[13] entre poemas anteriores a 1866 e aqueles de sua maturidade parisiense. Era um depressivo; morando na província, na monótona Tournon, experimentou um grau extremo do tédio e melancolia. A interpretação de Mauron possibilita observações sobre o *spleen*: em Baudelaire, é a solidão do poeta em meio à multidão; contudo, no isolamento de Mallarmé na província, solidão e *spleen* podiam ser ainda piores.

Temas associados a essa gnose de Mallarmé — sobre o Livro, a "palavra pura", o Nada — por mais que fossem sincrônicos aos do hermetismo, gnosticismo e da cabala, e apesar do contexto em que foram elaborados, de um reflorescimento do ocultismo, não tiveram vínculos diretos com disciplinas herméticas. É o que se depreende de estudiosos como Mauron e Walzer. No volume da coleção "Poètes d'aujourd'hui" dedicado a Mallarmé, na passagem em que relata sua crise de 1866/68, com a descoberta do Nada "sem conhecer o budismo", Walzer cita uma carta de Villiers de l'Isle Adam: nela, o autor de "Axel" lhe indica para leitura o *Dogma e ritual de alta magia*, de Éliphas Lévi.[14] Se Villiers a indicava, é porque Mallarmé não a conhecia, apesar do prestígio de Lévi, figura central do ocultismo no século XIX. Na mesma carta, Villiers se refere às leituras de Hegel por Mallarmé; daí Walzer aproximar seu Nada e o Absoluto hegeliano.

Ao que parece, Mallarmé não precisou da formação esotérica para vislumbrar o Nada, para ver seu pensamento pensar-se a si mesmo, para criar "Le démon de l'analogie" e desenvolver o projeto de *Hérodiade*. Pouco devia, diretamente, a essas fontes. Foram, diz Mauron, "um acidente [...] ao lado dessa transformação interior da língua que a própria poesia exige".[15] Indiretamente sim, pelo modo como o ambiente cultural francês estava impregnado de ocultismos, adotados por amigos de Mallarmé como o próprio Villiers. Divulgado por meio de editoras dos ocultistas, figurando no catálogo da já citada "Librairie de l'Art Indépendant", Mallarmé nem sequer frequentava seus salões, nisso diferindo de autores que, por sua vez, compareciam a seus *mardis*. Por essa dificuldade de demonstrar que obras herméticas ou ocultistas houvessem sido uma fon-

---

[13] Charles Mauron, *Mallarmé par lui même*, Paris, Éditions du Seuil, 1964, p. 58.
[14] Pierre-Olivier Walzer, *Essai sur Stéphane Mallarmé*, Pierre Seghers, 1963, p. 142, (Poètes d'aujour'hui).
[15] Charles Mauron, *op. cit.*, p. 64.

te direta de sua criação e suas ideias, Mallarmé se insere em uma categoria distinta daquela representada por Yeats ou Pessoa, que foram adeptos; ou com relação ao modo como Nerval aprendeu a ler e às leituras de Rimbaud na biblioteca de Charleville.

Roberto Calasso, ao comparar, em *A literatura e os deuses*, a tradução por Mallarmé de um tratado de mitologia do inglês Cox, *Les dieux antiques*, com o original, observa desvios, levando-o a paralelos com as "correções" de outros autores por Lautréamont, em *Poesias*. Entre outros, em todo lugar onde, em Cox, consta *God*, "Mallarmé traduz por "divindade":[16] o Deus personalizado é transformado em algo abstrato e genérico. Não só Deus, mas os deuses são tratados a distância: Mallarmé parece endossar a explicação, na abertura de *Les dieux antiques*, dos mitos como antigos nomes das coisas, cujo sentido foi esquecido.[17] A tese é de Cox; mas é típica de Mallarmé a ideia, enunciada entre outros lugares no poema sobre o túmulo de Poe, de palavras com um sentido originário perdido, cabendo ao poeta recuperá-lo.

Quando Deus é mencionado, é de um modo que leva Calasso a incluí-lo entre seus matadores e a comparar sua representação da divindade àquelas de *Os cantos de Maldoror*. Por exemplo, ao relatar sua crise como acerto de contas, "luta terrível com aquela velha e malvada plumagem, felizmente abatida, Deus". Mas abateu algo sem existência própria, pois, textualmente, "não somos nada além de formas vácuas da matéria, mas somos bem sublimes, já que inventamos Deus e a nossa alma". Ao empreender a destruição dessas duas invenções, Deus e a alma, transformou-se até deixar de ser, como declarou na carta a Cazalis, o "Stéphane que conheceste — e sim uma disposição do Universo Espiritual de ver-se e desenvolver-se, por meio daquele que fui". Assim chegou ao Nada e, em consequência, ao Belo: "Há um mês, encontro-me nas mais puras geleiras da Estética — após ter encontrado o Nada, encontrei o Belo."

Caracterizou sua obra futura com um paralelo claro: "será a Grande Obra, como diziam os alquimistas, os nossos antepassados". Mas a relação dessas experiências com gnosticismo e alquimia é de sincronia.

---

[16] Roberto Calasso, *A literatura e os deuses*, tradução de Jônatas Batista Neto, São Paulo, Companhia das Letras, 2004, p. 76 e seguintes.

[17] Stéphane Mallarmé, *Oeuvres complètes — Poésie — Prose*, introduction, bibliographie, iconographie et notes par Henri Mondor et G. Jean-Aubry, Paris, Gallimard, Pléiade, 1961, p. 1.159.

UM OBSCURO ENCANTO: GNOSE, GNOSTICISMO E POESIA MODERNA

O poeta é uma metáfora do mago ou vice-versa. Simbolizam-se. Relações entre poesia e disciplinas ocultas são de paralelismo: em seu comentário sobre *Là-bas*, de Huysmans, intitulado "Magie", menciona a "paridade secreta" entre "os velhos procedimentos e o sortilégio que permanecerá a poesia". E mais: o verso, traço encantatório, (...) abre uma similitude com as rondas, no meio da relva, da fada ou do mágico[18].

Sincronia entre contemporâneos, observa Calasso: "Uma descida até o Nada, assimilável a uma *saison en enfer*, mas não tórrida e equívoca como a de Rimbaud."[19] Cada qual a seu modo, formularam a alquimia do verbo. Um destruiu Deus, a alma, e encontrou o Belo. O outro declarou: "Mas isso passou. Hoje sei aclamar a beleza."

O paralelo de Mallarmé com Rimbaud e Lautréamont, feito por Calasso, é uma comparação entre baudelairianos. Remete à comparação mais importante: com o próprio Baudelaire. Ao invectivarem Deus, Mallarmé, Rimbaud e Lautréamont reescreveram "A tampa". Os três também prosseguiram suas correspondências: Rimbaud, na alquimia do verbo; Lautréamont com os "belo como"; Mallarmé com "Le démon de l'analogie" e o poema das rimas em *yx*.

O Mallarmé da crise de 1866-67 é o mesmo que, vinte anos depois, em "Crise des vers", formularia a poética das escolas "decadentes ou místicas" por adotarem "o Idealismo [...] que recusa os materiais naturais" — entenda-se por "materiais naturais" o natural e sua representação realista, assim prosseguindo a poética baudelairiana — ao declarar que "A obra pura implica a desaparição elocutória do poeta, que cede a iniciativa às palavras, pelo choque de suas desigualdades mobilizadas."[20]

Dentre tantos resultados dessa poética, podem-se focalizar dois: o soneto com rimas em *yx* e o "Leque de Madame Mallarmé".

O "Soneto alegórico de si mesmo" começa com "Suas puras unhas bem alto dedicando seu ônix"[21] e segue com rimas em *yx* e *ore*. É de 1868: de um Mallarmé recém-saído da crise. "Teria um sentido evocado por uma miragem interna das próprias palavras", disse, esclarecendo ser

---

[18] *Idem, ibidem*, p. 400.
[19] Roberto Calasso, *op. cit.*, p. 80.
[20] Stéphane Mallarmé, *op. cit.*, p. 366.
[21] *Idem, op. cit.*, p. 68; Augusto de Campos, Décio Pignatari e Haroldo de Campos, *Mallarmé*, São Paulo, Perspectiva/Edusp, 1974.

um "preto e branco" (o contraste entre os claros *yx* e os escuros *uor*?) de "uma água-forte cheia de sonho e de vazio". Nessa gravura, haveria,

> Por exemplo, uma janela noturna aberta, as duas venezianas fechadas: um quarto sem ninguém dentro, apesar do ar estável por causa das venezianas fechadas, em uma noite feita de ausência e de interrogação, sem móveis, a não ser o esboço plausível de vagos criados-mudos, um quadro belicoso e agonizante, do espelho dependurado no fundo, com seu reflexo estelar e incompreensível da grande Ursa, que religa ao céu esse lar abandonado pelo mundo.[22]

Assim é a "obra pura" de Mallarmé: poesia abstrata que está para a representação como a pintura não figurativa para as coisas; o retrato, como sintetiza em *Um lance de dados*, das "paragens/do vago/onde toda realidade se dissolve".[23]

Poderia o soneto em *yx* ser considerado poesia gnóstica? Sim; e uma realização do que, no Capítulo 4, foi exposto como poética do gnosticismo: dualista e desconhecendo um dos polos da dualidade, este aqui, o mundo sensível, em favor do outro, da Unidade ou, para Mallarmé, do Vazio apreendido através da Arte Pura.

Comentaristas não chegam a distanciar-se dessa interpretação. Calasso lembra que a Ursa Maior, à qual corresponde o *septuor*, a constelação das sete estrelas no poema — que reaparece no final de *Um lance de dados*: "deve ser/ o Setentrião também Norte/UMA CONSTELAÇÃO/fria de olvido e dessuetude" — é no hinduísmo a morada "dos Saptarsi, as entidades que velam sobre o cosmo e são sua consciência sempre desperta". Observa que "Mallarmé recuou para algo anterior aos deuses, já que os Saptarsi são também as auras que, ao se unirem, compõem o Prajapati: a consciência pura, isolada de tudo", que só pode ser vista por nós como reflexo, nunca diretamente. Calasso ainda tem o cuidado de lembrar que não há evidência de que Mallarmé, para ver seu próprio desaparecimento, precisasse conhecer, já em 1868, os textos sagrados indianos. Mas não importa: "aquele estado de ausência do espelho iria constituir um dos

---

[22] Stéphane Mallarmé, *op. cit.*, nota à p. 1.490; Roberto Calasso, *op. cit.*, mas com uma tradução diferente.
[23] Augusto de Campos, Décio Pignatari e Haroldo de Campos, *Mallarmé*, São Paulo, Perspectiva, 1974, assim como a citação seguinte.

pressupostos de toda a sua poesia. O soneto registra a duradoura ausência do poeta".

Paz, tradutor do soneto em *yx*, mostra sua estrutura em caracol, circular. Vê nele uma cosmologia: a concepção arcaica do tempo. Sobre o soneto e a crise que o precedeu, associa-os ao budismo, dizendo que Mallarmé não é niilista: "Nagarjuna diria: a vacuidade não é o contrário da realidade fenomenal, mas sim sua realidade última."[24]

Mauron, por sua vez, diz que, "levando em conta as transposições necessárias, eu mesmo comparei a experiência poética de Mallarmé à experiência metafísica do Tao".

Que rico cardápio de doutrinas ou sistemas filosófico-religiosos: hinduísmo, budismo e taoismo. Não são conflitantes. Mallarmé reinventou o budismo, como declarou; mais a cabala, o hinduísmo, o taoismo e, pode-se acrescentar, o gnosticismo, sem havê-los estudado. Em comum a essas gnoses orientais ou ocidentais, todas visarem ao entendimento não discursivo; a um conhecimento poético.

Por que um tema como o da morte ou da destruição de Deus, gnóstico desde que se entenda esse Deus como demiurgo, tem tamanha importância para Nerval, Baudelaire, Mallarmé, Rimbaud, Lautréamont? Pela simples razão de que Deus é importante em um contexto no qual prevalecem os grandes monoteísmos. Na Índia e China, não precisavam matá-lo: Deus não estava lá; estavam, quando muito, deuses.

Em comparação com o soneto em *yx*, "Leque de Madame Mallarmé" parece menos obscuro. Na tradução de Augusto de Campos no já citado *Mallarmé*:

> Tendo como linguagem
> Só este abanar ao céu
> Vai-se o verso ainda miragem
> Do recanto onde nasceu
>
> Asa baixa, mensageira
> Este leque, se conduz
> Ao mesmo por quem à beira
> De ti algum espelho luz

---

[24] Octavio Paz, *Signos em rotação*, tradução de Sebastião Uchoa Leite, São Paulo, Perspectiva, 1972, p. 194.

FOI O SIMBOLISMO UM GNOSTICISMO?

Límpido (no qual desliza
Perseguido em cada grão
Um fim de invisível cinza
Única sem solução)

Para sempre ele apareça
Em tua mão que não cessa.[25]

O poeta realista, parnasiano, procuraria fazer a melhor descrição desse leque. Simbolistas faziam outra coisa. Uma pista para a interpretação pode estar "no abanar ao céu" da primeira estrofe: não interessa o leque, mas seu movimento, a "invisível cinza" que se dirige ao "espelho" da ausência. Mallarmé quis captar não a forma e as qualidades do leque, porém seu movimento quando abanado; e, através dele, o impossível, por ser "invisível": o instante, a unidade mínima durante a qual o leque abanado está em algum lugar para logo não estar; ou melhor, para sempre não estar. O instante, contraposto à continuidade temporal, é a realidade. O tempo é abstrato, embora percebido como real; o instante é real, mas fugidio, por sempre deixar de estar; deixar de ser.

Na segunda estrofe do poema, um "espelho"; o mesmo evocado sem ser mencionado pelo soneto em *yx*, com a mesma função, refletir o que não pode ser visto diretamente: é um símbolo do vazio, de outra realidade ou irrealidade (no original, o espelho "luziu" límpido: já não está mais lá). Terríveis espelhos de Mallarmé; os mesmos da carta a Villiers de 1867, que termina assim: "O espelho que me refletiu o Ser foi o mais frequentemente o Horror, e o senhor adivinha se eu expio cruelmente esse diamante de noites inominadas."[26] Em Borges, espelhos são abomináveis por reproduzirem o mundo ilusório; em Mallarmé, são buracos negros.

Seria dualista esse poema do leque? Sim, por efetuar a passagem entre dois mundos, da realidade fenomênica, sensível, da qual fazem parte o leque e a temporalidade, a outro plano, aquele do instante. Mas esse não

---

[25] Stéphane Mallarmé, "Leque de Madame Mallarmé", tradução de Augusto de Campos, *in*: Augusto de Campos, Haroldo de Campos, Décio Pignatari (orgs.), Mallarmé, São Paulo, Perspectiva, 1974.
[26] Charles Mauron, *op. cit.*, p. 53.

UM OBSCURO ENCANTO: GNOSE, GNOSTICISMO E POESIA MODERNA

parece ser um mundo de formas ideais, inteligíveis, porém de inexistências e impossibilidades.

Já se escreveu bastante, aqui, sobre mulheres no gnosticismo e na poesia romântica. Mallarmé criou um personagem feminino importante, Herodiade; a mulher estéril, virgem e depravada, que protagonizaria o poema que pretendia perfeito e que nunca seria terminado, "composto não por palavras, mas por impressões causadas pelas palavras", no qual trabalhou entre 1864 e 1867; o poema da sua crise; para Jean Royère, um "poema da ausência".[27]

Outra obra que Mallarmé deixou inacabada: a prosa poética de *Igitur*, preparação, segundo estudiosos, de *Um lance de dados*. Seu protagonista — o Antropos primordial que se confunde com o universo? — em rota descendente: depois de haver "chegado ao Absoluto", mata-se, tomando o veneno do frasco "que contém o nada".[28]

Metáforas de um mundo em queda, naufrágio ou dissolução, que terminaria em um livro; o Livro, com todas as páginas em branco.

O enorme capítulo sobre pensamento gnóstico e simbolismo mostraria uma diversidade de modos de relacionamento. Serviria, inclusive, para apontar aqueles poetas aos quais a associação ao gnosticismo seria discutível. É o caso do outro integrante importante dos *Poètes Maudits* de Verlaine, Corbière. Considerando novamente os polos da ironia e analogia, vê-se que sua poesia corresponde à ironia pura; voltada inclusive contra categorias religiosas, sempre tratadas em tom satírico. Por exemplo, no poema "Gritos de cego", de *Os amores amarelos*,[29] há invocação ao "Deus misericors/Deus misericors", declaração de que "Abreviar meu Gólgota é uma vã/ Esperança, Lama sabachtani", mas tudo isso ao comparar seus próprios sofrimentos — Corbière, doente e disforme, morreu jovem — com aqueles de Jesus Cristo e dizer que categorias religiosas existem apenas no indivíduo: "O enxofre do interior/Do crânio é todo o meu humor." São preces sardônicas de um ateu.

---

[27] Stéphane Mallarmé, *op. cit.*, especialmente nota à p. 1.440 e seguintes.
[28] Stéphane Mallarmé, *Igitur ou A loucura de Elbehnon*, tradução de José Lino Grünewald, Rio de Janeiro, Nova Fronteira, 1985.
[29] Tristan Corbière, *Os amores amarelos*, introdução, tradução e notas de Marco Antônio Siscar, São Paulo, Iluminuras, 1996.

FOI O SIMBOLISMO UM GNOSTICISMO?

O outro expoente da vertente "irônico-coloquial", de tanta influência sobre Eliot, Pound e modernismos, é o franco-uruguaio Jules Laforgue. Apesar de católico, sobram ironias dirigidas aos símbolos religiosos nesta poesia tão precursora: "Eucaristia/De nossa arcádia [...] Pia batismal/ Pierrot leal/Última hóstia/De nossa história."[30] Mas seria temerário associar sua sátira antiburguesa a uma visão de mundo de fundo filosófico-religioso; até mesmo na rejeição do corpo e do mundo em "Lamento do pobre corpo humano", a atribuição de gnosticismo seria excesso de intepretação.

O simbolismo de primeira hora também teve em suas fileiras um místico extremado: Germain Nouveau. Permitiria vê-lo como gnóstico encrático o modo como viveu, depois da convivência com Rimbaud em Londres e com os futuros simbolistas de 1870, em um isolamento crescente, como peregrino em roteiros até hoje desconhecidos, mendicante, tratado como louco, até isolar-se de vez, vivendo de caridade, deixando de falar, porém sempre escrevendo poesia de qualidade[31] (possibilitando seu arrolamento entre os loucos importantes da literatura). Mas Nouveau queria ser um santo do cristianismo; e sua criação prolífica, cada vez mais com as características de hinos religiosos, se fez inteiramente nos quadros da fé católica.

Restaria procurar traços de gnosticismo e hermetismo na imagética contemplativa de dois outros grandes "simbolistas menores", Charles Cros e Saint-Pol-Roux. Mas os temas gnósticos reaparecem e avultam na geração seguinte do simbolismo, aquela dos que chegaram a Paris e a esse movimento em 1890: especialmente, em Léon-Paul Fargue e no torrencial Jarry. Esse, conforme exposto por seus estudiosos, criou uma obra intencionalmente impregnada de simbologia hermética, gnóstica e, em termos gerais, esotérica. Na série das cinco versões de seu Ubu, ao acrescentar um *Ubu encadeado* contando a história de *Ubu Rei* inteiramente às avessas,[32] aplicou uma variante do princípio hermético das correspondências, a teoria dos contrários segundo a qual

---

[30] Jules Laforgue, *Litanias da lua*, tradução e prefácio de Régis Bonvicino, São Paulo, Iluminuras, 1989.
[31] *Lautréamont — Germain Nouveau, oeuvres complètes*, organização, prefácio e notas de Pierre-Olivier Walzer, Paris, Gallimard, Bibliothèque de la Pléiade, 1970.
[32] Alfred Jarry, *Tout Ubu*, edição estabelecida por Maurice Saillet, Paris, Librairie Générale Française, Le Livre de Poche, 1962.

cada coisa, cada elemento do cosmo, implica e contém seu oposto. *L'amour absolu* é uma versão herética da vida de Jesus Cristo, sugerindo as mais estranhas relações incestuosas com a Virgem Maria. Sua peça em cinco atos *L'autre Alceste*, de 1896, é o frenesi do sincretismo, da mesma modalidade daquele de Nerval, porém dessa vez como sátira e paródia: pôs em cena, lado a lado, os personagens da mitologia grega, Júpiter e os ciclopes inclusive, e da Bíblia, Salomão, Roboão, a Rainha de Sabá, além de outros empréstimos, como o do Vizir Assaf, e dos personagens que ele mesmo criou, como Doublemain. E Helena de Troia. Arnaud esclarece: "Helena não é apenas, para nós, a Helena de Troia, personificação da Beleza, porém antes a Helena gnóstica imaginada por Simão, o Mago.[33] Jarry somou seu próprio sincretismo ao sincretismo gnóstico: quis profetizar, com base em cálculos e tomando Salomão como anunciador, a gnose restaurada e o novo advento da Helena gnóstica. Isso como uma das expressões do emaranhado de temas gnósticos e herméticos na obra do criador do Ubu, examinados por Arnaud e Henri Béhar.[34] Entre eles, a Patafísica, ciência das soluções imaginárias, do particular e dos epifenômenos, fundada nos princípios herméticos das correspondências e na consubstancialidade, a relação solidária e secreta de todas as coisas existentes no universo; inclusive do epifenômeno com o fenômeno.

Na última geração simbolista (na classificação de Anna Balakian), de autores que já fazem parte do século XX,[35] aparecem poetas-esoteristas: Stefan George e, principalmente, Yeats. Aceita a distinção entre dois simbolismos, esotérico e literário, marcam o retorno do simbolismo literário ao esotérico. Para Bloom, Yeats foi um gnóstico típico, por excelência; tanto é que o capítulo a ele dedicado em *Poesia e repressão* é intitulado "Yeats, o Gnosticismo e o Vácuo Sagrado". Yeats não apenas foi ocultista, mas o representante de uma relação extremamente bem-sucedida com a prática esotérica: sua poesia foi crescendo e ganhando substância na mesma medida de seu envolvimento com ordens esotéricas, da Sociedade da Aurora Dourada, da qual foi um dos dirigentes, até a Stella Matutina

---

[33] Noël Arnaud, *op. cit.*, p. 234.
[34] Henri Béhar, *Les cultures de Jarry*, Paris, PUF, 1988, no capítulo "Métaphysiquement: esotérisme et pataphysique".
[35] Anna Balakian, *O simbolismo*, tradução de José Bonifácio, São Paulo, Perspectiva, 2000.

FOI O SIMBOLISMO UM GNOSTICISMO?

(nome significativo, pois a estrela da manhã simboliza ninguém menos do que Lúcifer). Passou, concomitantemente, de nativista irlandês a poeta de expressão universal, terminando sua vida não só como celebridade, mas como Prêmio Nobel em 1931 e senador. Mas sua caracterização como gnóstico suscita alguma dúvida, na razão direta de seu êxito pessoal. *A Vision*[36] teve uma gênese enigmática: foi redigido por sua mulher em transe; como mostrou Richard Ellman, seu biógrafo,[37] reuniu temas já tratados em textos seus anteriores. É sobre tipologia; e tem base hermética, mas não gnóstica: seu pressuposto é a harmonia universal. Observações assemelhadas cabem com relação a seus poemas mais famosos, como "A segunda vinda", que Bloom examina como poema gnóstico em *Poesia e Repressão*, "Bizâncio e Os Giros".[38] Todos anunciam um apocalipse; mas o apocalipse, conforme já observado, não é um tema especificamente gnóstico, porém antes judaico-cristão: para correntes gnósticas, a salvação é individual, e não coletiva, e nos gnosticismos cristãos a primeira vinda já foi suficiente. São poemas alegóricos, que podem significar muita coisa: o declínio da civilização ocidental ou a vitória do comunismo soviético (temas nada estranhos às preocupações e inclinações de Yeats).

---

[36] W. B. Yeats, *A Vision*, London, Papermac, 1989.
[37] Richard Ellman, *Yeats — The Man and the Masks*, London, Penguin Books, 1987.
[38] W. B. Yeats, *Poemas de W. B. Yeats*, tradução de Péricles Eugênio da Silva Ramos, São Paulo, Art Editora, 1987, p. 95, 142 e 146.

CAPÍTULO 18   Lautréamont: Maldoror e a gnose do mal

Pode parecer um truísmo a afirmação de que autores de "escrituras" gnósticas foram efetivamente gnósticos. Não há dúvida de que os escritos de Valentino, Basilides, o pseudo-Congessos, o pseudo-Dositeu e os autores da *Pistis Sophia* expressavam as crenças e a visão de mundo de seus autores. Na mesma medida, Novalis foi romântico, Sade foi sádico, Blake foi um místico visionário, Yeats foi ocultista.

Tais relações entre autor e obra, intenção e realização, desaparecem de vista ao se examinar Lautréamont. Isso pela escassez de informação biográfica sobre Isidore Ducasse, o autointitulado Conde de Lautréamont (seu pseudônimo para publicar *Os cantos de Maldoror*): morto em 1870 aos 24 anos, sua obra ainda aguardaria outros 17 para ter leitores.

Mas a ausência de informação biográfica também é um dado biográfico. Foi um desconhecido em vida por não ter sido literariamente reconhecido; contudo, retrair-se, deixar tão poucos rastros, pode ser entendido como atitude gnóstica. É um dos modos de expressar a sensação de ser um estranho ou estrangeiro na Terra. E Lautréamont, nascido no Uruguai, foi objetivamente um estrangeiro na França, conforme exposto no exame de seu "duplo estatuto cultural" por Emir Monegal e Leyla Perrone-Moisés.[1] A condição de estrangeiro, na França e no mundo, pode ser associada à adoção do pseudônimo, negando a identidade oficial, vista como "eu" postiço, alma adventícia; ainda mais — conforme observado em tantas ocasiões — com o *l'autre*, "o outro" nesse pseudônimo.

O mistério sobre a relação autor-obra em Lautréamont é acentuado por ainda haver deixado os dois fascículos de *Poesias*, que parecem contradizer a apologia do mal em *Os cantos de Maldoror*. Mas essa contradição é aparente: os elogios ao bem em *Poesias* são irônicos, satíricos. Se

---

[1] Emir Rodríguez Monegal e Leyla Perrone-Moisés, *Lautréamont austral*, Montevideo, Editorial Brecha, 1995.

promove um acerto de contas com Deus e a humanidade em *Os cantos de Maldoror*, em *Poesias* o ataque é contra a literatura, em especial, e contra a esfera simbólica, em geral. Depois da destruição simbólica do mundo em *Os cantos de Maldoror*, empreendeu a destruição do mundo simbólico em *Poesias*. A conversão ou retratação vista por alguns críticos, ao confrontarem as duas obras, decorre de uma leitura superficial, tomando apenas seu sentido manifesto.[2]

Contudo, mistérios à parte, tem-se uma noção de quais foram suas fontes, a quais obras Lautréamont teve acesso, seja por referências diretas em *Poesias* ou pelas adulterações de outros autores em *Os cantos de Maldoror*. Supô-lo estudioso de textos gnósticos, assim como Rimbaud foi um leitor de obras de alquimia e ocultismo, seria novelesco. Nas biografias imaginárias, inspiradas pela falta de informação biográfica,[3] faltou este capítulo: da frequentação de alguma seita de secretos estudiosos de escritos gnósticos, transmitidos pela via subterrânea. Inexistindo fundamento para essa hipótese, o gnosticismo em Lautréamont fica por conta de fontes literárias e da sincronia.

No capítulo dessas afinidades com o gnosticismo, Lautréamont chama a atenção pelo tratamento dado a Deus nessa obra classificada por Bachelard como "uma verdadeira fenomenologia da agressão".[4] Não faltam, em *Os cantos de Maldoror*, equiparações a uma entidade com os traços de Ialdabaoth, em uma versão grotesca. É o "horrível Eterno com cara de víbora" da segunda estrofe do Canto Segundo. Na oitava estrofe do Canto Segundo é relatada a subida de Maldoror ao céu. Lá encontra um Deus monstruoso, devorador de homens, réprobos que nadam em um charco de sangue:

> Segurava na mão o tronco apodrecido de um homem morto, e o levava, alternadamente, dos olhos ao nariz, e do nariz à boca; uma vez na boca, adivinha-se o que fazia. Seus pés mergulhavam em um vasto charco de

---

[2] Desenvolvo essa argumentação no prefácio de Lautréamont, *Os cantos de Maldoror, Poesias, Cartas*, tradução de prefácio e notas de Claudio Willer, São Paulo, Iluminuras, 2005.
[3] Só de brasileiros há três biografias imaginárias de Lautréamont, por Leyla Perrone-Moisés, Joca Reiners Terron e Ruy Câmara.
[4] Gaston Bachelard, *Lautréamont* — cito-o em meu prefácio para *Os cantos de Maldoror, Poesias, Cartas*.

sangue em ebulição, em cuja superfície se erguiam, de repente, como tênias através do conteúdo de um penico, duas ou três cabeças prudentes, que logo se abaixavam, com a rapidez da flecha; um pontapé, bem aplicado sobre o osso do nariz, era a recompensa já sabida pela revolta contra o regulamento, ocasionada pela necessidade de respirar em outro ambiente; pois, afinal de contas, aqueles homens não eram peixes! Anfíbios quando muito, nadavam entre duas águas nesse líquido imundo!... até que, nada mais tendo à mão, o Criador, com as duas primeiras garras do pé, agarrou outro mergulhador pelo pescoço, como por meio de uma tenaz, e o ergueu no ar, sobre o lodo avermelhado, molho delicado! Com esse, fazia o mesmo que com o outro.[5]

A estrofe é uma paráfrase hiperbólica de "A tampa", de Baudelaire. E um roubo da *Divina comédia*, mas com Deus ocupando o lugar que, em Dante, é do diabo em seus círculos infernais.[6]

A descrição do Deus-ogro é parte de um relato cujo desfecho é a cura da surdez de Maldoror, ao soltar um grito diante da visão horrenda. Tal "cura" representa a conquista do entendimento (da audição) diante de uma revelação: uma gnose. Mais ainda em francês, língua na qual *entendre* tanto significa ouvir quanto entender.

Há mais. Na quarta estrofe do Canto Terceiro, Deus cai no mundo. É um bêbado, prostrado à beira do caminho, humilhado por animais e pelo homem. A seguir, na quinta estrofe do mesmo Canto Terceiro, cai na vida: é o devasso invasor de um prostíbulo, onde esfola um rapaz. No final do Canto Sexto, é o rinoceronte que, inutilmente, tenta impedir que Maldoror sequestre o adolescente Mervyn.

Cada um desses episódios relata um desastre relacionado a um advento, uma vinda de Deus ao mundo. É como se Lautréamont oferecesse seu comentário à pergunta de Baudelaire: "Não será a criação a própria queda de Deus?" Em *Os cantos de Maldoror* presenciamos sua repetição e reiteração.

A criação do mundo e da humanidade é atribuída, de modo inequívoco, a esse mau demiurgo:

---

[5] Essa e as demais citações são de minha tradução de Lautréamont, *Os cantos de Maldoror, Poesias, Cartas*.
[6] O paralelo com Dante é de P-O. Walzer na edição Pléiade de Lautréamont, em nota à p. 1.110.

UM OBSCURO ENCANTO: GNOSE, GNOSTICISMO E POESIA MODERNA

> O Eterno criou o mundo tal como ele é: mostraria muita sabedoria se, durante o tempo estritamente necessário para partir com uma marretada a cabeça de uma mulher, esquecesse sua majestade sideral, para nos revelar os mistérios em meio aos quais nossa existência sufoca, como um peixe no fundo de um barco.[7]

Note-se, contudo, que Lautréamont chama seu demiurgo de Eterno. É como se expusesse metade da cosmogênese dualista, com seu mito da criação. Inexiste a outra metade, correspondente à instância superior, o Incriado, o Princípio Primeiro.

Também em *Poesias II*, Deus é único. Em um aparente oposto de *Os cantos de Maldoror*, é tratado de modo respeitoso, em adulterações de frases de Pascal: "A fé é uma virtude natural, pela qual aceitamos as verdades que Elohim nos revela através da consciência."[8] É estranho Lautréamont designá-lo como Elohim — e essa designação, repetida 11 vezes, já deu margem a especulações sobre influências esotéricas e cabalísticas. O tratamento como Elohim pode ser um rebaixamento: o nome tanto designa Deus como algum de seus anjos; esses, por sua vez, podem ser anjos rebeldes, equivalentes aos titãs, no Livro de Enoch, em ocultistas do século XVIII e, conforme já visto, em Nerval. Se a designação foi copiada de Nerval, então vem com os sentidos que lhe são atribuídos em *Aurélia*: os elohim são arcontes, dominadores do mundo. E pelo menos duas das máximas de *Poesias II* tratam Elohim de modo compatível com as blasfêmias de *Os cantos de Maldoror*. Em uma delas, "Elohim é feito à imagem do homem".[9] A outra, "A infelicidade não está nem em nós, nem nas criaturas. Está em Elohim", recebe este comentário de Calasso, em *A literatura e os deuses*: "De repente, na última frase, o jogo burlesco aparece num versículo gnóstico."[10] Sim; mas outros Elohim em *Poesias* são tratados de modo reverente: nessa obra, a toda afirmação corresponderá outra, contradizendo-a.

Se, em *Os cantos de Maldoror*, não há contradição entre o *deus absconditus* e o horrendo Deus manifesto, já que apenas esse tem existência,

---

[7] Lautréamont, *op. cit.*, p. 111.
[8] *Idem, ibidem*, p. 313.
[9] *Idem, ibidem*, p. 311.
[10] Roberto Calasso, *A literatura e os deuses*, tradução de Jônatas Batista Neto, São Paulo, Companhia das Letras, 2004, p. 70.

mesmo assim há dualidade de almas ou do "eu". Chamado de Celeste Bandido e Grande Objeto Exterior, Deus é responsabilizado pela alma adventícia na terceira estrofe do "Canto quinto", da recusa do sono: "Inimigo temível da minha alma imprudente, à hora em que é aceso um fanal à beira-mar, proíbo a meus rins infortunados de se deitarem sobre o orvalho da relva. [...] faz mais de trinta anos que não durmo." Mas o que justifica a recusa do sono? A resposta é clara:

> Ao menos, está comprovado que, durante o dia, qualquer um pode opor alguma resistência útil contra o Grande Objeto Exterior (quem não sabe seu nome?); pois então a vontade vigia em sua própria defesa com notável empenho. [...] A consciência exala um longo estertor de maldições; pois o véu de seu pudor recebe cruéis rasgões. Humilhação! nossa porta aberta à curiosidade implacável do Celeste Bandido.

Não proclama a iluminação dos místicos, a descoberta do "eu" verdadeiro. Apenas recusa categoricamente a falsa identidade, imposta por Deus: "Se existo, não sou um outro. Não admito em mim essa equívoca pluralidade. Quero residir só em meu íntimo raciocínio. Autonomia... ou então, que me transformem em hipopótamo."

Essa alma adventícia equivale à consciência na 15ª estrofe do "Canto segundo", em que detalha a perseguição do homem por um "fantasma amarelo":

> Há horas na vida em que o homem de cabeleira piolhenta lança, o olhar fixo, miradas ferozes para as membranas verdes do espaço; pois lhe parece ouvir, à sua frente, as irônicas vaias de um fantasma. Cambaleia e baixa a cabeça; isso que ouviu é a voz da consciência. Então, precipita-se para fora da casa, com a rapidez de um louco, toma a primeira direção que se oferece a seu estupor, e devora as planícies rugosas da campina. Mas o fantasma amarelo não o perde de vista, e o persegue com igual velocidade.

A estrofe tem algo de sátira e paródia dos confrontos de Nerval com seu *alter ego* em *Aurélia* e das demais versões românticas do tema do duplo-perseguidor. Mas em Lautréamont foi Deus quem enviou o perseguidor; e Maldoror, dessa vez apresentando-se como defensor do homem, enfrenta Deus para destruir a consciência. É como se o William

Wilson de Poe levasse a melhor sobre seu sinistro perseguidor; como se Nerval não fosse derrotado pelo "outro"; como se os *doppelgänger* românticos fracassassem nas tentativas de obcecar suas vítimas.

Mas a vitória do "eu" sobre o "outro" é alcançada através da ferocidade, do exercício da selvageria, e não do conhecimento. Lautréamont expõe uma gnose ao contrário, resultado de um movimento descendente, em vez de ascendente: toma o partido de tudo o que o gnosticismo identificou com o mal. Sua conquista da liberdade e perfeição não é o resultado da sublimação, da subida do espírito à esfera supracelestial, mas da regressão à condição animal. Tal reintegração é simbolizada pelo pedido para ser transformado em hipopótamo, de preferência a ser invadido por Deus. E pelo acasalamento com a fêmea do tubarão na 13ª estrofe do Canto Segundo, celebrada por meio da explosão lírica em que "juntaram-se em uma cópula longa, casta e horrorosa!... Finalmente, acabava de encontrar alguém semelhante a mim!... De agora em diante, não estava mais só na vida!... Ela tinha as mesmas ideias que eu!... Estava diante do meu primeiro amor!"

O mar é sublime por ser desumano: é a argumentação desenvolvida na estrofe do mar (nona do Canto Primeiro), enorme paráfrase do poema de Baudelaire "O homem e o mar", também sobre a insignificância do ser humano.

Animais, insetos e pragas inclusive, são parceiros de Maldoror na realização do mal, especialmente na destruição da humanidade. Para realizar esse propósito, Maldoror acasala-se com a fêmea de um piolho, gerando superpiolhos: uma praga devastadora. A passagem mais significativa, simbolizando a reintegração e invertendo o cosmo platônico, é a sexta estrofe do Canto Quarto, aquela do sonho (Lautréamont é todo contraditório: em uma estrofe, execra o sono, diz que prefere morrer a dormir; em outra, logo a seguir, dorme, sonha e encontra a felicidade). Sonha haver-se transformado em porco selvagem e alcança o gozo primitivo: "A metamorfose nunca apareceu a meus olhos senão como elevada e magnânima ressonância de uma felicidade perfeita, que esperava há muito. Finalmente, havia chegado o dia em que fui um porco!"

Assim é a lógica de passagens como estas, da fêmea do tubarão, do piolho, da metamorfose em porco: Maldoror é cruel ("Quanto a mim, faço que meu gênio sirva para pintar as delícias da crueldade!");[11] o mundo natural também é cruel; daí ambos, protagonista e mundo, se identificarem e fundirem. Nas "escrituras" gnósticas, o mundo natural é ignorado e só se descreve o mundo supracelestial; nos escritos da tradição hermética, o mundo interessa por mostrar sinais, assinaturas de Deus. Em Lautréamont é o contrário: o que interessa é o mundo físico, por isso exaustivamente descrito. Daí a riqueza da flora e fauna em *Os cantos de Maldoror*. E também o detalhamento da paisagem urbana, a menção a ruas e lugares de Paris, como na referência à rua Vivienne, onde chegou a morar, e na descrição do caminho tomado por Mervyn ao voltar para casa e no encontro final de Mervyn com Maldoror — Boulevard Sébastopol, Fonte Saint-Michel, Cais Conti: paisagens urbanas, cenários da destruição.

Alguns gnósticos e seus herdeiros no esoterismo e na poesia celebraram amores espiritualizados por Sophia e suas manifestações. Maldoror faz o oposto: pratica a zoofilia; relaciona-se com fêmeas de tubarão ou de piolho. E com rapazes, sempre apropriando-se da retórica do amor sublime, porém satirizando-a ao mudar seu objeto, como na estrofe dos "pederastas incompreensíveis" do Canto Quinto: "Beijo vosso rosto, beijo vosso peito, beijo com meus lábios suaves as diversas partes do vosso corpo harmonioso e perfumado. Por que não dissestes logo quem éreis, cristalizações de uma beleza moral superior?"

Poderia ser gnóstica, além da ressonância hermética, alquímica, platônica, a exaltação do hermafrodita na sétima estrofe do Canto Segundo. Mas seu hermafrodita é imanente. Está no mundo: mesmo sublime, também é um pobre marginal, perseguido e espancado pelos homens. Em inumeráveis misticismos e lirismos, o ser humano sofre com a nostalgia da condição de andrógino; em Lautréamont, novamente é o contrário, pois o andrógino anseia pela dualidade:

> Quando vê um homem e uma mulher que passeiam por alguma alameda de plátanos, sente seu corpo fender-se em dois, de alto a baixo, e cada uma das novas partes vai abraçar um dos passantes; mas isso não passa de alucinação, e a razão logo recupera seu domínio. É por isso que não mistura sua presença, nem à dos homens, nem à das mulheres; pois seu pudor excessivo, nascido dessa ideia de não passar de um monstro, o impede de

---

[11] Lautréamont, *op. cit.*, p. 75.

conceder sua simpatia ardente a quem quer que seja. Acreditaria profanar-se, e acreditaria profanar aos outros. Seu orgulho lhe repete este axioma: "Que cada um permaneça em sua natureza."

Nas doutrinas gnósticas, a unidade é verdadeira, contraposta à falsa realidade do mundo; para Lautréamont, o mundo é real, e a unidade representada pelo andrógino é ilusão: "Sonha que é feliz; que sua natureza corpórea se modificou; ou que, ao menos, saiu voando em uma nuvem purpúrea, até outra esfera, habitada por seres da mesma natureza que a sua. Ah! que sua ilusão se prolongue até o despertar da aurora!"

Também apresenta afinidade com o gnosticismo, certamente, a abjeção do corpo, descrito como matéria em putrefação, de um modo bem baudelairiano, como se estivesse na Ilha de Citera de *As flores do mal*, na quarta estrofe do Canto Quarto:

> Estou sujo. Os piolhos me roem. Os porcos, quando me olham, vomitam. As crostas e as pústulas da lepra escamaram minha pele, coberta de pus amarelado. Não conheço a água dos rios, nem o orvalho das nuvens. Sobre minha nuca, como sobre um monte de esterco, cresce um enorme cogumelo, com seus pedúnculos umbelíferos. Sentado em um móvel informe, não movo meus membros há quatro séculos.

Contudo, e nisso diferindo fundamentalmente de Baudelaire, Maldoror não foi condenado a essa condição. A Queda ocorre por sua escolha; e, sempre que quiser, esse Prometeu da putrefação deixa sua imobilidade para atacar as cidadelas celestiais.

O corpo de Maldoror é plástico, e não uma prisão. Dono de seu corpo, tanto pode apresentar-se como monstro quanto como sedutor, alguém estranho (na estrofe dos pederastas, tem 30 anos mas seus cabelos estão brancos) ou um mascarado. Mefistofélico, tem o corpo e o rosto que lhe convêm, os mais adequados à circunstância, ao desafio a enfrentar.

À inversão cosmológica, com a degradação de Deus juntada à valorização do mundo natural por ser mau, e não por ser divino, corresponde a inversão retórica, ou literária. Antinomias, conjunções de opostos, como já foi examinado, são empregadas pelos místicos para tratar da divindade. Em Lautréamont, referem-se ao mundo. Aos animais, como na segunda estrofe do Canto Quinto:

LAUTRÉAMONT: MALDOROR E A GNOSE DO MAL

> O bufo da Virgínia, belo como uma dissertação sobre a curva descrita por um cão correndo atrás de seu dono, enfiou-se nas reentrâncias de um convento em ruínas. O abutre devorador de cordeiros, belo como a lei da parada do desenvolvimento do peito dos adultos cuja propensão ao crescimento não está em relação direta à quantidade de moléculas que seu organismo assimila, perdeu-se nas altas camadas da atmosfera. [...] O escaravelho, belo como o tremor das mãos no alcoolismo, desaparecia no horizonte.

E às vítimas do próprio Maldoror, como Mervyn, que, no Canto Sexto, é:

> [...] belo como a retratibilidade das garras das aves de rapina; ou ainda, como a incerteza dos movimentos musculares nas feridas das partes moles da região cervical posterior; ou, melhor, como essa ratoeira perpétua, que sempre é armada de novo pelo animal capturado, que pode pegar sozinha os roedores, infinitamente, e funcionar até mesmo escondida sob a palha; e, principalmente, como o encontro fortuito sobre uma mesa de dissecção de uma máquina de costura e um guarda-chuva!

O mundo natural de Lautréamont é feito de entidades antinômicas, junções de incompatibilidades: o homem com cabeça de pelicano da segunda estrofe do Canto Quinto, o homem com extremidades de peixe da sétima estrofe do Canto Quarto. Em um caso — dos "belos como" — e em outro — das metamorfoses de Maldoror em porco e em outros animais, da sua união sexual com algum animal ou do pelicano-homem e o homem-peixe — há fusão de entidades distintas. A figura de linguagem e o relato dizem o mesmo. Mas não são categorias abstratas que se penetram, porém coisas e seres vivos. Há, portanto, coerência entre visão de mundo e estilo em Lautréamont: isomorfismo do rebaixamento das antinomias, que passam a designar qualidades do mundo, e não da esfera divina, e do rebaixamento de Deus, jogado no mundo.

Os cantos de Maldoror são obra impregnada de um satanismo romântico tão exacerbado que se torna satírico, além de paródico. Lautréamont se apodera de categorias cristãs, estranhas ao gnosticismo, no qual não faz sentido o Lúcifer prometeico, transmissor da sabedoria. E Maldoror se apresenta como equivalente a Lúcifer, antitético com relação a Deus.

UM OBSCURO ENCANTO: GNOSE, GNOSTICISMO E POESIA MODERNA

Nenhuma escritura e nenhum profeta gnóstico se apresentariam desse modo, na condição de porta-vozes do mal. Nem fariam proclamações como esta, tão famosa: "Eu fiz um pacto com a prostituição, a fim de semear a desordem entre as famílias." Simão, o Mago se associou a uma prostituta, mas para redimi-la e salvar a humanidade.

Por outro lado, não deixa de ser matéria de reflexão o modo como Lautréamont, ao fazer com que Maldoror seguisse de modo tão resoluto pela trilha do mal, acabou reintroduzindo em cena o demiurgo e reconstituindo a mitologia gnóstica, embora pela metade. E, ainda, reapresentando uma de suas importantes consequências, o mito da alma adventícia.

Interessa não só discutir onde, em quais passagens, Lautréamont é ou não é gnóstico, porém, procurando interpretá-lo por meio das categorias do gnosticismo, perceber o quanto é radical; e, na mesma medida, a partir da sua leitura, dar conta de algumas consequências mais subversivas do gnosticismo.

No prefácio de *A literatura e o mal*, Bataille justifica a ausência de um capítulo sobre Lautréamont argumentando que tal capítulo, "a rigor, seria desnecessário":[12] o que haveria a ser dito sobre esse tema, a literatura e o mal, já estaria lá, em *Os cantos de Maldoror*. Especialmente, pode-se acrescentar, a restauração plena do "baixo materialismo" que o pensador da transgressão associou ao gnosticismo. Através do acasalamento com a fêmea de tubarão, com o piolho-fêmea, da transformação em porco, Maldoror passa a equivaler aos arcontes teriomorfos, meio gente, meio animal, retratados nos talismãs gnósticos, os *abraxas*. Aliás, esse termo, "baixo materialismo", é muito mais adequado para *Os cantos de Maldoror* do para qualquer "escritura" do gnosticismo. É como se Bataille, em sua caracterização do gnosticismo como "baixo materialismo", lesse *Zostrianos*, *Allogenes* ou a *Pistis Sophia* e enxergasse *Os cantos de Maldoror*. Caracterizado como erro, desvio da percepção em *Allogenes* e *O evangelho da verdade*, de Valentino, como aquilo que o protagonista de *Zostrianos* abandona liminarmente, o mundo material reaparece plenamente na fauna e flora exuberantes, nos episódios de zoofilia e zoomorfismos de Lautréamont.

---

[12] Georges Bataille, *A literatura e o mal*, tradução de Suely Bastos, Porto Alegre L&PM, 1989.

LAUTRÉAMONT: MALDOROR E A GNOSE DO MAL

Cabe perguntar de onde Lautréamont tirou todo esse gnosticismo radical e unilateral; em quem se inspirou. Não se veem traços da leitura de obras utilizadas por outros autores do século XIX, como os heresiólogos consultados por Flaubert para a criação de *A tentação de Santo Antão*. Maniqueísmo só é mencionado em uma passagem de *Poesias*, como parte das invectivas contra românticos. O trecho poderia ser uma paródia de *A tentação de Santo Antão*:

> [...] os Ahriman, os manitus maniqueus respingados de miolos que fermentam o sangue de suas vítimas nos pagodes sagrados do Hindustão, a serpente, o sapo e o crocodilo, divindades, consideradas anormais, do antigo Egito, os feiticeiros e as potências demoníacas da Idade Média, os Prometeu, os Titãs da mitologia fulminados por Júpiter, os Deuses Malvados vomitados pela imaginação primitiva dos povos bárbaros, — toda a série estrepitosa dos diabos de cartolina.[13]

Lautréamont leu *Madame Bovary* (mencionado em *Poesias*). Contudo, a hipótese da adaptação de *A tentação de Santo Antão* esbarra em uma dificuldade cronológica, pois o relato de Flaubert só foi publicado em 1874; portanto, depois da morte de Lautréamont — a não ser que houvessem chegado a suas mãos os trechos da sua primeira versão, publicados em uma revista em 1854 e que repercutiram o bastante para receber elogios de Baudelaire no ensaio sobre *Madame Bovary*, de 1857. Se não fosse a discrepância de datas, o comparatista literário seria tentado a cotejar criaturas de *Os cantos de Maldoror* com o desfile de divindades animalescas que atormentaram o eremita, vendo em ambos a mesmo metamorfose, mas com sinal trocado: em Flaubert, são abominações que atormentam o santo; em Lautréamont, representam a superação da condição humana.

Na estrofe dos piolhos, do Canto Segundo, equipara-os a uma divindade:

> Até quando manterás o culto carcomido a esse deus, insensível a tuas preces, e às oferendas generosas que lhe proporcionas em holocausto expiatório? Vê, ele não é agradecido, esse manitu horrível, pelas grandes taças

---
[13] Lautréamont, *op. cit.*, p. 289.

de sangue e miolos que derramas sobre seus altares, piedosamente decorados com grinaldas de flores. Não é agradecido... pois os terremotos e as tempestades continuam a devastar, desde a origem das coisas.

No parágrafo precedente, uma frase pode sugerir algo ao comparatista literário: "Ai do cachalote que lutasse contra um piolho. Seria devorado em um piscar de olhos, apesar do seu tamanho. Nem a cauda sobraria, para contar a história."

Assim como Borges mencionou as "íntimas delícias da teologia especulativa", já intitulei um ensaio assim: "Lautréamont e os prazeres do comparatismo literário",[14] em uma alusão ao autor de *O Aleph*. Comparar Lautréamont com Flaubert, de um lado, e com Melville, de outro, é a fruição plena desses prazeres. O cachalote da estrofe dos piolhos: estaria Lautréamont fazendo um comentário sobre *Moby-Dick*? Onde Melville compara sua baleia branca, textualmente, ao demiurgo, a um deus que rege o mundo, Lautréamont responderia que seu piolho também é uma divindade gnóstica, porém muito mais terrível.

Não é impossível que Lautréamont houvesse lido Melville: *Moby-Dick* é de 1850 e ele lia bem em inglês.[15] Contudo, o prestígio atual de *Moby-Dick* vem da primeira metade do século XX: o lançamento quase simultâneo das duas narrativas de maior fôlego e mais evidentemente gnósticas de Melville, *Moby-Dick* e *Pierre*, foi tão mal recebido que o levou a desistir de ser escritor profissional e a empregar-se como funcionário da alfândega.[16]

Mas a descrição detalhada da fauna marinha, como na estrofe do homem que se exila no mar e se transforma em peixe (sétima do Canto Quinto), é do mesmo gênero daquelas de Melville, com o mesmo detalhamento e recurso a obras de história natural para enriquecer a narrativa e dar-lhe verossimilhança. Nas duas, comparece uma raridade zoológica, o anarkak ou cachalote groenlandês (é um cetáceo com um dente saliente). Ambos são hiperbólicos; as duas obras, não lineares, com perífrases ou interpolações (obviamente em maior grau em Lautréamont) e semelhanças formais: a ação decisiva — o confronto com a baleia em uma, a

---

[14] Disponível em www.revista.agulha.nom.br/ag51lautreamont.htm.
[15] Conforme o depoimento de Paul Lespés, em *Lautréamont, op. cit.*
[16] Conforme o prefácio de *Pierre, or the Ambiguities*, Nova York, The New American Library, 1964 e R. W. B. Lewis em *Herman Melville, op. cit.*

perseguição ao adolescente e o confronto com Deus na outra — só vai ocorrer nas páginas finais. E têm em comum os deuses animalescos e monstruosos: se em *Moby-Dick* a baleia branca é um deus gnóstico, em *Os cantos de Maldoror*, no final do Canto Sexto, Deus vem à Terra transformado em rinoceronte.

Não só os comparatistas, mas os críticos em geral, há tempos, desde Freud — com a ideia de conteúdos latentes não só no sonho, mas em todas as falas — devem ter desistido das leituras inocentes, literais, de obras complexas; mais ainda, depois da contribuição de Jacobson, de seu uso da noção de deslocamento. No caso presente, deslocamento da baleia até um rinoceronte, do cetáceo ao paquiderme, em uma analogia por afinidade, mantido seu caráter demiúrgico.

Mas independentemente dessa e das demais aproximações possíveis com Flaubert, Melville e tantos outros autores, onde Lautréamont certamente aprendeu algo sobre dualismo e atitude gnóstica foi através de Baudelaire, como afirma Steinmetz: "De Baudelaire, Ducasse retém tudo, até as sugestões: o poder do riso (rechaçado, contudo, por *As flores do mal*), a excentricidade como estética. Ele acrescenta aos ingredientes de um romantismo hipertrofiado o sentido do hibridismo, das ligas."[17] Mas observações como essa também podiam ser feitas com relação aos demais expoentes da geração pós-baudelairiana, Rimbaud e Mallarmé inclusive, por mais que os resultados literários fossem tão distintos.

---

[17] *Isidore Ducasse, le Comte de Lautréamont, Les chants de Maldoror, Poésies I e II, Correspondance*, edição preparada e prefaciada por Jean-Luc Steinmetz, Flammarion, Paris, 1990.

CAPÍTULO 19   O surrealismo e suas imediações

Assim como em Lautréamont, a blasfêmia e o confronto com Deus estão presentes ao longo da obra de Artaud. Porém não mais como sátira, mas a sério. O que foi escrito pelo criador do Teatro da Crueldade correspondeu, sempre, a convicções pessoais. Nunca foi ambivalente. Já em *L'ombilic des limbes*, de 1925, obra de seu período de frequentação dos surrealistas, publicaria versos em que se refere a "deus-o-cachorro" e "deus-a-cadela" que se retira da Terra.[1] Essa relação com Deus se exacerba na fase final de sua obra, em *Aqui jaz* e *Artaud, o momo*. E, especialmente, em *Para acabar com o julgamento de Deus*:

> Afirmo que reinventaram os micróbios para impor uma nova ideia de deus.
> Descobriram um novo meio de fazer deus aparecer em toda a sua nocividade microbiana:
> Inoculando-o no coração
> onde é mais querido pelos homens
> sob a forma de uma sexualidade doentia
> nessa aparência sinistra de crueldade mórbida que ostenta sempre que se compraz em tetanizar e enlouquecer a humanidade como agora.[2]

Essa paráfrase do mito da alma adventícia seria endossada pelos autores de *Zostrianos* ou *Allogenes*. Mas é gnose politizada. *Para acabar com o julgamento de Deus* se apresenta como libelo anticristão e denúncia do militarismo norte-americano:

---

[1] Antonin Artaud, *Oeuvres complètes*, t. I, Paris, Gallimard, 1956, p. 53.
[2] Antonin Artaud, *Escritos de Antonin Artaud*, tradução, notas e prefácio de Claudio Willer, Porto Alegre, L&PM, 1983.

> Eu renego o batismo e a missa.
> Não existe ato humano
> no plano erótico interno
> que seja mais pernicioso do que a descida
> do pretenso jesus-cristo
> nos altares.³

A blasfêmia vem acompanhada pela negação, não apenas de Deus mas do mundo e do corpo, através de declarações como esta: "onde cheira a merda, cheira a ser". O demiurgo, o mundo e o corpo são obstáculos à união com outra realidade: "O que é grave/é sabermos/que atrás da ordem deste mundo/existe uma outra."

À semelhança do dualismo radical dos maniqueístas, mundo e corpo devem ser destruídos para que haja renovação. Isso é reiterado em seu derradeiro texto, uma despedida com as indagações que, conforme já visto, estão na origem do gnosticismo:

> Quem sou eu?
> De onde venho?
> Sou Antonin Artaud
> e basta-me dizê-lo
> como só eu o sei dizer
> e imediatamente
> verão meu corpo atual
> voar em pedaços
> e se juntar
> sob dez mil aspectos
> notórios
> um novo corpo
> no qual nunca mais
> poderão me esquecer.⁴

A escatologia, antevisão do fim, está em toda a sua obra; de modo mais exacerbado, proclamando a destruição do mundo, em *Les nouvelles*

---

³ *Idem, ibidem.*
⁴ *Idem, ibidem*, p. 146.

révelations de l'être, de 1937, escrito no registro esotérico que precedeu sua internação em hospícios.

O modo como, nessa e em outras obras, citou cabala e ocultismo mostra não apenas sincronia, porém inspiração em obras e modos de pensar caudatários do hermetismo e gnosticismo. Mais ainda, levando em conta seus paralelos da alquimia com o Teatro da Crueldade, como em "O teatro alquímico", de *O teatro e seru duplo*.

Vê-se o quanto foi apropriada a associação de Artaud com o gnosticismo por Sontag, já citada aqui. Não só pelo dualismo, pela expressão do contraste radical com o mundo e o corpo; mas pela ideia de uma gnose, acesso a um conhecimento superior. Podem-se apontar dois caminhos para a gnose em Artaud. Um deles, do xamanismo, da iniciação através do ritual tribal e da experiência alucinógena: é aquele relatado em *Viagem ao país dos taraumaras*, efetivamente vivido, incluindo o culto ao peiote. Outro, o do teatro: como deixou claro em *O teatro e seu duplo*, seria equivalente a uma cerimônia mágica, através de uma linguagem poética que pudesse "exprimir objetivamente verdades secretas, fazer vir à luz, por gestos ativos, essa porção de verdade oculta sob as formas que se confrontam com o Devir".[5] Mas a leitura do que escreveria depois sobre os taraumaras (em suas cartas, em "Para acabar com o julgamento de Deus" e outros textos) sugere que seu "rito do sol negro" foi, para ele, a realização autêntica do Teatro da Crueldade.

Durante seu confinamento em manicômios a partir de 1938, e em obras subsequentes à sua libertação, Artaud adotou as glossolalias, o "falar em línguas". Por exemplo, nesta passagem das *Cartas de Rodez*, com exemplos de "experimentos de linguagem" retirados de um "livro antigo", que alegou ser de sua autoria, intitulado *Letura d'Eprahi Tall Tetr Fendi Photia O Fotre Indi*, "que só podem ser lidos se escandidos num ritmo que o próprio leitor deverá achar para entender e para pensar":

ratara ratara ratara
atara tatara rana

---

[5] *Idem, ibidem*, p. 58.

UM OBSCURO ENCANTO: GNOSE, GNOSTICISMO E POESIA MODERNA

otara otara katara
otara retara kana

ortura ortura konara
kokona kokona koma

kurbura kurbura kurbura
kurbata kurbata keyna

pesti anti pestantum putara
pest anti pestantum putra[6]

Repetiria tais fonemas em sua homenagem a Van Gogh, em "Para acabar com o julgamento de Deus", e outras criações de sua fase final.

Em Artaud, tais passagens poderiam ser associadas ao surto, ao delírio do interno em manicômios. Mas não em Huidobro: em "Altazor" houve apropriação proposital de simbologia hermética, para culminar na expressão por glossolalias como significando a conquista do conhecimento. Nem em Khlébnikov, o mais hermético dentre os integrantes da primeira geração de vanguardistas russos. Seu relato *Ka* pode ser interpretado como uma releitura sincrética do orfismo, inclusive com a descida aos mortos, e do hermetismo. Nele, a linguagem particular que criou, o Zaum, possivelmente derivada do contato com a fonte de todos os gnosticismos, o xamanismo originário, siberiano: exemplo de como vanguardismo e inovação podem incluir a retomada do que há de mais arcaico, dos cultos e das mitologias de sociedades tribais.

Mas Khlébnikov explicou o Zaum: linguagem "transmental, além dos limites da razão",[7] obedece à regra das correspondências entre sons semelhantes de palavras distintas, criando novos sentidos. É linguagem construída. Em Artaud, não: suas glossolalias são viscerais, puro fluxo sonoro vindo do inconsciente, mas deixando claro, como no trecho aqui citado das *Cartas de Rodez*, que se trata de linguagem iniciática, que exige a participação do leitor e requer um compromisso.

---

[6] *Idem, ibidem*.
[7] Velimir Khlébnikov, *Ka*, tradução e notas de Aurora Fornoni Bernardini, São Paulo, Perspectiva, 1977, p. 64-65.

Confrontando o pensamento de Artaud com aquele de Breton, examinando a teia de afinidades e divergências entre ambos, veem-se pontos de contato mais evidentes com o gnosticismo clássico, dualista, no criador do Teatro da Crueldade do que no autor dos *Manifestos do surrealismo*. Isso apesar da reivindicação do gnosticismo por Breton em "Flagrant délit". As comparações de gnosticismo e surrealismo por Monnerot, em *La poésie moderne et le sacré*, são políticas e sociológicas, sublinhando o contraste com a ortodoxia dos comunistas:

> Como os filósofos entre os homens e os gnósticos entre os cristãos, os surrealistas, entre os revolucionários, se distinguem da multidão. [...] E o surrealismo se chocou com o comunismo como uma licenciosidade contra uma disciplina. [...] Os gnósticos eram frequentemente tão estranhos para o cristianismo quanto os surrealistas, com seus devaneios sobre o inconsciente e o sonho, poderiam sê-lo para o marxismo tal como se refratava na consciência dos militantes e podia ser vivido por eles.[8]

Em Artaud, Deus é um ente presente, demiurgo a ser combatido; em Breton, inexiste: apresentou *Les vases communicants*, seu livro sobre o sonho e sua relação com a realidade, como resposta "à questão das atividades antirreligiosas no surrealismo";[9] nessa obra, chegou a descartar Blake pelo "teísmo".

Isso não o impediria de, mais tarde, colocar-se na sequência do gnosticismo, não só em "Flagrant délit", mas na frase final do último de seus manifestos, *Do surrealismo em suas obras vivas*, de 1953, ao dizer, sobre a intuição poética, que: "Somente ela nos fornece o fio que nos reconduz ao caminho da Gnose, enquanto conhecimento da Realidade suprassensível, 'invisivelmente visível num eterno mistério'."[10]

Mas o lugar dessa "realidade suprassensível" é o mundo, e não o céu. É revelada por nós, e não por Set, Hermes-Toth ou Cristo. O surrealismo é antidualista e seu imanentismo foi declarado em passagens como esta do primeiro *Manifesto do Surrealismo*: "O que é admi-

---

[8] Jules Monnerot, *La poésie moderne et le sacré*, op. cit., p. 90, 95.
[9] André Breton, *Les vases communicants*, Paris, Gallimard, 1985.
[10] André Breton, *Manifestos do surrealismo*, tradução de Sérgio Pachá, Rio de Janeiro, Nau, 2001, p. 285.

rável no fantástico é que não há fantástico: só há o real."¹¹A busca da unidade é seu fundamento, declarado no *Segundo Manifesto do Surrealismo* ao denunciar "as velhas antinomias destinadas hipocritamente a prevenir toda agitação insólita por parte do homem" e afirmar que: "Tudo indica a existência de um certo ponto do espírito, onde vida e morte, real e imaginário, passado e futuro, o comunicável e o incomunicável, o alto e o baixo, cessem de ser percebidos como contraditórios."¹²

A expressão "ponto do espírito" suscitou dúvidas, sugerindo que o surrealismo poderia ser não um materialismo, como sustentava Breton, mas um misticismo impregnado de idealismo. Mas a passagem do *Segundo Manifesto* não permite dúvidas de que, para Breton, o "espírito" está em nós, e não em outro plano.

É o que se vê em seu modo de examinar o sonho. Nos textos gnósticos, e também na poesia, o sentido do sonho oscila. Ora é sinônimo de ilusão, inclusive em Pessoa; ora de revelação, a exemplo dos sonhadores românticos, e no *Poimandres*, tratado primeiro do *Corpus Hermeticum*, em que visões chegam "como em um sonho." Inverter as relações entre vigília e sonho foi uma obsessão em Breton; daí seu filme predileto ter sido *Peter Ibbetson*,¹³ história de amantes que só podem se encontrar em sonhos, o que mantém vivo, por longos anos, o protagonista encarcerado e entrevado. *Les vases communicants* é a defesa da superação do "deprimente divórcio entre sonho e realidade", pois "o mundo do sonho e o mundo da realidade não fazem senão um."¹⁴ Sustentou que a surrealidade é síntese de sonho e vigília já no primeiro *Manifesto*: "Acredito na resolução futura destes dois estados, tão contraditórios na aparência, o sonho e a realidade, numa espécie de realidade absoluta, de surrealidade, se assim se pode dizer."¹⁵ Resolução futura: portanto, no tempo, na diacronia. É a síntese proclamada no fecho de *posição política do surrealismo*: "'Transformar o mundo', disse Marx; 'mudar a vida',

---

¹¹ *Idem, ibidem*. p. 365.
¹² *Idem, ibidem*, p. 154.
¹³ De Henry Hathaway, com Gary Cooper e Ann Harding, de 1936, traduzido no Brasil como *Amor sem fim*.
¹⁴ André Breton, *Les vases communicants*, p. 47.
¹⁵ André Breton, *Manifestos do surrealismo*, p. 38.

disse Rimbaud: para nós, estas duas palavras de ordem não são mais que uma só."[16]

É o mesmo materialismo que rege sua criação poética:

> Minha mulher com sexo de alga e de bombons antigos
> Minha mulher com sexo de espelhos
> Minha mulher com olhos cheios de lágrimas
> Com olhos de panóplia violeta e de agulha imantada
> Minha mulher com olhos de savana
> Minha mulher com olhos de água para beber na prisão
> Minha mulher com olhos de lenha sempre sob o machado
> Com olhos de nível de água de nível de ar de terra e de fogo.[17]

Esse final de "Union libre" exibe a imagética surrealista de encontros de realidades distantes, conforme a definição de Reverdy, adotada por Breton. É escrita de antinomias e suas as imagens correspondem ao sublime: mas é o sublime terreno, e não celestial ou supracelestial. A mulher amada/desejada é o mundo terreno. O encontro amoroso, celebrado no âmbito do surrealismo por meio de títulos como *O amor louco*, de Breton, *O amor sublime*, de Péret, e *O amor a poesia*, de Éluard, ocorre na vida, nisso diferindo do idealismo romântico: Novalis e Nerval teriam de morrer para encontrar-se com Sophie e Jenny; Breton dá como culminância seus encontros com Jacqueline Lamba em *O amor louco* e Elisa em *Arcano 17*. Nesse relato, formulou uma ética oposta igualmente ao ascetismo encrático e aos gnósticos licenciosos, ao contrastar amor único, eletivo, e libertinagem: "Optei, quanto ao amor, pela forma passional e exclusiva, com tendência a proibir ao lado dela tudo o que pode ser atribuído à acomodação, ao capricho e ao desvio", assim diferenciando-se "dos céticos ou ainda dos libertinos mais ou menos declarados".[18]

A idealização do amor único encerra um paradoxo: surrealistas cultuaram o Marquês de Sade e outros perversos, declarando-os símbolos da liberdade, da imaginação realizada. Em sua coletânea de entrevistas,

---

[16] *Idem, ibidem*, p. 363.
[17] André Breton, *Clair de terre*, Paris, Gallimard, 1966, p. 95, (Poésie).
[18] André Breton, *Arcano 17*, tradução de Maria Teresa de Freitas e Rosa Maria Boaventura, São Paulo, Brasiliense, 1985, p. 117.

Entrétiens, Breton admitiu essa contradição e deu uma explicação: se o surrealismo levou o amor cortês até o zênite, também "se inclinou angustiosamente até seu nadir". E "essa atuação dialética fez resplandecer o gênio de Sade, à maneira de um sol negro".[19] O mundo noturno da libertinagem acentua o brilho, por contraste, "da chama etérea, sublime, do amor único." É o seu "alimento subterrâneo". Trata-se de interpretação alquímica: a libertinagem de Sade vale como *nigredo*, para chegar ao ouro alquímico. É matéria-prima da sublimação, de modo análogo ao mecanismo da própria criação poética: conforme o prefácio de sua última coletânea de poemas, *Signe ascendant*, a imagem poética não é reversível e "tem como inimigos mortais o depreciativo e o depressivo". Analogias apontam para o alto; o sublime é resultado da sublimação:

> A mais bela luz sobre o sentido geral, obrigatório, que deve tomar a imagem digna desse nome é fornecida por este apólogo Zen: "Por bondade búdica, Bashô modificou um dia, com engenhosidade, um haikai cruel composto por seu humorístico discípulo, Kikakou. Este tendo dito: "Uma libélula vermelha — arrancai-lhe as asas — uma pimenta", Bashô susbtituiu: "Uma pimenta — ponham-lhe asas — uma libélula vermelha."[20]

Haveria o que discutir a propósito dessa atribuição de sentido à imagem. Excluiria o humor negro, tal como exaltado pelo próprio Breton. Além disso, para Baudelaire, citado nesse prefácio a propósito de *A bela nau*, há "reversibilidade" (título de um de seus poemas) entre os termos da analogia, e não direção única. E cabe perguntar: essa atribuição de sentido, essa polarização entre alto e baixo, degradado e sublime, isso não é dualismo? Breton afirmou que não:

> A analogia poética difere fundamentalmente da analogia mística por não pressupor, de modo algum, através da trama do mundo visível, um universo invisível que tende a se manifestar. Ela é toda empírica em sua pro-

---

[19] André Breton, *El surrealismo — Puntos de vista y manifestaciones*, Barcelona, Barral, p. 145.
[20] André Breton, *Signe ascendant*, Paris, Gallimard, 1975, (Poésie).

gressão, apenas o empirismo podendo assegurar-lhe a total liberdade de movimento ao salto que ela deve fornecer.

O "empirismo" se esclarece através pelo modo como recorria à astrologia. Sua premissa é a sincronia entre os dois planos, terreno e celestial. Mas Breton não os separava. Em *O amor louco*, dataria um acontecimento revelador, que lhe parecia corresponder à noção de "beleza convulsiva", deste modo:

> A 10 de abril de 1934, em plena "ocultação" de Vênus pela Lua (fenômeno esse que só acontecia uma vez por ano), almoçava eu num pequeno restaurante, situado, bastante desagradavelmente, à entrada de um cemitério. (...) A criada é muito bonita: ou melhor, poética. Nessa manhã de 10 de abril trazia ela, sobre uma gola branca salpicada de bolas vermelhas, muito a condizer com o vestido preto, um finíssimo cordão donde estavam suspensas três límpidas gotas de água como que feitas de pedra lunar, gotas redondas sobre as quais se destacava, na parte de baixo, um crescente da mesma matéria, engastado do mesmo modo. Pude apreciar, uma vez mais, a coincidência entre a joia e o eclipse. Como tentasse situar a rapariga, tão bem inspirada para aquela ocasião, ouvi, de repente, a voz do lavador de louça: "*Ici l'Ondine!*", e a resposta estranha, infantil, quase ciciada, perfeita: "*Ah! Oui, on le fait ici, l'On dîne!*". Que cena poderá haver de mais comovente? [...] A beleza convulsiva terá que ser erótico-velada, explodente-fixa, mágico-circunstancial, ou não será beleza.[21]

Breton interpreta as bijuterias de uma garçonete como um astrólogo lendo um mapa do zodíaco. Troca o lugar do alto e do baixo. A luminosa "beleza convulsiva" está aqui, no bistrô à entrada de um cemitério, e não no *pleroma*.

A referência à *ondina*, no trecho citado, teria antecipado seu encontro com Jacqueline Lamba, com quem se casaria: exibia-se então em um número de dança aquática em um cabaré, qual ninfa das águas. O estranho no episódio do bistrô (assim como em outros da vida de Breton) é não só preceder a ocasião em que conheceu Jacqueline, mas sua publica-

---

[21] André Breton, *O amor louco*, tradução de Luiza Neto Jorge, Lisboa, Editorial Estampa, 1971, p. 25.

ção ser anterior (antes de ser reunidos em livro, capítulos de *O amor louco* foram publicados em periódicos). Trata-se, portanto, de manifestação do "acaso objetivo", também atestado por um de seus poemas, "Girassol", escrito 11 anos antes, poder ser interpretado como relato do primeiro encontro com Jacqueline, com referências a lugares por onde caminharam e outras circunstâncias. Em "Situação surrealista do objeto", de 1935, Breton trataria dessa "espécie de acaso através do qual se manifesta ao homem, de modo ainda muito misterioso, uma necessidade que lhe escapa, muito embora ele a sinta vitalmente como necessidade", no qual "se infiltra uma luz tão próxima de passar pela luz da revelação".[22] Mas de onde vem essa "luz da revelação?" Em *O amor louco*, Breton respondeu:

> Uma vez vencidos todos os princípios lógicos, virão então a nosso encontro — se tiver valido a pena interrogá-las — as forças do *acaso objetivo*, que nada querem saber de verossimilhanças. Tudo o que o homem pretende saber se encontra escrito nessa tela em letras fosforescentes, em letras de *desejo*.[23] [...] Onde poderei eu estar melhor do que no seio de uma nuvem, para adorar o desejo, único impulsionador do mundo, o desejo, único rigor que o homem deve se impor?[24]

O que impulsiona o mundo é, para Breton, algo bem material, o desejo. De modo coerente, politizou sua busca romântica do amor único. É a sociedade burguesa, regida pela mercantilização das relações humanas, que conspira contra o amor. Encontros que se realizam, com Jacqueline em *O amor louco* ou Elisa em *Arcano 17*, são acontecimentos políticos, vitórias da "poesia, do amor e da liberdade".

Gnoses surrealistas: do acaso objetivo, do sonho, do encontro amoroso, da própria poesia, do maravilhoso urbano, da *flânerie*. Resultam da disponibilidade, atitude surrealista por excelência, oposta ao ascetismo. Já em *Les pas perdus*, de 1924, Breton, dizendo-se "disposto a recomeçar a vida a cada dia", proclamou-se *flâneur*: "A rua, que eu acreditava capaz de entregar a minha vida seus surpreendentes desvios, a rua, com suas

---

[22] André Breton, *op. cit.*, p. 321.
[23] Os grifos são do próprio Breton.
[24] André Breton, *O amor louco*, p. 116.

inquietações e seus olhares, era meu verdadeiro elemento: lá eu recebia, como em nenhum outro lugar, o vento do eventual."

A deambulação urbana torna-se magia propiciatória. Dela decorre a relação surrealista com Paris, que se intensifica em obras de Breton, em *O camponês de Paris,* de Louis Aragon, e *La liberté ou l'amour!* de Robert Desnos. Vale, para essa relação com lugares parisienses, o comentário de Ferdinand Alquié sobre *Peixe solúvel,* em *Philosophie du surréalisme:*[25]

> O paraíso reencontrado deve ser aquele da vida cotidiana, da vida cotidiana transfigurada. É, em *Peixe solúvel,* aquele de Paris, e de uma Paris transformada, incessantemente, na mais maravilhosa, na mais luminosa das câmaras do amor. [...] Para os surrealistas, a verdadeira vida está lá.

Mas seria todo esse materialismo e imanentismo coerente com a propensão bretoniana a um hermetismo, cujas premissas são forçosamente dualistas? No *Segundo Manifesto do Surrealismo* há duplicidade. No corpo do texto, Breton afirma com ênfase a adesão ao marxismo, a um materialismo dialético; em extensas notas de rodapé, depois de propor a exploração de "certas ciências" e exigir que a "alquimia do verbo" de Rimbaud fosse tomada "ao pé da letra", discorre sobre alquimia e a permanência de Nicolas Flamel e coloca o surrealismo sob influência de uma conjunção de Saturno e Urano, entre 1896 e 1898, coincidindo com seu nascimento e os de Éluard e Aragon.[26] O mapa dessa conjunção também ilustrou em 1930 a capa do primeiro número de *Le surréalisme au service de la révolution*: astrologia na capa da revista que veiculava uma atitude mais militante do surrealismo. É como se houvesse dois polos, a constituírem, nas palavras de Bédouin, "uma das mais vertiginosas interrogações que conheceu o surrealismo; e, antes dele, espíritos tão diferentes e tão grandes quanto Achim von Arnim e Rimbaud".[27] A capa mencionada de *Le surréalisme au service de la révolution* é o emblema dessa interrogação vertiginosa.[28]

---

[25] Ferdinand Alquié, *Philosophie du surréalisme*, Paris, Flammarion, 1977, p. 94.
[26] André Breton, *op. cit.*, p. 226 e seguintes.
[27] Jean-Louis Bédouin, *Vingt ans de surréalisme, 1939-1959*, Paris, Denoël, 1961.
[28] As mesmas observações e interpretações estarão, em maior detalhe, em meu ensaio "Magia, poesia e realidade: o acaso objetivo em André Breton", em J. Guinsburg e Sheila Leirner (orgs.), *O surrealismo*, São Paulo, Perspectiva, 2008.

UM OBSCURO ENCANTO: GNOSE, GNOSTICISMO E POESIA MODERNA

Esoterista, Breton sempre o foi. Sua vocação esotérica mais acentuada o distingue de outras figuras de frente do surrealismo, como Aragon e Éluard. Isso por sua formação. Marguerite Bonnet e Henri Béhar, em suas biografias do surrealista,[29] mostram que, entre suas leituras de adolescência, estava Péladan, o mago frequentado por simbolistas e decadentistas. Em 1921, procurou René Guénon (a quem cita em seu último manifesto, *Do surrealismo em suas obras vivas*). Na década de 1950, para aprofundar o exame das analogias entre poesia e alquimia, intensificou o diálogo com especialistas como Eugène Canseliet e René Alleau, cujas conferências sobre alquimia ele e outros surrealistas frequentaram. Daí resulta, em sua obra, uma profusão de símbolos. Chegou, em 1941, a criar sua própria versão do baralho do tarô. Antes, conforme relata nas páginas iniciais de *O amor louco*, fascinara-se por um baralho com a bandeira da Hamburg-America Linie, com a magnífica divisa: *Mein Feld ist die Welt*" (meu campo é o mundo), por achar que, nele, "a dama de paus é mais bela do que a dama de copas". Conta como dispunha as cartas para fazer consulta, interpondo um objeto que se assemelhava a uma raiz de mandrágora.

O primeiro *Manifesto do Surrealismo* é atualização de temas característicos do ciclo que vai de Novalis a Baudelaire: o elogio à imaginação e a crítica ao realismo; o apreço pelo sonho; a escrita automática, versão da inspiração romântica; e, sincronicamente com Nerval, a simpatia solidária pela loucura. A partir de 1940, na medida em que se afasta não só da militância comunista como até mesmo do pensamento marxista, há um retorno a essa origem ou ponto de partida (jamais negado, tanto é que no *Segundo Manifesto do Surrealismo* situou o surrealismo na sequência do romantismo). E uma intensificação esotérica, evidente em poemas como *Les États géneraux*,[30] no qual cita Fabre d'Olivet e sua linguagem universal e Saint-Yves d'Alveydre e seus "Estados gerais". Em *Arcano 17*, Breton substitui Marx e Engels por Nerval. O corpo do livro se encerra com reflexões sobre o sentido de uma frase de Lévi, ao proclamar que "Osíris é um deus negro". Termina saudando a publicação do ensaio de

---

[29] Marguerite Bonnet, André Breton — *Naissance de l'aventure surréaliste*, Paris, Librairie José Corti, 1988; e Henri Béhar, André Breton, *Le grand indésirable*, Paris, Calmann-Lévy, 1990.
[30] André Breton, *Signe ascendant*.

Viatte sobre o diálogo entre Lévi e Hugo e comentando o modo como ambos, o mago e o poeta, equipararam Lúcifer, o anjo rebelde — "que, ao nascer, negou-se a ser escravo", dando à luz "duas irmãs, Poesia e Liberdade" — à estrela da manhã, signo da liberdade e do conhecimento, equivalente "à própria revolta, a única revolta criadora de luz"; uma luz que "só pode passar por três vias: a poesia, a liberdade e o amor". Em um apêndice de 1947, relata como finalmente entrou na Torre Saint-Jacques. Um de seus amigos lhe envia uma mensagem: "O maravilhoso. — Atenção, reflexão, lógica não me ajudam em nada. Não me possuo mais. Eu sou, plenamente." Encontra um desconhecido. Segue-se um enredo através do qual chega a suas mãos o livro de Jean Richer, *Gérard de Nerval et les doctrines ésotériques* (aqui citado a propósito de Nerval). Nele foi publicado, pela primeira vez, o retrato de Nerval com sua frase, manuscrita, "Eu sou um outro", acompanhada por signos cuja decifração é proposta por Breton. Os episódios desses dias o convencem de que estivera de fato em companhia de Nerval, nas imediações da Torre. O sentido hermético da subida à Torre Saint-Jacques é evidente: é a entrada no castelo onde está o Gral, a pedra filosofal.

Em *Prolegômenos a um terceiro manifesto do surrealismo ou não*, Breton se dispôs "a convencer o homem de que ele não é obrigatoriamente o rei da criação, como se vangloria". Propôs "um novo mito, o dos Grandes Transparentes", e observou que "o homem não é talvez o centro, o ponto de mira do universo". Reconheceu que, "A este respeito, muito pelo contrário, sua posição [do surrealismo] se conciliaria com a de Gérard de Nerval, tal como vem exarada no célebre soneto 'Versos dourados'". E com Novalis: "É meu dever fazer notar que não me afasto sensivelmente, aqui, do testemunho de Novalis: 'Vivemos, em realidade, num animal de que somos os parasitas. A constituição desse animal determina nossa vida, e vice-versa.'"[31]

Resta saber se esse "novo mito" não seria uma extensão ou reinvenção do mesmo mito, aquele da alma do mundo: de um mundo animado, do qual fazemos parte. Tal como exposto nesses textos, surrealismo é o idealismo mágico de Novalis transformado em materialismo mágico. Entre a origem a ser recuperada dos místicos e esotéricos e a utopia que irá acontecer dos políticos, entre passado e futuro, Breton dá uma terceira

---

[31] André Breton, *Manifestos do surrealismo*, p. 351.

resposta: é o "agora, aqui", no presente. Cenas e episódios reais também pertencem à ordem do onírico, do sonho. O paraíso recuperado está no Cais das Flores em *O amor louco*, na Gaspésia de *Arcano 17* e em todos os lugares e momentos em que acontece o encontro e se realiza o desejo.

Gnósticos entendiam que a queda não é consequência do pecado original. Também Breton: "Nunca houve qualquer fruto proibido. Só a tentação é divina."[32] Por isso, Paz, em *André Breton e a busca do início*, diz que para o surrealista "pecar e nascer não foram sinônimos. [...] A crença no pecado era incompatível com sua noção de homem."[33] Mas Breton foi além dos gnósticos: não é apenas o pecado original que inexiste, mas a própria queda.

Artaud e Breton, por mais profundas que houvessem sido suas divergências, fizeram parte da mesma família de autores, integrada também por Bataille, por sua vez declaradamente simpático ao gnosticismo ao interpretá-lo, conforme já visto, como "perturbação" da cosmovisão helenística e do cristianismo. No entanto, seu dualismo é assimétrico: admitida a antinomia entre *pleroma* e *kenoma*, tudo é *kenoma*.

Onde nos gnosticismos, e não só naqueles mais caracteristicamente platônicos ou cristãos, é negado o mundo material em favor da luz espiritual, em Bataille qualquer transcendência é descartada. Inverte o gnosticismo, o platonismo e o pensamento mítico como um todo: o real é aqui, e não lá. Confrontando Bataille e Breton, vê-se, no surrealista, o elogio da sublimação. Já em Bataille, qualquer possibilidade de sublimação é mistificação e fuga à realidade. Onde Breton é pelo signo ascendente, é como se Bataille apontasse seu caráter inexoravelmente descendente.

Isso fica claro, entre outros lugares, em seu ensaio sobre Baudelaire em *A literatura e o mal*. Nele, questionou o *Baudelaire* de Sartre e focalizou a ideia baudelairiana de união da esfera subjetiva e objetiva: a "arte filosófica", a "magia sugestiva" de que falou o poeta, sugerindo a síntese dos dois mundos. Bataille a interpretou como "a síntese do imutável e do

---

[32] Idem, *O amor louco*, p. 106.
[33] Octavio Paz, *Signos em rotação*, tradução de Sebastião Uchoa Leite, São Paulo, Perstiva, 1972, p. 221.

perecível, do ser e da existência, do objeto e do sujeito." Pertenceria, contudo, ao "reino do impossível." Reiterou: sendo esse o único caminho para "escapar ao destino que o reduz ao reflexo das coisas", pela "identidade das coisas refletidas e da consciência, que as refletiu", o poeta, contudo, "quer o impossível".[34]

Mas Baudelaire não afirmou que tal síntese é "impossível". Com todo o seu pessimismo, entendia, ainda assim, que a síntese se realizaria através da imaginação criadora, a "rainha das faculdades". Havia uma transcendência por meio da poesia, da podridão de "Uma carniça" à "forma pura", resgatada pelo poeta. Em Bataille, o dualismo de Baudelaire torna-se monismo de um só termo, o Mal: "A recusa de Charles Baudelaire é a recusa mais profunda, pois que ela em nada é a afirmação de um princípio oposto. [...] O Mal, de que o poeta mais sofre a fascinação, é bem o Mal, já que a vontade, que só pode querer o Bem, não tem aí a menor parte."[35]

Podem ser associadas ao gnosticismo blasfêmias e imprecações, a exemplo da imagem de Deus apresentada em sua crítica ao antropomorfismo e ao idealismo:

> Deus saboreia-se, diz Eckhart. É possível, mas o que ele saboreia parece-me que é o ódio que ele tem de si mesmo, ao qual nenhum, cá na Terra, pode ser comparado. [...] O que, no fundo, priva o homem de toda possibilidade de falar de Deus é que, no pensamento humano, Deus torna-se necessariamente conforme ao homem, na medida em que o homem é cansado, faminto de sono e de paz. [...] Ele só conhece o seu nada, e por isto Ele é, profundamente, ateu: Ele cessaria tão logo de ser deus (só haveria, no lugar da Sua horrível ausência, uma presença imbecil, abobalhada, se Ele se visse como tal).[36]

É à divindade superior que Bataille se refere, embora utilizando termos que, em uma "escritura" gnóstica, caberiam com relação a Ialdabaoth. Onde no gnosticismo há um Princípio Primeiro e um demiurgo

---

[34] Georges Bataille, *A literatura e o mal*, p. 39.
[35] *Idem, ibidem*, p. 52.
[36] Georges Bataille, *A experiência interior*, tradução de Celso Libânio Coutinho, Magali Montagné e Antonio Ceschim, São Paulo, Ática, 1992, p. 124.

com seus arcontes, em Bataille ambos se fundem e Deus passa a ter as características atribuídas pelos gnósticos ao demiurgo.

Em *A experiência interior*, fala de "um ponto vertiginoso suposto conter interiormente aquilo que o mundo encerra de dilacerado, o incessante deslizamento de tudo ao nada". Compare-se com o trecho de Breton sobre o "ponto do espírito": os dois pontos, "vertiginoso", de Bataille, e "do espírito", de Breton, estão em posições opostas. É, portanto, gnosticismo sem gnose. Sua revelação é revelação do nada. Ou do horror, como na identificação de êxtase e horror no prefácio de *História do olho* e em outras de suas obras consagradas ao erotismo.

Bataille apresenta, ainda, uma dualidade, do "eu" e do *ipse*, que dá a impressão de corresponder às duas almas do gnosticismo, a alma adventícia e a centelha de luz. Mas o que no gnosticismo é luz, em Bataille é sombra e vazio: "o *ipse* se distingue de tudo; mas na renúncia do *ipse* a si mesmo, há fusão: na fusão, não subsistem nem o *ipse* nem o tudo, é o aniquilamento de tudo o que não é o 'desconhecido' último, o abismo em que se soçobrou". Assim, da consubstancialidade não resulta a imortalidade, mas a destruição. O mundo afunda; nós soçobramos com ele.

CAPÍTULO 20 Pessoa, as quedas de Deus e o mundo ilusório

Já foi citada a comparação de Paz em *Os filhos do barro*, entre "O Cristo no Horto das Oliveiras", de Nerval, e "No túmulo de Christian Rosencreutz", de Pessoa: seriam exemplos de como "a consciência poética do Ocidente viveu a morte de Deus como se fosse um mito".[1] Em acréscimo, foi aqui observado que esses poemas, assim como "A tampa", de Baudelaire, não tratam propriamente da morte de Deus, mas da sua omissão.

Mas Pessoa modifica o tema nervaliano e baudelairiano. Não trata apenas da morte ou ausência de Deus, porém da multiplicação dessa ausência:

> Deus é o homem de outro Deus maior:
> Adam Supremo, também teve Queda;
> Também, como foi nosso criador,
>
> Foi criado, e a Verdade lhe morreu...
> De além o Abismo, Sprito Seu, Lha veda;
> Aquém não a há no Mundo, Corpo Seu.[2]

Assim como em "O abismo", de Baudelaire, a Queda é cósmica, e não humana: quem caiu foi Deus. Assim como em "Ajedrez", de Borges, deus é criatura de outro deus, que por sua vez é criatura de outro deus: há um encadeamento dos demiurgos.

Se o presente trabalho fosse apenas para demonstrar o gnosticismo em poetas, então, em Pessoa, bastariam suas declarações dando-se como gnóstico e, mais, expondo a ligação do gnosticismo, para ele uma "junção

---

[1] Octavio Paz, *Os filhos do barro*, tradução de Olga Savary, Rio de Janeiro, Nova fronteira, 1984, p. 73.
[2] Fernando Pessoa, *Obra poética*, Rio de Janeiro, Aguillar, 1960, assim como as demais citações de sua poesia.

da Cabala judaica com o neoplatonismo",[3] com a maçonaria e a Ordem Rosacruz. E um poema como "No túmulo de Christian Rosencreutz", em que, além da equiparação do criador do mundo a um demiurgo, estão presentes os demais temas gnósticos: a alma adventícia — "Quem desta Alma fechada nos liberta?" — o mundo e o corpo degradados — "Essa queda até Corpo, essa descida/Até a Noite que nos a Alma obstrui" — e a gnose, "a Infinita Luz" contraposta ao sono terrestre. É, porém, luz "já apagada".

Ao longo do Pessoa ortônimo, retornam esses temas. A duplicidade de almas e o falso "eu", em "Eu vejo-me e estou sem mim,/Conheço-me e não sou eu"; ou em "Eros e Psique": "E vê que ele mesmo era/ A Princesa que dormia."

Mas o gnosticismo de Pessoa é da modalidade mais pessimista: "A vida? Não acredito/A crença? Não sei viver."[4] Se toda queda é precedida por outra, a ilusão é série infinita, como diz em "No túmulo de Christian Rosencreutz": "Ah, mas aqui, onde irreais erramos/Dormimos o que somos, e a verdade/Inda que enfim em sonhos a vejamos/Vemo-la, porque em sonho, em falsidade." O despertar do sonho é outro sonho. Ao mesmo tempo que são apresentados temas gnósticos, a possibilidade da gnose é negada: "Conheceremos pois toda a escondida/Verdade do que é tudo que há ou flui?/Não: nem na Alma livre é conhecida.../Nem Deus, que nos criou, em Si a inclui." A gnose é privilégio do único iniciado verdadeiro, Rosencreutz; mas esse se cala: "Calmo na falsa morte a nós exposto/O Livro ocluso contra o peito posto/Nosso Pai Roseacruz conhece e cala."

É um adendo ao mito exposto em *Fama fraternitatis*. Os discípulos encontraram o túmulo do mestre; mas, diz Pessoa, a descoberta não lhes traz resposta.

De modo sintético, nos dois versos de "Natal" também é dito que não há apenas um demiurgo, porém demiurgos, e o mundo equivale ao erro multiplicado:

> Nasce um Deus. Outros morrem. A verdade
> Nem veio nem se foi: o Erro mudou.

---

[3] Fernando Pessoa, *Obra em prosa*, organização, introdução e notas de Cleonice Berardinelli, Rio de Janeiro, Nova Aguilar, 2005, p. 70.
[4] Idem, *Obra poética*, p. 88.

Temos agora uma outra Eternidade,
E era sempre melhor o que passou.

Cega, a Ciência a inútil gleba lavra.
Louca, a Fé vive o sonho do seu culto.
Um novo Deus é só uma palavra.
Não procures nem creias: tudo é oculto.

    É espantoso como Pessoa pôde ser ao mesmo tempo tão reiterativo e original. É como se esse gnosticismo pessimista, no qual "o limiar é medonho/E todo passo é uma cruz", se desdobrasse em variações. Por exemplo, em "Os deuses vão-se como forasteiros/Como uma feira acaba a tradição/Somos todos palhaços estrangeiros/A nossa vida é palco e confusão." Insiste que a vida é simulacro, fingimento (no poema conhecidíssimo), desde "Do interior crepúsculo tristonho/Em que sinto que sonho", em "Análise", de 1911, passando por "Não sei quem me sonho" de "Chuva oblíqua", de 1914, até "Dizem?", de 1935: "Porque/Esperar?/— Tudo é/Sonhar."

    Poesia gnóstica? Sim, mas nessas páginas cada vez mais desconsoladas, à medida que vão se aproximando do fatídico ano de 1935, é gnosticismo sem gnose.

    A relação de Pessoa com doutrinas e disciplinas esotéricas pode ser datada de 1906, conforme Yvette K. Centeno; ou de 1915, quando traduzir Blavatsky lhe provocou uma crise. Daí seu envolvimento com uma possível Ordem do Átrio, outra (ou a mesma?) do Templo, seu declarado vínculo com "a Tradição Secreta do Cristianismo, que tem íntimas relações com a Tradição Secreta em Israel (a Santa Cabala) e com a essência oculta da maçonaria",[5] e a copiosa produção de textos ocultistas.

    Mas poesia não é proselitismo. E em Pessoa distinguem-se duas coisas. Uma, a produção propriamente esotérica: dela, importa reter seus paralelos entre o poeta e o iniciado, com a classificação do poeta como um iniciado "intuitivo", da "mão esquerda".[6] Outra, distinta de suas ex-

---

[5] Entre outros lugares, Dalila Pereira da Costa, *O esoterismo de Fernando Pessoa*, Porto, Lello & Irmão, 1971, p. 53.

[6] Y. K., Centeno, *Fernando Pessoa: o amor, a morte, a iniciação*, Lisboa, A Regra do Jogo Edições, 1985.

planações e reflexões, são as poesias ocultistas, certamente em maior número do que aquelas que o próprio Pessoa classificou como tais.[7] Seja qual for sua extensão, essa poesia ocultista é uma saga da derrota, da iniciação que fracassa, da Obra que não se realiza:

> Entre o que vivo e a vida,
> Entre quem estou e sou,
> Durmo numa descida,
> Descida em que não vou.
>
> E, num infiel regresso
> Ao que já era bruma,
> Sonolento me apresso
> Para coisa nenhuma.

A propósito de um de seus poemas esotéricos, "Na sombra do Monte Abiegno", Dalila Pereira da Costa lembra a simbologia da montanha:

> Centro do mundo, a montanha sagrada, quer seja o Monte Meru da mitologia indiana, Monte Salvat, Monte Carmelo, ou o Monte Analogue do poeta seu contemporâneo René Daumal, ela será sempre o centro do mundo, ligando os três planos cósmicos, céu, terra e inferno, permitindo aí essa abertura e acesso, a possessão da eternidade.

No alto desse monte, equivalente à *axis mundi*, há um castelo; nele, o Graal. Mas quem se expressa através do poema não chega lá: "por ora estou dormindo/Porque é sono o não saber." Como observa Costa, "O Graal ficou por achar."[8]

Em "O último sortilégio", a saída do mundo da ilusão é da morte, da anulação do iniciado: "Seja a morte de mim em que revivo/E tal qual eu fui, não sendo anda, eu seja!" Mas em Iniciação, além do corpo ser fantasmagoria, "a sombra das vestes/Que encobrem teu ser profundo", até a morte é ilusória: "Não 'stás morto, entre ciprestes. [...] Neófito, não há morte." O subentendido é terrível: não há porta de saída para a transcen-

---

[7] Fernando Pessoa, *Poesias ocultistas*, seleção e apresentação de João Alves das Neves, São Paulo, Aquariana, 1995.
[8] Dalila Pereira da Costa, *op. cit.*, p. 153.

dência. Exemplos multiplicam-se; em "Hora absurda", o mundo é prisão: "Sermos e não sermos mais!... Ó leões nascidos na jaula!..."

A derrota na busca do conhecimento volta a ser proclamada nos poemas dramáticos, em títulos significativos: "Na floresta do alheamento" ou, no *Primeiro Fausto*, "O horror de conhecer". São registros veementes de uma crise: "Falhados pensamentos e sistemas/Que, por falharem, só mais negro fazem/O poder horroroso que os transcende/A todos, [sim,] a todos/Oh horror! Oh mistério! Oh existência!"

Pessoa chegou a experimentar uma teofania, uma experiência de contato com o sagrado? Passagens de Álvaro de Campos podem ser interpretadas nesse sentido. Entre outras, para Costa, "Magnificat", pela esperança em um despertar futuro: "E eu acordarei/E então será dia/Sorri, dormindo, minha alma!/Sorri, minha alma, será dia!"

Mas, se a experiência do numinoso, da revelação e do contato com o sagrado, é dupla, de êxtase e horror, então predomina o polo do horror: "Nada de nada surge do medonho/Abismo de quem sou em Deus." Revelações vêm, no *Primeiro Fausto*, como "Uma sombra da noite pavorosa" que "Inunda-me o gelado pensamento". O "Além-Deus" é um pesadelo, "Negra calma", queda no "Vácuo sem si-próprio", no "caos" em que vê o "Braço sem corpo brandindo um gládio." E a conquista do conhecimento é decepção: "Hoje sei quase tudo e fiquei triste.../Porque me deste o que pedi, ó Santo?/Sei a verdade, enfim, do Ser que existe./Prouvera a Deus que eu não soubesse tanto!"

O tom sombrio da poesia pessoana, para Costa, reflete uma crise, sucedendo-se a uma primeira etapa de êxito na iniciação. A crise tem data: 1932; correspondem-lhe poemas citados e "Falhei" (proclamado três vezes), de 1933, onde resta "um lúgubre escaninho/De consciência sob a morte e o céu." Mas essa explicação pode ser uma tentativa de salvar o esoterista com o poeta. Talvez seja mais correto associar todos os fracassos proclamados pelo Pessoa ortônimo e seus heterônimos, ao longo de toda sua obra, e não só nesse período final, ao rigor combinado ao ceticismo; sua "sinceridade", como a qualifica Osakabe, levando-o ao registro dessa "espécie de mágoa cósmica que decorre da profunda sensação de deslocamento que o Desterro lhe provoca".[9] A experiência matricial do gnosticismo, de exílio no mundo, o acompanhou desde o início: vai do "pavor

---

[9] Haquira Osakabe, *Fernando Pessoa, resposta à decadência*, Curitiba, Criar, 2002, p. 191.

metafísico" dos primeiros contatos com ocultismo até os poemas finais. Angústia existencial e dúvida filosófica foram, em Pessoa, maiores do que a crença ou adesão a qualquer doutrina ou ordem secreta.

Tais passagens sugerem a comparação, não por semelhança, mas por contraste, de Pessoa com Aleister Crowley, com quem teve o encontro que resultou no episódio da Boca do Inferno (no qual Crowley, com ajuda de Pessoa, simulou sua desaparição).[10] Crowley, a celebridade, o mago triunfante, embora controvertido; Pessoa, o poeta do fracasso da magia, mesmo tendo traduzido seu hino a Pã. Uma polaridade assemelhada, literariamente mais importante, pode ser observada com relação a Yeats, o poeta-mago cujo nacionalismo irlandês Pessoa rejeitou.[11]

Conforme o expuseram Costa, Centeno e, mais recentemente, Armando Nascimento Rosa,[12] dentre os temas gnósticos em Pessoa estão a duplicidade do "eu", a alma adventícia, o mundo como exílio, o corpo como cárcere. E, observa Costa, sua visão de Jesus Cristo, afim ao docetismo:

> Poder-se-á dizer que Fernando Pessoa, pela sua feição espiritual própria, seria mais levado a uma estimativa de feição gnóstica da cristologia ("E desse coração/Água e sangue virão/Mas a verdade não"...), e docetista. A vinda de Cristo [...] não é uma Encarnação de Deus; esse corpo é pura aparência, forma de manifestação de Deus. E Sua morte uma ilusão.[13]

Osakabe vai além ao examinar a cristologia pessoana e sua oposição entre Jesus Cristo e Deus: "Ao Deus desincarnadamente manifesto no mundo, se opõe o Christo, que é o desejo de Regresso a Deus, o desejo de Liberdade, de não haver *Fatum*."[14]

Mas o Deus deste mundo, tão omisso, é Ialdabaoth? Teria suas características de cegueira, arrogância? A resposta é afirmativa — sim, o Deus em Pessoa é o demiurgo gnóstico — com relação a algumas passagens.

---

[10] Victor Belém, *O mistério da Boca do Inferno — O encontro entre o poeta Fernando Pessoa e o mago Aleister Crowley*, Lisboa, Casa Fernando Pessoa, 1995.
[11] Dalila Pereira da Costa, *op. cit.*, p. 59.
[12] Em *Pessoa e a visão gnóstica do tempo*, Colóquio Internacional Discursos e Práticas Alquímicas III, Lisboa, 2002, disponível em TriploV, http://www.triplov.com/coloquio_4/armando.html.
[13] Dalila Pereira da Costa, *op. cit.*, p. 104.
[14] Haquira Osakabe, *op. cit.*, p. 181.

Uma delas, do poema já citado no Capítulo 4, *O guardador de rebanhos*, de Caeiro, o diálogo com Cristo.

Em "Mensagem", são dois os deuses. Ora é o mesmo, criatura e não apenas criador, fonte de erros, de "No túmulo de Christian Rosencreutz" e "Natal": aquele de "Os deuses da tormenta e os gigantes da terra", na "Ascensão de Vasco da Gama", que, "com desgraça e com vileza [...] ao Cristo definiu". É o Jeová responsabilizado por gnósticos pelo martírio de Cristo e pela destruição dos titãs por Nerval, em "Anteros".

Ao mesmo tempo, há um emissário divino designado por antinomias: "Este, que por aqui aportou,/Foi por não ser existindo/Sem existir nos bastou./Por não ter vindo foi vindo/E nos creou."

"Mensagem" foi o poema em cuja criação Pessoa mais trabalhou, durante vinte anos, em cuja publicação se empenhou e ao qual atribuía dimensão transcendental. Interpretações utilizando o quadro de referências do esoterismo são justificadas por suas explicações sobre a "defesa da maçonaria [...] em um livro tão abundantemente embebido em simbolismo templário e rosacruciano."[15] De Ulisses a Afonso de Albuquerque, há mestres, profetas, mensageiros divinos que anunciam o Encoberto, emissário do Em-Sof, do Deus oculto, conforme deixou claro em anotações.[16] Trará uma revelação e promoverá a reintegração simbolizada pela Rosa-cruz: "Na Cruz Morta do Mundo/A Vida, que é a Rosa."

O propósito declarado de Pessoa era formular um novo mito através de "Mensagem": "Deus quere, o homem sonha, a obra nasce"; e que a esse mito correspondesse a criação de uma nova civilização. As navegações haviam descoberto novos mundos; o poema sobre as navegações, *Os lusíadas*, constituiu uma cultura; o novo poema sobre navegações, do "supra-Camões", originaria um mundo. O Verbo podia criar uma realidade simbólica, porém capaz de se projetar no real: "Assim a lenda se escorre/A entrar na realidade,/E a fecundal-a decorre."

"Mensagem" justifica observações sobre poesia, mito e utopia. De diferentes modos, poetas mitificaram acontecimentos históricos. Isso é mais evidente em Blake com relação à Revolução de 1789 e à independência norte-americana; e em Victor Hugo por sua resistência a Napoleão III, pela mitificação de 1789 e adoção explícita de um projeto político. Outra

---

[15] Fernando Pessoa, *Obra em prosa*, p. 70.
[16] Em *Rosea Cruz*, citado por Haquira Osakabe, *op. cit.*, p. 199.

relação, menos direta, é observada em Baudelaire e Nerval, frente ao desastre de 1848 e à ascensão de Napoleão III; e no Rimbaud antiabsolutista, solidário com a Comuna de 1871. Era bem diferente a situação de um poeta português no início do século XX. Em comparação com os acontecimentos da Europa mais moderna, Portugal, reduto da Contrarreforma com a Espanha, era um mundo à parte. Não havia um projeto, uma saída propriamente política para a estagnação. A imagem do pântano, dos "pauis" da fase inicial da poesia pessoana, aquela do "paulismo", é metáfora desse estado de coisas. Isso fica bem claro em uma das suas anotações para "Mensagem": "Água Estagnada: 1. Portugal."

Diante disso, deu uma resposta radical: se nada mudava, então, no lugar da revolução, que viesse a revelação. É a utopia cosmológica no lugar da utopia política; sua "resposta à decadência", conforme o título do ensaio de Osakabe. Poesia messiânica, anuncia o advento de "novos deuses" para criar uma nova civilização. As notas não deixam dúvida: "A ideia do poema épico representando as navegações e descobertas dos portugueses como provenientes da guerra entre os velhos e os novos deuses. [...] A Vitória é dos deuses novos (em que fica, então, o cristianismo?) e Marte é que o consegue em Alcacer Quibir."

Messianismo supõe um sacrifício a preceder a reunião da rosa e da cruz anunciada em "Mensagem": é a tragédia de Dom Sebastião, predecessor e análogo ao "Desejado" e ao "Encoberto", como observa Osakabe, comentando "a relação entre Cristo e Dom Sebastião. Entre os símbolos de ambos (a cruz e o areal) se impõe como traço comum a morte sacrificial".[17] Tais mortes são etapas da transmutação, na interpretação proposta por esse estudioso: incorporando premissas do hermetismo e da alquimia, à transformação do mundo corresponde a mudança do homem, do sujeito.

Gnosticismo e hermetismo; dualismo e monismo; *Urizen* e *O casamento do céu e do inferno*, de Blake; "Anteros", "El desdichado" e "Versos dourados", de Nerval; "A tampa", "O abismo" e "Correspondências", de Baudelaire: reaparecem tais polaridades em Pessoa? Seria Alberto Caeiro, com seu paganismo, o polo oposto ao pessimismo de Pessoa?

---

[17] Haquira Osakabe, *op. cit.*, p. 198.

A manifestação de Caeiro equivale a uma gnose, uma experiência extática, da qual ainda resultaria "Chuva oblíqua", assinado pelo ortônimo:

> [...] acerquei-me de uma cômoda alta e, tomando um papel, comecei a escrever, de pé, como escrevo sempre que posso. E escrevi trinta a tantos poemas a fio, numa espécie de êxtase cuja natureza não conseguirei definir. Foi o dia triunfal da minha vida e nunca poderei ter outro assim. Abri com um título — "O Guardador de Rebanhos".[18]

Caeiro como que "baixou" em Pessoa, de um modo que serve como argumento em favor da escrita automática. Se já havia *alter egos*, máscaras entre o pseudônimo e o heterônimo — de uns 70 catalogados —, a constelação decisiva se constituiu a partir daí, diretamente com Caeiro e, indiretamente, com a subsequente manifestação de Álvaro de Campos e Ricardo Reis. Como diz Paz, "Caeiro é o sol e em torno dele giram Reis, Campos e o próprio Pessoa."[19]

Para Ricardo Reis, Caeiro expressaria o "espírito pagão"; não "a forma exterior do paganismo", mas "sua essência, que chamou do Averno, como Orfeu a Eurídice", com a menção à pitagórica "magia harmônica (melódica) da sua emoção". Álvaro de Campos reiterou: "O meu mestre Caeiro não era um pagão; era o paganismo."[20]

Mas é isso o que se lê em *O guardador de rebanhos*? Caeiro corresponde à intenção de "restaurar a essência do paganismo?"[21] Na abertura, uma crítica "àquela mistura do objetivo com o subjetivo que é o distintivo doentio dos mais doentios dos modernos (desde certos pontos da obra intolerável do infeliz chamado Victor Hugo até à quase totalidade da magma amorfa que faz às vezes de poesia entre os nossos contemporâneos místicos)".

A crítica não é dirigida apenas a Victor Hugo, mas a todo o romantismo. Em outro lugar, Pessoa usaria termos idiossincráticos para contrapor-se "ao lixo cristão com pretensões pagãs dos Matthew Arnolds, dos

---

[18] Fernando Pessoa, *Obra poética*, p. 712.
[19] Octavio Paz, *Signos em rotação*, tradução de Sebastião Uchoa Leite, São Paulo, Perspectiva, 1972, p. 209.
[20] Fernando Pessoa, *op. cit.*, pp. 189.
[21] *Idem*, *Obra em prosa*, p. 201; Haquira Osakabe, *op. cit.*, p. 83.

Oscar Wildes e dos Walter Paters". Românticos, pós-românticos e decadentistas seriam falsos pagãos.

O guardador de rebanhos visa a filósofos, místicos, poetas-filósofos e poetas místicos, desde o "Há metafísica bastante em não pensar em nada", passando por "Amar é a eterna inocência/E a única inocência não pensar..." e por "Pensar em Deus é desobedecer a Deus", até a tão citada "Li hoje quase duas páginas/Do livro de um poeta místico/E ri como quem tem chorado muito/Os poetas místicos são filósofos doentes/E os filósofos são homens doidos." O poeta-místico-filósofo doido e doente poderia ser Novalis (que foi filósofo, místico e doente); ou Nerval (místico e doido). Em um dos "Poemas inconjuntos", repete:

> Tu, místico, vês uma significação em todas as coisas.
> Para ti tudo tem um sentido velado.
> Há uma coisa oculta em cada coisa que vês.
> O que vês, vê-lo sempre para veres outra coisa.
>
> Para mim, graças a ter olhos só para ver,
> Eu vejo ausência de significação em todas as coisas;
> Vejo-o e amo-o, porque ser uma coisa é não significar nada.
> Ser uma coisa é não ser suscetível de interpretação.

Essas críticas à interpretação, à especulação, ao misticismo, à busca do sentido oculto das coisas: qual é sua relação com o paganismo? Muita coisa pode ser designada por esse termo: todas as visões de mundo não cristãs, inclusive de um helenista clássico, um grego arcaico, de alguma das grandes civilizações pré-cristãs ou de uma sociedade tribal. Em nenhum desses casos o pagão deixou de atribuir significação às coisas e desistiu da interpretação. Como observou Paz sobre o conhecimento e a simbolização em sociedades tribais, essas criaram "um sistema de metáforas e de símbolos" de extrema complexidade "que, como mostrou Lévi-Strauss, constituem um verdadeiro código de símbolos, ao mesmo tempo sensíveis e intelectuais: uma linguagem".[22]

---

[22] Octavio Paz, *Conjunções e disjunções*, tradução de Lúcia Teixeira Wisnik, Rio de Janeiro, Perspectiva, 1979, p. 17.

Pagãos simbolizam; portanto, interpretam. Criam símbolos a mais, com relação a nossa cultura, e não a menos. Ocorre que seu quadro de referências é outro, o da visão mítica de mundo; e seu pensamento, não discursivo. Nós, pós-pagãos, é que reduzimos o sentido à significação intelectual e a comunicação à informação. Pagãos nunca suprimiram a significação nem desistiram de pensar em Deus ou de conhecê-lo: povoaram o mundo de deuses através de fabulações colossais. E o misticismo pode ser restauração da era mítica, pagã, conforme visto aqui, no Capítulo 2, citando Scholem.

Críticos já manifestaram desconfiança com relação ao paganismo atribuído a Caeiro. Paz observa que o heterônimo representa "uma ideia de paganismo", e o associa ao naturalismo e ao estado adâmico, à inocência primordial;[23] portanto, a um mito, e não a um paganismo realmente existente: "A debilidade de Caeiro não reside em suas ideias (esta é, antes, a sua força); consiste na irrealidade da experiência que diz encarnar." Carlos Felipe Moisés, citando Husserl, vê Caeiro como expressão do "realismo ingênuo"; mas, "já ao primeiro contato com seus versos, nos damos conta que sua ingenuidade é apenas pretendida e só se sustenta enquanto declaração de princípios, não enquanto verossimilhança".[24] Em suma, mesmo nascido em uma experiência de êxtase, suprarracional, é produto de uma criação racional.

Todo o Caeiro se sustenta em uma antinomia entre existir e conhecer, tomando o partido do existir contra o conhecer: "As coisas não têm significação: têm existência/As coisas são o único sentido oculto das coisas." Exclui qualquer modalidade de gnose, se definida como afirmação do conhecer sobre o existir: "Basta existir para se ser completo."[25] Mas existir, tornar-se "Argonauta das sensações verdadeiras" e "Sentir a vida correr por mim como um rio por seu leito/E lá fora um grande silêncio como um deus que dorme", resulta em deixar de ser: "Sei que o mundo existe, mas não sei se existo." É a destruição não só do sujeito, mas do indivíduo todo: "Quem me dera que eu fosse o pó da estrada [...] Quem me dera que eu fosse os rios que correm."

---

[23] Idem, *Signos em rotação*, p. 210.
[24] Carlos Felipe Moisés, *Fernando Pessoa: almoxarifado de mitos*, São Paulo, Escrituras, 2005, p. 41.
[25] Fernando Pessoa, *Obra poética*, p. 175.

UM OBSCURO ENCANTO: GNOSE, GNOSTICISMO E POESIA MODERNA

Paradoxo: anulação do sujeito em um autor que dedicou páginas e páginas das *Obras em prosa*, abertas com "O eu profundo e os outros eus", mais o *Livro do desassossego*, à investigação do sujeito. Na poesia do ortônimo é reafirmada a natureza ilusória do mundo, a impossibilidade do conhecimento real ou do conhecimento do real. Caeiro reproduz a mesma crítica: para alcançar "a ciência de ver, que não é nenhuma", é preciso "Ver podendo dispensar tudo menos o que se vê." O que seria a "ciência de ver?" Fenomenologia? Budismo zen? Sua origem, a crítica do conhecimento por Nagarjuna? Negação do culto romântico da imaginação? Poesia objetivista, um realismo poético ao modo do Francis Ponge de *Le parti-pris des choses*? O valentiniano *O evangelho de Filipe*, pelo qual (como citado no Capítulo 2) "As pessoas não podem ver coisa alguma no mundo real, a não ser que se tornem essa mesma coisa?" Mas *O Evangelho de Filipe* corresponde a um misticismo pós-cristão, e não a um paganismo.

O Pessoa ortônimo também reproduz a oposição do existir e conhecer, tomando o partido do existir, em "Ela canta, pobre ceifeira", contemporâneo da manifestação de Caeiro: inveja sua "alegre inconsciência/E a consciência disso", pois "A ciência/Pesa tanto e a vida é tão breve!" Caeiro é a "pobre ceifeira" em versão filosófica, acompanhada pela declaração de recusa da filosofia.

Através de ambos, ortônimo e Caeiro, fala o mesmo pessimista. Sua crítica do conhecimento pode ser interpretada como desconstrução da alma adventícia, do falso "eu" e da consequente falsa percepção. Mas, efetuada essa desconstrução, nada sobra. Ou sobraria o Nada, um vazio ontológico? Alcançar o Nada: o nirvana. Essa aspiração budista também é um modo da experiência mística, que se choca com a rejeição do misticismo por Caeiro. O paralelo de gnosticismo e budismo é justificado pelas aproximações de Pagels e Hoeller, de passagens do gnosticismo valentiniano, especialmente em *O evangelho segundo Filipe*, a *koans*. Budismo e Pessoa: esse é um dos assuntos abordados em *Fernando Pessoa, aquém do eu, além do outro*, de Perrone-Moisés;[26] mais precisamente, o budismo zen: na poesia de Caeiro, pode-se enxergar *koans*, no formato de haikais. Paz, por sua vez, associa a crítica do conhecimento de Caeiro ao

---

[26] Leyla Perrone-Moisés, *Fernando Pessoa, aquém do eu, além do outro*, São Paulo, Martins Fontes, 2001.

modo de expor de Sócrates e dos taoístas Laotsé e Chuangtsé: os "sábios" que não pretendem "comunicar-nos uma filosofia, e sim contar-nos historietas", pois "A doutrina do filósofo incita à refutação; a vida do sábio é irrefutável."

Tais interpretações convergem. Mas referem-se não a um retorno à natureza, porém a críticas filosóficas da filosofia; ao *logos* que devora o próprio *logos*. O personagem de Pessoa que mais se afirma como natural pode ser o mais artificial, o mais refinado intelectualmente.

"Chuva oblíqua", assinado pelo ortônimo, veio, com *O guardador de rebanhos*, na mesma experiência de êxtase ou sessão de transe. Equivale a uma aula de pensamento analógico: há superação do tempo e fusão do "eu" e do mundo exterior. Mas Pessoa relata essa experiência como espetáculo de prestidigitação, que acaba em uma queda: "A música cessa como um muro que desaba/A bola [a centelha divina] rola pelo despenhadeiro dos meus sonhos interrompidos." Esse poema não contradiz as observações sobre seu pessimismo e ceticismo.

Em Ricardo Reis há deuses; mas já os havia, ilusórios, no ortônimo. Também há maus demiurgos, dos quais Cronos parece ser modelo: "Não se resiste/Ao deus atroz."[27] São deuses "desterrados, matéria vencida, inúteis forças" que "choram", aos quais "o triste deus cristão" veio somar-se, dos quais nada se deve esperar: "A quem deuses concedem/Nada, tem liberdade."

"O mais é nada" e a vida como "misérrimo desterro" enunciados por um suposto estoico: o desalento com moldura filosófica. Eliade falou (conforme exposto no Capítulo 5) da coexistência da "visão de mundo trágica" e da "alegria de viver" entre os gregos clássicos. Em Ricardo Reis, é apenas a visão trágica. Dizer que a liberdade concedida pelos deuses é "submetermo-nos/Ao seu domínio por vontade nossa" continua a declaração de uma derrota. Enxergar tais deuses não é iluminação nem gnose, pois obscurecem a visão, perturbam-na: "[...] sempre nós tivemos/A visão perturbada de que acima/De nós e compelindo-nos/Agem outras presenças". Por isso, "A resposta/Está além dos deuses."

Novamente, diante de Ricardo Reis assim como de Caeiro, cabe perguntar que paganismo é esse no qual deuses são exorcizados, afastados,

---

[27] Fernando Pessoa, *op. cit.*, p. 197 e, nas citações seguintes, p. 198, 199, 247, 225, 241, 217.

como o são as almas dos mortos em alguns cultos arcaicos, em vez de serem cultuados. O "paganismo da decadência" seria um sincretismo: "Mais do que, propriamente, o dos neoplatônicos, é meu o paganismo sincrético de Julião Apóstata."[28] O conjunto dos textos reunidos sobre neopaganismo em *Obras em prosa* leva a entendê-lo como reação à decadência do cristianismo, da qual a Igreja Católica seria o resultado; e como crítica ao dualismo cristão, mas formulada pelo adepto de um dualismo mais radical. Com tantos deuses mortos ou incapacitados, é, mais do que neopaganismo, um lamento moderno pelo fim do paganismo, pela derrota dos deuses que abandonaram o mundo.

Para Costa, é através de Álvaro de Campos e suas odes que se realiza o contato com o sagrado; portanto, a gnose. É o "estado de exultação e de união"[29] da "Ode marítima", quando "O êxtase em mim levanta-se, cresce, avança". O "Cais absoluto" do poema simboliza a chegada, o encontro com Deus. A mesma experiência da "Ode triunfal" e da "Saudação a Walt Withman", poema de um gnóstico para outro, diálogo entre iluminados. E, principalmente, em "Passagem das horas" e nos "Dois excertos de odes": a "Noite antiquíssima e idêntica", que lembra aquela de Novalis (como observa a ensaísta), traz uma teofania, "uma das mais fundas manifestações do sagrado que ao poeta foi dado viver nesses anos da sua mocidade". Haveria um período de três anos, desde 1913, marcado por essas experiências. Três anos: aceita essa cronologia, então o final do período coincidiria com o suicídio de Sá-Carneiro e a interrupção da publicação da revista *Orfeu*.

O Álvaro de Campos das grandes odes corresponde a um momento especialmente elevado da criação pessoana, marco na renovação da poesia em língua portuguesa. Mas, já no final da "Ode marítima", um navio que parte — "Passa, lento vapor, passa e não fiques..." — carregando todos os sentidos das viagens iniciáticas e das grandes epopeias, deixando, porém, o solitário poeta no cais: "Nada depois e só eu e a minha grande tristeza." E a leitura cronológica da poesia de Álvaro de Campos mostra uma rota descendente. Após alguns anos de silêncio e outros de produção intermitente, reaparece como autor de seus poemas mais som-

---

[28] *Idem*, *Obra em prosa*, p. 169.
[29] Dalila Pereira da Costa, *op. cit.*, p. 79-81.

brios. Em "Demogorgon", rejeita de vez a gnose: "Não, não, isso não!/ Tudo menos saber o que é o Mistério! [...] O olhar da Verdade Final não deve suportar-se! [...] Ó Verdade, esquece-te de mim!" Acometido pela "velha angústia [...] que trago há séculos em mim", reclama: "O que há em mim é sobretudo cansaço"; e pergunta: "Cárcere do ser, não há libertação de ti?" Espera a morte; anseia pela morte. Em "Pecado original", atribui a si a culpa: "Sou eu quem falhei ser."

Os mesmos poemas de Álvaro de Campos que para Costa registram êxtase e encontros com Deus para Centeno representam desejo de aniquilamento. Em seu exame do simbolismo da água em Pessoa, afirma que "O desejo de aniquilamento manifesta-se de modo muito mais intenso em Álvaro de Campos."[30] Um exemplo, o "Vem, ó noite, e apaga-me, vem e afoga-me em ti", de "Passagem das horas". Outro, a dissolução no mar e em tudo da "Ode marítima": "Para Álvaro de Campos a água, seja do mar, seja da chuva, é sempre dissolvente e só confirma o vazio, o aborrecimento, a total falta de sentido da existência. A sua imaginação da água é negativa, contraria o simbolismo geral que lhe é atribuído."[31] E observa que "A tendência profunda da poesia de Fernando Pessoa poderia definir-se em duas palavras: decomposição e morte. [...] O que a simbólica da água nos revela, em todos, é uma mesma recusa de ser e de viver."[32]

Note-se: Centeno fala da "tendência profunda" em todo o Fernando Pessoa, e não só em Álvaro de Campos ou qualquer outra *persona*. Todos se recusam a "ser" e "viver". Osakabe segue um caminho complementar. Observa que a "maquinaria criada pelo homem" está para Álvaro de Campos assim como a natureza está para Caeiro: a "Ode triunfal" [...] constitui, mais do que uma apologia do mundo contemporâneo, a manifestação de uma vontade de entrega do sujeito ao poder dos próprios objetos, à excelência deles".[33] À anulação do sujeito corresponde "a junção da amorfia coletiva à miserabilidade (que é muito mais uma constatação do que um julgamento) a que a realidade urbana reduz o homem". Na provinciana "Lisboa com suas casas/De várias cores", a repetição, "À força de monótono, é diferente",[34] o *spleen* era muito pior.

---

[30] Yvete K. Centeno, *op. cit.*, p. 35.
[31] *Idem, ibidem*, p. 38.
[32] *Idem, ibidem*, p. 40.
[33] Haquira Osakabe, *op. cit.*, p. 91.
[34] Fernando Pessoa, *Obra poética*, p. 356.

UM OBSCURO ENCANTO: GNOSE, GNOSTICISMO E POESIA MODERNA

Na "Ode Marítima", "uma viagem pelo mar da dissolução", Osakabe ainda vê "um contraponto entre um desejo de dissolução do sujeito e o emergir persistente do tempo ancestral, o tempo da natureza primeira",[35] da qual o mar é símbolo. Entende que Campos acaba por ceder "ao assédio da doença da infinitude". O que é "doença" em Osakabe é morte em Centeno, para quem o ciclo de Campos se encerra em derrota: "E assim fracassa em Campos a lição libertadora de Caeiro, ficando enterrada a possibilidade tanto de uma religião da natureza quanto de uma poesia que, correspondendo a ela, se contivesse nos limites de sua objetividade."[36]

O artifício de mobilizar personagens, seus heterônimos, serviria para mostrar não a diversidade, mas a universalidade da mesma visão de mundo? Apoiadas em argumentos distintos, essas interpretações de Pessoa mostram o quanto, através de máscaras, personagens e quadros de referência distintos, expressou-se o mesmo poeta. Ocultismo em Pessoa ortônimo; natureza em Caeiro; paganismo em Reis; modernidade em Campos: caminhos que parecem chegar ao mesmo lugar; a lugar nenhum. A exceção ao derrotismo é "Mensagem": mas nesse poema a gnose não é individual, porém coletiva, de uma nação ou de um povo. E à custa de um sacrifício: se Pessoa foi seu profeta, então desempenhou esse papel sacrificial.

Errância em labirinto é o que também sugere a leitura do extenso *Livro do desassossego*, anotações, ao longo de décadas, por heterônimos compostos, Vicente Guedes e Bernardo Soares. A coleção de fragmentos começa com uma crítica do conhecimento — "Passar dos fantasmas da fé para os espectros da razão é somente ser mudado de cela" — com uma afirmação do poder liberador da arte e um propósito de desconstrução do falso "eu" — "Encontrar a personalidade na perda dela — a mesma fé abona esse sentido do destino." Conclui com mais uma declaração de derrota: "Ébrio de erros, perco-me por momentos de sentir-me viver."[37] Paz, a propósito do "Raça sem fim, limite espiritual da Hora Morta", proclamado nessa obra, observa: "O poeta é um homem vazio que, em seu desamparo, cria um mundo para descobrir sua verdadeira identidade. Toda a obra de Pessoa é busca da identidade perdida."[38] Sim, é busca, mas não encontro; antes, lamento por sua perda.

---

[35] Haquira Osakabe, *op. cit.*, p. 93.
[36] *Idem*, p. 100.
[37] Fernando Pessoa, *Livro do desassossego*, organização de Ricardo Zenith, São Paulo, Companhia das Letras, 2006, p. 66, 67 e 499.
[38] Octavio Paz, *op. cit.*, p. 219.

Tudo isso permite uma interpretação um tanto a contrapelo das relações da poesia de Pessoa com esoterismo, disciplinas herméticas e, por extensão, com o gnosticismo. A sincronia entre sua poesia e a caudalosa produção de textos ocultistas em prosa foi sugerida pelo próprio Pessoa, ao indicar poemas ocultistas. Mas talvez seja o caso de prestar atenção naquilo que os dois conjuntos de textos têm de contraditório. Nos escritos ocultistas compilados em sua *Obra em prosa*, em *Rósea Cruz*, em notas esparsas, Pessoa expôs e comentou uma doutrina. Na poesia, ele a pôs em dúvida.

O princípio da analogia é afirmado na prosa ocultista: "A grande regra do Oculto é aquela do Pymandro de Hermes: "O que está embaixo é como o que está em cima".[39] Na poesia, diz que a realização da "grande regra" é impossível: os dois planos não se comunicam e a harmonia não será restabelecida. A poesia registra o fracasso do ocultista (entre outras coisas, é claro). Reafirma esta advertência: "Os caminhos do Misticismo e da Magia são muitas vezes caminhos de engano e de erro. [...] Em certo sentido, tanto o Misticismo como a Magia são confissões de impotência."[40]

Cabe lembrar as categorias usadas por Paz para interpretar o romantismo, "analogia" e "ironia", opostos complementares. Pessoa é predominantemente irônico. A constatação serve para distinguir de vez a ironia do engraçado ou do fazer graça: a ironia em Pessoa é distinta do Nerval mais afável, salvo as blagues com os heterônimos, a exemplo do comentário de Álvaro de Campos sobre "O marinheiro". É (citando novamente Paz) o "acidente fatal", constatação do universo como "escrita indecifrável".

Pessoa não escreveu seu "Correspondências". Fingiu, com Caeiro, que iria escrever seu "Versos dourados"; mas não há superação das antinomias, porém destruição de um dos termos pelo outro. A síntese, a julgar pelo primeiro dos "Dois excertos de odes", de Campos, pode acontecer em outro lugar: no "Oriente budista, bramânico, sintoísta", porém "inacessível"; o "Oriente excessivo, que eu nunca verei", que é "tudo o que não temos": o negativo do seu mundo. *O sentimento de um ocidental*, título de

---

[39] Citado em Luis Filipe Teixeira, *Nos jardins do ofício: Pessoa e a alquimia do verbo*, disponível em www.triplov.com.
[40] *Idem, ibidem.*

Cesário Verde inspirador de Álvaro de Campos, vale para ele: um ocidental irremediavelmente prisioneiro do Ocidente e da sua decadência. E que viveu momentos de exaltação diante do vislumbre da saída. Na "Ode a Walt Whitman", a "Porta pra tudo!/Ponte pra tudo!/Estrada pra tudo!" é a poesia como porta, ponte e estrada para fora. No final da "Ode marítima", também; mas o poeta não parte; fica onde está, irremediavelmente só.

Poeta cerebral, Pessoa absorveu o racionalismo ocidental para criticá-lo. Autorreflexivo, submeteu emoções e sentimentos, do entusiasmo à dor, ao crivo do pensamento analítico. Em sua poética, ao tratar de arte, sensacionismo, interseccionismo, falou como psicólogo: o fundamento é uma teoria das sensações e emoções. Ao tratar dos deuses, como em *Teoria dos deuses*, é um positivista: associou-os a um estágio da história da humanidade. Expressou, especialmente em Álvaro de Campos, toda a gama de emoções, do entusiasmo à angústia e à dor. Sofreu do *mal du siècle*; mas do século seguinte àquele dos românticos franceses. Um recurso nele dominante, típico da ironia, é o paradoxo: a redução ao absurdo, crítica da razão pela própria razão, que por vezes, como em "O banqueiro anarquista", deriva para o sofisma.

O modo como Pessoa se relacionou com o mundo pode corresponder ao encratismo: para um gnóstico, não faz sentido aspirar a uma vida mais confortável, ou preocupar-se com sua própria integridade física; menos ainda, completar fisicamente um relacionamento amoroso; e nem mesmo seguir uma carreira literária. O retrato do Pessoa modesto, reservado,[41] corrobora essa caracterização.

É interessante o contraste entre Pessoa e Raul Leal, talvez o mais excêntrico dentre os integrantes de *Orfeu*. A comparação, sugerida de modo satírico e paródico em *O Virgem Negra*, de Cesariny,[42] pode ser ampliada, ao se tomar Pessoa como gnóstico encrático e Leal como gnóstico licencioso. Isso por sua vida enormemente desregrada e pelo "verginismo", o culto ao excesso transformado em poética e cosmovisão, como se vê na sinopse biográfica preparada por Aníbal Fernandes para *Sodoma divinizada*.

---

[41] Inclusive no texto de apresentação da *Obra poética*, por Maria Aliete Torres Galhoz.
[42] Mário Cesariny, *O Virgem Negra — Fernando Pessoa explicado às criancinhas naturais e estrangeiras por M. C. V.*, 2ª edição revista e aumentada, Lisboa, Assírio & Alvim, 1996.

Para atestar, o modo complementar como ambos, Pessoa e Leal, focalizaram António Botto, ao se manifestar por ocasião do escândalo de 1922, a propósito da pederastia em *Canções*.[43] Para Pessoa, o culto de Botto ao corpo masculino era realização de ideais estéticos gregos, clássicos: algo espiritual, uma sublimação. Para Leal, Botto devia ser lido do modo mais literal; interessava por ser luxurioso: "A luxúria é a mais alta manifestação de mundo, é o Mundo em toda a sua bestialidade convulsivamente divina quando elevado a puro paroxismo."[44]

Em um decalque da versão do episódio de Sodoma e Gomorra em escrituras gnósticas, dando seus habitantes como vítimas do demiurgo, Leal entendia que, além de luxuriosos, os sodomitas deveriam ter sido mais religiosos:

> Se os pederastas e luxuriosos de Sodoma exercessem o vício duma forma divina, compenetrando-se em absoluto de que era Deus quem lhes convulsionava delirantemente a alma e os sentidos, compenetrando-se, por exemplo, de que estavam a ser possuídos em carne e espírito por aspectos do verbo espalhado no mundo inteiro, espalhado essencialmente em todos nós que somos aspectos vários, várias categorias da Existência Divina, então Sodoma não teria sido condenada a chamas purificadoras.[45]

A exaltação da luxúria tem precedentes literários. Um deles, possível fonte imediata, é o *manifesto futurista da Luxúria,* de Valentine de Saint-Point, de 1913,[46] conhecido pelos vanguardistas portugueses e que foi lido no fracassado lançamento de *Portugal Futurista,* de 1917 (reunindo integrantes de *Orfeu,* como Pessoa e Almada Negreiros, a revista foi sumariamente retirada de circulação pela polícia). Mas Valentine de Saint-Point, voz feminina do futurismo (escreveu o *Manifesto futurista da mulher*), defendeu uma luxúria leiga. Seus termos são os de alguém que leu Freud e antecipou Wilhelm Reich: "A LUXÚRIA INCITA AS ENERGIAS E DESENCADEIA AS FORÇAS"[47] (assim mesmo, em caixa alta). Já em

---

[43] O episódio também é relatado por Maria Aliete Torres Galdós na abertura da *Obra poética*.
[44] Raul Leal, *Sodoma divinizada*, Lisboa, Hiena, 1989, p. 78.
[45] *Idem, ibidem*, p. 85.
[46] Aurora Fornoni Bernardini (org.), *O futurismo italiano*, diversos tradutores, São Paulo, Perspectiva, 1980.
[47] *Idem, ibidem*, p. 96.

Leal a luxúria é da esfera do sagrado. A comparação de Leal com Saint-Point ilustra, portanto, a diferença entre gnosticismo licencioso e liberação sexual. O mesmo vale com relação a Judith Teixeira, a poeta sáfica, também atingida, e até mais fortemente, pelo escândalo e pela repressão: em sua obra, está presente a luxúria, mas na versão leiga.[48]

Até que ponto Leal, o autointitulado Henoch, deve ser levado a sério como criador literário, inclusive do livro de poemas com o sugestivo título de *AntéChrist et la gloire du Saint-Esprit*, ou visto como personagem? Terá sua excentricidade, expressa por meio de doutrinas como o "vertiginismo" e o "Sindicalismo Personalista", mais as prisões e o exílio, além da fortuna dilapidada, para sair de cena depois de *Orfeu* e reaparecer, já idoso, nas reuniões surrealistas encabeçadas por Cesariny na década de 1940, encoberto o poeta? António Cândido Franco, no já citado *Poesia oculta*, acha que sim. Compara-o a Sá-Carneiro pela aglutinação arbitrária de palavras e verbalização de substantivos; interpreta a escolha de escrever em francês como "procura expressiva da vertigem e da estranheza" e vê em sua poesia "um rumor de invocação, uma libertação pacificante do mundo subliminar, um bater de asas, um frêmito angélico e vertiginoso apelando a um sentido último e primeiro da linguagem [...]"[49]

Tanto Pessoa quanto Leal estão relacionados a um meio caracterizado pela forte presença do esoterismo. Pessoa, tendo sido o maior dentre eles, não foi o único adepto na geração de *Orfeu*. A mesma adesão caracteriza parte da obra de Almada Negreiros. E de outros autores ligados a *Orfeu*, como Mário Saa e Ângelo de Lima. Em acréscimo ao que foi observado a respeito por Franco em *Poesia oculta* — em que também há uma interpretação do *Livro do desassossego* como afirmação da primazia da linguagem sobre o mundo, além de ensaios sobre glossolalias e cabala fonética em outros autores, até chegar à geração de Cesariny e António Maria Lisboa e a Herberto Helder — caberia um estudo comparativo para verificar como reproduziram e reelaboraram temas gnósticos. Aquilo que, a propósito do *fin de siècle* francês, chamei de "caldo de cultura esotérico"[50] foi fartamente sorvido por esses autores.

---

[48] René P. Garay, *Judith Teixeira, o modernismo sáfico português*, Lisboa, Universitária, 2002.
[49] António Cândido Franco, *Poesia oculta*, Lisboa, Vega, 1996, p. 65.
[50] Em Lautréamont, *Os cantos de Maldoror, Poesias, Cartas*, p. 23.

CAPÍTULO 21 Gnósticos brasileiros, do simbolismo até hoje

Octavio Paz, em *Os filhos do barro*, cobrou atenção à influência do ocultismo em autores decisivos na modernização das literaturas de língua espanhola:

> A influência da tradição ocultista entre os modernistas hispano-americanos não foi menos profunda que entre os românticos alemães e os simbolistas franceses. No entanto, embora não a ignore, nossa crítica apenas se detém nela, como se isso se tratasse de algo vergonhoso. [...] Todos nós sabemos que os modernistas hispano-americanos — Darío, Lugones, Nervo, Tablada — interessaram-se pelos autores ocultistas: por que nossa crítica nunca assinalou a relação entre o iluminismo e a visão analógica e entre esta e a reforma métrica? Escrúpulos racionalistas ou escrúpulos cristãos? Em todo caso, a relação salta aos olhos. O modernismo iniciou-se como uma procura do ritmo verbal e culminou em uma visão do universo como ritmo.[1]

"Escrúpulos racionalistas" ou "escrúpulos cristãos": qual das duas modalidades terá contribuído mais para a marginalização do simbolismo e do surrealismo no Brasil? Enquanto na França, depois das grandes polêmicas da década de 1890, dos confrontos entre simbolistas e parnasianos, foram os simbolistas que se tornaram a corrente dominante, no Brasil ocorreu o contrário. Andrade Muricy, em seu *Panorama do movimento simbolista brasileiro*, documentou como simbolistas foram combatidos pela crítica em um ambiente dominado pelos parnasianos. Mas deveria haver um capítulo seguinte: aquele relatando como nossos modernistas também obliteraram o simbolismo, em lugar de incorporá-lo

---

[1] Octavio Paz, *Os filhos do barro*, tradução de Olga Savary, Rio de Janeiro, Nova Fronteira, 1984, p. 124.

como o fizeram os franceses, lembrando que lá a vanguarda, incluindo o futurismo de Marinetti e principalmente a produção e a atuação de Apollinaire surgem dentro do simbolismo. E, igualmente, os modernistas e vanguardistas ibero-americanos, através da continuidade entre o modernismo de Rubén Darío, Leopoldo Lugones e José Juan Tablada e os vanguardismos, que tiveram em Huidobro seu grande iniciador.

Na literatura brasileira pode-se buscar sincronia com o gnosticismo no desespero romântico de um Junqueira Freire, por exemplo. Ou nas reverberações herméticas em Sousândrade. E nas sombrias representações do mundo em Augusto dos Anjos.

No ciclo propriamente simbolista, gnosticismo poderia estar na expressão do desalento em Cruz e Souza e outros de seus pares. José Paulo Paes, no prefácio de *Às avessas*, de Huysmans, observa a influência decadentista em Cruz e Souza,

> em cuja poesia os "satanismos diabólicos, mordazes" de peças como *Pandemonium* têm algo a ver com as missas negras de *Là-Bas*, assim como a hiperestesia ou "febre de nervos" apontada por Roger Bastide como uma das causas do isolamento existencial do poeta tem algo a ver com a nevrose estética de Des Esseintes, o herói de *A rebours*.[2]

Devem ser ainda objeto de interesse nossos "simbolistas menores", a marginália do simbolismo, composta, entre outros, por Pedro Kilkerry, Ernani Rosas, Maranhão Sobrinho e Dario Veloso. No entanto, é difícil falar em gnosticismo relativamente a poetas, dentre nossos simbolistas, que, ao mesmo tempo, se mostraram tão manifestamente católicos — mesmo que esse catolicismo tivesse um forte condimento do ocultismo francês, como demonstrado por Francine Ricieri a propósito de Alphonsus de Guimarães. Mostra-nos um obliterado leitor de Péladan e ocultistas afins nesse poeta do nosso simbolismo:

> Dentre suas leituras ocultistas, em diversas oportunidades Alphonsus de Guimaraens manifestou especial predileção por Joséphin Péladan, um escritor polêmico e a seu tanto folclórico que amealhava seguidores e

---

[2] J.-K. Huysmans, *Às avessas*, tradução e estudo crítico de José Paulo Paes, São Paulo, Companhia das Letras, 1987, p. 5.

desafetos na Paris finissecular frequentada por José Severiano de Resende, possivelmente o amigo mais estimado por Guimaraens, e com o qual manteve contato constante por cartas.³

Mas, mesmo em Maranhão Sobrinho, o autor de "Poetas malditos", poema homenageando aqueles publicados por Verlaine, o que se vê, ao examinar *Papéis velhos... roídos pelas traças*,⁴ é um católico devoto. Sua visita ao inferno ocorre no quadro dessa devoção, em lugar de anulá-la.

Precedendo simbolistas-decadentistas, como expõe Cassiana Lacerda Carollo, está Souzândrade, seguidor das correspondências baudelairianas e leitor de Swedenborg:

> A teoria das correspondências penetra entre nós através de Baudelaire, sendo praticamente indiscutível sua presença na obra de Sousândrade, seja através do processo sinestésico de elaboração das imagens, seja através da influência da tradição e da compreensão do conceito de macrocosmo e microcosmo (cabendo aqui incluir as referências do poeta à obra de Swedenborg).⁵

É uma pista importante, levantada pela autora de *Simbolismo e decadismo no Brasil* e por Augusto e Haroldo de Campos.⁶ Invocar Swedenborg, primeiro diretamente ("Swedenborg, há mundo porvir?") e depois indiretamente ("Há mundos futuros...") em duas estrofes de *O inferno de Wall Street* (1ª e 108ª),⁷ não seria ocasional, apenas mais uma manifestação do seu colossal repertório. Cabe, portanto, um exame detalhado da estética das correspondências no mais inovador de nossos poetas do século XIX; pode ter sido, também, o que mais assimilou o hermetismo europeu. Há mais: sua obra de estreia, *Harpas selvagens*, de 1957, con-

---

³ Francine Fernandes Weiss Ricieri, *A imagem poética em Alphonsus de Guimaraens — Espelhamentos e tensões*, tese de doutorado, Campinas, Unicamp, IEL, 2001, p. 212.
⁴ Maranhão Sobrinho, *Papéis velhos... roídos pelas traças*, Maranhão, Typographia Fryas, 1908.
⁵ Cassiana Lacerda Carollo (seleção e apresentação), *Decadismo e simbolismo no Brasil — Crítica e poética*, 2 v., Rio de Janeiro, Livros Técnicos e Científicos e Brasília, Instituto Nacional do Livro, 1981, v. II, p. 99.
⁶ Augusto de Campos e Haroldo de Campos, *ReVisão de Sousândrade*, Rio de Janeiro, Nova Fronteira, 1982, p. 58-59.
⁷ *Idem, ibidem*, p. 232.

temporânea de *As flores do mal*, contém cenas mórbidas, satanismo e imprecações que, sendo hiper-românticas, também poderiam ser baudelairianas. A propósito da imagem de um Deus-canibal, réptil criador comendo os filhos em Harpa XXXIV, Augusto e Haroldo de Campos observam, em *ReVisão de Sousândadre*, que "essa cena estaria na linha do Canto Segundo do Maldoror [...] de Lautréamont."[8]

Quanto a Dario Veloso, tratados de história da nossa literatura, como o de Alfredo Bosi, dão conta do simbolista curitibano como "[...] mestre em ocultismo pela Escola Superior de Ciências Herméticas de Paris, criada por Papus, e fundador do Instituto Neopitagórico de Curitiba, onde iniciava os discípulos nas doutrinas cabalísticas então enfunadas na Europa pelos novos sopros do irracionalismo".[9]

Irracionalismo? A notícia biográfica na coletânea preparada por Carollo, *Cinerário & outros poemas*, dá o perfil de um homem público, que tomou atitudes progressistas, com seu anticlericalismo, sua defesa da separação de Estado e Igreja e do ensino leigo e seus protestos precursores contra o extermínio de povos indígenas. Para ilustrar, excertos dessa cronologia:

> 1895 — [...] Liderou o movimento de intelectuais em defesa de Émile Zola, no caso do *Affaire* Dreyfuss, publicando manifestos, enviando abaixo-assinados e elogiando a obra do escritor francês. [...] 1896 — [...] Liderou a campanha desencadeada através da revista O *Cenáculo*, "Pelos índios!", defendendo a preservação das terras indígenas, condenando o massacre ocorrido no interior do Paraná, e já deixando entrever a crítica à Igreja pelo trabalho de catequese e, portanto, de descaraterização da cultura dos silvícolas. [...] 1901 — [...] Promoveu, em março, um *meeting* anticlerical, principalmente contra os jesuítas, juntamente com o italiano anarquista Ernesto Pacini. [...] 1905 — Publicou dois livros de caráter anticlerical: *Derrocada Ultramontana* e *No sólio da manhã*. [...] 1916 — [...] Discursou por ocasião da visita de Bilac a Curitiba. [...] precede a fala de Bilac com um discurso em favor do pacifismo. 1934 — Desenvolveu um projeto para tornar o Museu Paranaense um centro permanente de estudos populares [...][10]

---

[8] *Idem, ibidem*, p. 31.
[9] Alfredo Bosi, *História concisa da literatura brasileira*, São Paulo, Cultrix, 1994.
[10] Dario Veloso, *Cinerário e outros poemas*, introdução, organização e notas de Cassiana Lacerda Carollo, Coleção Farol do Saber, Prefeitura Municipal de Curitiba, 1996, p. xlvi a l.

Em artigos para a imprensa, apresentou-se como maçom anticlerical nas referências ao "ódio anavalhante dos jesuítas" e à "arrogância do papado", além de homenagear o anarquismo na pessoa de Francisco Ferrer.[11] Procedeu a uma atualização ao passar do republicanismo e do abolicionismo, bandeiras de etapas já vencidas, ao socialismo, anunciado nestes versos de 1892: "Quebrem-se os cetros que a tormenta arranca!.../Flutue após longa bandeira branca/O alto estandarte do Socialismo!..."[12]

Ao mesmo tempo, publicaria títulos como *Ciência oculta*, *Templo maçônico*, *Esotéricas*, estabeleceria contato com Papus, traduziria Sâr Péladan, fundaria o Instituto Neopitagórico. Ao longo de sua vida — de 1869 a 1937 — hermetismo, literatura e atuação política correram paralelamente, de modo articulado. Veloso exemplifica as metamorfoses do esoterismo, de atividade subterrânea no século XVIII até as sessões públicas do Templo Pitagórico curitibano: índices de outras mudanças.

Já se falou muito em ideias fora do lugar a propósito de literatura brasileira. Se as ideias políticas de Veloso estavam fora do lugar, foi por serem precursoras; se a poética simbolista estava fora de lugar, foi por ser divergente.

O mais ocultista dentre nossos simbolistas foi, a exemplo dos românticos, sincrético, combinando fontes contemporâneas e arcaicas, ocidentais e orientais, em busca da síntese dos conhecimentos. Em sua obra não faltam sinestesias e correspondências, como neste trecho de "Plenilúnio negro", de 1894:

> As algas, Eleonor, são das filhas das águas
> As que mais têm amado, as que mais têm sofrido;
> Compreendem o amor e traduzem as mágoas
> Que os poetas e o mar têm ao céu repetido.
> Resumem dentro de si toda a amarga tristeza
> Que tem sudarizado o coração humano:
> E todo esse pesar que punge a natureza
> E vai se refletir no cristal do oceano.

---

[11] Dario Veloso, *Obras*, v. II, Curitiba, Instituto Neopitagórico, 1968, p. 284, 281 e 289.

[12] Idem, *Cinerário e outros poemas*, assim como as citações seguintes.

Nesse retrato de um mundo animado, vê-se o leitor de Baudelaire; e de Verlaine, com todas essas aliterações de algas, águas e mágoas, amor e mar.

O ocultista se pronuncia ao longo de toda a sua obra. Em várias passagens, sua poesia é uma expressão direta da doutrina, como em "Palingenésia", de 1901:

> Ó Torre do ideal, fechada a sete chaves,
> Torres de ametista e de luar!
> Abri-vos!
> Quero subir, subir mui alto,
> Sobre a terra, no Azul, além! — no Astral ...
> (Lázaros! sonhos meus! espectros redivivos!)
> As tuas sete chaves, Torre do Ideal!

O pensamento gnóstico é didaticamente exposto no tríptico, já de 1923, intitulado "Prometeu". Sua primeira parte, "Arrebatador de Fogo: o TITÃ", começa assim: "Homem, que vales tu, em lodo, em vasa imerso?/Erros, superstições, levaram-te à fraude, ao crime/Servo de Zeus, cerviz dobrada, a asa sublime/No pó, alma na dor, urze má do Universo."[13] Nessa passagem — e em outras da sua poesia — o mundo é o *kenoma*, a instância degradada. Mas há, na alma, uma "luz dos mundos infinitos":

> Entanto, há em tuas almas asas de estradivários,
> Na tua mente a luz dos mundos infinitos,
> Em teu peito de fogo um broquel de estelários.

> Tome esta luz — é sol — sol de titãs proscritos;
> Ateia a chama, esbate os terrores malditos,
> Rue cerce o espectro mau dos sombrios calvários!

É o mito da centelha divina; como na versão arcaica, no relato do sacrifício e da morte de Dionísio, é associado aos titãs; mas esses passam de opressores a vítimas do *cosmocrator*, assim como o foram em "Anteros", de Nerval.

A segunda parte de "Prometeu" é intitulada "Prometeu encadeado: o herói":

---

[13] *Idem, ibidem*, p. 18, assim como as duas estrofes a seguir.

Zeus braveja. Do olimpo os fâmulos mesquinhos
Acorrem, dorso curvo, atônitos de pasmo ...
— Cravai-o à rocha, Zeus! Não tolera o sarcasmo
De um titã o Senhor de todos os caminhos.

Ao Cáucaso o rebelde! E marche sobre os espinhos
Quem pensa despertar os homens ao marasmo...
[...]
Ateneia medita... Io o Cáucaso alcança:
— Amo-te, Prometeu! Se Zeus de ódio se nutre,
Os Homens e os Titãs se nutrem de esperança.

Caberia verificar se a leitura de *As quimeras*, de Nerval, especialmente de "Anteros", teve importância na gênese desse poema tão anti-Zeus; ou se Veloso apenas ofereceu variações sobre temas de Baudelaire, com os titãs desempenhando o mesmo papel que seu Caim. É claro que comparar "Prometeu", de Veloso, a "Anteros", de Nerval, mostra a capacidade de síntese e condensação do romântico francês.

No poema de Veloso, Zeus equivale a Ialdabaoth em companhia de arcontes, os "fâmulos mesquinhos". O fogo, "sol dos titãs proscritos" doado aos homens, resultando no sacrifício, é o conhecimento libertador: "Archote às mãos, Titãs aos homens a doutrina/Mostram. E os corações: — de Zeus feroz a incrível/Crueldade nos vem. Homens, de pé! ... Visível/Ei-lo — o Libertador — no Cáucaso!" Trata-se de uma proclamação em favor do *sapere aude* e do que Yates designou como Iluminismo rosa-cruz, reafirmado em outras passagens:

Volvei os olhos de esperança
A um cavaleiro Rosa-Cruz;
Os vossos olhos de esperança
São loiras de ouro, alvas de luz;
São pulvinários de esperança
Valquíria astral da Rosa-Cruz.

A poesia de Veloso exibe o repertório completo dos temas relacionados à tradição hermética. No extenso poema dramático "Alfa e Ômega", de 1901, que tem como epígrafe versos sobre Oroboros, "A Serpente é o símbolo do Universo.../Cauda e cabeça: Alfa e Ômega", equipara o enlace sexual à transmutação alquímica, mas sob regência de Satã: "Os arcanos da Vida, em teus olhos de súcubo/Traçam curvas de Sóis, abrem negros sudários.../Satã crava-te ao seio a serpente de um íncubo/Volúpia: carne em flor, crótalo e estradivarios."

Pode-se ver Dario Veloso também como romântico tardio, não apenas por seu modo de versejar, mas por algo típico dos românticos, e não tão presente no simbolismo: a idealização da mulher. Assim como em Novalis e Nerval, de amada perdida passa a encarnação da sabedoria, confundindo ou identificando Vênus e Sophia:

> Vênus pagã, olhos de setestrelo,
> A cabeleira rútila fulgindo...
> Amei-te!... Amor, nos olhos teus fulgindo,
> Volúpia; luz o sol de teu cabelo. [...]
> Só então, osculando o altar de pedra,
> A luz morrente de funéreos círios,
> Tua alma ouvi... — a minha irmã, Paredra.

Veloso foi um poeta do século XX que, ao arrepio do modernismo, escreveu uma poesia do século XIX. Portanto, na contramão dos poetas de século XIX que fizeram poesia do século XX, os Rimbaud, Mallarmé, Corbière, Laforgue. Isso fica evidente através da comparação com seus contemporâneos: Stefan George, com sua concisão e precisão; Yeats, mestre da condensação em imagens; e Fernando Pessoa, a expressar-se, em boa parte de sua obra, em um português que soa atual ao ser lido hoje. Veloso, por sua vez, deve ter achado que a escolha de uma dicção anacrônica, na forma e no vocabulário, seria coerente com o tradicionalismo doutrinário, a evocação e a recriação da Antiguidade. Oferece um duplo contraste com o modernismo brasileiro: foi beletrista na escrita e tradicionalista na doutrina. Interessou-se por mistérios órficos, mais do que por nossos mitos tribais. Contudo, ao idealizar esse passado arcaico, de uma antiguidade remota, projetou-o em um socialismo utópico.

Simbolismo e ocultismo eram demasiado europeus para Mário e Oswald de Andrade e seus companheiros, empenhados em uma manifestação da nacionalidade, entendida como cultura autóctone. Leitores de Rimbaud, Apollinaire e Marinetti, não deram atenção ao débito desses autores com relação à tradição hermética. Por isso, qualquer projeção de um pensamento gnóstico no que escreveram pode ser objeto de dúvidas. Contudo, podem-se localizar sincronias naqueles, dentre os poetas ligados ao modernismo, que mais se afirmaram como católicos e, ao mesmo tempo (e paradoxalmente), estiveram mais próximos do surrealismo: Jorge de Lima e Murilo Mendes. *Invenção de Orfeu*, de Jorge de Lima, pode ser lido como monumental epopeia da busca de uma gnose, recriação da tópica da viagem iniciática.

Pelas mesmas razões, é inútil procurar gnosticismo em toda uma gama de regionalismos. Mas suas ressonâncias podem ser encontradas em uma vertente importante, embora marginalizada, da prosa brasileira do século XX: os autores de uma literatura do absurdo, do paradoxo, do humor negro, do surreal. Quanto ao absurdo, se Kafka comprovadamente teve relação com o gnosticismo, então esse reaparecerá, nem que seja por afinidade, em autores kafkianos. Em especial, do muito que ainda se está devendo em matéria de estudos críticos sobre Campos de Carvalho, algum deles poderia adotar como tema a visão de mundo gnóstica em sua obra. Assunto não faltaria.

É tentador percorrer à luz do gnosticismo a extensa contribuição de Guimarães Rosa, nem que seja para corroborar seu platonismo e o modo como se projetou em suas narrativas o conhecimento de Plotino e do hermetismo (conforme Rosa mostrou na correspondência com seus tradutores, Bizarri e Meyer-Clason).

Na poesia brasileira do século XX, o gnosticismo reaparecerá em seu pós-modernismo. A observar que, diferindo de Dario Veloso e de outros simbolistas-decadentistas, já não há mais, nesses contemporâneos, vínculos tão diretos com a tradição esotérica e o ocultismo dos Éliphas Lévi, Papus e Péladan. Seus temas gnósticos reaparecem em outro contexto, ligado a outros modos de pensar.

A mulher foi, notoriamente, um tema gnóstico e romântico, como examinado no Capítulo 10. Mas, até aqui, tratou-se de ressurgências literárias do gnosticismo tal como expressadas por homens. Por isso, ganha especial interesse o exame da contribuição de Hilda Hilst: admitindo-a como gnóstica, é a mulher que fala.

UM OBSCURO ENCANTO: GNOSE, GNOSTICISMO E POESIA MODERNA

Gnosticismo em Hilda Hilst já foi tema meu a propósito de *Amavisse* e em outras ocasiões.[14] Observei que, na sua extensa produção, poesia e prosa são vertentes distintas, porém complementares, acrescidas pela produção teatral. A poesia é mais concisa, com um sentido de apuro formal, bem evidente nos poemas das décadas de 1950 e 1960 e, em um estágio mais avançado da sua criação, em *Júbilo, memória, noviciado da paixão*, de 1973. Há imagens poéticas de especial beleza, particularmente em *Da morte — Odes mínimas*, de 1980.

O dualismo está não só em passagens do seu texto, mas no próprio plano da obra, em sua estruturação: poesia e prosa correspondem a polos da contração e expansão, elipse e hipérbole, e também ao sublime e ao abjeto, luz e sombra, alto e baixo, *pleroma* e *kenoma*. Cada um dos livros em prosa parece fragmento de um texto infinito, obra em processo, como indicado por um dos títulos, *Fluxo-Floema*. São textos de ruptura, particularmente *A obscena senhora D*. A obra em prosa inclui a trilogia, iniciada por *O caderno rosa de Lori Lamby*, de 1990, seguida por *Contos d'escárnio. Textos grotescos* e por *Cartas de um sedutor*, designada pela própria Hilda Hilst como "pornográfica" (chamá-la de obscena é mais correto), que suscitou reprovações. Chocaram pelo conteúdo manifesto e pelo contraste com a lírica. De modo bem evidente, especialmente em *O Caderno rosa de Lori Lamby*, são paródia satírica.

Religiosidade herética, mística da transgressão, já observadas por estudiosos[15] e sintetizadas nesta proclamação em *Amavisse*: "Não percebes [...]/Que há uma luz que nasce da blasfêmia/E amortece na pena?"[16] Em

---

[14] Claudio Willer, "Pacto com o hermético", *Jornal do Brasil*, Caderno Ideias, Rio de Janeiro, 17 de fevereiro de 1990; "*Amavisse*, de Hilda Hilst: pacto com o hermético", em *Agulha*, http://www.revista.agulha.nom.br/ag43hilst.htm, março de 2005; "Gnose, gnosticismo e a poesia e prosa de Hilda Hilst", em *Agulha*, http://www.revista.agulha.nom.br/ag46hilst.htm, julho de 2005; "Gnose, gnosticismo, a poesia de Hilda Hilst", *em TriploV*, http://www.triplov.com/willer/gnose/index.html; outros textos meus sobre Hilda Hilst na bibliografia de *Obras reunidas de Hilda Hilst*, São Paulo, Globo, vários anos.
[15] Inclusive nos textos de Nelly Novaes Coelho e Leo Gilson Ribeiro publicados na edição sobre Hilda Hilst de *Cadernos de Literatura Brasileira*, nº 8, outubro de 1999, São Paulo, Instituto Moreira Salles. Instituto Hilda Hilst.
[16] Hilda Hilst, *Amavisse*, São Paulo, Massao Ohno Editor, 1989, poema XVI da série *Via Espessa*. Instituto Hilda Hilst.

Fluxo-Floema, logo no primeiro capítulo, irrompem a blasfêmia e a imprecação:

> Chega, chega, morte à palavra desses anêmicos do século, esses enrolados que se dizem com Deus, Deus é esse ferro frio agora na tua mão, quente no peito do teu inimigo, Deus é essa bala, olhem bem, Deus é um fogo que vai queimar essas gargantas brancas, Deus é tu mesmo, homem, tu é que vais dispor do outro que te engole, e quem é que te engole, homem?[17]

A seguir relata o advento de Jesus Cristo como ilusão, para terminar com uma negação: "Além de sabermos que o teu Jesus nunca existiu, sabemos também que Deus... oh, sabemos... Deus, Lázaro, Deus é agora a grande massa informe, a grande massa movediça, a grande massa sem lucidez. Dorme bem, filhinho." Experiência mística às avessas: o Todo como "massa informe"; a recomendação de dormir, em vez de despertar para o conhecimento.

A quarta parte de *Fluxo-Floema*, intitulada "O unicórnio", também é hermetismo invertido. O unicórnio, símbolo forte na alquimia, corresponde à unidade, à Obra completada. Hilda Hilst relata sua queda: capturado por personagens que são ao mesmo tempo literatos e executivos de empresas, sem lugar em um mundo de escritórios modernos, é maltratado em um zoológico imundo. É como se, no confronto entre o mundo, o *kenoma*, e a luz superior, essa levasse a pior; no lugar da elevação, a degradação, da qual Deus é cúmplice: "Meu Deus. Sabe o que me dizem? Dizem: o teu Deus é um porco com mil mandíbulas escorrendo sangue e imundície. Meu Deus. Meu Deus. [...] O teu Deus está por aí, bocejando com duas bocas: numa, um hálito fétido, noutra, uma rosa. Você escolhe a boca que quiser, meu chapa."[18]

A mesma visão de Deus se repete em *A obscena senhora D*: "olha Hillé a face de Deus/onde onde?/olha o abismo e vê/eu vejo nada".[19] E em seu último livro, *Estar sendo, ter sido*, observa: as coisas que o Cria-

---

[17] Hilda Hilst, *Fluxo-Floema*, São Paulo, Globo, 2001, p. 66. Instituto Hilda Hilst.
[18] Idem, ibidem, p. 165.
[19] Hilda Hilst, *A obscena senhora D*, São Paulo, Massao Ohno/Roswitha Kempf Editores, 1982. Instituto Hilda Hilst.

dor faz. Deve rir sem parar das coisas que constrói. [...] Aqui estou eu, eu Vittorio, Hillé, Bruma-Apolonio e outros. Eu de novo escoiceando com ternura e assombro também Aquele: o Guardião do mundo."[20]

São representações que correspondem àquela de Bataille, autor lido e citado por Hilda Hilst, em sua crítica ao idealismo. É o que observa Eliane Robert Moraes:

> Não por acaso, o alvo primeiro dessa violência [contra o ideal, belo e inatingível] será o mesmo Deus que antes habitava a Ideia e sustentava a ilusão do Todo — esse equivalente algébrico e abstrato das vãs promessas de salvação. [...] Deus é porco — a constatação, sintética e contundente, aparece desde os primeiros livros dos anos 70.[21]

Amavisse, livro de poesia, apresenta especial interesse pela convergência com temas da prosa. Há identificação de Deus ao demiurgo em passagens como esta: "Deus, um cavalo de ferro/Colado à futilidade das alturas." É o criador do mundo e do homem — "Descansa/O Homem já se fez/O escuro cego raivoso animal/Que pretendias" — porém, assim como em *Fluxo-Floema*, mutante e animalesco: "À carne, aos pelos, à garganta, à língua? A tudo isto te assemelhas?/Mas e o depois da morte, Pai? [...] Hein? À treva te assemelhas?"[22]

O Deus de Hilda Hilst, sendo criador do mundo, é o demiurgo; contudo, o Deus desconhecido, o Incriado, não é mencionado como seu contraponto. É como se o Deus tenebroso fosse todos os deuses, comprometendo a interpretação de sua obra como gnóstica e dualista; e, certamente, como platônica. Mas, nas referências ao mundo, ao corpo e a Deus, é admitida a autonomia do Mal, assim como no gnosticismo e no maniqueísmo. Por exemplo, e de modo bem claro, em *A obscena senhora D*:

> de onde vem o Mal, senhor?
> misterium iniquitatis, Senhora D, há milênios lutamos com a resposta,

---

[20] Hilda Hilst, *Estar sendo, ter sido*, São Paulo, Nankin, 1997, p. 110. Instituto Hilda Hilst.
[21] Eliane Robert Moraes, *Da medida estilhaçada*, em *Cadernos de Literatura Brasileira*, nº 8, outubro de 1999, São Paulo, Instituto Moreira Salles, p. 118.
[22] As citações também são de Hilda Hilst, *Amavisse*.

coexistem bons e maus, o corpo do Mal é separado do divino.
quem criou o corpo do Mal?
Senhora D, o Mal não foi criado, fez-se, arde como ferro em brasa, e quando quer esfria, é gelo, neve, tem muitas máscaras, por sinal, não gostaria de se desfazer das suas, e trazer a paz de volta à vizinhança?[23]

Se o mundo pertence ao mal, então, pela lógica do dualismo, o tempo é uma ilusão. Isso é exposto nas passagens finais de *Tu não te moves de ti*: o protagonista, professor de História, viaja de trem de volta a sua terra natal, sua origem; após ver pela janela uma mulher matando um porco, tem um orgasmo. No mictório do trem, percebe a falsidade da história, do tempo:

> Unir-se, Axelrod, unir-se a alguém, é disso que precisas. A quem? À História? Como se ela fosse alguém essa falada História, penugenta andando por aí, como se ela fosse real, olha aí a História, tá passando aí, olha pra ela, olha a História te engolindo, jantas hoje com a História, os filhinhos da História, Marat marx mao [...][24]

Assim como o tempo, o espaço é ilusório; por isso, o movimento: "também pra lugar algum meu filho, tu podes ir e ainda que se mova o trem tu não te moves de ti".

Não só é possível identificar a expressão gnóstica na escrita de Hilda Hilst, mas também uma atitude gnóstica em sua vida. Especialmente em sua busca do conhecimento, seu interesse não apenas por filosofia, por religiões — em *Estar sendo, ter sido*, relata como adquirira o *Baghavad Ghita* ainda adolescente de um livreiro perplexo — mas pela ciência. Daí sua amizade e seu diálogo com físicos como Mário Schemberg e César Lattes,[25] bem como suas próprias experiências no campo de uma parafísica (a parafísica está para a física assim como a parapsicologia está para a psicologia), com as gravações de "vozes dos mortos", que, na época de sua divulgação, tiveram repercussão. Por isso, pode-se situá-la na linhagem de visionários com projetos de um saber amplo, unificando ciência e magia, natural e sobrenatural.

---

[23] Hilda Hilst, *A obscena senhora D*, São Paulo, Globo, 2001.
[24] Idem, *Tu não te moves de ti*, São Paulo, Globo, 2004, p. 148. Instituto Hilda Hilst.
[25] Comentada por Carlos Vogt em *Cadernos de Literatura Brasileira*, p. 19.

UM OBSCURO ENCANTO: GNOSE, GNOSTICISMO E POESIA MODERNA

A sacralização gnóstica do conhecimento é evidente no poema "VI" da série Poemas aos homens do nosso tempo, de *Júbilo, memória, noviciado da paixão*:

> Tudo vive em mim. Tudo se entranha
> Na minha tumultuada vida. E por isso
> Não te enganas, homem, meu irmão,
> Quando dizes na noite, que só a mim me vejo.
> Vendo-me a mim, a ti. E a esses que passam
> Nas manhãs, carregados de medo, de pobreza,
> O olhar aguado, todos eles em mim,
> Porque o poeta é irmão do escondido das gentes
> Descobre além da aparência, é antes de tudo
> Livre, e por isso conhece. Quando o poeta fala
> Fala do seu quarto, não fala do palanque,
> Não está no comício, não deseja riqueza
> Não barganha, sabe que o ouro é sangue
> Tem os olhos no espírito do homem
> No possível infinito. Sabe de cada um
> A própria fome. E porque é assim, eu te peço:
> Escuta-me. Olha-me. Enquanto vive um poeta
> O homem está vivo.[26]

Nesse poema, são associados liberdade e conhecimento, formando um par: "o poeta é [...] Livre, e por isso conhece." Conhecer é ser livre e vice-versa. Entendido como descobrir "além da aparência", é conhecimento iniciático, esotérico. Seu objeto é o "escondido das gentes", o "espírito do homem", um "possível infinito", algo no íntimo de cada um: a centelha divina. E ainda se confundem ou, antes, fundem-se o objeto do conhecimento e aquele que conhece, a percepção e o percebido: "Quando dizes na noite, que só a mim me vejo/Vendo-me a mim, a ti. E a esses que passam." Saber enxergar-se é enxergar os outros e vice-versa, na superação da dualidade entre sujeito e objeto, lembrando a valorização romântica do conhecimento do sujeito.

---

[26] Hilda Hilst, "Poemas aos homens do nosso tempo", em: Hilda Hilst, *Júbilo, memória, noviciado da paixão*, São Paulo, Editora Globo, 2001. Instituto Hilda Hilst.

A crença gnóstica na duplicidade de almas é postulada no final de *Tu não te moves de ti*: "Pois então, é isso, temos duas almas, uma parecida com o teu próprio corpo, assim bonito, andas crescendo, e a outra parecida, difícil de dizer, a outra alma não se parecendo a nada de tudo isso teu." A alma adventícia, imposta pelo demiurgo, é "a membrura do opressor que transmite ao filho"; algo "que ainda não entendo, que se colou a mim um ISSO grotesco e espasmódico, que ser assim é fazer parte do Isso imundo do mundo".

A dualidade é irremediável em *Tu não te moves de ti*: resolve-se apenas através da destruição do personagem Axelrod. Já na poesia de *Amavisse* há um reencontro com o verdadeiro "eu" — o "avesso", um "oco fulgente num todo escancarado", que é "da altura de dentro" — por meio da iluminação. A luz interior é poesia e também o oculto e o arcaico: "o poeta preexiste, entre a luz e o sem-nome". Algo foi esquecido, desaprendido; mas a anamnese reconduzirá à humanização: "Ai, Luz que permanece no meu corpo e cara:/ Como foi que desaprendi de ser humana?" Essa luz só pode ser descrita "Na minha língua esquecida" — a linguagem adâmica, primeira — e vista em momentos de arrebatamento e loucura: "E do ouro que sai/Da garganta dos loucos, o que há de ser?" É a meta da viagem em um barco subterrâneo e luminoso: "As barcas afundadas. Cintilantes/sob o rio. E é assim o poema. Cintilante/e obscura barca ardendo sob as águas." A mesma viagem do já citado *Zostrianos*, através de águas celestiais, e não subterrâneas, "a bordo de uma grande nuvem luminosa".

Em matéria de dualismo gnóstico, haveria mais a ser exposto a propósito de Hilda Hilst. Por exemplo, sua *persona*, protagonista de *Estar sendo, ter sido*, de *A obscena Senhora D*, de *Amavisse*, ora ser Hillé, ora Samsara, expressões equivalentes em grego e sânscrito que designam o mundo degradado: este mundo.

Isso não significa que fosse adepta, seguidora de alguma doutrina, dentre as muitas a que poderia ser associada, especialmente hinduísmo e budismo. Cabe lembrar a referência de Breton aos "animais e os monstros, apenas menos inquietantes do que em seu papel apocalíptico." Esses "animais e monstros" circulam pelas páginas de Hilda Hilst.

Ora monista, ora dualista, em sua dualidade lirismo-obscenidade, também escreveu seu "Correspondências", a par de seu "A tampa".

UM OBSCURO ENCANTO: GNOSE, GNOSTICISMO E POESIA MODERNA

A síntese não é pela anulação do mundo, como quer o gnosticismo. Adepta do misticismo do corpo, vê a união amorosa, e não o ascetismo, como via para a transcendência, nos versos que encerram *Cantares*.

> Poeira, cinzas
> Ainda assim
> Amorosa de ti
> Hei de ser eu inteira [...]
> Amorosa de ti
> Vida é o meu nome. E poeta
> Sem morte no sobrenome.[27]

Também em *Amavisse* se encontra seu mais exaltado lirismo. Em sua crítica à repressão, proclamou: "Ó senhora, porque mora na morte/aquele que procura Deus na austeridade." Reciprocamente, "Dá-me a via do excesso", ecoando a máxima de William Blake de que "O caminho do excesso leva ao palácio da sabedoria." Declara que "o poeta habita/O campo de estalagens da loucura". Revelações vêm pela loucura, lembrando o "desregramento dos sentidos" de Rimbaud: "Prateado de guizos/O louco sussurrava um refrão erudito:/— Ipseidade, senhora. —/E enfeixando energia, cintilando/Fez de nós dois um único indivíduo."

Haveria mais autores brasileiros contemporâneos a citar. Celso Luiz Paulini[28] dá a impressão de ser um poeta deslocado no mundo: por isso sua obra ainda não teve a repercussão que mereceria. Foi um pessimista. Seu gnosticismo foi observado por Dora Ferreira da Silva, em posfácio a *O gerifalto*. Para ela, Paulini foi um continuador das "ressurgências gnósticas" (citando Hutin). Seu gnosticismo transparece na negação do corpo e no sentimento de que o mundo se dissolve ou desvanece: "Onde garças, onde o branco, onde o verde?.../Já não distingo./A paisagem agora é puro nada/ pois que em mim as núpcias já se deram." Além de equiparar o mundo à Babilônia (título de um de seus poemas), expressou repugnância pelo mar, matriz da vida: "Nada é melhor do que perder de súbito o mar/E não se enrolar em suas malhas/De verdes metáforas e alga suja." É

---

[27] Hilda Hilst, *Cantares*, São Paulo, Globo, 2001, p. 107. Instituto Hilda Hilst.
[28] Celso Luiz Paulini, *O gerifalto* (poesia completa), Rio de Janeiro, Azougue, 2001.

a origem aquática da vida, como em Novalis; mas, dessa vez, unidade tenebrosa, com valor oposto àquele do romântico alemão.

Hilda Hilst e Celso Luís Paulini certamente não foram os únicos gnósticos modernos da literatura brasileira. Roberto Piva, já citado aqui, escolheu um trecho de Alexandrian sobre gnósticos modernos como epígrafe de *Um estrangeiro na legião*, volume 1 de suas obras reunidas.[29] Mas na visão de mundo desse poeta está mais presente um monismo pagão do que o dualismo. E a "busca de concordância entre religiões" de que fala Alexandrian certamente exclui, na sua perspectiva, os grandes monoteísmos, a começar pelo cristianismo.

De poetas brasileiros seria possível, ainda, examinar contemporâneos merecedores de especial interesse, como Floriano Martins, Foed Castro Chamma, Andityas Soares de Moura e Rodrigo de Haro, que, de modo deliberado, incorporam simbologia hermética à sua criação; e que, talvez por isso, paguem tributo à condição de malditos ou, ao menos, de autores menos lidos do que mereceriam sê-lo. Quanto a Rodrigo de Haro,[30] tamanho é seu domínio da tradição esotérica que a crítica de sua obra demandaria outros paradigmas, incluindo a interpretação simbólica, distintos dos adotados aqui. Esses nomes, apenas como exemplo, entre outros possíveis, que atestariam o que foi exposto no capítulo inicial sobre a contemporaneidade do que Susan Sontag chamou de "perenes temáticas gnósticas".

---

[29] Roberto Piva, *Um estrangeiro na legião — Obras reunidas*, volume 1, Alcir Pécora (org.), São Paulo, Globo, 2005.
[30] Especialmente Roberto Piva, *O amigo da labareda*, São Paulo, Massao Ohno Editor, 1991.

Algumas Observações Finais

Das edições de textos gnósticos originais, mais o trabalho de estudiosos que examinaram ou comentaram o gnosticismo, foi possível compor um temário gnóstico. E foi examinado como esses temas reaparecem ou se projetam na literatura, de dois modos. Na primeira parte, foram expostos e discutidos, não só por meio da bibliografia propriamente gnóstica, mas de seus correlatos literários; em especial, de Jorge Luis Borges. Na segunda parte, sobre poetas, o percurso é invertido: partindo do exame de autores, mostrou-se como tais temas emergem na obra de cada um deles.

Do que foi discutido nos capítulos iniciais resulta uma caracterização do gnosticismo como doutrina sincrética e heterodoxa. Sua origem está em um herético e exacerbado misticismo judaico, que, além de sofrer o impacto do helenismo, assimilou mitos e temas iranianos, egípcios e talvez caldaicos.

Semelhante atribuição de origem diverge daquela que associa o gnosticismo ao primitivo cristianismo esotérico. Seguindo-se a um gnosticismo originário, aquele de Simão, o Mago e outros contemporâneos, e a um gnosticismo clássico ou setiano, o gnosticismo cristão de Valentino e seguidores, dos adeptos de Bardesanes e dos evangelhos atribuídos a Tomé seriam novas ramificações sincréticas.

Está-se, portanto, tomando posição em uma discussão entre especialistas, ao adotarem-se pontos de vista assemelhados àqueles de estudiosos que podem ser reputados como clássicos, como Jonas e Doresse, e, na bibliografia mais recente, Robinson; porém diferindo de outros cujas contribuições também são significativas, como, em história das religiões, Pagels e Layton, e na crítica literária, Bloom.

A justificativa desse ponto de vista repousa na constatação da incompatibilidade literária de "escrituras" gnósticas e evangelhos cristãos, no modo como são escritos e naquilo de que tratam; e ainda nas respectivas noções de tempo, linear-progressivo no âmbito do cristianismo, e descendente-regressivo naquele do gnosticismo, em consequência do seu dualismo.

A gnose de Valentino é a versão filosoficamente mais elaborada do gnosticismo. Se o gnosticismo clássico, setiano, representa uma reversão do *logos* ao mito, um retorno da filosofia à mitologia, aquele de Valentino corresponde a uma racionalização, à reinterpretação do mito à luz do *logos*. É uma revisão do dualismo: o Mal, identificado à matéria no gnosticismo clássico, por sua vez criada pelo demiurgo e regida por arcontes, passa a ser interpretado como ilusão, consequência da "falta de conhecimento, desgosto, medo, terror e desespero". O confronto das duas instâncias, verdade e falsidade, desenrola-se, portanto, na esfera do sujeito.

Sendo tão sincrético, heterodoxo e móvel, por isso o gnosticismo reaparece na contemporaneidade de vários modos. Um deles, como emergente religião moderna, não institucional; como um cristianismo antiautoritário, crítico da hierarquia católica, receptivo à participação da mulher, aberto à religiosidade contemplativa, condimentado de esoterismo, adotando uma perspectiva holista. Como sustentação e até como legitimação, o trabalho de Elaine Pagels e outros autores recentes. Também está presente na filmografia aqui citada, e em muito do que se vê na televisão, como já observado. Cabe, a propósito, alguma observação sobre a fronteira, talvez tênue, entre o trabalho de pesquisa histórica e a polêmica religiosa: o revisionismo e a crítica (por mais justa que seja) à vertente tradicionalista que atualmente dita regras na Igreja Católica.

Oposto à gnose valentiniana por seu dualismo extremo, o maniqueísmo, outra variante sincrética do gnosticismo, também tem consequências literárias. Em especial, pela ideia da mistura das duas substâncias, divina e material, do bem e do mal, cabendo ao adepto separá-las e assim, ao salvar-se, salvar também a própria divindade. É a consubstancialidade total: tudo se relaciona e há um compromisso do indivíduo com o mundo (ou com a promoção de sua desaparição) e com a divindade. Versões literárias expressivas, até didáticas, dessa interpretação da consubstancialidade são encontradas em Borges.

Uma vertente do gnosticismo ainda mais rica em influências literárias, além de filosóficas e místicas, foi o hermetismo de Alexandria, a "gnose otimista", mas que se confunde com o gnosticismo clássico e se sobrepõe a ele. O hermetismo também é um dualismo quando, ao postular a sincronia entre o alto e o baixo, o macrocosmo e o microcosmo, supõe a realidade dessas duas instâncias.

Discutir como o hermetismo se projeta na literatura, diretamente ou através de seus continuadores, seria uma tarefa ciclópica: tudo o que é conhecimento iniciático e disciplina esotérica, incluindo astrologia, alquimia e modalidades da magia, se relaciona com as premissas, e o *corpus* do hermetismo. Ao mesmo tempo, é preciso examiná-lo pelo modo como a sobreposição das duas visões de mundo reaparece na poesia, com tantos poetas, simultaneamente gnósticos típicos, dualistas, pessimistas e hermetistas, alternadamente a proclamar a sincronia do mundo e da esfera divina e a cisão irremediável desses dois planos. Isso foi exposto a propósito do contraste entre pares de obras como o *Urizen* e *O casamento do céu e do inferno*, de Blake, "El desdichado" e "Versos dourados", de Nerval, "A tampa" e "Correspondências" de Baudelaire.

Mostrou-se como a poesia pós-baudelairiana tenta resolver esse antagonismo por meio da eliminação de um de seus polos, daí resultando gnosticismos sem gnose e gnoses sem gnosticismo (como em Breton). É a destruição de Deus, com o reinado absoluto da matéria e do Mal, em Lautréamont; a dissolução do mundo, e do restante, através de uma gnose do Nada em Mallarmé; a mais pessimista e sombria das gnoses, negando tanto o mundo quanto a possibilidade de transcendê-lo em Pessoa; a busca da síntese até na vida cotidiana, por meio do acaso objetivo no surrealismo; também nos surrealistas, e em Novalis e Hilda Hilst, entre outros, pela união amorosa.

Outra das permanências ou dos reaparecimentos do gnosticismo, de especial interesse literário, corresponde às "teosofias bizarras" para Idel; às "concepções tidas, ao olhar racional, por aberrantes" a que se referiu Breton; aos "fermentos os mais impuros" e "obsessões monstruosas" vistas por Bataille; às "incoerências, mitos estranhos e fantasmagorias de um ramo particularmente degenerado do inquietante sincretismo religioso do primeiro e segundo século da nossa era", conforme Hutin. É a gnose paroxística, torrencial, tal como exposta em "escrituras" clássicas.

Tais mitos e obsessões dos gnósticos parecem ter um poder de sugestão poética. Seu correlato ou sua atualização é o sincretismo romântico. Nele, assim como nas "teosofias bizarras", a representação do mundo

UM OBSCURO ENCANTO: GNOSE, GNOSTICISMO E POESIA MODERNA

como regido por um mau demiurgo e por arcontes em autores tão distintos entre si como Blake, Nerval, Baudelaire, Mallarmé, Rimbaud, Lautréamont, Pessoa, Artaud e Hilda Hilst.

Não chega a ser decisivo especificar como tais mitos chegaram aos autores aqui estudados, quais dentre eles tiveram acesso ao gnosticismo em primeira mão e em que grau. Mas é importante a comprovação de que Blake sabia claramente o que era gnosticismo; e que Nerval teve acesso ao que se conhecia a respeito no começo do século XIX. Evidentemente, esse conhecimento ampliou-se pelo avanço da pesquisa, com a descoberta de códices; e do interesse e da difusão por ocultistas e teosofistas: daí, no final do século XIX, Jarry, em *La nouvelle Alcèste*, reescrever a história de Simão, o Mago e sua companheira; e Pessoa não apenas apresentar-se como gnóstico, mas discorrer a respeito.

O gnosticismo fez parte, direta ou indiretamente, de um esoterismo constitutivo de muito da literatura moderna. Dificilmente a poesia de Rimbaud seria a mesma sem seu estágio entre as obras "malditas" da biblioteca de Charleville: essas podiam ser ocultistas, de alquimia ou de cabala, mas, em qualquer um desses casos, expunham doutrinas com algum débito com relação ao gnosticismo histórico.

Contudo, sendo uma fusão ou área de encontro de religiões, cultos e filosofias, muito do que se encontra no gnosticismo também está em outros lugares: o dualismo ou, antes, a complexa relação entre dualismo e monismo; a descrição exaustiva do cosmo e das instâncias da divindade; a salvação como reintegração; a sacralização da mulher ou o culto a entidades femininas e a associação da androginia à perfeição. Um autor expressar-se como gnóstico pode, por isso, independer da relação com a doutrina e seu legado propriamente bibliográfico.

Foi citado aqui Ginsberg, sobre os transcendentalistas americanos: "Quando os comunistas da Brook Farm não estavam lendo os Upanishadas e os Vedas, estavam se debruçando sobre os textos gnósticos neoplatônicos de Taylor." Na verdade, liam a mesma coisa. Também foram examinadas as associações da poética de Mallarmé com o hinduísmo por Roberto Calasso; com o budismo por Octavio Paz; e com o taoismo por Mauron; e ainda poderia ter sido acrescentada alguma relativa à Cabala: todas, mais esta, aqui empreendida, com o gnosticismo, são equivalentes. E, no capítulo final, foi citado o comentário de Hilda Hilst sobre como adquirira o Baghavad Ghita: conhecendo os textos sagrados do hinduísmo, e sendo leitora de Bataille, não precisava ter estudado gnosticismo para expressar-se como gnóstica.

Isso significa que o gnosticismo poderia ser descartado, em favor do estudo de qualquer outra dessas doutrinas? Não, pelo modo como pode contribuir para a interpretação de poetas. Além disso, o gnosticismo, mesmo eliminado drasticamente no final da Antiguidade e na Idade Média, é matriz de misticismos na tradição ocidental.

A mesma manifestação da crença na duplicidade de almas, ou na integração em uma totalidade por meio de uma postura contemplativa e de experiências visionárias ou de êxtase, teve um sentido na Alexandria da Antiguidade tardia; outra no Tibet budista; e outra na sociedade moderna. É certo que, em alguns desses grandes complexos doutrinários, não se encontram as mesmas representações do criador do mundo como demiurgo maligno, os mesmos ataques a Deus que fazem parte da religiosidade transgressiva de vários dos poetas examinados. Mas isso, como foi observado a propósito de Mallarmé, porque Deus não tem a mesma importância fora do âmbito dos grandes monoteísmos.

Daí a escolha de poetas de um período, de Blake até hoje: nele, relações entre gnosticismo e literatura têm sentidos adicionais com relação a outras épocas e contextos. Em Blake, Nerval, Baudelaire, simbolistas, modernos e contemporâneos, pode ser interpretado como rebelião antiburguesa, contra a sociedade industrial, a massificação, a ideologia do progresso; e, em literatura e artes, contra o realismo e o naturalismo. Nesse gnosticismo da modernidade há mudanças decisivas com relação àquele clássico: o conhecimento pode passar de intransitivo a transitivo, ao incorporar contribuições científicas (como em Novalis) e debates filosóficos; e a liberdade passa de transitiva (liberdade para sair do mundo) a intransitiva, total, conforme observado a propósito de Blake.

Isso não significa que tais poetas dissessem a mesma coisa: se o gnosticismo foi heterodoxo, mais ainda o é a poesia. Daí interessar o exame não só de como temas gnósticos reaparecem na poesia, mas de suas transformações. Já em Blake, há gnosticismo e também a assimilação do grande debate de ideias de seu tempo: sua versão da doutrina gnóstica a converteu em caso particular de uma visão de mundo mais complexa. Assim também em Baudelaire: nele, há gnosticismo e hermetismo; e também a crítica por um estudioso de filosofia, um poeta-pensador. Ou em Nova-

UM OBSCURO ENCANTO: GNOSE, GNOSTICISMO E POESIA MODERNA

lis: românticos foram contendores do enciclopedismo, mas depois de assimilá-lo.

Dentre os temas partilhados por gnósticos e poetas, apresenta especial interesse aquele do "poeta maldito" e de sua identificação com o eleito gnóstico. Conforme visto nos respectivos capítulos, em Nerval, Baudelaire ou Rimbaud a condição de marginalizado, incompreendido por contemporâneos, é reinterpretada como mito: aquele do degredado, exilado no mundo, caído por obra de uma maldição. São o Caim de Baudelaire, o Anteros de Nerval: paráfrases do eleito gnóstico; expressões da estranheza no mundo, a experiência gnóstica típica. Mitos antiautoritários: os "malditos" querem destituir Jeová ou Júpiter, símbolos do Pai, do Rei, do Papa, dos chefes da hierarquia, quer fosse familiar, governamental ou eclesiástica. Mitos sincréticos: Nerval funde Júpiter e Jeová; Baudelaire deixa claro que ambos são o mesmo Deus invectivado em "A tampa". Mitos transformados ou enriquecidos: Blake cria um novo demiurgo, Urizen.

E, principalmente, no romantismo a rebelião contra o demiurgo ganha um novo protagonista, Lúcifer. Desde Blake, passando por Baudelaire e Victor Hugo, até chegar ao Breton de *Arcano 17*, torna-se, em um deslocamento, portador da sabedoria a substituir Hermes Trimegisto (literalmente em Baudelaire, com seu *Satã Trimegisto*), Toth e Set. Mitos personalizados: Lautréamont dispensa Lúcifer, pois basta-lhe Maldoror; em sua crise de 1867/68, é o próprio Mallarmé quem, conforme suas cartas, se incumbe de matar Deus.

Se o poeta é um eleito gnóstico, então, para chegar à gnose, tem de passar por uma iniciação: repetindo um padrão milenar do xamanismo, perpetuado pelo mito de Orfeu, descerá aos infernos. Mas a relação com seu regente pode ser solidária, desde *O casamento do céu e do inferno* até *Uma estadia no inferno*. Em outros poetas, essa descida é abissal, tenebrosa: são as experiências de Mallarmé em sua crise ou de Pessoa ao longo de toda a sua vida.

Ao gnosticismo dos poetas não poderia faltar a gnose: é a própria poesia, identificada com o conhecimento. Isso desde o Blake das declarações sobre a abertura das "portas da percepção" para "em um grão de areia ver o mundo"; do holismo de Novalis e da primeira geração romântica; da compreensão da "linguagem das flores e das coisas mudas" em Baudelaire; da "alquimia do verbo" através do "desregramento dos sentidos" em Rimbaud; do Absoluto e do Nada alcançados pela "palavra pura" em Mallarmé; do conhecimento intuitivo dos poetas equiparados a iniciados em Pessoa; da "intuição poética" explicitamente equiparada à gnose em Breton; do poeta "LIVRE" e que "por isso conhece" em Hilda Hilst. Todas essas associações com a iluminação e a revelação permitem paralelos de poesia e misticismo: em comum, o entendimento não discursivo. Sua manifestação extrema é o Nerval de *Aurélia*: "Eu parecia ter a função de restabelecer a harmonia universal pela arte cabalística e de buscar uma solução evocando as forças ocultas das diversas religiões."

Sua expressão ou transmissão, por sua vez, tem de ser por meio da linguagem das antinomias, das imagens feitas de comparações dissonantes, das glossolalias. O trajeto das antinomias foi reconstituído de modo sumário, desde os antigos cultos de mistério, passando pelos textos propriamente gnósticos, e na poesia, incluindo as antinomias de Baudelaire, os "belo como" de Lautréamont, a imagética surrealista, as sínteses de Huidobro e Stefan George. Interessa como muda o lugar dessas antinomias ou dos termos nelas reunidos: do supramundano ou supracelestial ao terreno, em Baudelaire e na poesia pós-baudelairiana, surrealista inclusive. Mas sempre sob a regência do pensamento analógico, que, em lugar do isto "ou" aquilo, postula o isto "e" aquilo.

A ironia é seu contraponto. A argumentação desenvolvida a propósito da duplicidade de Nerval, utilizando essas categorias, analogia e ironia, vale para o conjunto dos poetas examinados. Analogia e ironia têm pesos diferentes, conforme o poeta. Analogia é linguagem da reintegração. Ironia, da separação. A comparação aqui feita entre "O tygre", de Blake e "A tampa", de Baudelaire, é ilustrativa: em um caso, de Blake, o poeta e a manifestação do divino estão frente a frente; em outro, a separação é irreparável, a tampa que nos sufoca não será erguida.

A poesia da separação constata o refluxo do sagrado. O desencantamento do mundo. Mas quem ou o que o promoveu? Os grandes monoteísmos, as religiões institucionais, normativas, ao sequestrarem o sagrado, como sugere Scholem? O racionalismo grego e sua crítica ao mito? A ética protestante? O iluminismo? A burguesia, o capitalismo, a industrialização? Ou haveria um perpétuo confronto, com fluxos e refluxos, entre mito e razão, ao longo da história, desde a Grécia clássica?

Talvez seja mais produtivo interpretar essa poesia da separação e do anseio pela reintegração como expressão de contradições profundas, básicas, entre real e imaginário, mundo e sonho, a esfera subjetiva e a objetiva, o desejo e sua realização. Contradições, mesmo insolúveis, literariamente produtivas. Poetas foram profetas: mostraram novos modos de ver o mundo, ou velhos modos, porém atualizados, assim configurando o novo mito, necessário, como argumentou Breton em seus derradeiros manifestos, para que o homem deixasse de se considerar o centro ou "ponto de mira" do universo, possibilitando que o mundo mudasse.

Bibliografia

A Bíblia de Jerusalém, nova edição, revista, São Paulo, Paulus, 1987.
A Bíblia Sagrada, tradução de João Ferreira d'Almeida, Lisboa, Sociedade Bíblica Britannica e Estrangeira, 1955.
ALBOUY, Pierre, *La création mythologique chez Victor Hugo*, Paris, Librairie José Corti, 1963.
ALEXANDRIAN, Sarane, *A magia sexual*, tradução de Ana Margarida Paixão, Lisboa, Antígona, 2002.
ALEXANDRIAN, Sarane, *História da filosofia oculta*, tradução de Carlos Jorge de Figueiredo Jorge, Lisboa, Edições 70, s/d.
ALQUIE, Ferdinand, *Philosophie du surréalisme*, Paris, Flammarion, 1977.
APOLLINAIRE, Guillaume, *Escritos de Apollinaire*, tradução, seleção e notas de Paulo Hecker Filho, Porto Alegre, L&PM, 1984.
ARAGON, Louis, *O camponês de Paris*, apresentação, tradução e notas de Flávia Nascimento, Rio de Janeiro, Imago, 1996.
ARNAUD, Noël, *Alfred Jarry — D'Ubu Roi au Docteur Faustroll*, Paris, Editions de la Table Ronde, 1974.
ARTAUD, Antonin, *Oeuvres complètes*, t. I, Paris, Gallimard, 1956.
_____, *Antonin Artaud, Selected Writings*, editado e prefaciado por Susan Sontag, traduzido por Helen Weaver, New York, Farrar, Strauss and Giroux, 1976.
_____, *Escritos de Antonin Artaud*, tradução, notas e prefácio de Claudio Willer, Porto Alegre, L&PM, 1983 (e reedições).
AUERBACH, Erich, "As flores do mal e o sublime", em *Inimigo Rumor 8*, Rio de Janeiro, maio de 2000.
BALAKIAN, Anna e KUENZLI, Rudolf E. (orgs.), *André Breton today* (New York, Willis, Locker & Owens, 1989.
BALAKIAN, Anna, *O simbolismo*, tradução de José Bonifácio, São Paulo, Perspectiva, 2000.
BALZAC, Honoré de *La recherche de l'absolu*, Paris, Gallimard, 1976.
BATAILLE, Georges, *A experiência interior*, tradução de Celso Libânio Coutinho, Magali Montagné e Antonio Ceschim, São Paulo, Ática, 1992.
_____, *A literatura e o mal*, tradução de Suely Bastos, Porto Alegre, L&PM, 1989.
_____, *Oeuvres complètes*, v. I, Paris, Gallimard, 1970.

BAUDELAIRE, Charles, *Charles Baudelaire, poesia e prosa,* Ivo Barroso (org.), diversos tradutores, Rio de Janeiro, Nova Aguilar, 1995.
BÉDOUIN, Jean-Louis, *Vingt ans de surréalisme, 1939-1959,* Paris, Denoël, 1961.
BEGUIN, Albert, *L'âme romantique et le rêve, essai sur le romantisme alllemand et la poésie française,* Paris, Librairie José Corti, 1991.
BEHAR, Henri, *André Breton, le grand indésirable,* Paris, Calmann-Lévy, 1990.
_____, *Les cultures de Jarry,* Paris, PUF, 1988.
BELÉM, Victor, *O mistério da Boca-do-Inferno — O encontro entre o poeta Fernando Pessoa e o mago Aleister Crowley,* Lisboa, Casa Fernando Pessoa, 1995.
BENJAMIN, Walter, *A Paris do Segundo Império em Baudelaire,* tradução de Flávio R. Kothe, São Paulo, Ática 1985.
BERESNIAK, Daniel, *Franc-maçonnerie et romantisme,* Paris, Chiron, 1987.
BERNARDINI, Aurora Fornoni (org.) *O futurismo italiano,* diversos tradutores, São Paulo, Perspectiva, 1980.
BESSET, Maurice, *Novalis et la pensée mystique,* Paris, Aubier Montaigne, 1947.
BILLY, André, *L'Époque 1900, 1885 — 1905,* Paris, Jules Tallandier, 1951.
BIRO, Adam e PASSERON, René, *Dictionnaire général du surréalisme,* Lausanne, Office du Livre, 1982.
BLAKE, William, *O casamento do céu e do inferno e outros escritos,* tradução e notas de Alberto Marsicano, Porto Alegre, L&PM, 2007.
_____, *Canções da inocência e da experiência,* tradução, prefácio e notas de Mário Alves Coutinho e Leonardo Gonçalves, Belo Horizonte, Crisálida, 2005.
_____, *Complete Writings,* editado por Geoffrey Keynes (ed.), London, Oxford University Press, 1972.
_____, *Escritos de William Blake,* tradução de Alberto Marsicano e Regina de Barros Carvalho, Porto Alegre, L&PM, 1984.
_____, *O matrimônio do céu e do inferno, O livro de Thel,* tradução de José Antônio Arantes, São Paulo, Iluminuras, 1987.
_____, *Poémes choisis,* tradução e prefácio de Madeleine L. Cazamian, Paris, Aubier Montaigne, 1950.
_____, *Poesia e prosa selecionadas,* seleção, tradução, introdução e notas de Paulo Vizioli, São Paulo, J. C. Ismael, Editor, 1986.
_____, *The Poems of William Blake,* introduction and notes by John Sampson, London, Oxford University Press, 1960.
_____, *The Portable Blake,* selected and edited by Alfred Kazin, New York, The Viking Press, 1974.
BLANCHOT, Maurice, *Lautréamont et Sade,* Paris, Éditions de Minuit, 1963.
BLOOM, Harold, *Anjos caídos,* tradução de Antonio Nogueira Machado, Rio de Janeiro, Objetiva, 2008.
_____, *Genius — A Mosaic of One Hundred Exemplary Creative Minds,* New York, Warner Books, 2002.
_____, *Jesus e Javé — Os nomes divinos,* tradução de José Roberto O'Shea, Rio de Janeiro, Objetiva, 2006.

BIBLIOGRAFIA

_____, *Poesia e repressão — O revisionismo de Blake a Stevens*, tradução de Cillu Maia, Rio de Janeiro, Imago, 1994.

_____, *Presságios do milênio: anjos, sonhos, imortalidade*, tradução de Marcos Santarrita, Rio de Janeiro, Objetiva, 1996.

_____, *A revelação do grande mistério divino*, tradução e notas de Américo Sommerman, São Paulo, Polar Editorial, 1998.

_____, *A sabedoria divina*, tradução e apresentação de Américo Sommerman, São Paulo, Attar Editorial, 1994.

BONNET, Marguerite, *André Breton — Naissance de l'aventure surréaliste*, Paris, Librairie José Corti, 1988.

BORDILLON, Henri, *Gestes et opinions d'Alfred Jarry, écrivain*, Laval, Siloé, 1986.

BORGES, Jorge Luis, *Antologia poética 1923-1977*, Madri, Alianza Editorial, 2005.

_____, *Ficcionario, una antologia de sus textos*, edição e notas de Emir Rodríguez Monegal, Cidade do México, Fondo de Cultura Economica, 1985.

_____, *Ficções*, tradução de Carlos Nejar, Porto Alegre, Globo, 1969.

_____, *Novas inquirições*, tradução de G. N. Carvalho, Lisboa, Querco, 1984.

_____, *O Aleph*, tradução de Flávio José Cardozo, São Paulo, Globo, 2001.

_____, *Sete noites*, São Paulo, Max Limonad, 1985.

BORNHEIM, Gerd, "Filosofia do romantismo", em GUINSBURG, Jacó (org.), *O romantismo*, São Paulo, Perspectiva, 1978.

BOSI, Alfredo, *História concisa da literatura brasileira*, São Paulo, Cultrix, 1994.

BOSI, Viviana, "Contradição e unidade em Baudelaire", em *Literatura e Sociedade*, USP/FFLCH/DTLLC, nº 6, São Paulo, 2001-2002.

BRETON, André, *Anthologie de l'humour noir*, Paris, Jean-Jacques Pauvert, 1966.

_____, *Arcano 17*, tradução de Maria Teresa de Freitas e Rosa Maria Boaventura, São Paulo, Brasiliense, 1985.

_____, *Clair de terre*, Paris, Gallimard, 1966.

_____, *La clé des champs*, Paris, Le livre de Poche, 1979.

_____, *Les pas perdus*, Paris, Gallimard, 1974.

_____, *Les vases communicants*, Paris, Gallimard, 1985.

_____, *Manifestos do surrealismo*, tradução de Sérgio Pachá, Rio de Janeiro, Nau, 2001.

_____, *Nadja*, tradução de Ivo Barroso, Rio de Janeiro, Cosac Naifi, 2007.

_____, *O amor louco*, tradução de Luiza Neto Jorge, Lisboa, Estampa, 1971.

_____, *Oeuvres complètes*, Marguerite Bonnet (org.), Paris, Gallimard, v. I, 1988, v. II, 1992.

_____, *Point du jour*, Paris, Gallimard, 1970.

_____, *Signe ascendant*, Paris, Gallimard, 1975.

BROEK, Roelof van den e HANEGRAAFF, Wouter J. (ed.), *Gnosis and Hermeticism from Antiquity to Modern Times*, Albany, State University of New York Press, 1998.

BROWN, Norman O., *Life Against Death — The Psychoanalytical Meaning of History*, Middletown, Wesleyan University Press, 1985.

_____. *Love's Body*, Berkeley, University of California Press, 1990.

BURKERT, Walter, *Antigos cultos de mistério*, tradução de Denise Bottmann, São Paulo, Edusp, 1991.
CALASSO, Roberto, *A literatura e os deuses*, tradução de Jônatas Batista Neto, São Paulo, Companhia das Letras, 2004.
CAMPOS, Augusto de, PIGNATARI, Décio e CAMPOS, Haroldo de, *Mallarmé*, São Paulo, Perspectiva, 1974.
CAMPOS, Augusto de e CAMPOS, Haroldo de, *ReVisão de Sousândrade*, Rio de Janeiro, Nova Fronteira, 1982.
CAMPOS, Haroldo de, *Deus e o diabo no* Fausto *de Goethe*, São Paulo, Perspectiva, 1981.
CAMUS, Albert, *Essais*, Paris, Gallimard, 1965.
CANDIDO, Antonio, "As transfusões de Rimbaud", em LIMA, Carlos (org.), *Rimbaud no Brasil*, Rio de Janeiro, Comunicarte, 1993.
_____, *Literatura e sociedade*, São Paulo, Companhia Editora Nacional, 1976.
CARA, Salete de Almeida, *A recepção crítica — O momento parnasiano-simbolista no Brasil*, São Paulo, Ática, 1983.
CAROLLO, Cassiana Lacerda, *Decadismo e simbolismo no Brasil — Crítica e poética* (seleção e apresentação), 2 v., Rio de Janeiro, Livros Técnicos e Científicos, Brasília, INL, 1981.
CARROUGES, Michel, *André Breton et les données fondamentales du surréalisme*, Paris, Gallimard, 1971.
CENTENO, Yvete K., *A simbologia alquímica no "Conto da serpente verde" de Goethe*, lISBOA Universidade Nova de Lisboa, 1976.
_____, *Fernando Pessoa e a filosofia hermética*, Lisboa, Presença, 1985.
_____, *Fernando Pessoa: o amor, a morte e a iniciação*, Lisboa, A Regra do Jogo, 1985.
CESARINY, Mário, *O Virgem Negra — Fernando Pessoa explicado às criancinhas naturais e estrangeiras por M.C.V.*, Lisboa, Assírio & Alvim, 1996.
CORBIÈRE, Tristan, *Os amores amarelos*, tradução, introdução e notas de Marco Antônio Siscar, São Paulo, Iluminuras, 1996.
COSTA, Dalila Pereira da, *O esoterismo de Fernando Pessoa*, Porto, Lello & Irmão, 1971.
CURTIUS, Ernst Robert, *Literatura europeia e Idade Média latina*, tradução de Teodoro Cabral e Paulo Rónai, São Paulo, Hucitec, Edusp, 1996.
DAL FARRA, Maria Lúcia, "Anotações de uma bibliógrafa: Baudelaire e o esoterismo", em *Remate de Males*, Universidade Estadual de Campinas, Instituto de Estudos da Linguagem, 1984.
_____, *A alquimia da linguagem — Leitura da cosmogonia poética de Herberto Helder*, Lisboa, Moraes, 1987.
_____, "Surrealismo e esoterismo: a alquimia da poesia", em *O surrealismo*, Jacó Guinsburg e Sheila Leirner (orgs.), São Paulo, Perspectiva, 2008.
DAN, Joseph, *Jewish Mysticism*, v. IV, New Jersey & Jerusalem, Jason Aronson Inc, 1998.

BIBLIOGRAFIA

DODDS, E. R., *Os gregos e o irracional*, tradução de Paulo Domenech Oneto, São Paulo, Escuta, 2002.

DORESSE, Jean, "El hermetismo egipcianizante", em PUECH, Henri-Charles, *Historia de las religiones*, v. 6, Cidade do México, Siglo XXI, 1979.

_____, *La gnosis*, em Puech, Henri-Charles, Historia de las religiones, v. 6, Cidade do México, Siglo XXI, 1979.

_____, *Les livres secrets des gnostiques d'Égypte*, Paris, Librairie Plon, 1958.

ECKERMAN, Johann Peter, *Gespräche mit Goethe*, Berlin und Darmstad, Deutsche Buch Gemainschaft, 1958.

ECO, Umberto, *Seis passeios pelos bosques da ficção*, tradução de Hildegarde Feist, São Paulo, Companhia das Letras, 1994.

ELIADE, Mircea, *Forgerons et alchimistes*, Paris, Flammarion, 1977.

_____, *História das crenças e das ideias religiosas*, 4 v., tradução de Roberto Cortes de Lacerda, Rio de Janeiro, Jorge Zahar Editor, 1979.

_____, *Initiation, rites, sociétés secrètes*, Paris, Gallimard, 1999.

_____, *Le chamanisme et les techniques archaiques de l'extase*, Paris, Payot, 1951.

_____, *Le yoga — Immortalité et liberté*, Paris, Payot, 1968.

_____, *Méphistophélès et l'androgyne*, Paris, Gallimard, 1995.

_____, *Mito e realidade*, tradução de Paola Civelli, São Paulo, Perspectiva, 1972.

_____, *Traité d'histoire des religions*, Paris, Payot, 1964.

ELIOT, T. S., *Quatro quartetos*, tradução de Maria Amélia Neto, Lisboa, Ática, 1970.

ELLMAN, Richard, *Yeats — The Man and the Masks*, Londres, Penguin Books, 1987.

ÉLUARD, Paul, *Capitale de la douleur*, Paris, Gallimard, 1966.

FALBEL, Nachman, *Heresias medievais*, São Paulo, Perspectiva, 1976.

FESTUGIERE, André-Jean, *La révélation d'Hermés Trimégiste*, 4 v., Paris, Societé d'Édition Les Belles Lettres, 1986.

FIORILLO, Marília Pacheco, *O deus exilado: breve história de uma heresia*, Rio de Janeiro, Civilização Brasileira, 2008.

FLAUBERT, Gustave, *A tentação de Santo Antão*, tradução e prefácio de Carlos Chaves, São Paulo, Melhoramentos, sd.

_____, *La tentation de Saint Antoine*, Paris, Louis Conard, 1924.

FLOWER, Derek Adie, *Biblioteca de Alexandria — As histórias da maior biblioteca da Antiguidade*, tradução de Otacílio Nunes e Walter Ponte, São Paulo, Nova Alexandria, 2002.

FLUSSER, David, *Jesus*, tradução de Margarida Goldztajn, São Paulo, Perspectiva, 2002.

FOUCAULT, Michel, *As palavras e as coisas — Uma arqueologia das ciências humanas*, tradução de António Ramos Rosa, Lisboa, Portugália, 1968.

FRANCO, António Cândido, *Poesia oculta*, Lisboa, Vega, 1996.

FRYE, Northrop, *Fearful Symmetry — A Study of William Blake*, Princeton, Princeton University Press, 1969.

_____, *O código dos códigos: a bíblia e a literatura*, tradução e notas de Flávio Aguiar, São Paulo, Boitempo, 2004.

GARAY, René P. *Judith Teixeira, o modernismo sáfico português*, Lisboa, Universitária, 2002.
GARCÍA LORCA, Federico, *Obra poética completa*, tradução de William Agel de Melo, Brasília, Martins Fontes/UnB, 1989.
GEORGE, Stephan, *Crepúsculo*, seleção, tradução e ensaio de Eduardo Campos Valadares, São Paulo, Iluminuras, 2000.
GIFFORD, Barry e LEE, Lawrence, *Jack's Book, an Oral Biography of Jack Kerouac*, New York, Penguin Books, 1979.
GINSBERG, Allen, *Allen Verbatim — Lectures on Poetry, Politics, and Consciousness by Allen Ginsberg*, Gordon Ball (ed.), New York, McGraw-Hill, 1974.
_____, *Collected Poems: 1947-1980*, New York, Harper & Row, 1984.
_____, *Uivo e outros poemas*, seleção, tradução, prefácio e notas de Claudio Willer, Porto Alegre, L&PM, 2005.
GINZBURG, Carlo, *Mitos, emblemas, sinais: morfologia e história*, tradução de Federico Carrotti, São Paulo, Companhia das Letras, 1989.
GOETHE, J. Wolfgang, *Fausto*, tradução de Jenny Klabin Segall, São Paulo, Instituto Progresso Editorial, 1949.
GUERDON, David, *Rimbaud, la clef alchimique*, Paris, Robert Laffont, 1980.
HADOT, Pierre, "El fin del Paganismo", em Puech, Henri-Charles (org.), *Historia de las religiones*, v. 5, Cidade do México, Siglo XXI, 1979.
HANEGRAAFF, Wouter J., "Romanticism and the Esoteric Tradition", em VAN DEN BROEK, Roelof e HANEGRAAFF Wouter J., (eds.), *Gnosis and Hermeticism from Antiquity to Modern Times* State, Albany, University of New York Press, 1998.
HARO, Rodrigo de, *O amigo da labareda*, São Paulo, Massao Ohno Editor, 1991.
HAZAN, Eric, "Le sombre Paris", em *Baudelaire — Nouvelles lectures dês Fleurs du Mal, Magazine Littéraire*, Paris, n° 418, março de 2003.
Hermès Trimégiste, *Corpus Hermeticum*, tradução de A. J. Festugière, 4 v., Paris, Les Belles Lettres, 2002.
HERMES, Zózimo, GEBER, Bacon e outros, *Alquimia e ocultismo*, seleção de textos de Victor Zalbidea e outros, Lisboa, Edições 70, s/d.
HESSE, Hermann, *Demian*, tradução de Ivo Barroso, Rio de Janeiro, Record, s/d.
HILST, Hilda, *A obscena senhora D*, São Paulo, Massao Ohno Editor/ Roswitha Kempf, 1982.
_____, *Amavisse*, Massao Ohno o Editor, São Paulo, 1989.
_____, *Cantares*, São Paulo, Globo, 2001.
_____, *Da morte. Odes mínimas*, São Paulo, Globo, 2001.
_____, *Estar sendo, ter sido*, São Paulo, Nankin, 1997.
_____, *Fluxo-Floema*, São Paulo, Globo, 2001.
_____, *Júbilo, memória, noviciado da paixão*, São Paulo, Globo, 2001.
_____, *O caderno rosa de Lori Lamby*, São Paulo, Globo, 2005.
_____, *Tu não te moves de ti*, São Paulo, Globo, 2004.
HOELLER, Stephan, *Gnosticismo: uma nova interpretação da tradição oculta para os tempos modernos*, tradução de Ângela Machado, Rio de Janeiro, Nova Era, 2005.

BIBLIOGRAFIA

HUGO, Victor, Flaubert, Jules Vallés, Verlaine, Zola e outros, *Crônicas da Comuna*, tradução de Claudio Willer, São Paulo, Ensaio, 1992.

HUGO, Victor, *La légende des siècles, La fin de Satan, Dieu*, Paris, Gallimard, 1950.

_____, *Sátiro e outros poemas*, traduções de Anderson Braga Horta, Fernando Mendes Viana e José Jeronymo Rivera, Rio de Janeiro, Galo Branco, 2002.

HUIDOBRO, Vicente, *Altazor e outros poemas*, tradução de Antonio Risério e Paulo César Souza, prefácio de Antonio Risério, São Paulo, Art, 1991.

HUTCHEON, Linda, *Uma teoria da paródia*, tradução de Teresa Louro Pérez, Lisboa, Edições 70, 1996.

HUTIN, Serge, *Les gnostiques*, Paris, PUF, 1978.

HUYSMANS, J. -K., *Às avessas*, tradução e prefácio de José Paulo Paes, São Paulo, Companhia das Letras, 1987.

_____, *En rade*, Paris, Gallimard, 1984.

_____, *Là-bas*, Paris, Plon, 1961.

IDEL, Moshe, *Cabala: novas perspectivas*, tradução de Margarida Goldstajn, São Paulo, Perspectiva, 2000.

_____, *Kabbalah and Eros*, Londres, Yale University Press, 2005.

JÂMBLICO, *Jamblique, Vie de Pithagore*, tradução, introdução e notas de Luc Brisson e A. P. Segonds, Paris, Les Belles Lettres, 1996.

JARRY, Alfred, *Tout Ubu*, édition établie par Maurice Saillet, Paris, Librairie Génerale Française, 1962.

JEANNIERE, Abel, *Lire Platon*, Paris, Aubier, 1990.

JONAS, Hans, *The Gnostic Religion: The Message of the Alien God and the Begginings of Christianity*, Boston, Beacon Press, 1963.

KAFKA, Franz, *Antologia de páginas íntimas*, tradução de Alfredo Margarido, São Paulo, Planeta DeAgostini, 2003.

KASSER, Rodolphe, Marvin Meyer e Gregor Wurst (eds.), *O evangelho de Judas*, tradução de Ana Ban, São Paulo, National Geographic/Prestígio, 2006.

KHAITZINE, Richard, *Le Rébis... De Gérard de Nerval à Raymond Roussel*, Lisboa, Apenas Livros, 2006.

_____, "Les mystères de Montmartre — Peinture, littérature et hermétisme", em *Triplo V*, http://www.triplov.com/surreal/khaitzine.html

KHLÉBNIKOV, Velimir, *Ka*, tradução de Aurora Fornoni Bernardini, São Paulo, Perspectiva, 1977.

KRISTEVA, Julia, *Introdução à semanálise*, tradução de Lúcia Helena França Ferraz, São Paulo, Perspectiva, 1974.

_____, *Sol negro — Depressão e melancolia*, tradução de Carlota Gomes, Rio de Janeiro, Rocco, 1989.

LACAN, Jacques, *O seminário, livro 2*, tradução de Marie-Christine Laznik, Rio de Janeiro, Jorge Zahar Editor, 1985.

LACARRIERE, Jacques, *Les gnostiques*, Paris, Gallimard, 1973.

LAFORGUE, Jules, *Litanias da lua*, tradução de Régis Bonvicino, São Paulo, Iluminuras, 1989.

LAO-TSÉ, *Tao Te Ching: o livro do caminho e da virtude*, tradução de Wu Jyh Cherng, Rio de Janeiro: Mauad, 1996.
LAUTREAMONT, Germain Nouveau, *Oeuvres complètes*, Pierre-Olivier Walzer (org.), Paris, Gallimard, 1970.
_____, *Os cantos de Maldoror, Poesias, Cartas* (obra completa), tradução, prefácio e notas de Claudio Willer, São Paulo, Iluminuras, 2005.
LAYTON, Bentley, organização, introdução e notas, *As escrituras gnósticas*, tradução de Margarida Oliva, São Paulo, Loyola, 2002.
LEAL, Raul, *Sodoma divinizada*, organização, introdução e cronologia de Aníbal Fernandes, Lisboa, Hiena, 1989.
LEGGE, James, *I Ching — O livro das mutações*, supervisão Torrieri Guimarães, São Paulo, Hemus, 2004.
LEVAILLANT, Maurice, *La crise mystique de Victor Hugo*, Paris, Librairie José Corti, 1954.
LEVI, Éliphas (M. A. Constant de Baucour), *Les trois harmonies — Chansons et poésies*, Paris, MM. Felens et Dufour, Éditeurs, 1845.
_____, *Dogma e ritual de alta magia*, São Paulo, Pensamento, 2002.
LUCCHESI, Marco, *A paixão do infinito*, Niterói, Clube de Literatura Cromos, 1994.
MABILLE, Pierre, *Le miroir du merveilleux*, Paris, Les Éditions du Minuit, 1962.
MACIEL, Maria Esther, *Vertigens da lucidez, poesia e crítica em Octavio Paz*, São Paulo, Experimento, 1995.
MALLARME, Stéphane, *Écrits sur le livre*, precédé par MESCHONIC, Henri, *Mallarmé au-delà du silence*, Paris, Editions de l'Éclat, 1985.
_____, *Igitur ou A loucura de Elbehnon*, tradução de José Lino Grünewald, Rio de Janeiro, Nova Fronteira, 1985.
_____, *Oeuvres complètes — Poésie — Prose*, Henri Mondor et G. Jean-Aubry (orgs.), Paris, Gallimard, 1961.
_____, *Propos sur la poésie*, recueillis et presentés par Henri Mondor, Monaco, Editions du Rocher, 1953.
MARSICANO, Alberto e FRESNOT, Daniel, *Rimbaud por ele mesmo*, São Paulo, Martin Claret, 1996.
MATARASSO, Pierre e PETITFILS, Henri, *A vida de Rimbaud*, tradução de Antonio Carlos Viana, Porto Alegre, L&PM, 1988.
MATOS, Olgária, "Um surrealismo platônico", em NOVAES, Adauto (org.), *Poetas que pensaram o mundo*, São Paulo, Companhia das Letras, 2005.
MAURON, Charles, *Mallarmé par lui même*, Paris, Éditions du Seuil, 1964.
MCCALMAN, Iain, *O último alquimista — Conde de Cagliostro, mestre da magia na Era da Razão*, tradução de Geni Hirata, Rio de Janeiro, Rocco, 2004.
MELVILLE, Herman, *Herman Melville,* edited and introduced by R. W. B. Lewis, New York, Dell Publishing Co, Laurel, 1962.
_____, *Moby-Dick ou A Baleia*, tradução de Péricles Eugênio da Silva Ramos, Abril Cultural, São Paulo, 1972.
_____, *Pierre – Or, The Ambiguities*, Signet Classic, Nova York, 1964.

BIBLIOGRAFIA

MICHAUD, Guy, *Le Symbolisme tel qu'en lui-même*, A. G. Nizet, Paris, 1994.

MILES, Barry, *Ginsberg, a Biography*, Simon and Schuster, Nova York, 1989.

MONEGAL, Emir Rodrigues e Leyla Perrone-Moisés, *Lautréamont Austral*, Editorial Brecha, Montevideo, 1995.

MONNEROT, Jules, *La poésie moderne et le sacré*, Gallimard, Paris, 1945.

MONTSERRAT TORRENTS, José, *Los Gnósticos*, Gredos, Madrid, 1990.

MORAES, Eliane Robert, "Da medida Estilhaçada", em *Cadernos de Literatura Brasileira*, nº 8, outubro de 1999, Instituto Moreira Salles, São Paulo.

_____, *Lições de Sade – ensaios sobre a imaginação libertina*, Iluminuras, São Paulo, 2006.

_____, *O corpo impossível: a decomposição da figura humana, de Lautréamont a Bataille*, Iluminuras, São Paulo, 2002.

MURICY, Andrade, *Panorama do Movimento Simbolista Brasileiro*, Perspectiva, São Paulo, 1987.

NERVAL, Gérard de, *As Quimeras*, tradução de Alexei Bueno, Topbooks, Rio de Janeiro, 1996.

_____, *Aurélia*, tradução e prefácio de Contador Borges, Iluminuras, São Paulo, 1991.

_____, *Les Illuminés*, Gallimard, Paris, 1976.

_____, *Oeuvres complètes*, org. Jean Guillaume, Claude Pichois e outros, 3 v., Gallimard, Paris, 1989 (v. I), 1984 (v. II); 1993 (v. III).

_____, *Sílvia*, tradução e prefácio de Luís de Lima, Rocco, Rio de Janeiro, 1986.

NICOSIA, Gérard, *Memory Babe – a critical biography of Jack Kerouac*, Penguin Books, Middlesex, 1986.

NITRINI, Sandra, *Literatura Comparada*, Edusp, São Paulo, 2000.

NOVALIS, *Himnos a la noche. Enrique de Ofterdingen*, estudo introdutório e tradução de Eustaquio Barjau, Catedra Letras Universales, Madri, 2004.

_____, *Hinos à Noite*, tradução, introdução e notas de Nilton Okamoto e Paulo Allegrini, A Esfinge Editorial, Mairiporã, 1987.

_____, *Les Disciples à Saïs, Hymnes à la nuit, Chants religieux*, prefácio e tradução de Armel Guerne, Gallimard, Paris, 1975.

_____, *Philosophical Writings*, translated and edited by Margaret Mahony Stoljar, Albany, State University of New York Press, 1997.

_____, *Pólen*, tradução, apresentação e notas de Rubens Rodrigues Torres Filho, Iluminuras, São Paulo, 2001.

_____, *Himnos a la noche, Cánticos espirituales*, tradução e prólogo de Américo Ferrari, Pre-Textos, Valencia, 2001.

O'GRADY, Joan, *Heresias*, Mercuryo, São Paulo, 1994.

OSAKABE, Haquira, *Fernando Pessoa, resposta à decadência*, Criar, Curitiba, 2002.

PAGELS, Elaine, *As Origens de Satanás*, tradução de Ruy Jungman, Ediouro, Rio de Janeiro, 1996.

_____, *Os Evangelhos Gnósticos*, tradução de Marisa Mota, Objetiva, Rio de Janeiro, 2006.
PAULINI, Celso Luiz, *O Gerifalto*, Azougue, Rio de Janeiro, 2001.
PAZ, Octavio, *A dupla chama – Amor e Erotismo*, tradução de Wladir Dupont, Siciliano, São Paulo, 1993.
_____, *A outra voz*, tradução de Wladir Dupont, Siciliano, São Paulo, 1990.
_____, *Claude Lévi-Strauss ou o Novo festim de Esopo*, tradução de Sebastião Uchoa Leite, Perspectiva, 1977.
_____, *Conjunções e Disjunções,* tradução de Lúcia Teixeira Wisnik, Perspectiva, São Paulo, 1979.
_____, *Convergências – Ensaios sobre arte e literatura*, tradução de Moacyr Werneck de Castro, Rocco, Rio de Janeiro, 1991.
_____, *El Signo y el Garabato*, Joaquim Mortiz, México, 1975.
_____, *In/Mediaciones*, Seix Barral, Barcelona, 1981.
_____, *La búsqueda del comienzo*, Fundamentos/ Espiral, Madri, 1974
_____, *O Arco e a Lira*, tradução de Olga Savary, Nova Fronteira, Rio de Janeiro, 1982.
_____, *Os Filhos do Barro*, tradução de Olga Savary, Nova Fronteira, Rio de Janeiro, 1984.
_____, *Signos em Rotação,* tradução de Sebastião Uchoa Leite, Perspectiva, São Paulo, 1972.
_____, *Solo a dos voces* (em parceria com Juliás Rios), Lumen, Barcelona, 1973.
PÉRET, Benjamin, *Amor Sublime - Ensaio e poesia*, organização de Jean Puyade, tradução de Sérgio Lima e Pierre Clemens, Brasiliense, São Paulo, 1985.
PERRONE-MOISÉS, Leyla, *Fernando Pessoa, Aquém do eu, além do outro*, Martins Fontes, São Paulo, 2001.
PESSOA, Fernando, *Livro do Desassossego*, organização de Ricardo Zenith, Companhia das Letras, São Paulo, 2006.
_____, *Obra em Prosa,* organização, introdução e notas de Cleonice Berardinelli, Nova Aguilar, Rio de Janeiro, 2005.
_____, *Obra Poética*, organização, introdução e notas de Maria Aliete Torres Galhoz, José Aguilar, Rio de Janeiro, 1960.
_____, *Poesias Ocultistas*, organização, seleção e apresentação de João Alves das Neves, Aquariana, São Paulo, 1995.
_____, *Rosea Cruz*, textos estabelecidos e apresentados por Pedro T. Mota, Manoel Lencastre, Lisboa, 1989.
PICHOIS, Claude, e Ziegler, Jean, *Charles Baudelaire*, Fayard, Paris, 1996.
PIERUCCI, Antônio Flávio, *O Desencantamento do Mundo: Todos os passos do conceito em Max Weber*, 34, São Paulo, 2003.
Pistis Sophia – Os mistérios de Jesus, tradução e comentários de Raul Branco, Bertrand Brasil, Rio de Janeiro, 1997.
PIVA, Roberto, *Estranhos sinais de Saturno – obras reunidas, volume 3*, Alcir Pécora, org, Globo, São Paulo, 2008.

BIBLIOGRAFIA

_____, *Um Estrangeiro na Legião, – obras reunidas*, volume 1 Alcir Pécora, org, Globo, São Paulo, 2005.
PLATÃO, *Platon, Timée/ Critias*, tradução, introdução e notas de Luc Brisson, Flammarion, Paris, 1992.
PLEYNET, Marcelin, "A Liberdade Livre", em Novaes, Adauto, org, *Poetas que Pensaram o Mundo*, Companhia das Letras, São Paulo, 2005.
POMMIER, Jean, *La mystique de Baudelaire*, Les Belles Lettres, Paris, 1932.
PRAZ, Mario, *La carne, la muerte y el diablo en la literatura romántica*, tradução de Jorge Cruz, Monte Avila Editores, C. A., Caracas, 1969.
PUECH, "El Maniqueísmo", em Puech, Henri-Charles, org, *Historia de las religiones*, volume 6, Siglo XXI, México D. F, 1979.
PUECH, Henri-Charles, *En quête de la Gnose*, volume I, *La Gnose et le temps et autres essais*, volume II, *Sur l'Évangile selon Thomas*, Gallimard, Paris, 1978.
RAMOS, Pe. Lincoln (organizador e tradutor), *Fragmentos dos Evangelhos Apócrifos*, Vozes, Petrópolis, 1989.
RIBEIRO JR, João, *Pequena História das Heresias*, Papirus, Campinas, 1989.
RIBEIRO, Leo Gilson, "Da ficção", em *Cadernos de Literatura Brasileira*, número 8, outubro de 1999, Instituto Moreira Salles, São Paulo.
RICHER, Jean, *Gérard de Nerval et les Doctrines Ésotériques*, Editions du Griffon d'Or, Paris, 1947.
_____, *Gérard de Nerval*, Poètes d'aujourd'hui, Seghers, Paris, 1972.
RICIERI, Francine Fernandes Weiss, *A imagem poética em Alphonsus de Guimarães – espelhamentos e tensões*, tese de doutorado, Universidade Estadual de Campinas, IEL, UNICAMP, Campinas, 2001.
RICOEUR, Paul, *O Mal –Um desafio à filosofia e à teologia*, tradução de Maria da Piedade Eça de Almeida, Papirus, Campinas, 1988.
Rimbaud Livre, introdução e tradução de Augusto de Campos, Perspectiva, São Paulo, 1993.
Rimbaud no Brasil, organizado por Carlos Lima, Comunicarte, Rio de Janeiro, 1993.
RIMBAUD, Arthur, *Oeuvres Complètes*, établi et annoté par Roland de Renéville et Jules Mouquet, Gallimard, Paris, 1954.
_____, *Poesia Completa*, organização e tradução de Ivo Barroso, Topbooks, Rio de Janeiro, 1994.
_____, *Prosa Poética*, organização e tradução de Ivo Barroso, Topbooks, Rio de Janeiro, 1998.
ROBINSON, James M, general editor; *The Nag Hammadi Library in English*, diversos tradutores, Harper Collins, New York, 1990.
ROOB, Alexander, *Alquimia & Misticismo – O Museu Hermético*, Taschen, Lisboa, 1997.
SALIBA, Elias Tomé, *As utopias românticas*, Estação Liberdade, São Paulo, 2003.
SCHOLEM, Gershom G, *As Grandes Correntes da Mística Judaica*, tradução de Jacó Guinsburg e outros, Perspectiva, São Paulo, 1995.
_____, *On the Kabbalah and its Symbolism*, Schockem Books, New York, 1965.

SELIGMANN, Kurt, *História da Magia*, tradução de Joaquim Duarte Lourenço Peixoto, Edições 70, Lisboa, 1979.
SELIGMANN-SILVA, Márcio, *O Local da Diferença – Ensaios sobre memória, arte e tradução*, 34, São Paulo, 2005.
SEPHARIAL, *Manual de Ocultismo*, tradução de Luiz Horácio da Matta, Francisco Alves, Rio de Janeiro, 1991.
SHATTUCK, Roger, *Les Primitifs de L'Avant-garde*, Flammarion, Paris, 1974.
SIMÕES, João Gaspar, *Vida e Obra de Fernando Pessoa, História duma Geração*, 2 volumes, Livraria Bertrand, Lisboa, 1980.
SMITH, Richard, "The Modern Relevance of Gnosticism", em Robinson, James M, *The Nag Hammadi Library in English*, Harper Collins Publishers, New York, 1990.
SONTAG, Susan, *Sob o signo de Saturno*, Tradução de Ana Maria Capovilla e Albino Poli Jr, L&PM, Porto Alegre, 1986.
SOSNOWSKI, Saúl, *Borges e a Cabala – A busca do verbo*, Perspectiva, São Paulo, 1991.
STEINMETZ, Jean-Luc, *André Breton et les surprises de l'amour fou*, PUF, Paris, 1994.
TEIXEIRA, Luis Filipe B, "Nos Jardins do Ofício: Pessoa e a Alquimia do Verbo", em *Triplo V* http://triplov.com/alquimias/alqteix.htm
TELES, Gilberto Mendonça, organizador, *Vanguarda Européia e Modernismo Brasileiro*, Vozes, Petrópolis, 1976;
TOLENTINO, Bruno, *O mundo como Idéia*, Globo, São Paulo, 2001.
TYTELL, John, *Propheten der Apocalypse*, tradução de Christiane Kluge, Europawerlag, Viena, 1979
VAN MEURS, Jos, "William Blake and his Gnostic Myths", em *Gnosis and Hermeticism from Antiquity to Modern Times*, editors Roelof van den Broek e Wouter J. Hanegraaff, State University of New York Press, 1998.
VELLOZO, Dario, *Cinerário e outros poemas*, introdução, organização e notas, Cassiana Lacerda Carollo, Prefeitura Municipal de Curitiba, 1996.
_____, *Obras*, volume II, Instituto Neo-Pitagórico, Curitiba, 1968.
VERLAINE, Paul, *Oeuvres en prose complètes*, Jacques Borel, org, Gallimar, Paris, 1972.
VERLET, Anne, «Le spleen, une vanité profane», em *Baudelaire – Nouvelles Lectures des Fleurs du Mal: Magazine Littéraire*, nº 418, março de 2003.
VIATTE, Auguste, *Les Sources Occultes du Romantisme; Illuminisme – Théosophie; 1770 – 1820*; Librairie Ancienne Honoré Champion, Paris, 1928.
VOILQUIN, Jean (tradução, prefácio e notas), *Les penseurs grecs avant Socrate*, Garnier-Flammarion, Paris, 1964.
VOLTAIRE, *Cartas Inglesas, Tratado de Metafísica, Dicionário Filosófico, O Filósofo Ignorante*, seleção de Marilena de Souza Chauí, traduções de Marilena de Souza Chauí, Bruno da Ponte e João Lopes Alves, Abril Cultural, São Paulo, 1978.
_____, *Contes en Vers et en Prose*, Tome I, Bordas, Paris, 1992.
WALZER, Pierre-Olivier, *Essai sur Stéphane Mallarmé*, Poètes d'aujourd'hui, Pierre Seghers, 1963.

BIBLIOGRAFIA

WILLER, Claudio, "Gnose, gnosticismo, e a poesia e prosa de Hilda Hilst", em *Agulha* http://www.revista.agulha.nom.br/ag46hilst.htm, julho de 2005
_____, "Lautréamont e os prazeres do comparatismo literário", em www.revista.agulha.nom.br/ag51lautreamont.htm
_____, "Magia, poesia e realidade: o acaso objetivo em André Breton", em *O Surrealismo*, J. Guinsburg e Sheila Leirner, organizadores, Perspectiva, São Paulo, 2008
_____, "O Mago, Metáfora do Poeta", em *Poesia, língua das aves*, Apenas Livros, Lisboa, 2006.
_____, "Octavio Paz e a literatura comparada", em *Diálogos Críticos,: Literatura e Sociedade nos países de Língua Portuguesa*, Vima Lima Martins, organizadora, Via Atlântica nº 8, Arte & Ciência, São Paulo, 2005.
_____, "Pacto com o hermético", Jornal do Brasil, caderno Idéias, Rio de Janeiro, 17 de fevereiro de 1990.
WILSON, Colin, *O Oculto*, Livraria Francisco Alves, Rio de Janeiro, 1981.
WILSON, Edmund, *O Castelo de Axel*, tradução de José Paulo Paes, Companhia das Letras, São Paulo, 2004.
WILSON, Peter Lamborn, *Chuva de Estrelas – o sonho iniciático no sufismo e taoísmo*, tradução de Alexandre Matias, Conrad, São Paulo, 2004.
YATES, Frances A., *El Iluminismo Rosacruz*, tradução de Roberto Gómez Ciriza, Fondo de Cultura Económica, México, 2001.
_____, *Giordano Bruno e a Tradição Hermética*, tradução de Yolanda Steidel de Toledo, Cultrix, São Paulo, 1995.
_____, *The Art of Memory*, Plimlico edition, Londres, 2000.
YEATS, W. B., *A Vision*, Papermac, 1989.
_____, *Poemas de W. B. Yeats*, tradução de Péricles Eugênio da Silva Ramos, Art Editora, São Paulo, 1987.
ZAYED, Fernande, *Huysmans, peintre de son époque*, A. G. Nizet, Paris, 1973.
ZUMTHOR, Paul, *Victor Hugo, Poète de Satan*, Slatkine Reprints, Genebra, 1973.

Este livro foi composto na tipologia ClassGaramond BT,
em corpo 11/14, impresso em papel off white 80g/m²,
no Sistema Cameron da Divisão Gráfica
da Distribuidora Record.